HYPOMNEMATA HEFT 39

HYPOMNEMATA

UNTERSUCHUNGEN ZUR ANTIKE
UND ZU IHREM NACHLEBEN

Herausgegeben von
Albrecht Dihle / Hartmut Erbse
Christian Habicht / Günther Patzig / Bruno Snell

HEFT 39

VANDENHOECK & RUPRECHT IN GÖTTINGEN

DIETER FLACH

Tacitus in der Tradition der antiken Geschichtsschreibung

VANDENHOECK & RUPRECHT IN GÖTTINGEN

ISBN 3-525-25131-9

Gedruckt mit Unterstützung der Deutschen Forschungsgemeinschaft

© Vandenhoeck & Ruprecht in Göttingen 1973. – Printed in Germany.
Ohne ausdrückliche Genehmigung des Verlages ist es nicht gestattet, das Buch oder Teile daraus auf foto- oder akustomechanischem Wege zu vervielfältigen.
Gesamtherstellung: Hubert & Co., Göttingen

VORWORT

Die vorliegende Untersuchung wurde im Jahre 1970 von der Philosophischen Fakultät der Philipps-Universität Marburg als Habilitationsschrift angenommen und in den ersten Monaten des folgenden Jahres überarbeitet. Eines ihrer zentralen Anliegen ist, in der Tacitusforschung dem bewährten Ansatz zu seinem Recht zu verhelfen, den B. G. Niebuhr einst mit folgenden Worten umriß: „Seitdem die kritische Behandlung der Històrie und des Alterthums erwacht ist, wird es immer mehr erkannt, daß auch das fleißigste Studium der Quellen kein Licht und keine Wahrheit gewähren kann, wenn der Leser nicht den Standpunkt faßt, von wo, und die Media kennt, wodurch der Schriftsteller sah, dessen Berichte er vernimmt" (Kleine historische und philologische Schriften I, Bonn 1828, 132).

Besonders zu danken habe ich Herrn Prof. Dr. Karl Christ, der sich in jeder erdenklichen Weise um den Fortgang meiner Arbeit bemühte, Herrn Prof. Dr. Klaus Bringmann, der eine ganze Reihe wertvoller Anregungen und Hinweise beisteuerte, und Herrn Achim Heinrichs, der so freundlich war, die Durchsicht der Fahnenabzüge zu überprüfen; ferner den Herausgebern der HYPOMNEMATA, unter ihnen vor allem den Herren Professoren Christian Habicht und Albrecht Dihle für ihre hilfreichen Ratschläge, Herrn Prof. Dr. Habicht auch für das Mitlesen der Korrekturen. Zu Dank verpflichtet bin ich ebenso der Deutschen Forschungsgemeinschaft, die mir ein Habilitandenstipendium mit zweijähriger Laufzeit bewilligte und die Drucklegung mit einem namhaften Zuschuß ermöglichte.

Marburg, im März 1973   D. F.

INHALT

Einleitung ... 9

Die literarischen und politischen Voraussetzungen der taciteischen
Geschichtsschreibung ... 13
    Der hellenistische Hintergrund der frühen römischen Geschichtsschreibung ... 14
    Die Wiederentdeckung des Thukydides ... 30
    Das Fortwirken der hellenistischen Tradition in der nachsallustischen
    Geschichtsschreibung ... 40
    Die Erschwerungen der historiographischen Betätigung seit dem Beginn des
    Prinzipats ... 52

Tacitus und die geschriebene Geschichte ... 69
    Seine Arbeitsweise in den Historien ... 74
        Galba bei Tacitus ... 76
        Otho bei Tacitus ... 82
        Vitellius bei Tacitus ... 91
        Tacitus über die Flavier und ihre Zeit ... 104

    Seine Arbeitsweise in den Annalen ... 125
        Tacitus über Augustus und Livia ... 126
        Tiberius bei Tacitus ... 138
        Claudius bei Tacitus ... 160
        Nero bei Tacitus ... 174

Die politischen Anschauungen des Tacitus ... 181
    Sein Bild der römischen Republik ... 181
    Seine Einstellung zum Prinzipat ... 196

Schluß. Die Geschichtsschreibung des Tacitus im Werdegang der
römischen Geschichtsschreibung ... 225

Literaturverzeichnis ... 238

EINLEITUNG

„Tacitus sind wir gewohnt als großen Einzelnen zu nehmen und zu schätzen." Mit dieser Feststellung beginnt eine vielbeachtete Veröffentlichung aus dem Jahre 1958[1]. Kürzer und treffender hätte die Forschungslage kaum beschrieben werden können. Die Auffassung, Tacitus habe seine Vorläufer in den wichtigsten Belangen der Geschichtsschreibung weit überragt und gegenüber der Mitwelt die Größe der Einsamkeit erreicht, hat sich bis zum gegenwärtigen Zeitpunkt behauptet und in mancher Beziehung sogar verfestigt. Der Glaube an seine Originalität erlitt zwar durch die einschlägigen Quellenuntersuchungen des vergangenen Jahrhunderts manchen Stoß, doch haben die Forschungen der letzten Jahrzehnte vieles wieder verschüttet, was frühere Generationen richtig gesehen hatten. Das Anliegen, Tacitus als Geschichtsschreiber zu verteidigen, gewann so sehr die Oberhand, daß ihm die Größe der Einzigartigkeit weniger denn je streitig gemacht wurde.

Die vorliegende Untersuchung setzt sich zum Ziel, Tacitus aus der Vereinsamung zu befreien, in die ihn die Forschung der vergangenen Jahrzehnte hineindrängte. Ihren Ausgang nimmt sie von folgenden Fragestellungen:

Veranlaßten ihn die Erfahrungen mit der domitianischen Schreckensherrschaft, vieles in einem düstereren Licht zu sehen, als es von seinen Vorläufern dargestellt worden war, oder fand er die dunklen Farben schon vor?

Setzte er sich unentwegt aus persönlichen oder sachlichen Gründen mit Beurteilungen und Deutungen auseinander, die ihm durch die literarische Überlieferung überkommen waren, oder beschränkte er sich in der Regel darauf, zur Kontinuität der senatorischen Wertungen beizutragen?

Hoben sich seine historiographischen Bestrebungen von der Tradition der römischen Geschichtsschreibung und den literarischen Bestrebungen seiner Zeit ab oder blieben sie in den vorgegebenen Bahnen der herrschenden Strömung?

Trennten ihn seine politischen Anschauungen von der Denktradition seines Standes oder erreichten die geschichtsbewußten Kreise der Senatorenschaft ein Zeitverständnis, das an die Tiefe des seinigen herankam?

Von den zahlreichen Antworten, welche die neuere Forschung zu diesen leitenden Fragen vorgelegt hat, lassen ihn sehr viele als rühmliche Ausnahme unter den römischen Geschichtsschreibern erscheinen. Während in der Liviusforschung daran festgehalten wird, daß Livius auf weite Strecken einer bestimmten Darstellung den Vorzug zu geben pflegte und sich nicht scheute, aus der jeweiligen Vorlage sogar Variantenangaben mit zu übernehmen, setzte sich in

---

[1] F. Klingner, Tacitus und die Geschichtsschreiber des ersten Jahrhunderts nach Christus, Museum Helveticum 15, 1958, 194 (= Römische Geisteswelt, München 1965⁵, 483).

der Tacitusforschung das Bestreben durch, Tacitus die historiographischen Eigenschaften zurückzugeben, die ihm die Kritik des 19. Jahrhunderts abgesprochen hatte: Selbständigkeit in der Beurteilung der einzelnen Kaiser, Gewissenhaftigkeit in der Sichtung der Quellen, Glaubwürdigkeit in der Deutung geschichtlicher Vorgänge.

Ob seine Eigenleistung zu Recht oder zu Unrecht so weit von der des Livius abgehoben wird[2], muß selbstverständlich einer eingehenden Nachprüfung vorbehalten bleiben. Sein Vorgehen unbesehen mit der Arbeitsweise des Livius gleichzusetzen, wäre zweifellos ein voreiliger Schritt. Aber muß es nicht von vornherein Bedenken erwecken, wenn einem römischen Geschichtsschreiber zugetraut wird, daß er im Umgang mit der geschriebenen Geschichte stillschweigend von den Gepflogenheiten abging, die sich im Verlauf einer langen gattungsgeschichtlichen Entwicklung herausgebildet hatten? Von anspruchsvollen Zielen dieser Art hat Tacitus nie gesprochen. Was er für sich beansprucht, nimmt sich weitaus bescheidener aus: Die Leser empfangen von ihm lediglich die Zusicherung, daß sein Urteil über die Kaiser, die im Mittelpunkt seiner Geschichtswerke stehen, durch keinerlei persönliche Voreingenommenheit getrübt sei[3]. In dem Anspruch der subjektiven Wahrhaftigkeit gegenüber den Kaisern liegt eine Beschränkung der Wahrheitsanforderungen. Muß sie nicht davor warnen, an seine historiographischen Bestrebungen übertriebene Erwartungen zu stellen?

Es würde nicht wenig bedeuten, wenn Tacitus die bislang gültige Überlieferung entscheidenden Veränderungen unterworfen haben sollte. Er hätte an Wertungen rütteln müssen, die senatorischem Standesdenken entsprungen waren. Verstand er es, sich von diesem Denken frei zu machen? Stellte er die Beurteilungsmaßstäbe in Frage, denen seine Vorläufer — in der Regel Senatoren wie er selbst — Geltung verschafft hatten? Es ist verblüffend zu sehen, wie sehr die Bewunderung, die er als Schriftsteller genießt, den Blick für naheliegende Folgerungen zu trüben vermochte. Das folgende Beispiel — es ist besonders bezeichnend — steht für viele andere: Dieselbe Veröffentlichung, aus der reiche Belehrung über die Wurzeln der taciteischen Anschauungen und den hohen Stand des vortaciteischen Zeitverständnisses zu gewinnen ist, schließt überraschenderweise mit dem Satz: „Je mehr die Vorgänger in Tacitus erkennbar werden, desto deutlicher stellt er sich als der große Einzelne dar[4]." Und obwohl hier offen zutage lag, daß die zum Beweis herangezogenen Belege dem Beweisziel

---

[2] Wie weit man heute Livius und Tacitus auseinanderrückt, verdeutlicht die Haltung, die P. G. Walsh, Livy. His Historical Aims and Methods, Cambridge 1961, 110 und Anm. 1 einnimmt. Walsh beginnt mit richtigen Feststellungen: „The most serious objection to any consideration of Livy as a scientific historian is in part an indictment of Roman historiography generally. It ist the failure to search out and evaluate the original documentary evidence." Tacitus aber nimmt er von diesem Vorwurf aus: „But Tacitus must be exonerated from this charge."

[3] Hist. 1,1,3; Ann. 1,1,2f.

[4] F. Klingner, Römische Geisteswelt 503.

zuwiderliefen, wurde das fragwürdige Fazit nicht bloß widerspruchslos hingenommen, sondern sogar ausdrücklich gebilligt[5].

Die Darlegungen über Arbeitsweise, Absicht und Leistung des Tacitus knüpfen nicht von ungefähr an die Bemühungen der älteren Forschung an. Die Generationen, denen Theodor Mommsen und Leopold von Ranke, Friedrich Leo und Eduard Schwartz angehörten, wußten philologisches Urteilsvermögen mit historischem Sachverstand zu verbinden, während gegenwärtig die beiden Fachrichtungen, die sich in die Tacitusforschung teilen, von der Gefahr der gegenseitigen Abkapselung bedroht sind. Dringlicher denn je stellt sich heute die Aufgabe, die Gegensätze zu überwinden, die durch diese Entwicklung teils geschaffen, teils verschärft wurden. Der Meinungsstreit entzündet sich immer wieder an den gleichen grundlegenden Fragen: Bis zu welchem Grad darf die Geschichtsschreibung des Tacitus als glaubwürdig gelten? Wie groß ist der Abstand, der seine Aufzeichnung der Kaisergeschichte von der ihm verfügbaren Überlieferung trennt? Wie sich zeigen wird, besteht zwischen den beiden entscheidenden Streitpunkten ein enger Zusammenhang. Sobald man seine historiographischen Zielsetzungen mit der gebotenen Zurückhaltung bemißt, wird es in weiterem Umfang als bisher möglich, die Frage seiner Glaubwürdigkeit zu der Frage nach der Glaubwürdigkeit seiner Quellen herabzuführen. Damit dieser Weg mit der Aussicht auf Erfolg beschritten werden kann, muß sich das Augenmerk immer wieder auf die dynastischen Bedingungen richten, unter denen die als maßgeblich anerkannten Überlieferungsschichten entstanden waren. Geht man so auf breiter Grundlage vor, verspricht die Rekonstruktion der Überlieferungslage einigen Gewinn. Sie verhilft dann nicht allein zu einer nüchterneren und verständnisvolleren Einschätzung der Arbeit, die Tacitus als Historiker leistete, sondern auch zu einer genaueren Beantwortung der Frage, inwiefern er seine Zusicherung wahr machte, daß er *sine ira et studio* schreiben werde.

Eine Würdigung, die den Anspruch erhebt, seiner historiographischen Leistung Gerechtigkeit widerfahren zu lassen, verlangt freilich noch mehr. Sie hat zu berücksichtigen, daß die Aufgabe der Wahrheitsfindung im selben Maß erschwert wurde, wie sich der Schwerpunkt der politischen Willensbildung vom Senat auf den kaiserlichen Hof verlagerte, und sie hat in Rechnung zu stellen, daß in seiner Auffassung vom Amt des Geschichtsschreibers Vorstellungen fortlebten, die ihren Ursprung in der hellenistischen Geschichtsschreibung haben. Auf diesem Gebiet, zu dessen Erschließung der gattungsgeschichtliche Abriß über die literarischen und politischen Voraussetzungen der taciteischen Geschichtsschreibung beitragen soll, klaffen die breitesten Forschungslücken. Friedrich Leo wurde durch den Tod daran gehindert, seine Geschichte der römischen Literatur zu Ende zu führen, und seit seinem Tod ist keine römische Literaturgeschichte mehr erschienen, die diesen Namen im selben Maß verdiente. Es

---

[5] G. Pfligersdorffer, Lucan als Dichter des geistigen Widerstandes, Hermes 87, 1959, 345 Anm. 2 (= Prinzipat und Freiheit, hrsg. von R. Klein, Darmstadt 1969, 323 Anm. 7).

fehlt eine Geschichte der römischen Geschichtsschreibung, welche die Verbindungslinien voll auszieht, die von der hellenistischen Geschichtsschreibung der Griechen über deren römische Vermittler zu Tacitus hinüberführen. Es fehlt eine gattungsgeschichtlich angelegte Darbietung der römischen Literatur, die in der Behandlung der römischen Geschichtsschreiber der Forderung genügt, daß das Zusammenspiel von Umwelteinwirkung, Lehre, politischer Entwicklung und literarischer Tradition in das Blickfeld rücken muß. Und es fehlt ein Abriß der vorsallustischen Geschichtsschreibung, der Ciceros literarkritische Erörterungen und die leitenden Gesichtspunkte, die ihnen zugrunde liegen, gebührend verwertet[6]. Die Ansätze, die es weiterzuverfolgen gilt, entstammen wiederum vorwiegend der älteren Forschung. Den großen Leistungen, die sie vollbrachte, geschähe Unrecht, wenn man die Rückbesinnung auf die Vorzüge der gattungsgeschichtlichen Betrachtungsweise mit einem Rückfall in überholte Fragestellungen gleichsetzte[7].

---

[6] Wie mangelhaft die moderne Forschung die Anregungen genutzt hat, die Cicero zu vermitteln vermag, beklagt H. Strasburger, Die Wesensbestimmung der Geschichte durch die antike Geschichtsschreibung, Sitzungsberichte der Wiss. Gesellschaft an der Johann Wolfgang Goethe-Universität Frankfurt/Main 5, 1966, 56 Anm. 2 mit der allgemeinen Feststellung: „*Literarhistorische* Forschungen heften sich meist an die Biographie der Schriftsteller und deren Kommentierung im Einzelnen, aber was an souveräner kritischer Übersicht möglich ist, zeigt Cicero im „Brutus"." Bleibt nur hinzuzufügen, daß Entsprechendes für die Überblicke gilt, die Cicero in De oratore (2,12,51ff.) und De legibus (1,2,6f.) über die Entwicklung der frühen römischen Geschichtsschreibung gegeben hat.

[7] Aus Gründen der Platzersparnis und um der Übersichtlichkeit willen schien es angebracht, aus der unübersehbaren Fülle von Beiträgen zur Tacitusforschung nur das Allernotwendigste anzuführen, die Polemik, soweit es sich nicht um zentrale Streitfragen handelte, in den Anmerkungsteil zu verweisen und möglichst oft die antiken Zeugnisse selbst sprechen zu lassen. Den Zugang zu der weitverzweigten Literatur verschafft die Bibliographie am Ende der Untersuchung.

DIE LITERARISCHEN
UND POLITISCHEN VORAUSSETZUNGEN
DER TACITEISCHEN GESCHICHTSSCHREIBUNG

Die Forschung des 19. Jahrhunderts hatte gewiß nichts Geringes geleistet, als sie die Einseitigkeiten in der Deutung und die Schwächen in der Quellenverarbeitung aufdeckte; und sie befand sich nicht geradezu auf einem Irrweg, als sie die taciteische Geschichtsschreibung in die Nähe der Tragödiendichtung rückte[1]. Nur würde ein unbilliger Maßstab angelegt, wenn man von dieser Beobachtung die Berechtigung ableitete, Tacitus die besonderen Fähigkeiten und eigentlichen Merkmale des Geschichtsschreibers abzuerkennen. Das Gesamturteil, welches das 19. Jahrhundert über den Historiker Tacitus fällte, mußte als Herausforderung empfunden werden. Daß die Forschung der vergangenen Jahrzehnte, von Ausnahmen abgesehen, in der Würdigung der taciteischen Arbeitsweise die entgegengesetzte Richtung einschlug, ist durchaus verständlich. Läßt sich aber der Zwiespalt auf diesem Weg überwinden? Die Kluft, die – vereinfachend gesagt – die rein philologische Betrachtungsweise von der rein historischen trennt, ist eher größer geworden, die beiden Betrachtungsweisen drohen immer weiter auseinanderzuführen[2]. Erschwert wird die Verständigung nicht zuletzt durch die Nachwirkung der in das 19. Jahrhundert zurückreichenden Scheidung von Schriftsteller und Historiker. Diese Trennung entstand aus der anachronistischen Sicht, daß die römische Geschichtsschreibung ähnlichen Leitvorstellungen hätte folgen müssen, wie sie das 19. Jahrhundert zum Gesetz erhob. Solange es einzig und allein um die Klärung des historischen Sachverhalts geht, ist es zweifellos gerechtfertigt, ausschließlich den Maßstab anzulegen, den die Kritik des 19. Jahrhunderts anzulegen pflegte. Zu einer gerechten Bewertung von Arbeitsweise, Zielsetzung und Leistung eines römischen Geschichtsschreibers bedarf es indessen

---

[1] Vgl. etwa M. Haupt bei Chr. Belger, Moriz Haupt als academischer Lehrer, Berlin 1879, 268: „Des Tacitus' Geist hat etwas dem Dichter Verwandtes, und wenn Tacitus ausser der Geschichtsschreibung zu etwas befähigt war, so war er es gewiss zum tragischen Dichter, hätte die Zeit überhaupt so etwas gedeihen lassen." Ferner F. Leo, Tacitus, Rede zur Feier des Geburtstages des Kaisers, Göttingen 1896, in: Ausgewählte Kleine Schriften 2, hrsg. von E. Fraenkel, Rom 1960, 275: „Sein Talent ist ohne Zweifel das des Dramatikers viel mehr als das des Epikers. Wie im Drama nimmt er Handlung und Personen straff zusammen, in Abschnitten, mit retardirenden Scenen und Zwischenspielen...".

[2] Deutlichstes Indiz: die Stellungnahme, die J. Vogt, Die Geschichtsschreibung des Tacitus, ihr Platz im römischen Geschichtsdenken und ihr Verständnis in der modernen Forschung, in: Einleitung zu der von A. Horneffer besorgten Annalenübersetzung, Stuttgart 1957, XXXI–XXXII (= Orbis. Ausgewählte Schriften zur Geschichte des Altertums, hrsg. von F. Taeger und K. Christ, Freiburg 1960, 142f.) als Historiker zu der von F. Klingner und K. Büchner betriebenen Tacitusphilologie abgegeben hat.

einer weiteren Vergleichsgröße: Die Auffassung, die Tacitus von seiner Aufgabe als Geschichtsschreiber hatte, muß auch an den Anschauungen gemessen werden, die in der Geschichtsschreibung des republikanischen Rom heimisch geworden waren[3]. Erst wenn seine Stellung in der Entwicklung dieser Gattung mit der nötigen Schärfe heraustritt, wird eine verständnisvolle Würdigung seines Schaffens überhaupt möglich. Verletzte die anachronistische Anwendung der Maßstäbe des 19. Jahrhunderts den Grundsatz der Billigkeit, so geht der Rückschlag, die überhöhende Vereinzelung seiner historiographischen Bestrebungen, an der Wahrheit vorbei: Sein Schaffen in die Tradition der römischen Geschichtsschreibung einzuordnen, ist heute mehr denn je ein dringendes Bedürfnis.

Da sich die römische Geschichtsschreibung nicht selbst die Richtung gegeben hatte, sondern — wie alle Gattungen der römischen Literatur mit Ausnahme der Satire[4] — in vielfacher Hinsicht der griechischen Tradition verpflichtet war, wird es zunächst darauf ankommen, zwei eng miteinander zusammenhängende Fragen zu klären: Welche Anschauungen hat sich die römische Geschichtsschreibung zu eigen gemacht? An welche Entwicklungsstufe der griechischen Historiographie hat sie angeknüpft?

Der hellenistische Hintergrund der frühen römischen Geschichtsschreibung

Es wurde das Schicksal der frühen römischen Geschichtsschreibung, daß sie Wege und Irrwege beschritt, deren Richtung die hellenistische Geschichtsschreibung der Griechen vorgezeichnet hatte. Als sich die sogenannte tragische Geschichtsschreibung auszubilden begann, vollzog sich eine folgenreiche Wendung, deren Wirkungsgeschichte bis in die Kaiserzeit zu verfolgen ist. Gestalt gewann die neue Richtung durch die Fehde, die sich in der zweiten Hälfte des vierten Jahrhunderts zwischen der isokrateischen und der peripatetischen Schule entsponnen hatte. Als kämpferischer Wegbereiter einer „peripatetischen" Geschichtsschreibung griff Duris von Samos mit der Vorrede zu seinem Geschichtswerk in den schwebenden Streit ein. Von den Geschichtsschreibern der isokratei-

---

[3] Die Darstellung der antiken historiographischen Theorie bezeichnete P. Wendland, in: A. Gercke–E. Norden, Einleitung in die Altertumswissenschaft I, Leipzig–Berlin 1912², 314 mit Recht als dringendes Bedürfnis. F. Jacoby stellte in seiner Abhandlung über die Entwicklung der griechischen Historiographie und den Plan einer neuen Sammlung der griechischen Historikerfragmente (Klio 9, 1909, 84) in Aussicht, im ersten Band seiner Fragmentsammlung „das Wenige" vorzulegen, „was es aus dem Altertum über Theorie und Methodik der Geschichtsschreibung gibt", änderte aber später seinen Plan. Wie aus der Vorrede zu FGrHist I hervorgeht, beabsichtigte er, dieses Vorhaben im letzten Teil seiner Sammlung auszuführen, doch hinderte ihn der Tod, das Angekündigte zu verwirklichen. Der Wunsch, daß diese Lücke ausgefüllt wird, bleibt somit bestehen.

[4] Quint. Inst. or. 10,1,93.

schen Schule, Ephoros und Theopomp, rückte er mit der Begründung ab, sie seien sehr weit hinter der Wirklichkeit der Ereignisse zurückgeblieben (τῶν γενομένων πλεῖστον ἀπελείφθησαν), in ihrer Darstellung vermisse man nachempfindende Nachgestaltung des Geschehens (μίμησις sc. τῶν γενομένων) und Genuß (ἡδονή)[5]. Wie man längst gesehen hat, leitet sich die Verwendung der Begriffe μίμησις und ἡδονή mittelbar von Aristoteles her[6]. Mit μίμησις bezeichnet Aristoteles in seiner Poetik das der Dichtung eigentümliche nachempfindende Nachschaffen von Handlungen[7] und mit ἡδονή die Folge der μίμησις, das τέλος des Dramas[8].

Daß in der tragischen Geschichtsschreibung die Eigengesetze der Gattung mitunter verletzt wurden, ist nicht sein Verschulden. Sooft er sich in seiner Poetik zu dem Verhältnis von Geschichtsschreibung und Tragödiendichtung äußert, stellt er unmißverständlich heraus, daß ein unüberbrückbarer Graben die eine Gattung von der anderen trennt[9]. Von den Schülern der ersten Generation darf erwartet werden, daß sie dem πρέπον der Gattungen die gleiche Beachtung schenkten. Schon deshalb verbietet sich die Annahme, daß einer von ihnen aus der Bemerkung, die Dichtung sei etwas Philosophischeres und Gehaltvolleres als die Geschichte[10], die Aufforderung herauslas, die Geschichtsschreibung näher an die Tragödiendichtung heranzurücken[11]. Mit besserem

---

[5] Duris fr. 1 bei F. Jacoby, FGrHist II A, 138. Daß ἐν τῶι φράσαι sowohl auf μιμήσεως als auch auf ἡδονῆς zu beziehen ist, hat P. Scheller, De hellenistica historiae conscribendae arte, Diss. Leipzig 1911, 68f. gegenüber E. Schwartz, Duris, RE V, 1855 (= Griechische Geschichtsschreiber, Leipzig 1957, 29) richtiggestellt.

[6] Grundlegend zu dieser Beziehung E. Schwartz, Fünf Vorträge über den Griechischen Roman, Berlin 1896, 116 und: Die Berichte über die catilinarische Verschwörung, Hermes 32, 1897, 560ff. (= Gesammelte Schriften 2, Berlin 1956, 282ff.). Demgegenüber bemühte sich B. L. Ullman, History and Tragedy, Transactions and Proceedings of the American Philological Association 73, 1942, 25ff. um den Nachweis, daß die Entstehung der tragischen Geschichtsschreibung auf Isokrates zurückgehe. Wie er zu der Ansicht gelangen konnte, daß ihre Wurzel ausgerechnet in der Lehre des Redners zu suchen sei, dessen Stilauffassung von Duris mit Nachdruck bekämpft wird, bleibt unerfindlich.

[7] Zum aristotelischen Mimesisbegriff siehe den Kommentar von D. W. Lucas, Aristotle Poetics, Oxford 1968, 258ff. (Appendix I).

[8] Poet. 13, 1453^a, 36; 14, 1453^b, 11 und öfters.

[9] Zu seinen Ausführungen über die grundsätzliche Verschiedenheit der beiden Gattungen siehe N. Zegers, Wesen und Ursprung der tragischen Geschichtsschreibung, Diss. Köln 1959, 56ff.

[10] Arist. Poet. 9, 1451^b, 5f.

[11] Dies gegen K. v. Fritz, Die Bedeutung des Aristoteles für die Geschichtsschreibung, in: Histoire et historiens dans l'antiquité, Fondation Hardt, Entretiens IV, Genf 1958, 106ff. Auf die entscheidenden Schwächen seiner Darlegungen haben bereits N. Zegers, Wesen und Ursprung 63 und F. W. Walbank, History and Tragedy, Historia 9, 1960, 218f. aufmerksam gemacht: Die Äußerung ἡ μὲν γὰρ ποίησις μᾶλλον τὰ καθόλου, ἡ δ' ἱστορία τὰ καθ' ἕκαστον λέγει (Poet. 9, 1451^b, 6f.) verwehrt schon von der Wortstellung her die Deutung, daß sich μᾶλλον auch auf τὰ καθ' ἕκαστον bezieht, und dem Begriff der μίμησις wird zuviel zugemutet, wenn man in ihn den Inhalt „verdichtete Darstellung des Extremfalls" („concentrated representation of the extreme case") hineinlegt.

Recht hätte sich die Schule des Aristoteles auf die Äußerung berufen können, daß das wirklich Geschehene gelegentlich den Anforderungen genüge, die an die Handlung eines Dramas zu stellen seien[12]. Theophrast zuzutrauen, er habe die Poetik des Aristoteles mißverstanden, ist darum unnötig und unglaubhaft zugleich. Seine Schrift περὶ ἱστορίας ist zwar verschollen[13], Rückschlüsse auf ihren Inhalt sind jedoch möglich. Die Auseinandersetzung mit Isokrates und seiner Schule muß ein wichtiges, wenn nicht das wichtigste Anliegen der verschollenen Abhandlung gewesen sein. Nachdem Aristoteles dem epideiktischen Stil des Isokrates seine vertiefte Stilauffassung entgegengesetzt hatte[14], war dem Schüler, der περὶ ἱστορίας schrieb, die Bahn gewiesen. Einen guten Teil seiner Darlegungen, so darf angenommen werden, hatte er unter die Losung: Abkehr von der Eintönigkeit der isokrateischen Stilmanier, Hinwendung zu den höheren Stilanforderungen des Aristoteles gestellt und demgemäß von dem Geschichtsschreiber verlangt, er solle sich, wie Aristoteles es vom Redner und Dichter forderte, von seinem Gegenstand erfassen lassen[15].

Sobald davon ausgegangen wird, daß er sich in περὶ ἱστορίας mit Isokrates und seiner Schule auseinandersetzte, klärt sich auch, auf welcher sachlichen Grundlage das von Athenaios bezeugte Schülerverhältnis des Duris beruhte[16]. Die Rüge, Theopomp und Ephoros hätten sich nur um den Schreibstil gekümmert[17], bringt zum Ausdruck, daß Duris seinem Lehrer in der Ablehnung des epideiktischen Stils Gefolgschaft leistete.

Der Schritt, den er damit tat, zog weitere Schritte nach sich, die Theophrast bereits vollzogen oder wenigstens geistig vorbereitet hatte. Aus der Absage an die Bestrebungen der Isokrateer, die politische Publizistik gewissermaßen auf die Geschichtsschreibung auszudehnen, sind grundsätzliche Erörterungen über die Möglichkeiten, Merkmale und Grenzen der Geschichtsschreibung hervorgegangen, deren Kenntnis Diodor dem Geschichtswerk des Duris verdankte. Die betreffenden Ausführungen — sie entstammen wohl alle der Vorrede zu seinen Historien — legen davon Zeugnis ab, daß Duris von sehr beachtenswerten Überlegungen her mit dem Problem der wirklichkeitsgetreuen Abbildung des Geschehens rang. Ausgehend von der peripatetischen, die Isokrateer befehdenden Anschauung, daß die Geschichtsschreibung keine Beigabe zu der politischen Rede darstelle, sondern als eigenständige Gattung mit Wesensfremdem nicht vermischt (ἁπλοῦν), homogen (συμφυὲς αὐτῷ) und insgesamt einem beseelten Organismus vergleichbar sei, lehnte er es ab, die Nachgestaltung der Wirklichkeit

---

[12] Poet. 9, 1451^b, 30ff.
[13] Zum Titel vgl. das Schriftenverzeichnis bei Diog. Laert. 5,47.
[14] Rhet. 3, 1414^a, 18ff.
[15] Zu dieser Forderung vgl. Rhet. 2, 1386^a, 32ff.; 3, 1408^a, 10ff. und Poet. 17, 1455^a, 29ff.
[16] Athen. 4,1,128 A = F. Jacoby, FGrHist II A, 136 T 1.
[17] Duris fr. 1 bei F. Jacoby, FGrHist II A, 138.

durch die übermäßige Häufung längerer Reden unablässig zu unterbrechen[18]. Im Sinne der aristotelischen Kunstlehre vertrat er die Ansicht, daß die organische Harmonie gestört würde, sobald die Rede ein mit dem Wesen der Gattung nicht zu vereinbarendes Übergewicht erhielte. Daß die Notwendigkeit, gleichzeitige Vorgänge hintereinander zu erzählen, der lebensnahen Abbildung des Geschehens Grenzen setzte, war ihm als unaufhebbare Schwierigkeit der Geschichtsschreibung bewußt. Den vollen Gefühlswert erkannte er nur der erlebten Wirklichkeit zu, während er von der μίμησις aussagte, daß sie weit (πολύ) hinter der Wirklichkeit zurückbleibe[19]. Was Duris zu erzielen suchte, war die größtmögliche Annäherung an das erlebte πάθος, das Mittel, das ihm zur Verwirklichung seines Ziels verhelfen sollte, die μίμησις. Da Theopomp und Ephoros nach seiner Meinung nicht einmal den Grad der Annäherung an die Wirklichkeit erreichten, den das nacherlebende Nachschaffen ermöglicht, ist es nur folgerichtig, wenn er von ihnen behauptet, sie seien sehr weit (πλεῖστον) von dem Geschehen entfernt geblieben[20]. Der Sache nach zielt der Vorwurf des Duris auf das Fehlen der Bildhaftigkeit (ἐνάργεια)[21]. Wie den Einwendungen zu entnehmen ist, die Polybios als Gegner der tragischen Geschichtsschreibung gegen Phylarch erhob, hatten sich die Vertreter dieser Richtung nicht damit begnügt, die Ereignisse zur Kenntnis zu bringen, sondern größten Wert darauf gelegt, das Furchtbare vor Augen zu stellen (πρὸ ὀφθαλμῶν τιθέναι τὰ δεινά)[22]. Sie taten damit auf ihre Weise der Forderung Genüge, die Aristoteles nicht nur in seiner Poetik, sondern auch in seiner Rhetorik ausgesprochen hatte[23]. In dem zweiten Buch der Rhetorik empfahl er das πρὸ ὀμμάτων ποιεῖν als ein Mittel zur Erhöhung des Mitleids[24]; in der Poetik führte er aus, wie sehr die Bühnenwirksamkeit eines Stücks von dem πρὸ ὀμμάτων τιθέναι als der unabdingbaren Voraussetzung der ἐνάργεια abhänge[25]. Daß Theopomp und Ephoros diesen Bestrebungen fernstanden, unterliegt keinem Zweifel[26]. Isokrates, in dem man ihren gemeinsamen Lehrer sah, hatte die Richtung gewiesen, die er in der Behandlung

---

[18] Duris bei Diod. 20,1f. Wie hart diese Auffassung mit dem Standpunkt der isokratischen Schule zusammenprallte, erfaßt man erst richtig, wenn man bedenkt, daß Theopomp in der Vorrede zu seinen Philippika auf die stolze Bilanz an epideiktischen Reden gepocht hatte, um sich den Lesern seines Geschichtswerks als hervorragenden Stilisten zu empfehlen (Phot. Bibl. 176, 120b, 30ff.).
[19] Duris bei Diod. 20,43,7.
[20] Duris fr. 1 bei F. Jacoby, FGrHist II A, 138.
[21] Zu dem Zusammenhang zwischen μίμησις und ἐνάργεια vgl. die peripatetische Begriffsbestimmung des Demetrios (De eloc. 219): πᾶσα δὲ μίμησις ἐναργές τι ἔχει.
[22] Polyb. 2,56,8; in der Ablehnung der allzu breiten Ausmalung solcher δεινά übereinstimmend Diod. 19,8,4.
[23] Näheres zu dieser Forderung insbesondere Rhet. 3, 1411[b], 23ff.; zu den Nachklängen vgl. H. Strasburger, Wesensbestimmung 79 Anm. 3.
[24] Rhet. 2, 1386[a], 29ff.
[25] Poet. 17, 1455[a], 22ff.
[26] Zu Ephoros vgl. Polyb. 12,28,10f.

der δεινά eingeschlagen wissen wollte. Eine abfällige Bemerkung, die er in seinem Panegyrikos fallen ließ, beleuchtet in voller Schärfe, welch großer Abstand ihn von dem Anliegen der tragischen Geschichtsschreibung trennt. Wo er auf die Seeschlacht von Salamis zu sprechen kommt, stellt er mit bewußter Beschränkung auf das ihm Wesentliche heraus, welche besonderen Beobachtungen und Erkenntnisse aus dem geschichtlichen Ereignis zu gewinnen seien. Mit der Schilderung des Schlachtgetümmels, des Wehgeschreis und der Ermunterungsrufe Zeit zu verschwenden, lehnt er mit der Begründung ab, daß derartiges bei allen Seeschlachten begegne[27]. Hält man sich vor Augen, wie sich diese Einstellung auf die historiographische Darbietung geschichtlicher Vorgänge auswirken mußte, versteht man leicht, weshalb Duris gerade der Darstellungsweise des Ephoros und des Theopomp eine nachdrückliche Absage erteilte, während er Thukydides unbehelligt ließ. Der Darstellungsweise des Thukydides brauchte die peripatetische Schule, wenn sie den Maßstab der ἐνάργεια anlegte, die Bewunderung nicht zu versagen. Ja, es ist sogar sehr wahrscheinlich, daß Theophrast die Entwicklung der griechischen Geschichtsschreibung in Thukydides hatte gipfeln lassen. Rückhalt findet diese Annahme in folgenden Beobachtungen und Überlegungen: (a) Duris konnte offenbar auf der theoretischen Vorarbeit seines Lehrers Theophrast aufbauen, als er von der Praxis des Thukydides ableitete, welcher Zweckbestimmung die Rede in der Geschichtsschreibung zu gehorchen habe[28]. (b) Plutarch zeigt sich der peripatetischen Kunstgesinnung verpflichtet, wenn er Thukydides bescheinigt, er habe sich mit Erfolg um die ἐνάργεια bemüht[29]. (c) Sofern Theophrast seine Schrift über die Geschichtsschreibung nach der Art der Poetik seines Lehrers Aristoteles angelegt hatte, bestand sie aus einem literargeschichtlichen Abriß – dessen Grundzüge Dionys von Halikarnaß in περὶ Θουκυδίδου aufbewahrt zu haben scheint[30] – und einer systematischen Erörterung über die Erfordernisse der Gattung; und wenn er die Auseinandersetzung mit der isokrateischen Richtung der Geschichtsschreibung durch Darlegungen über die Entwicklungsstufen der griechischen Geschichtsschreibung vorbereitet hatte, lag es für ihn nahe, Thukydides nicht nur über seine Vorläufer, sondern auch über solche Nachfolger wie Ephoros und Theopomp zu stellen.

Ephoros und Theopomp unterschieden sich zwar in ihrer Wesensart so sehr, daß die Gegensätzlichkeit ihrer Temperamente Stoff zu einem Apophthegma

---

[27] Pan. 97; ähnlich Euag. 31.
[28] Duris bei Diod. 20,2,2.
[29] Plut. De gloria Athen. 3 (Mor. 347 A); vgl. Nik. 1.
[30] Dionys. Hal. De Thucyd. 5ff.; daß hinter diesen mit den Stufungen der peripatetischen Gattungsentwicklungslehre übereinstimmenden Ausführungen zur literarhistorischen Einordnung der thukydideischen Leistung Theophrast steht, erhärtet ein so gut beglaubigtes Testimonium wie die Cicerostelle Or. 12,39. Was die peripatetische Schule über den Entwicklungsgang der griechischen Geschichtsschreibung ausgesagt hatte, übertrug Cicero seinerseits in zwei Anläufen – De oratore 2,12,51–2,13,54 und De legibus 1,2,6–1,2,7– auf den Werdegang der römischen.

abgab³¹. Doch verband sie die Gemeinsamkeit, daß sie ihre Geschichtswerke im Sinne der Zweckbestimmung, für die ihr Schulhaupt eingetreten war, auf moralpolitische Reflexion abstellten, den isokrateischen Kunstprosastil pflegten, lange Reden einzuschieben liebten und keinen Wert darauf legten, den Leser gewissermaßen zum miterlebenden Zuschauer zu machen. Die Feldherrnansprachen, die sie in ihre Werke einlegten, veranlaßten Plutarch, das Dichterwort οὐδεὶς σιδήρου ταῦτα μωραίνει πέλας anzuführen³². Ihr Verzicht auf die Wahrnehmung der Möglichkeiten, dem Leser das Gefühl schauderenden Vergnügens zu vermitteln, entsprang einer bewußten Abwehrhaltung gegen eine bereits um sich greifende Unsitte. Wie Strabo bezeugt, wandte sich Ephoros ausdrücklich gegen Geschichtsschreiber, die der erschütternden Wirkung zuliebe das Schreckliche (τὸ δεινόν) und das Sonderbare (τὸ θαυμαστόν) in einseitiger Auswahl bevorzugten³³. Daß Duris den Darstellungen der beiden Isokrateer die Fähigkeit absprach, dem Leser ἡδονή zu verschaffen, war von seiner entgegengesetzten Sicht her nur folgerichtig. ἔκπληξις und ἡδονή, so war seine Vorstellung, bedingten einander. Mit der ἡδονή, die er sich von der μίμησις versprach, meinte er insbesondere den Genuß, der nach den Worten des Aristoteles von Mitleid und Furcht durch nachempfindende Nachgestaltung ausgeht (τὴν ἀπὸ ἐλέου καὶ φόβου διὰ μιμήσεως ... ἡδονήν)³⁴. Um diese Wirkung zu erzielen, soll er sich nicht gescheut haben, gegen das Gebot der ἀλήθεια zu verstoßen. Entspricht die antike Kritik den Tatsachen, hatten er und Phylarch die aristotelische Anschauung, nach der die Tragödie in der μίμησις von Furcht oder Mitleid erregenden Handlungen besteht³⁵ und dem Dichter die Aufgabe zukommt, die Leidenschaften (πάθη) zum Zweck der ψυχαγωγία anzusprechen³⁶, so bedenkenlos auf die Geschichtsschreibung übertragen, daß sie, um ihren Lesern die Empfindungen der συμπάθεια oder der ἔκπληξις zu vermitteln, mit Ausschmückungen, Übertreibungen oder Lügen die geschichtliche Wahrheit entstellten³⁷. Während die Gedanken, die Theophrast in seiner Auseinandersetzung mit der isokrateischen Schule ausgebreitet hatte, an sich erwägenswerte

---

[31] Isokrates soll gesagt haben, er habe zwei Schüler, von denen der eine (Ephoros) des Stachels, der andere (Theopomp) des Zügels bedürfe (Isocratis orationes II, ed. G.E. Benseler–F. Blass, Leipzig 1910², p. 277).

[32] Plut. Praec. ger. rei p. (Mor. 803 B).

[33] Strab. Geogr. 7,3,9 (C 302).

[34] Poet. 14, 1453ᵇ, 12. Nach der Auffassung des Aristoteles war das von der μίμησις bewirkte Tauchbad, die κάθαρσις, die unabdingbare Voraussetzung dafür, daß Furcht oder Mitleid erregende Handlungen auf der Bühne ἡδονή hervorrufen, während sie im wirklichen Leben diese Wirkung nicht haben. Den gleichen Erfolg versprach Duris sich von der „verfremdenden" Wirkung der μίμησις in der Geschichtsschreibung.

[35] Arist. Poet. 9, 1452ᵃ, 1ff.; 11, 1452ᵇ, 1; 13, 1452ᵇ, 32f.; 14, 1453ᵇ, 1ff.

[36] Poet. 19, 1456ᵃ, 36ff.

[37] Vgl. Plut. Per. 28,2f.; Them. 32,4; De gloria Athen. 1 (Mor. 345 E); Polyb. 2,56,7f.; 2,56,10ff.; Didym. Comm. zu Demosth. 12,50ff. (= Duris fr. 36 bei F. Jacoby, FGrHist II A, 148).

Ansätze zu einer Neubesinnung in der Geschichtsschreibung verhießen, muß sein Schüler Duris in der Ausführung des mimetischen Programms von der Bahn abgeirrt sein, die von den Eigengesetzen der Gattung vorgeschrieben war. Sobald seine Gefühle beteiligt waren, war er anscheinend vor krassen Geschichtsfälschungen nicht zurückgeschreckt. Plutarch wirft ihm vor, von dem Strafgericht, welches Perikles über die Samier verhängt hatte, Schauermärchen erzählt zu haben, und fügt hinzu, daß er auch sonst dazu geneigt habe, das Wahrheitsgebot zu mißachten[38]. Seine Verstöße gegen das Gesetz der ἀλήθεια waren freilich nicht alle so schwerwiegend wie der von Plutarch gerügte Verstoß. Die Ausschmückungen, die einzig und allein die ἐνάργεια erhöhen sollten, nehmen sich neben einer so groben Verunglimpfung der athenischen Seite geradezu harmlos aus. In seinem Bericht über das Schicksal des Atheners, der als einziger die Schlacht gegen die Aigineten überlebt hatte, hielt sich Duris zwar nicht genau an die Überlieferung. Doch hat er sich in diesem Fall darauf beschränkt, seine Vorlage κατὰ τὸ εἰκός um verdeutlichende Nebenzüge zu bereichern[39]. Bei Ergänzungen dieses Musters unterschied sich seine Arbeitsweise kaum von der Art, in der römische Geschichtsschreiber, die ihre rhetorische Schulung nicht verleugneten, mit der literarischen Überlieferung umgingen, wenn sie ihre Vorlage an lebendiger Anschaulichkeit zu übertreffen suchten.

Als Enkelschüler des Aristoteles, dem das Bewußtsein für die Eigenart der Geschichtsschreibung nicht gefehlt hatte, war Duris wohl nicht im selben Maße wie Phylarch der Gefahr erlegen, die Gattungsgrenze zwischen Tragödie und Geschichtsschreibung zu verwischen. Phylarchs Bestrebungen, den Leser mit den Mitteln der Tragödie zu rühren, erregten bei Polybios nicht ohne Grund den heftigsten Unwillen. Phylarch machte von diesen Mitteln einen so ungehemmten Gebrauch, daß er den Auszug der Frauen aus dem eroberten Mantineia nach der Art der Troades des Euripides ausmalte und mit vordergründiger Einseitigkeit der Neigung nachgab, ἐνάργεια mit πρὸ ὀφθαλμῶν τιθέναι τὰ δεινά gleichzusetzen[40]. Zu einer so einseitigen Auslegung des Begriffes der ἐνάργεια hatte Theophrast schwerlich den Anstoß gegeben. Mit vollem Recht setzte Polybios dem gattungswidrig veräußerlichten Verständnis dieses Begriffes die Forderung entgegen, die lebendige Anschaulichkeit der Berichterstattung müsse auf eigener, aus der αὐτοπάθεια gewonnener Erfahrung beruhen und im Dienst der wirklichkeitsgetreuen Vergegenwärtigung des geschichtlichen Hergangs stehen[41].

Das Nachdenken über die Möglichkeiten, Grenzen und Aufgaben der Geschichtsschreibung hatten Aristoteles und seine Schule gewiß nachhaltig befruchtet. Die mannigfachen Berührungen mit Vorstellungen, die in seiner Poetik beheimatet sind, lassen daran keinen Zweifel. Doch wäre es voreilig, aus dieser

---

[38] Per. 28,2f.
[39] Vgl. Her. 5,87 mit Duris fr. 24 bei F. Jacoby, FGrHist II A, 145.
[40] Polyb. 2,56,7f.
[41] Polyb. 12,25h; vgl. 20,12,8.

Beobachtung den Schluß zu ziehen, die Geburt der tragischen Geschichtsschreibung setze seine geistige Vaterschaft voraus. Seine Bedeutung für ihre Entwicklung beschränkte sich darauf, daß er eher ungewollt als gewollt die Rolle des Paten erlangte. Bekanntlich erklären sich Entstehung und Zielsetzung der rhetorischen Geschichtsschreibung aus dem Zusammenspiel verschiedenartiger Einflüsse, zu denen die geschichtliche Erfahrung ebenso zählt wie die Wirkung der Lehrtätigkeit des Isokrates. Das Zusammenwirken solcher Gegebenheiten gebührend in Rechnung zu stellen, ist jetzt wiederum unerläßlich. Die Bedeutung der geschichtlichen Erfahrung und der Wandel der politischen Verhältnisse sind ebenso in Anschlag zu bringen wie die Wirkung der Lehre. Das Hervortreten großer Einzelpersönlichkeiten, das Erlebnis, daß Machthaber ebenso plötzlich stürzten, wie sie emporgekommen waren, die Erfahrung, daß im Auf und Ab der Geschichte binnen kurzer Zeit ein Großreich versank und auf den Trümmern des alten ein neues erstand — all dies konnte nicht ohne Auswirkung auf die Geschichtsschreibung bleiben[42]. Die Betrachtung der Diadochenzeit lud geradezu ein, die Geschichtsschreibung der dramatischen Dichtung anzunähern und dem Walten der launischen Tyche eine beinahe unbegrenzte Wirksamkeit zuzubilligen. Nachdem der Untergang des Perserreiches und der Aufstieg der Makedonen die Reihe der eindrucksvollen Peripetien eröffnet hatten, lag die Versuchung nahe, die Geschichte nach dem Vorbild der Tragödie zu behandeln. Als $\mu\tilde{\upsilon}\vartheta\text{o}\varsigma$ $\pi\epsilon\pi\lambda\epsilon\gamma\mu\acute{\epsilon}\nu\text{o}\varsigma$ genommen eigneten sich die Stoffe, die sich dem Geschichtsschreiber darboten, beinahe ebenso gut für die Tragödie[43].

Die Bemessung des peripatetischen Anteils an der tragischen Geschichtsschreibung erfordert um so größere Vorsicht, als von der griechischen Geschichtsschreibung des vierten Jahrhunderts das meiste verschollen ist. So wenig zu bestreiten ist, daß die Darstellungsgrundsätze, die Duris in der Vorrede zu seinem Geschichtswerk bejahte, peripatetischen Ursprungs sind, so bleibt doch zu fragen, inwieweit die Losungen der $\mu\acute{\iota}\mu\eta\sigma\iota\varsigma$ und der $\dot{\eta}\delta\text{o}\nu\acute{\eta}$ Bestrebungen decken, deren Ansätze in die vorhellenistische Zeit zurückreichen. Die Nachdrücklichkeit, mit der Isokrates es ablehnte, die $\delta\epsilon\iota\nu\acute{\alpha}$ einer Seeschlacht auszumalen[44] und das Bedürfnis der „Masse" mit dem psychagogischen Repertoire der epischen und tragischen Dichtung zu befriedigen[45], läßt den Schluß zu, daß die Bestrebungen zur dramatischen Ausgestaltung eindrucksvoller Geschehnisse schon im vierten Jahrhundert einen grundsätzlichen Streit ausgelöst hatten[46],

---

[42] Vgl. K. Latte in seinem Diskussionsbeitrag zu K. v. Fritz, Die Bedeutung des Aristoteles für die Geschichtsschreibung, Fondation Hardt, Entretiens IV, 129f.

[43] Zu den Voraussetzungen, die der $\mu\tilde{\upsilon}\vartheta\text{o}\varsigma$ $\pi\epsilon\pi\lambda\epsilon\gamma\mu\acute{\epsilon}\nu\text{o}\varsigma$ erfüllen muß, siehe Arist. Poet. 10, 1452^a, 12ff.

[44] Pan. 97.

[45] Ad Nic. 48f.

[46] F. Wehrli, Die Geschichtsschreibung im Lichte der antiken Theorie, in: Eumusia, Festgabe für E. Howald, Erlenbach–Zürich 1947, 67 vermutet, daß Isokrates mit seiner Polemik auf die persische oder die indische Geschichte des Ktesias zielte.

den Duris, gewappnet mit dem Rüstzeug der peripatetischen Kunstlehre, auf höherer Ebene fortführte. Solchen Bestrebungen kam entgegen, daß der ästhetische Genuß (τέρψις) bereits im fünften Jahrhundert neben der Nützlichkeit (ὠφέλεια) als erstrebenswertes Ziel der Geschichtsschreibung anerkannt war. Welchem der beiden Anliegen ein Geschichtsschreiber den Vorrang gab, hing nicht davon ab, ob er die peripatetische Schule durchlaufen hatte, sondern richtete sich zuallererst nach der Zusammensetzung des Leserkreises, an den er sich wandte. Ktesias von Knidos, der Wegbereiter der historischen Unterhaltungsliteratur, hatte Aristoteles weder gehört noch gelesen, und doch fanden Demetrios und Plutarch in seinen Persika bereits Merkmale der tragischen Geschichtsschreibung vor[47]. Daß man im Zeitalter des Hellenismus selbst in der anspruchsvollen Geschichtsschreibung dazu überging, die politische Unterweisung gegenüber dem Anliegen der ἡδονή zurückzustellen, war eine folgerichtige Entwicklung, die letztlich von dem tiefgreifenden Wandel der politischen Verhältnisse herrührte. Solange die Polis noch nicht zur Ohnmacht verurteilt war, erfüllte der Geschichtsschreiber eine sinnvolle Aufgabe, wenn er politische Belehrung anstrebte. Als aber die Entstehung der Großreiche die griechische Polis in ihrer Bedeutung absinken ließ und die politische Entscheidungsgewalt in die Hände weniger Machthaber gelangte, mußte er, wollte er nicht auf Breitenwirkung verzichten, der Tatsache Rechnung tragen, daß der Kreis der πολιτικοί zusammengeschrumpft war. Hielt er an dem Nützlichkeitsanspruch überhaupt noch fest, so griff er mit Vorliebe zu der Rechtfertigung, daß die Kenntnis der Schicksalsschläge, die andere getroffen hatten, seine Leser besser gegen unangenehme Überraschungen wappne, wie sie ihnen die launische Tyche jederzeit bereiten könne[48]. Hinreichenden Anklang zu finden, konnte er fortan nur hoffen, wenn er den Schwerpunkt seiner Schriftstellerei auf die mitreißende Wirkung legte und sich bemühte, den Leser gewissermaßen zum miterlebenden Zuschauer zu machen.

Die Zielsetzung, ein lebendiges Abbild der Wirklichkeit zu geben, hatte wiederum zur Folge, daß die sachliche Aufklärung und die Suche nach den Ursachen des Geschehens vernachlässigt wurden. Die Rüge, welche Polybios dem tragisierenden Geschichtsschreiber Phylarch wegen dieses Versäumnisses erteilte[49], ist für die ganze Richtung bezeichnend. Polybios ist unter den hellenistischen Geschichtsschreibern eine Ausnahmeerscheinung, die die Regel und die Richtigkeit ihrer Begründung bestätigt. Sein Fall verdeutlicht, wie eng die Zweckbestimmung der Geschichtsschreibung mit den äußeren Bedingungen zusammenhing, unter denen ein Geschichtsschreiber sein Werk verfaßte. Polybios schrieb

---

[47] Demetr. De eloc. 212ff.; Plut. Artox. 6,9 und 18,6f. Vgl. P. Scheller, De hellenistica historiae conscribendae arte 54 und 69f.; P. S. Everts, De Tacitea historiae conscribendae ratione, Diss. Utrecht, Kerkrade 1926, 6 Anm. 2; F. Wehrli, Eumusia 67f.; G. Avenarius, Lukians Schrift zur Geschichtsschreibung, Diss. Frankfurt, Meisenheim am Glan 1954, 132.
[48] Zu erschließen aus der Polybiosstelle 1,1,2.
[49] Polyb. 2,56,13.

nicht als Stubengelehrter für Untertanen eines βασιλεύς, sondern als ein Mann, der selbst im politischen Leben gestanden hatte, für πολιτικοί[50]. Seitdem die makedonische Vorherrschaft zusammengebrochen war, war das Ziel der politischen Unterweisung wieder sinnvoller geworden. Die griechische Polis erlebte nach der Zerschlagung der Monarchie eine Scheinblüte, die der Hoffnung auf politische Selbständigkeit Nahrung gab. Die Frage, wie, wann und weshalb alle bekannten Teile der Welt unter die Herrschaft der Römer gelangten[51], war für die Griechen bedeutsam genug, um ihre Aufmerksamkeit auf sich zu ziehen. Ihnen die Einsicht zu vermitteln, daß sie sich mit der römischen Weltherrschaft als etwas Unvermeidlichem abfinden müßten, konnte namentlich nach der Katastrophe, die sie 146 erlebt hatten, als lohnende Aufgabe erscheinen[52]. Als Polybios die erwähnte Frage stellte und zu beantworten suchte, durfte er sich mit gutem Grund der Erwartung hingeben, an griechischen Lesern selbst dann keinen Mangel zu haben, wenn er die Leserschaft, die er ansprechen wollte, auf den Kreis der πολιτικοί beschränkte[53]. Zu fürchten brauchte er um die Verbreitung seiner Historien ohnehin nicht. Er konnte damit rechnen, auch von den Römern gelesen zu werden, und er rechnete damit. Am Beginn seines Werkes hatte er sich zwar ausschließlich an die Griechen gewandt[54]; doch schloß er die Römer, wie aus anderen Stellen hervorgeht, in den Kreis seiner Leser ein[55]. Es mag sein, daß Polybios mit den Geschichtsschreibern, die die mitreißende Wirkung über die sachliche Belehrung stellten, allzu hart ins Gericht gegangen ist (seine Auseinandersetzung mit der Darstellungsweise des Phylarch wäre wohl weniger schroff ausgefallen, wenn sich nicht der Meinungsgegensatz in der Beurteilung des Kleomenischen Krieges hinzugesellt hätte). Da aber von der hellenistischen Geschichtsschreibung das meiste verschollen ist, sind seine langatmigen Auseinandersetzungen mit den Vorläufern von unschätzbarem Wert. Seiner Streitbarkeit ist es zu verdanken, daß wenigstens umrißhafte Aussagen über die Fortentwicklung der rhetorischen Geschichtsschreibung im Zeitalter des Hellenismus möglich sind. Was er gegen Zenon von Rhodos einwendet, erlaubt den Schluß, daß sich die rhetorische Geschichtsschreibung im Laufe des dritten Jahrhunderts den dramatisierenden Tendenzen der tragischen zusehends anpaßte. Während Duris und Ephoros in ihren Zielsetzungen durch den schroffen Gegensatz geschieden waren, daß der eine von der Pflege des Kunstprosastils[56] und der Häufung längerer Prunkreden[57], der andere

---

[50] Vgl. Polyb. 3,118,12; 9,1,4f.
[51] Polyb. 3,1,4 und öfters.
[52] Zu dem Anspruch, daß auf der Vermittlung dieser Einsicht nicht zum wenigsten die Nützlichkeit seiner Geschichtsschreibung beruhe, siehe Polyb. 3,4,3ff. Zu der politischen Lehre, die er der griechischen Katastrophe entnahm, vgl. auch 38,3f.
[53] Zu dieser Begrenzung des Leserkreises siehe Polyb. 9,1,4f.
[54] Polyb. 1,3,8ff.
[55] Polyb. 31,22,8ff. und 6,11,3ff.
[56] Dionys. Hal. De comp. 4,30.
[57] Duris bei Diod. 20,1f.

von Zugeständnissen an das Unterhaltungsbedürfnis der πολλοί[58] bewußt abgesehen hatten, überbrückte Zenon von Rhodos die Kluft dadurch, daß er die ἐπίδειξις in den Dienst der auf ἔκπληξις gerichteten Bestrebungen stellte. Nach den Worten des Polybios achtete er so sehr auf rhetorische Stilisierung, daß er auf dem Feld der epideiktischen und auf Erschütterung der Masse berechneten Darstellungen keinerlei Steigerung der Aufbauschung übrigließ[59]. Der Streit der Schulen, der die griechische Geschichtsschreibung in die isokrateisch-rhetorische und die peripatetisch-tragische Richtung gegabelt hatte, gehörte um die Wende vom dritten zum zweiten Jahrhundert bereits der Vergangenheit an[60]. Mischformen, für die sich die Bezeichnung „dramatische" Geschichtsschreibung als terminologischer Behelf empfiehlt, werden im Laufe der Entwicklung immer häufiger aufgetreten sein.

Daß von der hellenistischen Geschichtsschreibung der Griechen im ganzen so viel verlorengegangen ist, ist besonders bedauerlich: Sie war es, die in ihrer peripatetisch-tragischen und ihrer rhetorisch-dramatischen Ausformung den Werdegang der römischen Geschichtsschreibung auf vielfältige Weise festlegte.

Wenngleich von dem Geschichtswerk des Fabius Pictor keine Zeile im ursprünglichen Wortlaut auf uns gekommen ist, so ist aus den Nacherzählungen, die nachweislich auf seine Darstellung zurückgehen, doch soviel zu erkennen, daß er nicht nur griechisch schrieb, sondern auch mit beiden Füßen in der Tradition der griechischen Geschichtsschreibung stand. Der Anlage nach gehörte sein Geschichtswerk in die Reihe griechischer Werke, die wie die Σικελικά des Timaios mit der Urzeit begannen, in die Darstellung der selbsterlebten Zeit ausmündeten, auf breitem Raum über Kultbräuche unterrichteten und ihre Schwerpunkte in der Darbietung der Gründungssage und der Zeitgeschichte besaßen[61].

Von Städtegründungen (κτίσεις) zu erzählen, war namentlich im Zeitalter des Hellenismus beliebt geworden[62]. Die dramatische Aufmachung solcher Erzählungen entsprach dem Geschmack der Zeit. Was die Gründungssage der Stadt Rom anlangt, so war Fabius Pictor, wie Plutarch bezeugt[63], in der Hauptsache der anerkannten Darstellung des Diokles von Peparethos gefolgt. Das Ansehen, das diese Darstellung genoß, hielt mit der Erfindungsgabe ihres Verfassers Schritt. Diokles hatte sich nicht gescheut, die Überlieferung von der Aussetzung der Zwillinge Romulus und Remus nach dem Muster der Tyro des

---

[58] Ephoros bei Strab. Geogr. 7,3,9 (C 302) im Sinne der Auffassung, die sein Lehrer Ad Nic. 48f. niederlegte.
[59] Polyb. 16,18,2.
[60] Vgl. N. Zegers, Wesen und Ursprung 79f.
[61] Vgl. Dionys. Hal. Ant. Rom. 1,6,1f.
[62] F. Susemihl, Geschichte der griechischen Litteratur in der Alexandrinerzeit I, Leipzig 1891, 532.
[63] Rom. 3,1.

Sophokles[64] zu einem μῦθος πεπλεγμένος auszuspinnen[65]: Er erfand zwei ἀναγνωρίσεις, wählte eine σκάφη als Erkennungszeichen, sah darauf, daß die beiden Wiedererkennungen jeweils eine Peripetie auslösten, und ließ die zweite Schicksalswendung in einem Verwandtenmord enden[66]. Seine Erzählung war so aufgebaut, daß die erste Wiedererkennung — ein ἀναγνωρισμός durch Selbstvorstellung — die Wendung hervorbrachte, die Numitor (und seinen beiden Enkeln) zugute kam, während die zweite — ein ἀναγνωρισμός durch Erkennungszeichen — den Umschlag einleitete, der Amulius, ohne daß er sich dessen zunächst versah, zum Verhängnis wurde[67]. Das Schicksal des Amulius ist von tragischer Ironie begleitet: Mit der Entsendung des Boten erreicht er das Gegenteil von dem, was er erwartet[68]. Mag Diokles von Peparethos die Poetik des Aristoteles gekannt haben oder nicht — unbestreitbar ist, daß er auf Mittel der ψυχαγωγία zurückgegriffen hat, deren Verwendung Aristoteles in der Poetik empfohlen hatte. Der Grundsatz, nach dem die beiden Wiedererkennungsszenen gestaltet sind, lautet in den Worten des Aristoteles: καλλίστη δὲ ἀναγνώρισις, ὅταν ἅμα περιπετείᾳ γένηται[69]. Die Tyro des Sophokles war so gearbeitet, daß die Wiedererkennung mit der Peripetie einherging. Der Verwandtenmord, dessen Bühnenwirksamkeit Aristoteles in seiner Poetik hervorgehoben hatte[70], fehlt in der Erzählung des Diokles so wenig wie in der Tyro des Sophokles: Die Ermordung des Amulius gehört in die gleiche Gattung wie die Tötung der Σιδηρώ, der Stiefmutter Tyros, dem ἀναγνωρισμός folgt hier wie dort ein „gutes" Ende[71], und das Erkennungszeichen ist im einen wie im anderen Fall eine σκάφη[72].

Damit steht fest, daß Fabius Pictor in der Erzählung der Gründungssage einem Geschichtsschreiber gefolgt ist, dessen Darstellung von der Gründung Roms in das γένος τραγικόν der hellenistischen Geschichtsschreibung hineingehörte[73]. Zu dieser Feststellung paßt, daß die Einwendungen, die Spätere gegen seine Darstellung der römischen Urgeschichte erhoben, an die Kritik erinnert,

---

[64] Zu ihrem Inhalt siehe A. Nauck, Tragicorum Graecorum Fragmenta, Hildesheim 1964², 272.

[65] Zu den Bedingungen, die der μῦθος πεπλεγμένος erfüllen soll, siehe Arist. Poet. 10.

[66] Vgl. Plutarchs Nacherzählung, Rom. 7f., und Dionys. Hal. Ant. Rom. 1,79ff.

[67] Wie aus Poet. 16, 1454ᵇ, 19ff. hervorgeht, hatte Aristoteles diese beiden Formen der ἀναγνώρισις vom künstlerischen Standpunkt weniger geschätzt.

[68] Dionys. Hal. Ant. Rom. 1,82f.

[69] Poet. 11, 1452ᵃ, 32f.

[70] Poet. 14, 1453ᵇ, 19ff.

[71] Vgl. Schol. Eur. Or. 1691: ὁμοίως (d. h. in der gleichen Weise wie in der Alkestis des Euripides) καὶ ἐν Τυροῖ Σοφοκλέους ἀναγνωρισμὸς κατὰ τὸ τέλος γίνεται.

[72] Arist. Poet. 16, 1454ᵇ, 25; Dionys. Hal. Ant. Rom. 1,82,4.

[73] F. W. Walbank, Polybius, Philinus, and the First Punic War, Classical Quarterly 39, 1945, 12; zustimmend K. Hanell, Zur Problematik der älteren römischen Geschichtsschreibung, Fondation Hardt, Entretiens IV, 165; ablehnend E. Burck, Livius: Wahl und Anordnung des Stoffes, in: Wege zu Livius, hrsg. von E. Burck, Darmstadt 1967, 336.

die Plutarch in seiner Lebensbeschreibung des Artoxerxes an Ktesias übt[74]. Soweit sie den Grundsatz befolgten, daß allzu Fabulöses (μυθωδέστερα) in der Geschichtsschreibung keinen Platz haben dürfe, zogen sie namentlich die Erzählung von der Aussetzung der Zwillinge und ihrer Säugung durch die Wölfin in Zweifel. Was ihr Mißtrauen erweckte, verwarfen sie als phantastische Erfindung (πλασματῶδες) und dramatischen Unsinn (δραματική ἀτοπία)[75].

Selbstverständlich nötigt nichts zu der Annahme, daß Fabius Pictor eine hellenistische Anleitung zur Geschichtsschreibung gelesen hatte, bevor er ans Werk ging. Solcher Vorüberlegungen bedurfte es nicht. Soweit er griechischen Quellen folgte, wird er die Darstellung, die zu seiner Zeit die voraussetzungsreichste Überlieferung verkörperte[76], mit derselben Selbstverständlichkeit übernommen haben, mit der er die griechische Weltsprache der römischen Nationalsprache vorgezogen hatte. Den Schluß zu ziehen, er habe sich durchgängig der tragisierenden Richtung der hellenistischen Geschichtsschreibung verschrieben, wäre ohne Zweifel nicht nur voreilig, sondern falsch. Literargeschichtlich gehörte sein Geschichtswerk in die stattliche Reihe der Werke, deren gemischter Inhalt einen möglichst großen Kreis von Lesern ansprechen sollte: In solchen Werken waren, wie Polybios bezeugt, die genealogische Gattung (ὁ γενεαλογικὸς τρόπος), die Gattung der Altertumskunde (ὁ περὶ τὰς ἀποικίας καὶ κτίσεις καὶ συγγενείας τρόπος) und die Gattung der politischen Geschichtsschreibung (ὁ περὶ τὰς πράξεις τῶν ἐθνῶν καὶ πόλεων καὶ δυναστῶν τρόπος) nebeneinander vertreten[77]. Die pragmatische Richtung der Geschichtsschreibung schlug Fabius spätestens von dem Augenblick an ein, in dem er die Geschichte der selbsterlebten Zeit zu schildern begann[78]. Sobald in seinem musivischen Geschichtswerk die Darstellung der jüngeren Vergangenheit einsetzte, wird schon in der äußeren Form der Stoffdarbietung ein Wandel eingetreten sein. Während er die Zeitspanne, die zwischen der Gründung Roms und dem Beginn der selbsterlebten Geschichte lag, nachweislich in der gerafften Form eines Abrisses behandelt hatte[79], wird die Schilderung des Zweiten Punischen Krieges annalistisch gegliedert gewesen sein. Die alljährliche Unterbrechung der Feldzüge legte diese Gliederungsweise jedenfalls nahe.

In ein neues Stadium trat die Begegnung mit der hellenistischen Geschichtsschreibung, als die römische Monographie aufkam. Ihr Schöpfer, Coelius Anti-

---

[74] Plut. Artox. 6,9.
[75] Vgl. Plut. Rom. 8,9 und Dionys. Hal. Ant. Rom. 1,84,1.
[76] Von den tralatizischen Variantenangaben, die Dionys von Halikarnaß in seine Nacherzählung der Gründungsgeschichte aufgenommen hat, werden nicht wenige schon in der Darstellung des Diokles von Peparethos angesiedelt gewesen sein.
[77] Polyb. 9,1,3f.
[78] Über den Wechsel von chronikartiger Erzählung zu pragmatischer Geschichtsdarstellung im Werk des Fabius Th. Mommsen, Fabius und Diodor, Hermes 13, 1878, 321f. (= Römische Forschungen 2, Berlin 1879, 276f.).
[79] Vgl. Dionys. Hal. Ant. Rom. 1,6,2.

pater, hatte sich als Redelehrer einen Namen gemacht[80], während er sich im politischen Leben, sofern er überhaupt daran Anteil hatte, zu keiner Zeit hervorgetan zu haben scheint[81]. Schon von diesen Voraussetzungen her ist ohne weiteres zu verstehen, daß er sich die hellenistischen Kunstforderungen, die er in der dramatischen Geschichtsschreibung der Griechen verwirklicht fand, zu eigen machte und der fesselnden Wirkung auf Kosten der Sachlichkeit den Vorzug gab. Als Gegenstand seiner Darstellung wählte er einen geschichtlichen Abschnitt, der eine in sich geschlossene Ganzheit bildete und an Peripetien reich war: die Geschichte des Zweiten Punischen Krieges. Die mitreißende Wirkung, die sich dem bewegten Geschehen auch ohne Übertreibungen abgewinnen ließ, suchte er dadurch zu erhöhen, daß er von geläufigen Mitteln der ψυχαγωγία einen ausgedehnten Gebrauch machte. Um die Niederlage am Trasimenischen See in eine noch düsterere Beleuchtung zu rücken, bot er gewaltige Erdbeben, die ganze Städte in Trümmer legten, und andere, nicht minder schreckliche Prodigien auf[82]. Die Elemente ließ er nach dem Muster hellenistischer Katastrophenschilderungen mit Vorliebe toben. Obwohl die Überfahrt nach Afrika so ruhig verlaufen war, daß Scipio kein Schiff verloren hatte, trug er kein Bedenken, in seiner Darstellung die Schrecken eines Seesturms heraufzubeschwören[83]. Die Größe des übersetzenden Heeres in Zahlen auszudrücken, verschmähte er; statt dessen zog er es vor, die Einschiffung der Truppen als einen überwältigenden Anblick auszumalen: *volucres ad terram delapsas clamore militum ait, tantamque multitudinem conscendisse naves, ut nemo mortalium aut in Italia aut in Sicilia relinqui videretur*[84].

Es mag sein, daß manche Ausschmückung oder Übertreibung nicht auf ihn selbst, sondern auf Silenos von Kaleakte zurückgeht, dessen Geschichtswerk er nachweislich benutzte[85]. Soweit er ihm vor seinen römischen Vorläufern den Vorzug gab, bestätigt dies indessen nur, mit welcher Bewußtheit er den Anschluß an die dramatische Geschichtsschreibung des Hellenismus suchte. Schwerlich kann ihn, den römischen Geschichtsschreiber, an der Darstellung des Silenos angezogen haben, daß dieser für Hannibal Partei ergriffen hatte; weitaus wahrscheinlicher ist die Annahme, daß ihn vorwiegend die künstlerische Darbietung des Stoffs ansprach. War ein Thema so oft behandelt wie die Geschichte des Zweiten Punischen Kriegs, lag es nahe, daß ein Geschichtsschreiber sich von der Überzeugung leiten ließ, es gelte, die Vorläufer mit einer steigernden Darstellung zu übertrumpfen. Hatte Coelius aus diesem Grund seine Darbietung des Geschehens mehr auf das τερπνόν abgestellt, so blieb dem Wunsch die Erfüllung

---

[80] Cic. Brut. 26,102.
[81] F. Klingner, Römische Geschichtsschreibung bis zum Werke des Livius, Antike 13, 1937, 12 (= Römische Geschichtsschreibung, in: Römische Geisteswelt 80).
[82] Fr. 20 bei H. Peter, HRR I², 163f.
[83] Fr. 40 bei H. Peter, HRR I², 171.
[84] Fr. 39 bei H. Peter, HRR I², 171.
[85] Fr. 11 bei H. Peter, HRR I², 160.

nicht versagt. Sein Geschichtswerk genoß hohes Ansehen und galt für lange Zeit als eine der maßgeblichen Darstellungen des Hannibalkrieges.

In der Geschichte der römischen Geschichtsschreibung erlangte er die Bedeutung des Bahnbrechers. Seine Ansätze, den Stilanforderungen der Kunstprosa gerecht zu werden[86], wurden in der Folgezeit fortgeführt. Die Entwicklung ging dahin, daß der *exornator rerum* dem *narrator* in der Gunst der römischen Leser den Rang ablief[87]. Die Rhetorik mit ihren dramatisierenden Tendenzen begann sich nunmehr zusehends der römischen Geschichtsschreibung zu bemächtigen. Nach den Regeln der προσωποποιία selbsterfundene Reden zur Steigerung der Dramatik einzulegen, gehörte von Coelius an zu den Kunstmitteln, deren sich die römischen Geschichtsschreiber um der ποικιλία willen nur zu gern bedienten[88].

Von den Nachfolgern des Coelius Antipater entfaltete Licinius Macer nach Ciceros Meinung in seinen Schilderungen ἐνάργεια und in seinen Reden geschmackloses Pathos: *nam quid Macrum numerem? cuius loquacitas habet aliquid argutiarum, nec id tamen ex illa erudita Graecorum copia, sed ex librariolis Latinis, in orationibus autem multa sed inepta elatio, summa impudentia*[89]. Die Bezeichnung *argutiarum* erinnert an das Programm der tragischen Geschichtsschreibung. Die Beurteilung der Reden, die Licinius in sein Geschichtswerk einlegte[90], erlaubt keine eindeutige Zuweisung. Ihre Kennzeichnung trifft ebenso auf die Entartungen der rhetorischen wie auf Auswüchse der tragischen Geschichtsschreibung zu. Im Sinne der peripatetischen Anschauungen des Duris Rede und Reflexion gegenüber der Beschreibung in den Hintergrund zu drängen, dürfte Licinius ferngelegen haben. Er konnte an einen Stand der historiographischen Entwicklung anknüpfen, in dem die rhetorische und die tragische Geschichtsschreibung ineinander aufgegangen waren.

Als Sempronius Asellio in Rom heimisch zu machen suchte, was er aus dem Geschichtswerk des Polybios gelernt hatte, war die rhetorische Strömung schon zu mächtig, als daß sich seine polybianische Stilauffassung hätte durchsetzen können. In dem Bekenntnis zu der Verpflichtung, die Absicht der Handelnden und die Ursachen des Geschehens aufzudecken[91], fand er Nachfolge, ebenso in der Beschränkung auf die Darstellung der römischen Zeitgeschichte. Die Anspruchslosigkeit seiner Prosa stieß hingegen auf Ablehnung: Sein bewußter Ver-

---

[86] Zu diesen Bemühungen siehe fr. 1 bei H. Peter, HRR I², 158.

[87] Diese Unterscheidung nach Cic. De or. 2,12,54.

[88] Von den Reden, die Coelius Antipater in die fortlaufende Darstellung eingefügt hatte, sind nur wenige Bruchstücke erhalten geblieben (fr. 3,5,6,26,47 bei H. Peter, HRR I², 158f., 166 und 173); über die Länge dieser Reden und die Häufigkeit ihres Vorkommens sind sichere Aussagen nicht möglich.

[89] De leg. 1,2,7.

[90] Solche Reden sind gemeint; über die Reden, die Licinius Macer selbst hielt, urteilt Cicero anders: Brut. 67,238.

[91] Fr. 1 bei H. Peter, HRR I², 179.

zicht auf rednerischen Schmuck und rhythmischen Satzschluß wurde von Cicero als ein Rückfall zu der nachlässigen, der Vertrautheit mit den Kunstgesetzen der Rhetorik ermangelnden Prosa der alten Annalisten gedeutet[92]. Die Ausbreitung der rhetorischen Bestrebungen nahm ihren Fortgang, ohne daß die Werkgattung der zeitgeschichtlichen Darstellungen von dem Einfluß des Coelius Antipater unberührt blieb. In Sisenna fand Sempronius Asellio einen Fortsetzer, der die von Coelius Antipater eingeleitete Stilentwicklung fortführte. Mit welcher Bewußtheit er Coelius Antipater in der Einbürgerung römischer Kunstprosa nacheiferte, erweisen die sprachlichen und stilistischen Entlehnungen mit hinlänglicher Deutlichkeit. Von seinem Vorbild übernahm er nicht allein das entlegene Wort *congenuclare*[93], sondern auch die Häufung von Asyndeta[94] und Hyperbata[95], die Vorliebe für dichterische Wendungen und Vorstellungen[96] und solche Mittel der ψυχαγωγία wie die Aufzählung schauriger *ostenta*[97] und die Einfügung frei erfundener Reden. Der Fortschritt, den sein Stil in dem Entwicklungsgang der römischen Kunstprosa erbrachte, kann nicht gering gewesen sein. Cicero stellte ihm gewiß nicht ohne Grund das Zeugnis aus, daß er als Stilist einstweilen noch von keinem anderen römischen Geschichtsschreiber übertroffen worden sei[98]. An Geschick übertraf Sisenna sein Vorbild nachweislich in der Verwendung der Stilfigur des Hyperbatons[99]. In der künstlerischen Ausgestaltung war er freilich nicht immer gegen die Gefahr gefeit, daß seine Darstellung zur effekthaschenden Novellistik hin abglitt[100]. Wie die wenigen Bruchstücke, die sich von seinem Geschichtswerk erhalten haben, noch erkennen lassen, reichte die Skala der Stimmungen, die er in seiner Schilderung des Bürgerkriegsgeschehens ausmalte, von Furcht, Panik und Mißtrauen bis zu Hoffnung und unbändiger Freude[101]. Von dem Hergang der Schlachten und Belagerungen mit der Sachlichkeit eines Xenophon oder Caesar zu berichten, lag offenkundig nicht in seiner Absicht. Soweit man sehen kann, richtete sich sein Augenmerk stärker auf Einzelheiten, deren Schilderung die Affekte des Lesers ansprechen mußte:

---

[92] De leg. 1,2,6: ...*nihil ad Caelium sed potius ad antiquorum languorem et inscitiam.* Daß *languor* auf die Lässigkeit in Stildingen und *inscitia* auf das Fehlen einer rhetorischen Schulung geht, ergibt sich aus dem Zusammenhang mit Ciceros vorausgehenden Darlegungen.
[93] Coel. fr. 44 und Sis. fr. 33 bei H. Peter, HRR I², 172 und 281.
[94] Sis. fr. 6,27,35,63,82,84 bei H. Peter, HRR I², 277,280,281,286,288.
[95] Sis. fr. 32,43,45,48,71,76,100,114 bei H. Peter, HRR I², 281,282,283,287,290,292.
[96] Sis. fr. 103 und 104 bei H. Peter, HRR I², 290f.
[97] Sis. fr. 5 bei H. Peter, HRR I², 277.
[98] De leg. 1,2,7; vgl. Brut. 64,228.
[99] Daß sich Coelius um des rhythmischen Tonfalls willen Hyperbata mit unschönen Folgen gestattete, zeigt besonders kraß die Zerschneidung der Anrede in fr. 24B bei H. Peter, HRR I², 166. Soweit Sisenna von der Stilfigur des Hyperbatons Gebrauch machte, bevorzugte er die Wortfolge Attribut-Prädikat-nominales Objekt.
[100] Vgl. Th. Mommsen, Römische Geschichte 3, Berlin 1882⁷, 611 Anm. (zu fr. 103 bei H. Peter, HRR I², 290).
[101] Sis. fr. 45,50,79,96 bei H. Peter, HRR I², 283,288,289.

die erwartungsvolle Stille vor dem Eintreffen der nahenden Truppen, den Schall der Tuben und das Schlachtgeschrei der Soldaten am Beginn des Kampfes, das Dröhnen der Schilde, die gnadenlose Niedermetzelung wehrloser Gegner usf.[102].

Daß Sisenna den Bogen gelegentlich überspannt hatte, hat Cicero sicherlich richtig beobachtet. Ob ihn das Fehlen eines durchweg sicheren Geschmacks zu dem wenig schmeichelhaften Vergleich mit Kleitarch berechtigte[103], ist indessen fraglich. Wahrscheinlicher ist, daß Sisenna dort, wo er allzu starke Farben auftrug, im Dienste seiner politischen Tendenz übertrieb. Hätte er wie Kleitarch aus reiner Freude am Fabulieren Ausschmückungen und Übertreibungen gehäuft, hätte ihm Sallust schwerlich bescheinigt, er habe bei aller Parteilichkeit die sullanische Zeit am besten und gewissenhaftesten geschildert[104].

Die Wertschätzung, die Sallust, nach dieser Äußerung zu urteilen, Sisennas Geschichtsschreibung entgegenbrachte, findet ihre Bestätigung in der Tatsache, daß er seine Historien dort begann, wo Sisenna aufgehört hatte. Der zeitliche Anschluß muß freilich keineswegs besagen, daß sich ihre historiographischen Bestrebungen in allen Belangen deckten. Es wird zu prüfen sein, inwieweit Sallust in dem Fortgang der römischen Geschichtsschreibung einen markanten Einschnitt setzte.

Die Wiederentdeckung des Thukydides

Als Sisenna seine Historien abfaßte, war die Vorherrschaft der rhetorisierten, auf ἐνάργεια und ἔκπληξις abzielenden Geschichtsschreibung noch nicht erschüttert. Die Vorstellungen, die in ihr verwirklicht waren, behaupteten noch ein gutes Jahrzehnt nach seinem Tod ihre beherrschende Geltung. Der Brief, in dem Cicero den Geschichtsschreiber Lucceius ersucht, sein Tun und Leiden von dem Beginn der catilinarischen Verschwörung bis zu seiner Rückkehr aus der Verbannung in dramatischer Aufmachung zu behandeln[105], legt diesen Schluß jedenfalls nahe.

Dieser Brief ist oft mißverstanden worden. Es ist keineswegs ausgemacht, daß Cicero in ihm auf eine peripatetische Lehrschrift zur Geschichtsschreibung Bezug nimmt[106]. Daß das Geschichtswerk gewissermaßen ein organisches Ganzes (*quoddam corpus*) darstellen soll (§ 4), welches sich wie der Mythos eines Dramas ausnimmt (§ 6), daß es darauf ankommt, die Gestalt des Helden in den Mittelpunkt der Handlung zu rücken (§ 2), daß dessen wechselvolle Geschicke

---

[102] Sis. fr. 25,26,64 und 73 bei H. Peter, HRR I², 280,286,287.
[103] Cic. De leg. 1,2,7.
[104] Iug. 95,2.
[105] Ad fam. 5,12; geschrieben um die Mitte des Jahres 56 v. Chr.
[106] Gegen N. Zegers, Wesen und Ursprung 80ff.

den Leser fesseln (§ 4) und in die verschiedensten Stimmungen (*misericordia, admiratio, exspectatio, laetitia, molestia, spes, timor*) versetzen (§ 5) und daß die Peripetien, als Werk der Tyche verstanden, mehr als alles andere geeignet sind, dem Leser ἡδονή (*delectatio*) zu bereiten (§ 4), das waren Anschauungen, die längst Gemeingut geworden waren und sich von der künstlerischen, das Bedürfnis nach πάθος und ἐνάργεια befriedigenden Geschichtsschreibung unschwer ableiten ließen.

Die Gültigkeit der Vorstellungen, denen Cicero in seinem Brief an Lucceius Raum gibt, war nicht auf die Monographie beschränkt[107]. Dem Leser ἡδονή zu verschaffen und sein Gemüt in die verschiedensten Stimmungen zu versetzen, war selbstverständlich auch im Rahmen der *historia perpetua* möglich. Die Geschlossenheit des Geschichtswerks war willkommen, galt aber zu keiner Zeit als unabdingbare Voraussetzung der ἡδονή. Duris, der Enkelschüler des Aristoteles, erblickte nicht in der Geschlossenheit, sondern in dem nacherlebenden Nachschaffen der Wirklichkeit die Grundlage der ἡδονή. Seine Historien als ein organisches ἕν im Sinne der aristotelischen Kunstlehre anzulegen, hatte er erst gar nicht angestrebt[108]. Geschlossenheit wurde von zeitgeschichtlichen Darstellungen dieser Art in der peripatetischen Schule nicht verlangt. Der Geschichte im ganzen hatte Aristoteles lediglich die Einheit der Zeit, nicht die Einheit der Handlung zugebilligt[109], als er den Unterschied zwischen dem Mythos einer Tragödie und dem Ablauf der Universalgeschichte mit der treffenden, der Darstellung des Ephoros widerstreitenden Erläuterung verdeutlichte, daß die Seeschlacht von Salamis mit der Schlacht von Himera nicht ursächlich zusammenhänge, obwohl beide Ereignisse zeitlich zusammengefallen seien[110]. Drängte sich der Eindruck auf, daß von einem bestimmten Zeitpunkt an die Vorgänge, die sich auf den verschiedenen Schauplätzen der Mittelmeerwelt abspielten, allesamt auf ein einziges Ziel zuliefen, so konnte man, wie Polybios es tat, vom r e i n   p o l i t i s c h e n Standpunkt aus davon sprechen, daß die Geschichte gewissermaßen ein organisches Ganzes (οἱονεὶ σωματοειδῆ) geworden sei[111]. Poly-

---

[107] Verfehlt R. Reitzenstein, Hellenistische Wundererzählungen, Leipzig 1906 (Darmstadt 1963), 84ff. Ablehnend bereits P. Scheller, De hellenistica historiae conscribendae arte 79ff. und N. Zegers, Wesen und Ursprung 82.
[108] E. Schwartz, RE V, 1854 (= Griechische Geschichtschreiber 29).
[109] Poet. 23, 1459a, 17ff.
[110] Poet. 23, 1459a, 24ff.; vielleicht eine unauffällige Stellungnahme gegen Ephoros fr. 186 bei F. Jacoby, FGrHist II A, 95f. Die Streitfrage, ob der Synchronismus der beiden Schlachten im Rahmen eines Bündnisses zwischen dem persischen Großkönig und den Karthagern verabredet war oder ob die Bezeugung des Bündnisses auf nachträglicher Konstruktion beruhte, durchzieht die Forschung bis heute (vgl. H. Bengtson, Griechische Geschichte, München 1969⁴, 170 mit Anm. 1); zu entscheiden ist sie im Sinne des Aristoteles.
[111] Polyb. 1,3,4. Künstlerische Implikationen hält er in diesem Zusammenhang ebenso fern wie in seiner streng pragmatischen Bestimmung des Begriffs der ἐνάργεια (Polyb. 12,25h). P. Scheller, De hellenistica historiae conscribendae arte 41ff. hat diesem Unterschied nicht die gebührende Beachtung geschenkt.

bios wußte aber auch sehr wohl, daß diese Bedingung von den früheren Epochen der Weltgeschichte nicht erfüllt worden war[112]. In dieser Beziehung deckte sich seine Anschauung vollkommen mit der Meinung des Aristoteles. Wie seine Poetik erweist, war es ihm nicht in den Sinn gekommen, die vergangenen Bemühungen in der Darbietung der Universalgeschichte vom Standpunkt der künstlerischen Geschlossenheit für unzulänglich zu erklären, und es ist undenkbar, daß er oder einer seiner näheren Schüler jemals dazu aufgefordert hatten, die Darstellung der Universalgeschichte nach den Aufbaugesetzen des Dramas zu gestalten.

Selbstverständlich verbietet sich auch die Deutung, daß Cicero das Gebot der *veritas* nur für die „große" Geschichtsschreibung, nicht aber für die Monographie kenne[113]. Damit entfällt aber zugleich die Folgerung, daß Sallust die Wahrheitsgrundsätze der „großen" Geschichtsschreibung auf die Monographie übertragen habe[114]. Daß der Verfasser einer Monographie der *gratia* nachgeben dürfe, war nie Gesetz geworden. Den Anspruch auf *veritas* hatte lange vor Sallust bereits der Schöpfer der ersten römischen Monographie, Coelius Antipater, erhoben. Wie aus einem zufällig erhaltenen Bruchstück zu erschließen ist, hatte Coelius in der Vorrede zu seiner Geschichte des Hannibalkriegs versichert, er habe „aus den Werken derer" geschöpft, „die als zuverlässig (*veri*) gelten[115]." Dem Gebot der Wahrhaftigkeit unterstand die Geschichtsschreibung schlechthin. *historia perpetua* und Monographie getrennten Gesetzen zu unterwerfen, war nie versucht worden. Aristoteles und seiner Schule hatte die Absicht ferngelegen, die Monographie an Leitsätze zu binden, die mit dem πρέπον der Geschichtsschreibung nicht zu vereinbaren waren. Im Einklang mit seinem bekannten Gebot, ein literarisches Kunstwerk müsse eine geschlossene, Anfang und Ende besitzende Handlung bieten, damit es wie ein ζῷον ἓν ὅλον die gemäße ἡδονή verschaffe[116], hatten er oder seine Schule nur davon gesprochen, daß der wesensbedingte Vorzug der Monographie, die Einheit der Handlung, genußreiches Zuhören verbürge[117]. Mit keinem Wort aber hatte er dazu ermutigt, die Monographie nach den Gesetzen des Dramas zu gestalten. In dem Brief an Lucceius darüber Aufschluß zu suchen, ob Cicero eigens für die Monographie entwickelte Kunstgesetze peripatetischen Ursprungs vorfand, ist verschwendete Mühe. Cicero fordert Lucceius nicht etwa dazu auf, die Gesetze der Monogra-

---

[112] Polyb. 1,3,3.
[113] Gegen R. Reitzenstein, Hellenistische Wundererzählungen 86; seine Auslegung des Lucceiusbriefes ist in nahezu allen Belangen falsch.
[114] Verfehlt R. Reitzenstein, Hellenistische Wundererzählungen 89.
[115] Coel. Antip. fr. 2 bei H. Peter, HRR I², 158. Den Anspruch auf *veritas* unterstreicht seine ἐποχή in strittigen Fällen, von der fr. 29 bei H. Peter, HRR I², 168 eine Probe gibt. Von Valerius Maximus wurde Coelius als *certus Romanae historiae auctor* (1,7,6) eingestuft.
[116] Poet. 23, 1459ª, 18ff. Zu der Vorstellung, daß die Tragödie μίμησις einer in sich geschlossenen, Größe besitzenden Handlung sei, vgl. Poet. 6, 1449ᵇ, 24f. und 9, 1452ª, 2.
[117] Problem. 18,917ᵇ, 9.

phie statt der Gesetze der „großen" Geschichtsschreibung auf ihn anzuwenden, sondern er geht ihn um die Gefälligkeit an, seine Person und sein Wirken selbst gegen die eigene Überzeugung so ungehemmt zu verherrlichen, daß die Scheidewand zwischen Historiographie und Enkomion niederbricht[118]. Sein Ansinnen, Lucceius solle sich nicht scheuen, gegen die Gesetze der Geschichtsschreibung (*leges historiae*) zu verstoßen[119], kann gar nicht anders verstanden werden. Nicht von ungefähr erinnert Cicero in diesem Zusammenhang an Xenophons Agesilaos[120]. Das Enkomion erlaubte nach antiker Auffassung den Verzicht auf den Wahrheitsanspruch, nicht aber die Geschichtsschreibung[121].

Daß Cicero vor Lucceius dramatische Gesichtspunkte ausbreitete, um ihm die Aufgabe, die er ihm zumutete, schmackhaft zu machen, wirft ein bezeichnendes Licht auf dessen Schriftstellerei. Man darf annehmen, daß Lucceius in seinen verschollenen Historien dem Bedürfnis nach ἐνάργεια und ἔκπληξις Rechnung getragen hatte[122]. Anderenfalls hätte Cicero die Wirkung seiner werbenden Ausführungen schlecht bedacht. So gesehen bestätigt der Brief, daß die künstlerische, die Affekte ansprechende Geschichtsschreibung etwa bis zur Mitte des ersten vorchristlichen Jahrhunderts ihre Vormachtstellung behaupten konnte.

Ins Wanken geriet ihre Vormachtstellung erst, nachdem Calvus als geistiges Haupt eines Kreises von Gleichgesinnten aus Abneigung gegen Ciceros Stilideal den Attizistenstreit entfacht hatte[123]. Die Rückwirkung auf den Werdegang der römischen Geschichtsschreibung konnte nicht ausbleiben. Da sie schon seit dem zweiten Jahrhundert mit der Rhetorik verschwistert war, war es nur natürlich, daß auch sie nunmehr von der Losung der μίμησις τῶν ἀρχαίων erfaßt wurde.

Unter diesem Losungswort besann man sich auf griechische Vorbilder, die dem Athen des fünften Jahrhunderts entstammten. Mit der Wiederentdeckung des Lysias ging die Wiederentdeckung des Thukydides einher: Sallust stand unter dem Einfluß einer Strömung, die bereits vor dem Beginn seiner schriftstellerischen Tätigkeit die Bewunderung der thukydideischen Darstellungsweise ausgelöst hatte. Im Jahr 46 v.Chr. hatte die Thukydidesbegeisterung schon

---

[118] Daß Cicero die Überschreitung dieser Gattungsgrenze wünscht, verkannte B. L. Ullman, History and Tragedy 45f. Seine Auslegung des Lucceiusbriefs wiederholt nahezu alle Irrtümer, die R. Reitzenstein, Hellenistische Wundererzählungen 84ff. schon begangen hatte.

[119] Ad fam. 5,12,3. Zu den *leges historiae* vgl. auch De or. 2,15,62 und Plin. Epist. 7,33,10.

[120] Ad fam. 5,12,7.

[121] Zu der Anschauung, daß Enkomion und Historiographie im Verhältnis zur Wahrheit eine tiefe Kluft trennt, vgl. Lukian, De hist. conscr. 7 und G. Avenarius, Lukians Schrift 13ff.

[122] Abweichend N. Zegers, Wesen und Ursprung 82.

[123] Zu den Bestrebungen des Calvus und den verschiedenen Strömungen im attizistischen Lager jetzt W. D. Lebek, Verba prisca, Hypomnemata 25, Göttingen 1970, 84ff.

solche Formen angenommen, daß Cicero sich veranlaßt sah, mit der Waffe des Spotts gegen einen veräußerlichten Thukydideismus anzugehen, der sich in der vordergründigen Nachäffung von Stileigentümlichkeiten erschöpfte[124]. Daß Thukydides unter den Geschichtsschreibern einen besonderen Rang einnahm, bestritt er weder im Brutus noch im Orator. Nur weigerte er sich, der schrankenlosen Verehrung solcher Bewunderer beizupflichten, die Thukydides darüber hinaus als schlechthin vorbildlichen Meister des Redestils feierten: *Thucydides autem res gestas et bella narrat et proelia, graviter sane et probe, sed nihil ab eo transferri potest ad forensem usum et publicum*[125].

Daß die Attizisten ihre Sache unter das Schlagwort der μίμησις τῶν ἀρχαίων gestellt hatten, forderte geradezu die Frage heraus, ob diese Losung auch zur Rückbesinnung auf die Bemühungen der älteren römischen Redner aufrufe. Cicero war boshaft genug, in dieser Hinsicht Folgerichtigkeit zu verlangen: *Hyperidae volunt esse et Lysiae. laudo: sed cur nolunt Catones*[126]? Um die Verfechter des attizistischen Standpunkts in die Enge zu treiben, gibt er sich den Anschein, als wolle er sich zum Fürsprecher einer Wiederentdeckung des älteren Cato machen[127]. Daß seine Huldigung nicht als warmes, ohne Hintersinn ausgesprochenes Bekenntnis zu nehmen ist, tritt im Verlauf des Gesprächs mit zunehmender Deutlichkeit zutage. Von Brutus läßt er sich bestätigen, daß unter den älteren Rednern fast nur noch Gaius Gracchus als annehmbar gelten könne[128], und durch den Mund des Atticus gibt er zu verstehen, daß sich der Leser von der Hintergründigkeit der Preisung des älteren Cato an die sokratische εἰρωνεία erinnert fühlen solle[129]. Von hier aus läßt sich erst voll ermessen, was es bedeutet, daß Sallust einige Jahre nach dem Erscheinen des Brutus ausgerechnet Cato als *Romani generis disertissimus* pries[130] und die Origines als Fundgrube archaischen Sprachguts benutzte[131]. Die Absage an Ciceros Stilansprüche konnte kaum krasser ausfallen; hatte doch Cicero sowohl in De oratore als auch in De legibus nicht verhehlt, daß er die Origines in der stilgeschichtlichen Entwicklung der Geschichtsschreibung der Anfangsstufe, der ἀρχή, zurechnete, über die Coelius Antipater und Sisenna nach seiner Überzeugung schon hinausgekommen waren[132].

Mit seinen archaisierenden Bestrebungen fand Sallust im attizistischen Lager keinen ungeteilten Beifall[133]. Puristisch gesinnte Stilisten wie Asinius Pollio

---

[124] Or. 9,30ff.; zu dieser Moderichtung vgl. ferner Dionys. Hal. De Din. 8,645 und De Thucyd. 52,943f.
[125] Or. 9,30; vgl. ferner Brut. 83,287f.
[126] Brut. 17,67.
[127] Brut. 17,68f.   [128] Brut. 33,125.
[129] Brut. 85,292ff. Hierzu R. Syme, Sallust, Berkeley–Los Angeles 1964, 56.
[130] Hist. I, fr. 4 (Maurenbrecher).
[131] Suet. De gramm. 15; Quint. Inst. or. 8,3,29.
[132] Vgl. De or. 2,12,53f. und De leg. 1,2,6f.
[133] Näheres zu den Stimmen zeitgenössischer Stilkritik bei W. D. Lebek, Hypomnemata 25, 1970, 316ff.

und Augustus, die der attizistischen Richtung näher standen als der ciceronianischen Stilauffassung[134], lehnten das Haschen nach altertümlichen Wendungen ab[135], während Lucius Arruntius und andere Sallustianer die Stileigentümlichkeiten ihres Vorbilds so bedenkenlos nachäfften, daß Seneca sich abgestoßen fühlte[136]. Sosehr die gebildete Welt im Sog der attizistischen Strömung die gedrängte Kürze der geballten Prosa des Thukydides schätzte, so waren doch keineswegs alle bereit, Dunkelheit als Preis für diese Tugend hinzunehmen. Daß Sallust in seinem Streben nach dem τάχος und der σεμνότης seines Vorbilds den Vorwurf der *obscuritas* nicht gescheut hatte[137], ließ ihn als allzu orthodoxen Thukydideer erscheinen[138]. Sein Rückgriff auf ungebräuchliches Wortgut verstieß gegen Stilvorschriften, die nach dem Aufkommen der attizistischen Bewegung als feste Regeln der Geschichtsschreibung verbindliche Geltung beanspruchten.

Von den attizistischen Leitsätzen der Geschichtsschreibung ein genaueres Bild zu gewinnen, ermöglicht der glückliche Zufall, daß Lukians Schrift πῶς δεῖ ἱστορίαν συγγράφειν auf uns gekommen ist. Diese Anleitung, die er selbst als κανών bezeichnet, entstand um 165 n. Chr.[139], ihr klassizistisches Gut entstammt jedoch der zweiten Hälfte des ersten vorchristlichen Jahrhunderts. Es deuten untrügliche Anzeichen darauf hin, daß Lukian auf Leitgedanken der attizistischen Bewegung zurückgriff. Unter der vertrauten Losung des ζῆλος τῶν ἀρχαίων[140] fordert er vorrangig dazu auf, sich an dem Beispiel zu schulen, das Thukydides mit seiner Darstellung des Peloponnesischen Kriegs gegeben hatte. An ihr rühmt er eine Eigenschaft, die man namentlich seit der Mitte des ersten vorchristlichen Jahrhunderts neu schätzen gelernt hatte: die gedrängte Knappheit, das τάχος[141]. Solange die hellenistischen Kunstgesetze das Feld beherrschten, waren πάθος und ἐνάργεια, *ubertas* und *ornatus* die Merkmale, die man an der thukydideischen Darstellung hervorhob[142].

Was Lukian in seiner Anleitung vorschreibt, spiegelt noch in anderen Punkten wider, daß zumindest die ärgsten Überspitzungen der dramatischen Ge-

---

[134] Über ihren Stil Tac. Dial. 21,7 und Suet. Aug. 86; zu den Schwierigkeiten, Asinius Pollio als Stilisten eindeutig einzuordnen, W. D. Lebek, Hypomnemata 25, 1970, 136ff.

[135] Vgl. Suet. De gramm. 10 sowie Aug. 86,1 und 86,3.

[136] Sen. Epist. mor. 19,5 (114),17ff. (= L. Arruntius fr. 1–7 bei H. Peter, HRR II, 41f.).

[137] Zur *obscuritas* des Thukydides vgl. Cic. Brut. 7,29; Or. 9,30; Dionys. Hal. De Thucyd. 24,870. Zu der entsprechenden Kritik an Sallust vgl. Sen. Epist. mor. 19,5(114), 17 (*obscura brevitas*) und Suet. De gramm. 10,7 (*obscuritatem Sallustii*).

[138] Zur Ablehnung des Wettstreits in der stilistischen Kürze vgl. Livius bei Sen. Contr. 9,1,13f.

[139] Zur Abfassungszeit vgl. G. Avenarius, Lukians Schrift 7 und H. Homeyer, Lukian – Wie man Geschichte schreiben soll, München 1965, 11f.

[140] C. 34; zur Bedeutung dieser Losung in der attizistischen Bewegung U. v. Wilamowitz, Asianismus und Atticismus, Hermes 35, 1900, 29ff.

[141] C. 56f.

[142] Vgl. Plut. De gloria Athen. 3 (Mor. 347 A) und Theophrast bei Cic. Or. 12,39.

schichtsschreibung des Hellenismus seit der attizistischen Wiederentdeckung des Thukydides abgelehnt worden waren. Während man in der hellenistischen Geschichtsschreibung dazu neigte, geographische Beschreibungen zu Proben der schriftstellerischen Kunst auszuweiten, rät Lukian dazu, ihre Ausdehnung nach dem Vorbild des Thukydides auf das zum Verständnis notwendige Mindestmaß zu beschränken[143]. Dem Hang zur τερατεία und der Neigung, die Gattungsgrenze zwischen Dichtung und Geschichtsschreibung zu verwischen, erteilt er eine ebenso deutliche Absage wie der Überbewertung des τερπνόν[144]. Das thukydideische Vorbild vor Augen, weist er dem Geschichtsschreiber als höchste Verpflichtung die Aufgabe zu, durch die Ermittlung der Wahrheit Nutzen zu bringen. Das τερπνόν als Selbstzweck anzuerkennen, weigert er sich; nur in Begleitung mit dem χρήσιμον läßt er es zu[145]. Dieser nüchternen Einstellung entspricht seine Abneigung gegen das Streben nach rhetorischem Pomp und die Jagd nach ungewöhnlichen Ausdrücken[146]. Zum obersten Gebot in der Darstellungsweise erhebt er Klarheit und Schlichtheit[147]. Nur für Land- oder Seeschlachtschilderungen gestattet er eine gehobenere, von poetischem Geist beseelte Sprache, aber auch hier mahnt er zum Maßhalten[148].

Sieht man davon ab, daß Sallust die puristische Abneigung gegen den Gebrauch von entlegenen Ausdrücken nicht teilte, bleibt kaum eine Vorschrift übrig, die man in seiner Geschichtsschreibung nicht verwirklicht fände. Daß er im Stil eine unsterbliche *velocitas* (τάχος) erreichte, bescheinigt ihm Quintilian[149]. Daß er in den geographischen und ethnographischen Einlagen Knappheit anstrebte, versichert er in seinem Afrikaexkurs mehrfach mit auffälligem Nachdruck[150]. *veritas* beansprucht er sowohl in seinem frühesten als auch in seinem spätesten Geschichtswerk[151]. *delectatio* zum Anliegen seiner Geschichtsschreibung zu erklären, unterläßt er. Auf die Nützlichkeit der Geschichtsschreibung hinzuweisen, versäumt er nicht[152]. In den Schlachtschilderungen grausige Einzelheiten (δεινά) und Nebenzüge (παρεπόμενα) breit und drastisch auszumalen, vermeidet er. Wenngleich er den Ton der Erzählung bei solchen Gelegenheiten hebt, bewahrt er doch seine Verhaltenheit im Ansprechen der Affekte. Die Beachtung des Grausigen beschränkt sich in den meisten Fällen auf so kurze

---

[143] C. 57.
[144] C. 8f.
[145] C. 9. Zu der Notwendigkeit unbestechlicher Wahrheitsliebe als unabdingbarer Voraussetzung der Geschichtsschreibung vgl. ferner c. 38 und 41 (οὐ μίσει οὐδὲ φιλίᾳ τι νέμων im Sinne von *sine ira et studio*).
[146] C. 44.
[147] C. 44.
[148] C. 45.
[149] Inst. or. 10,1,102.
[150] Iug. 17,1 (*res postulare videtur Africae situm paucis exponere ..*); 17,2 (*cetera quam paucissumis absolvam*); 17,7 (*.. quam paucissumis dicam*).
[151] Cat. 4,2f.; Hist. I, fr. 6 (Maurenbrecher).
[152] Iug. 4,1f.

Angaben wie *ceterum facies totius negoti varia, incerta, foeda atque miserabilis* [153].

Es ist freilich nicht so, daß Sallust sich in allen Belangen als Thukydideer ausgewiesen hätte. Die Lösung des ζῆλος τῶν ἀρχαίων beließ einem Geschichtsschreiber, der sich in dem Attizistenstreit gegen Cicero stellte, genügend Spielraum zur Verschleifung der historiographischen Traditionen. Die Auffassung, Sallust sei von einer klassizistischen Lehre beeinflußt, „die im bestimmtesten Gegensatz zu dem Pomp der hellenistischen Romane die Rückkehr zu der stolzen, rein politischen, das Kunstbedürfnis des großen Haufens verachtenden Manier des ‚alten' Thukydides forderte und aus ihm Gesetze ableitete [154]", muß sich nicht unerhebliche Vorbehalte gefallen lassen. Nicht allein in der Arbeitsweise, sondern auch in der Art der Darstellung und der Geschichtsdeutung entfernt ihn manches von seinem griechischen Vorbild.

Den Unterschied in der Betrachtungsweise beleuchtet vielleicht am krassesten die Fehlleistung, daß er Catilinas Umsturzplan auf seine seelische Verfassung zurückführt, den Wahnsinn in seinen Augen liest und die Unruhe dem lastenden Bewußtsein einer Blutschuld zuschreibt, deren Geschichtlichkeit allein das Gerücht verbürgte [155]. So wenig ihn mit der tragischen Geschichtsschreibung verbindet, so geht er doch nicht so weit, sich von der hellenistischen Vorstellungswelt völlig zu lösen. Daß er die Peripetie, die schon vor seiner Zeit in das Jahr 146 gelegt worden war, einerseits rational erklärte, andererseits aber auf das Walten der Tyche zurückführte [156], offenbart dies mit aller Deutlichkeit. In seiner Art der Geschichtsdeutung flossen mehrere Strömungen zusammen. An Thukydides erinnern in gewisser Weise die schonungslose Aufdeckung der Triebfedern des menschlichen Handelns und die unerbittliche Entlarvung der Verbrämung eigensüchtiger Ziele. Die sittenrichterliche Haltung aber, die sich in seinen Klagen über die Abkehr von den altrömischen Tugenden verrät, ist der Art des Thukydides fremd gewesen. Die moralpolitische Zweckbestimmung seiner Geschichtsschreibung berührt sich enger mit den erzieherischen Absichten, die der ältere Cato, Calpurnius Piso und – unter dem Einfluß des Polybios [157] – Sempronius Asellio in ihren Geschichtswerken verfolgt hatten [158]. Ihrem Ursprung auf den Grund zu gehen, verlangt, daß man sich nicht mit der Auskunft zufriedengibt, die moralische Geschichtsauffassung zähle zu den unverwechselbaren Merkmalen

---

[153] Iug. 51,1.
[154] So E. Schwartz, Hermes 32, 1897, 565 (= Gesammelte Schriften 2,287).
[155] Cat. 15; die seltsam anmutende Erklärungsweise erinnert fatal an Tac. Hist. 2,23,4f.
[156] Cat. 10,1; zu der Vorstellung von der Allgewalt der Tyche vgl. Cat. 8,1.
[157] F. Leo, Geschichte der römischen Literatur Bd. 1, Berlin 1913 (Darmstadt 1967), 335 mit Anm. 3.
[158] Anders R. Laqueur, Ephoros, Hermes 46, 1911, 347ff. Sein Gedanke, die moralpolitische Zweckbestimmung der sallustischen Geschichtsschreibung gehe auf Ephoros zurück, ist indessen zu abgelegen, als daß er überzeugen könnte. Bei Sallust vermischt sich Thukydideisches mit Römischem, nicht Isokrateisches mit Thukydideischem.

römischer Geschichtsschreibung. Ihre eigentliche Wurzel hatte die Verengung auf moralpolitische Wertungen in der gesellschaftlichen Gegebenheit, daß in Rom Geschichtsschreibung und Politik von jeher aufs engste miteinander verzahnt waren, d. h. daß die frühe Geschichtsschreibung der Römer von Angehörigen einer Schicht getragen wurde, der es zur eigenen Selbstdarstellung und Selbstbehauptung darauf ankommen mußte, den politischen Wettstreit im Brustton moralischer Überlegenheit mit historiographischen Mitteln weiterzuführen.

Den Darstellungsgrundsätzen nach heben sich Sallusts historiographische Bestrebungen gewiß so scharf von der Praxis der dramatischen Geschichtsschreibung des Hellenismus ab, daß man mit einigem Recht von einer Zäsur in dem Entwicklungsgang der römischen Geschichtsschreibung sprechen kann. Doch sagte er sich von der voraussetzungsreichen Tradition der römischen Geschichtsschreibung auch wieder nicht so entschieden los, daß er in der Gestaltung seines Stoffes hellenistische Einflüsse ganz und gar ferngehalten hätte. Relikte wie die Darstellung der Panik in Rom (Cat. 31,1–3) und die Beschreibung des Leichenfeldes nach der Entscheidungsschlacht (Cat. 61) oder solche Zugeständnisse an das Unterhaltungsbedürfnis des Lesers wie die Erzählung von der patriotischen Tat zweier Karthager (Iug. 79) erweisen, daß er ungeachtet seines Thukydideertums der dramatischen Geschichtsschreibung wenigstens bis zu einem gewissen Grad verpflichtet blieb. Fühlung hat er mit der hellenistischen Tradition nicht nur in der Praxis der Stoffdarbietung, sondern auch im theoretischen Ansatz. Das Problem, das er mit den Worten *facta dictis exaequanda sunt* anschneidet[159], hatte schon den Theophrastschüler Duris beschäftigt[160]. Um es im Sinne der peripatetischen μίμησις-Lehre wenigstens annäherungsweise lösen zu können, wechselt er in seinen Schlachtschilderungen, wie es die Vorschrift verlangte[161], ständig den Blickpunkt der Beobachtung.

Bedenkt man all dies, wird man um so eher mit der Annahme zögern, daß er sich an eine klassizistische Lehre hielt, deren geistiger Vater mit Berufung auf Thukydides in einem umfassenden Vorstoß gegen die Tendenzen der dramatischen Geschichtsschreibung Front gemacht hatte[162]. Fest steht nur, daß Sallust für seine schriftstellerische Tätigkeit die Hilfe des Philologen nicht verschmäht hatte. Wie Sueton mitteilt[163], ließ er sich von dem Grammatiker Lucius Ateius eine Sammlung altertümlicher Ausdrücke und ein *breviarium rerum omnium Romanarum* zusammenstellen. Von demselben Ateius sagt Sueton, er habe Asinius Pollio mit Vorschriften über die *ratio scribendi* vertraut gemacht. Hat er Sallust in entsprechender Weise beraten? Nach den Anweisungen solcher Helfer zu arbeiten, war nichts Ungewöhnliches für einen römischen

---

[159] Cat. 3,2.
[160] Duris bei Diod. 20,43,7 und 20,2,2.
[161] Vgl. Lukian, De hist. conscr. 49f.
[162] Skeptisch gegenüber dieser Annahme, wenngleich aus anderen Gründen, auch K. Latte, Sallust, Darmstadt 1962², 42f. und R. Syme, Sallust 51.
[163] De gramm. 10,2 und 10,6f.

Senator, der von der politischen zur literarischen Tätigkeit überging. Für gelehrte Gehilfen, die das Material sammelten oder Ratschläge zu Stil und Methode erteilten, zahlte man in der römischen Aristokratie unter Umständen einen stattlichen Preis. Lutatius Catulus soll die Dienste des Griechen Daphnis für die beträchtliche Summe von 700000 Sesterzen gekauft haben [164]. Licinius Macer hatte, wie wir durch Cicero wissen, in Stilfragen die Hilfe lateinischer Sekretäre in Anspruch genommen [165]. Ihrer stilistischen Schulung wird er nicht nur die Bildhaftigkeit der Darstellungsweise, sondern auch das Pathos der in die Erzählung eingelegten Reden verdankt haben. In der Gerichtsrede hatte er, sofern Ciceros Urteil zutrifft [166], einen weniger hochtrabenden Stil gepflegt.

Das Mischungsverhältnis, in dem sich das dramatische Element mit dem pragmatischen verband, ist nach dem Anliegen des Verfassers jeweils verschieden zu bestimmen. Während Fabius Pictor in seinem musivischen Geschichtswerk verhältnismäßig ‚reine' Typen hintereinander vorgeführt zu haben scheint, ergab sich im Laufe der Entwicklung ein hohes Maß von Mischung und Verschleifung der typischen Formen. Wer sich in Anbetracht seiner wenig einflußreichen Stellung keinen Nutzen davon versprechen konnte, die politischen Wirkungsmöglichkeiten der Geschichtsschreibung auszuschöpfen, neigte am ehesten dazu, das dramatische Element einseitig überwiegen zu lassen. Im freistaatlichen Rom fühlten sich Männer von der sozialen Herkunft eines Coelius Antipater indessen nur selten aufgerufen, ihre geistigen Fähigkeiten der Geschichtsschreibung zu leihen. Beherrscht wurde das Feld der römischen Geschichtsschreibung von Angehörigen des Senatorenstandes, und ihre Vorherrschaft verbürgte, daß in der römischen Geschichtsschreibung das dramatische Element das pragmatische nicht verdrängte. Daß Cato seinen politischen Kampf gegen den Praetor Ser. Galba gewissermaßen mit historiographischen Mitteln fortsetzte [167] und daß Sempronius Asellio im Prooemium seines Werkes verlauten ließ, wie hoch er den moralpolitisch erzieherischen Wert der Geschichtsschreibung veranschlagte [168], vergegenwärtigt die politische Funktion der Geschichtsschreibung im freistaatlichen Rom vielleicht am deutlichsten. Doch ist man auf diese Beispiele allein nicht angewiesen. Im ausgehenden zweiten Jahrhundert v. Chr. verfolgte Fannius, wie es scheint, mit seiner Geschichtsschreibung das Ziel, der einseitigen Verdammung der Gracchen und ihrer Sache entgegenzuwirken [169]. In der ersten Hälfte des ersten soll Sisenna mit prosullanischer Tendenz Zeitgeschichte ge-

---

[164] Suet. De gramm. 3,5.
[165] De leg. 1,2,7: *cuius loquacitas habet aliquid argutiarum, nec id tamen ex illa erudita Graecorum copia, sed ex librariolis Latinis.*
[166] Brut. 67,238.
[167] Cato fr. 106ff. bei H. Peter, HRR I², 89ff.
[168] Sempr. Asell. fr. 1 und 2 bei H. Peter, HRR I², 179f.
[169] H. Peter, Die Quellen Plutarchs in den Biographieen der Römer, Halle 1865 (Amsterdam 1965), 97; ferner E. Meyer, Untersuchungen zur Geschichte der Gracchen, in: Kleine Schriften I, Halle 1910, 385 Anm. 1.

schrieben haben[170]. Obwohl ihn Cicero geradezu als römischen Kleitarch hinstellte, scheinen sich selbst in seinem Werk pragmatische Geschichtsauffassung und eine dramatisch gesteigerte Geschichtsdarstellung eng verbunden zu haben: Sallusts Lob muß den sachlichen – und nicht etwa den zweifelhaften literarischen – Qualitäten des Geschichtsschreibers Sisenna gegolten haben.

Sallust selber scheint von den politischen Wirkungsmöglichkeiten der Geschichtsschreibung schon nicht mehr so überzeugt gewesen zu sein, daß er in seinen Geschichtswerken versucht hätte, die Meinungsbildung in einer aktuellen oder noch weiterschwelenden Frage zu beeinflussen. Als er am Catilina schrieb, kann die Frage, ob Sulla wenigstens mittelbar eine historische Schuld an Catilinas Staatsstreichversuch traf[171], den politischen Tageskampf schwerlich berührt haben. Was er anstrebte und worauf er pochte, war die Wahrung persönlicher Unbestechlichkeit gegenüber den Parteien. Auf dieses Segment subjektiver Wahrhaftigkeit Anspruch zu erheben, war nötig geworden, seitdem die Geschichtsschreibung in den Strudel der Parteikämpfe hineingerissen worden war[172]. Nachdem der Prinzipat dem Streit der sich befehdenden Parteien ein Ende gesetzt hatte, änderte sich auch der Inhalt der Wahrhaftigkeitsbeteuerungen. Als Sallust seine Versicherungen persönlicher Unvoreingenommenheit abgab, stand die römische Geschichtsschreibung gerade an einer bedeutsamen Schwelle: die Beschneidung der politischen Wirkungsmöglichkeiten römischer Geschichtsschreibung und die Verengung des historiographischen Aufrichtigkeitsanspruchs sollten nicht mehr lange auf sich warten lassen.

Das Fortwirken der hellenistischen Tradition in der nachsallustischen Geschichtsschreibung

Die große Aufgabe, den Rückstand gegenüber der griechischen Geschichtsschreibung aufzuholen, hatte Sallust auf eine Weise zu lösen gesucht, die bei Cicero keine Gnade gefunden hätte[173] und bei dem Ciceronianer Cornelius

---

[170] Sall. Iug. 95,2.
[171] So die Darstellung Cat. 11ff.
[172] Mit den – durch sein Sallustbuch (Heidelberg 1960) vorbereiteten – Bemühungen, Wahrheitsstreben und Wahrhaftigkeitsanspruch Sallusts von dem zuvor erreichten Stand historischer Wahrheitsfindung abzuheben, vermag K. Büchner, Sallustinterpretationen, Stuttgart 1967, 34ff. und 48ff. nicht zu überzeugen. Sein Unterfangen, zur Rechtfertigung Sallusts einen unhistorischen Wahrheitsbegriff zu verteidigen, vergröbert problematische Ansätze, die letzten Endes auf F. Klingner, Die Geschichte Kaiser Othos bei Tacitus, Berichte über die Verhandlungen der Sächsischen Akademie der Wissenschaften zu Leipzig, Philol.-hist. Klasse Bd. 92, 1940, 20f. (= Studien zur griechischen und römischen Literatur, hrsg. von K. Bartels, Zürich–Stuttgart 1964, 619f.) zurückgehen.
[173] R. Syme, Sallust 58.

Nepos keine Anerkennung fand. Obwohl Sallusts bedeutende Monographien und vielleicht auch schon seine Historien der Öffentlichkeit zugänglich waren, behauptete Nepos in De inlustribus viris, Cicero habe diese Gattung der lateinischen Literatur in der Kunstlosigkeit der Anfangsstufe zurückgelassen[174]. Im Überschwang der Bewunderung, die er Cicero entgegenbrachte, verbreitete er die Lücke, die Cicero selbst gesehen hatte. Cicero hatte in De oratore wie auch in De legibus anerkannt, daß die römische Geschichtsschreibung der Anfangsphase ihrer Entwicklung bereits entwachsen war[175]. Die große Aufgabe, von der er in De oratore sprach, hatte er in dem Vorhaben erblickt, der Stufe des Fortschritts (αὔξησις) die Stufe der Vollendung (ἀκμή) aufzusetzen[176]. Ihre Bewältigung wollte er dem *orator* in des Wortes anspruchsvollster Bedeutung vorbehalten wissen[177], und als solcher hätte ihm Sallust niemals gelten können. Wie sehr das *inusitate loqui* seinem stilistischen Geschmack zuwiderlief, verrät nicht zuletzt die Tatsache, daß er mit spürbarem Behagen den Spott erwähnt, dem die Redeweise des Sisenna dieser Absonderlichkeit wegen ausgesetzt war[178].

Die Ansprüche, die er an den Stil der Geschichtsschreibung stellte, erfüllte erst Livius. Livius teilte mit Cicero die Abneigung gegen die Häufung von *verba antiqua et sordida*[179] und bemühte sich mit Erfolg um stilistische Feinheiten, die Cicero in dem Werk des Coelius Antipater vermißt hatte[180]: kunstvolle Periodisierung und Abwechslung im Stilkolorit. In seinem Geschichtswerk tritt allenthalben zutage, daß die Kunstforderungen, die in der dramatischen Geschichtsschreibung der Griechen und Römer verwirklicht waren, nach Sallust wieder an Bedeutung gewannen[181]. Die Strömung, in deren Sog die Stil- und Gestaltungsgesetze der Geschichtsschreibung aus Thukydides abgeleitet wurden,

---

[174] Nep. De inlustr. vir. fr. 17 bei H. Peter, HRR II, 40.

[175] De or. 2,12,54: *paulum se erexit et addidit maiorem historiae sonum vocis vir optimus, Crassi familiaris, Antipater.* De leg. 1,2,6f.: *Antipater paulo inflavit vehementius ... Sisenna ... omnes adhuc nostros scriptores, nisi qui forte nondum ediderunt, de quibus existimare non possumus, facile superavit ...*

[176] Von diesem Vorhaben erfährt man durch De or. 2,12,51ff. und De leg. 1,2,5ff. Die Hinwendung zur Philosophie hatte ihn von dem Plan abgebracht, die Lücke zu füllen, die er in der römischen Geschichtsschreibung entdeckt hatte; auf diesen Plan kam er, wie Nepos (H. Peter, HRR II, 40) bestätigt, erst am Ende seines Lebens wieder zurück.

[177] De or. 2,15,62: *videtisne quantum munus sit oratoris historia?* Vgl. De leg. 1,2,5: *potes autem tu profecto satis facere in ea, quippe cum sit opus, ut tibi quidem videri solet, unum hoc oratorium maxime.*

[178] Brut. 74,259f.

[179] Vgl. Sen. Contr. 9,2,26.

[180] De or. 2,13,54: *.. Coelius neque distinxit historiam varietate colorum neque verborum conlocatione et tractu orationis levi et aequabili perpolivit illud opus.*

[181] Zu der Verwandtschaft mit der tragischen Geschichtsschreibung des Hellenismus grundlegend E. Burck, Die Erzählungskunst des T. Livius (Problemata 11, Berlin 1934), Berlin–Zürich 1964², 176ff. Hinweise auf die Literatur, die seit dem Erscheinen der ersten Auflage hinzugekommen ist, ebenda XXIII und XXIV.

war nach Sallusts Tod bald wieder verebbt. Die künstlerischen Grundsätze, die über die hellenistische Geschichtsschreibung in Rom Eingang gefunden hatten, waren in der römischen Geschichtsschreibung bereits zu fest eingewurzelt, als daß ihre Gültigkeit in der ausgehenden Republik jäh und unwiderruflich hätte enden können. Hinzu kam, daß die Fortdauer der auf ψυχαγωγία gerichteten Bestrebungen von dem Wandel der politischen Verhältnisse begünstigt wurde, der mit dem Beginn des Prinzipats eintrat.

Wie zu zeigen war, hatten sich die Tendenzen der tragischen Geschichtsschreibung nicht zufällig in einer Zeit herausgebildet, in der der Kreis der politisch Verantwortlichen zusammengeschrumpft war. Die Beschneidung der Befugnisse von Volk und Senat zeitigte ähnliche Rückwirkungen auf die Geschichtsschreibung wie in der Diadochenzeit die Entmachtung der Polis. Ein Geschichtsschreiber, der in seinem Werk das χρήσιμον über das τερπνόν stellte, konnte fortan immer weniger darauf bauen, bei den Hörern oder Lesern Anklang zu finden. Wollte er nicht auf ihre Gunst verzichten, mußte er den Gegebenheiten Rechnung tragen und Zugeständnisse an das Bedürfnis nach Unterhaltung und fesselnder Wirkung machen. Für den Senator galt dieses Erfordernis ebenso wie für den Stubengelehrten aus Padua[182]; daß man in der kaiserzeitlichen Geschichtsschreibung von den Darstellungsgrundsätzen abging, die Sallust in der Nachfolge des Thukydides beherzigt hatte, entspricht unter diesem Blickwinkel der Erwartung.

So verwundert nicht, daß Livius in seinen Schlachtberichten und Katastrophenschilderungen einen Gestaltungswillen zu erkennen gibt, der dem Bedürfnis nach ψυχαγωγία Genüge tat. In der Beschreibung der Seuche, die während der Belagerung von Syrakus ausbrach, kommt er den Bestrebungen der dramatischen Geschichtsschreibung des Hellenismus näher als dem verhaltenen Pathos der Pestschilderung des Thukydides[183]. Bei der Schilderung von Städtebelagerungen neigt er dazu, das Geschehen nach der Art hellenistischer Geschichtsschreiber in ergreifende Einzelszenen aufzulösen, so daß die Aufklärung über Plan und Entwicklung der Kampfhandlungen hinter der Stimmungsmalerei zurücktritt. In der Ausmalung der δεινά hält er die Mitte zwischen Sallust und Sisenna. Zu Sisennas Geschmacklosigkeiten versteigt er sich nicht, von Sallusts Kargheit in der Verwendung psychagogischer Mittel ist er indessen ebensoweit entfernt. Obwohl der verfeinerte Geschmack seiner Zeit der Wiedergabe des αἰσχρόν Schranken setzte, ist sein Streben nach ἔκπληξις und ἐνάργεια immerhin so stark ausgeprägt, daß er bei der Beschreibung des Leichenfeldes von Cannae mit grausigen Einzelheiten nicht geizt[184]. Die vielfältigen Berührungen mit der tragischen Geschichtsschreibung der Griechen gestatten zwar nicht den Schluß,

---

[182] Daß Livius sich nach dem Unterhaltungsbedürfnis einer neuen Leserschicht zu richten hatte, legte bereits W. Hoffmann, Livius und die römische Geschichtsschreibung, Antike und Abendland 4, 1954, 182 dar.

[183] Liv. 25,26,7ff.; über den Unterschied zu Thukydides P. G. Walsh, Livy 182f.

[184] P. G. Walsh, Livy 181f.

daß Livius unmittelbar aus Kleitarch, Duris oder Phylarch geschöpft hat[185]; sie sind aber eng genug, um das Fortwirken der hellenistischen Tradition erkennen zu lassen. Ein Beispiel, das für manch anderes stehen kann: Phylarch hatte den Auszug der weinenden Frauen aus dem eroberten Mantineia nach der Art der Troades des Euripides ausgemalt; Livius schildert eine entsprechende Szene in seinem Bericht über den Untergang Alba Longas[186].

Während die Bedeutung der psychagogischen Mittel und Kunstgesetze, welche er in seinem Geschichtswerk anwandte, im Werdegang der kaiserzeitlichen Annalistik eher stieg als sank, ging er aus dem Streit um die angemessene Sprache der römischen Geschichtsschreibung nicht als Sieger hervor. Seine stilistische Leistung höher einzustufen als die des Sallust, hätte nach der Anschauung der Nachwelt bedeutet, daß der römische Herodot über den römischen Thukydides gestellt worden wäre[187]. Zu diesem Schritt zeigte sich aber nicht einmal ein Geschichtsschreiber bereit, der außerhalb des Kreises der eingeschworenen Sallustianer stand: Servilius Nonianus, der nach Quintilians Worten weniger gedrängt schrieb, als es die Würde der Geschichtsschreibung verlangt, ging nur so weit, daß er Livius und Sallust als ebenbürtige Stilisten bezeichnete[188].

Quintilian stimmt dieser Auffassung zu, obwohl er als Redelehrer für die ciceronianische Stilauffassung eintrat. Zu seiner Zeit nahm niemand daran Anstoß, wenn einer im selben Werk Cicero als Stilvorbild für den Redner und Sallust als Stilvorbild für den Geschichtsschreiber empfahl[189]. Unter dem Losungswort der *brevitas* hatte Sallusts Sprache auf dem Gebiet der Geschichtsschreibung längst kanonische Geltung erlangt[190]. Der Geschichtsschreiber, der die Stileigenschaften der Knappheit und der Erhabenheit zu vereinigen verstand, versicherte sich des Beifalls der Mitwelt. Pompeius Saturninus, ein Freund des jüngeren Plinius, wußte das und richtete sich danach: *idem tamen in historia magis satisfaciet vel brevitate vel luce vel suavitate vel splendore etiam et sublimitate narrandi. nam in contionibus eadem quae in orationibus vis est, pressior tantum et circumscriptior et adductior*[191].

Die Sallustbewunderung schloß nicht ein, daß die von Thukydides abgeleiteten Gesetze, denen sich Sallust in der Behandlung des geschichtlichen Stoffes unterstellt hatte, unverändert in Kraft blieben. Wie weit sich die Tendenzen der

---

[185] Vgl. P. G. Walsh, Livy 42. Man hat zu bedenken, daß es nicht zuletzt auch von der Beschaffenheit seiner literarischen Vorlagen abhing, welchen Grad die Annäherung an die Bestrebungen der peripatetischen Geschichtsschreibung erreichte.
[186] Liv. 1,29,4f.
[187] Zu der Gleichsetzung mit den Klassikern der griechischen Geschichtsschreibung siehe Quint. Inst. or. 10,1,101.
[188] Quint. Inst. or. 10,1,102.
[189] Daß Quintilian die Eignung der sallustischen *brevitas* auf den Bereich der Geschichtsschreibung beschränkte, geht aus Inst. or. 4,2,45 und 10,1,32 hervor.
[190] Zur Sallustbewunderung in den ersten Jahrzehnten des ersten nachchristlichen Jahrhunderts vgl. L. Arrunti historiae belli Punici, fr. 1–7 bei H. Peter, HRR II,41f.
[191] Plin. Epist. 1,16,4.

römischen Geschichtsschreibung im Verlauf des ersten nachchristlichen Jahrhunderts von Sallusts Darstellungsgrundsätzen entfernt haben müssen, vergegenwärtigt Quintilians bekannte Äußerung, daß die Geschichtsschreibung den Dichtern aufs engste benachbart und in gewisser Weise Dichtung in Prosa sei[192]. Seine Begriffsbestimmung stellt geradezu auf den Kopf, was Aristoteles zu dem Verhältnis der beiden Gattungen gesagt hatte[193]. Während Aristoteles erklärt hatte, daß Herodots Werk selbst dann noch keine Dichtung sei, wenn es in Verse gesetzt würde[194], war das Bewußtsein für die Eigengesetze der Geschichtsschreibung inzwischen so getrübt, daß die Verwischung der Gattungsgrenzen schon als die Regel anerkannt wurde.

Mit dem Wandel der politischen Verhältnisse, der fortschreitenden Entleerung des senatorischen Alltags stellte sich eine Verlagerung der literarischen Neigungen ein, die die Entfaltung der politischen Tragödie begünstigte[195]. Die Rhetorik leistete dieser Entwicklung ihrerseits Vorschub. Aus dem Schoß dieses vielschichtigen Prozesses ging in der Kaiserzeit neben der senatorischen Geschichtsschreibung die politische Tragödie senatorischen Ursprungs hervor. Von denen, die politische Tragödien schrieben, hatte Maternus einen so tiefen Eindruck auf Tacitus gemacht, daß er ihm in seinem Dialogus die wichtige Rolle des Gesprächsteilnehmers zuweist, der am Schluß die Lösung des Problems bringt.

Vor diesem Hintergrund ist die schriftstellerische Tätigkeit des Tacitus zu sehen. Er hätte sich von dem Geschmack seiner Zeit und der in Sisennas Kunstprosa faßbaren Stiltradition losgesagt, wenn er auf entlegene Ausdrücke (*verba remotiora*) und dichterischen Schmuck (*poeticus decor*) verzichtet hätte[196]. Er wäre gegen den Strom geschwommen, wenn er den *sermo purus et pressus*, den sein Lehrer Secundus gepflegt hatte[197], für die Belange der Geschichtsschreibung verworfen hätte. Er hätte sich den Bestrebungen seiner Zeit entgegengestemmt, wenn er zu den von Thukydides abgeleiteten Darstellungsgrundsätzen des Sallust zurückgekehrt wäre. – Seine Geschichtsschreibung zeigt, daß er die

---

[192] Inst. or. 10,1,31. Ähnliches liest man bei Agathias, einem Geschichtsschreiber des sechsten nachchristlichen Jahrhunderts (Historici Graeci minores, ed. L. Dindorf, II, Leipzig 1871, p. 135, 20ff.): Dichtung und Geschichtsschreibung, soll sein Freund Eutychianos gesagt haben, seien miteinander verschwistert, vom gleichen Stamm und vielleicht nur durch das Metrum voneinander geschieden.

[193] Daß sie auf Theophrast zurückgeht, vermutet H. Strasburger, Wesensbestimmung 52 Anm. 3 gegen jede Wahrscheinlichkeit. So arg kann Theophrast seinen Lehrer Aristoteles nicht mißverstanden haben.

[194] Poet. 9, 1451^b, 2ff.

[195] An dieser Stelle sei daran erinnert, daß man bei einem Aristokraten wie Asinius Pollio das Nebeneinander von Tragödiendichtung und Geschichtsschreibung hat: Vgl. R. Syme, The Senator as Historian, in: Fondation Hardt, Entretiens IV, 189.

[196] Vgl. Quint. Inst. or. 10,1,31 und Apers Ausführungen zu den Erfordernissen des modernen Stils, Dial. 20,5f.

[197] Dial. 2,2.

Umwelteinflüsse nicht fernhielt, sondern von der herrschenden literarischen Strömung nicht minder stark geprägt wurde, als Sallust seinerzeit von den Nachwirkungen der attizistischen Bewegung beeinflußt worden war.

Während Sallust die *oblectatio* des Lesers nirgendwo zum Ziel seiner Geschichtsschreibung erklärt, gibt Tacitus an mehreren Stellen seine Bereitschaft zu erkennen, diesem Bedürfnis nach Möglichkeit Rechnung zu tragen. Er bedauert, daß die Eintönigkeit des Geschehens die Erfüllung dieser Aufgabe erschwert, und offenbart mit seinem Bedauern, daß er die ὠφέλεια nicht über die τέρψις stellt[198]. Die Zuversicht, mit der Thukydides die Hoffnung ausgesprochen hatte, daß allein die Nützlichkeit des Dargebotenen sein Geschichtswerk zu einem κτῆμα εἰς ἀεί machen werde, hat weder in seinen Annalen noch in seinen Historien eine Entsprechung. Die Vorstellungen, die er von dem Amt des Geschichtsschreibers hat, sind nicht von Thukydides abgeleitet, sondern gehen auf die Anschauungen zurück, die in der hellenistischen Geschichtsschreibung der Griechen zur Entfaltung gekommen waren und in der römischen Geschichtsschreibung des zweiten und ersten Jahrhunderts v. Chr. Wurzel geschlagen hatten. Der Nützlichkeitsanspruch, den er für seine Annalen erhebt, beschränkt sich nicht auf die rein politische Belehrung, sondern erstreckt sich darüber hinaus – der gesellschaftlichen Funktion senatorischer Geschichtsschreibung entsprechend – auf die sittliche Läuterung[199]. Mit der thukydideischen Zweckbestimmung ist seine Auffassung nur noch entfernt verwandt. Der moralpolitischen Zielsetzung, zu der sich der Polybianer Sempronius Asellio bekannt hatte[200], steht sie näher. Die Zuversicht, freimütige, der Wahrheit verpflichtete Geschichtsschreibung erziehe zur Furcht vor bösem Tun, teilt er mit Ephoros, nicht mit Thukydides[201].

Daß Tacitus der ψυχαγωγία neben der moralpolitischen Unterweisung ein eigenständiges Recht in der Geschichtsschreibung zubilligte, wirkte sich naturgemäß am deutlichsten auf die Behandlung solcher Themen aus, deren sich die hellenistischen Geschichtsschreiber mit Vorliebe angenommen hatten, um ihre Leser zu fesseln. Die bevorzugtesten zählte er selbst auf, als er seine Möglichkeiten den Möglichkeiten der Vorläufer gegenüberstellte, die Roms republikanische Geschichte aufgezeichnet hatten: *expugnationes urbium, situs gentium, varietates proeliorum, clari ducum exitus*[202].

Wie bereitwillig er sich den aus der hellenistischen Geschichtsschreibung vertrauten Bestrebungen öffnete, wenn er die Eroberung einer Stadt zu schildern

---

[198] Ann. 4,33,3; zu seiner Befürchtung, er werde die Leser mit unvermeidlichen Wiederholungen ermüden, vgl. auch Ann. 16,16,1.
[199] Ann. 4,33,2; ferner Ann. 3,65,1.
[200] Fr. 2 bei H. Peter, HRR I², 179f.
[201] Vgl. Tac. Ann. 3,65,1 und Ephoros bei Diod. 15,1,1. Zu der Diodorstelle bemerkt F. Jacoby, Griechische Geschichtsschreibung, Antike 2, 1926, 25 (= Abhandlungen zur griechischen Geschichtsschreibung, hrsg. von .H. Bloch, Leiden 1956, 96): „Man kann nicht gut spießbürgerlicher und zugleich weltfremder sprechen."
[202] Ann. 4,32,1 und 4,33,3.

hatte, veranschaulicht etwa seine Berichterstattung über die Einnahme, den Brand und die Plünderung der Stadt Cremona[203]. Wenn auch nicht zu leugnen ist, daß das verfeinerte Stilempfinden seiner Zeit der Nachzeichnung des αἰσχρόν Schranken setzte, so tritt hier doch unverkennbar zutage, welche Kluft seinen Gestaltungswillen von den Darstellungsgrundsätzen Sallusts trennt. Als Sallust auf die Einäscherung und Plünderung von Capsa zu sprechen kam, beschränkte er sich auf die Bemerkung *ceterum oppidum incensum, Numidae puberes interfecti, alii omnes venundati, praeda militibus divisa*[204]. Demgegenüber ist Tacitus bei solchen Gelegenheiten darauf bedacht, dem Geschmack seiner Zeit mit lebendigen, die Empfindungen des Lesers ansprechenden ἐκφράσεις entgegenzukommen, wie sie etwa Quintilian vorschwebten[205]. Seine Behandlung der Kriegsereignisse sagt weniger über seinen militärischen Sachverstand aus als über die Art seiner schriftstellerischen Absichten. Die Verwirklichung seiner Gestaltungsbestrebungen bedingte, daß das Anliegen, die Stimmung in den Heeren einzufangen und einzelne Szenen der Schlacht zu erschütternden Bildern auszuarbeiten, im Vordergrund stand, während die Beschreibung des Geländes, die Unterrichtung über die Truppenaufstellung und die Aufklärung über die taktischen Züge auf ein Mindestmaß beschränkt wurden. Besonders willkommen mußte im Zuge solcher Bestrebungen eine Schlachtszene sein, die Vatermord und ἀναγνώρισις in sich vereinte und damit dem aristotelischen Begriff des Tragischen vollauf entsprach. Die Gelegenheit, sie zu schildern, ließ sich Vipstanus Messalla so wenig entgehen wie Tacitus[206]. Weder der Tribun, der an dem Feldzug des Antonius Primus persönlich teilgenommen hatte, noch der Konsular, der auf die Aufzeichnungen des Augenzeugen zurückgriff, übergingen solche Randerscheinungen, die für den Ausgang der Schlacht keinerlei Bedeutung besaßen.

Die Rhetorik gab dem Geschichtsschreiber das Rüstzeug an die Hand, mit dessen Hilfe er den Leser gewissermaßen zum miterlebenden Zuschauer machen konnte. Ihr Einfluß trug das Seinige dazu bei, daß die Behandlung der Kriegsereignisse nach der Richtschnur des εἰκός vereinheitlicht wurde. Das Leichenfeld von Cannae läßt Livius, der militärische Laie, mit ähnlicher Lebendigkeit vor den Augen des Lesers erstehen, wie Tacitus sie in der Beschreibung des Leichenfeldes von Bedriacum erzielt[207]. Die Ausmalung der Nebenzüge erreichte verschiedentlich ein Ausmaß, wie es Polybios in der tragisierenden Geschichtsschreibung des Phylarch vorgefunden haben muß. Polybios hatte ihm aus diesem Grund vorgeworfen, er habe die Gattungsgrenze zwischen Tragödiendichtung und Geschichtsschreibung verwischt[208]. Doch war sein Warnungsruf längst ver-

---

[203] Hist. 3,32f.
[204] Iug. 91,6.
[205] Vgl. Inst. or. 8,3,67ff.: *sic* (d. h. durch das Bemühen um ἐνάργεια) *et urbium captarum crescit miseratio* usf. — Zu der grundsätzlichen Bedeutung dieser Stelle H. Strasburger, Wesensbestimmung 84.
[206] Hist. 3,25,2f.
[207] Vgl. Liv. 22,51,5ff. und Tac. Hist. 2,70.
[208] Polyb. 2,56,10f.

hallt. In den Bestrebungen, die Begleitumstände um der ἐνάργεια willen κατὰ τὸ εἰκός zu schildern, hatten sich die Ansprüche der Rhetorik durchgesetzt[209]. Die ergreifende Schilderung von der Überführung der irdischen Reste des Germanicus, auf die Eduard Norden verwiesen hat[210], gibt von diesem Zug eine treffende Vorstellung. Sie stimmt nach seinen Beobachtungen „bis in Einzelheiten" mit Plutarchs Bericht über die Beisetzung des Demetrios Poliorketes überein[211]. Wie eng sich das Anliegen der taciteischen Geschichtsschreibung mit dem der tragischen des Hellenismus berührt, ist hier mit Händen zu greifen. Plutarch schildert die Beisetzung des Demetrios, deren Gepränge er mit den Begriffen τραγικός und θεατρικός treffend kennzeichnet, nach Duris. Duris beherrschte die hellenistische, von der peripatetischen Stillehre geforderte Kunst, sich in die Gefühlslage der Handelnden hineinzuversetzen; Tacitus stand ihm in der Beherrschung dieser Kunst nicht nach.

Der eingeweihte Leser war gewohnt, daß in der Geschichtsschreibung dem Bemühen um ἐνάργεια weitherzige Zugeständnisse gemacht wurden. Im Brutus legt Cicero seinem Freund Atticus die Äußerung in den Mund, den Rhetoren sei es erlaubt, in ihrer Darstellung der Geschichte zu lügen, damit sie etwas *argutius* – auf griechisch: ἐναργέστερον – sagen könnten[212]. Ausgelöst wurde die aufschlußreiche Bemerkung von der Bitte, Atticus möge ihm erlauben, in der Verweisung auf Coriolans Ende die dramatisch aufgeputzte Fassung vorzuziehen, zu der Stratokles und Kleitarch mit ihren *rhetorice et tragice* ausgeschmückten Erzählungen vom Tod des Themistokles das Muster geliefert hatten. Den Zusammenhang mit der hellenistischen Geschichtsschreibung hat Cicero richtig erkannt. Die Legende, die sich um Coriolans Tod rankte[213], vergegenwärtigt aufs deutlichste, daß die Bestrebungen, das Bedürfnis nach sensationsträchtiger Dramatik zu befriedigen, der vorsallustischen Geschichtsschreibung der Römer so wenig fremd gewesen war wie der nachalexandrinischen der Griechen[214]. Die Verschmelzung von rhetorischer und tragischer Geschichtsschreibung war zu Ciceros Zeit schon längst so weit fortgeschritten, daß in der Schilderung der *clari ducum exitus* (wie auch in der Behandlung der *expugnationes urbium* oder der *varietates proeliorum*) die rhetorische Ausschmückung

---

[209] Zu der Forderung, der ἐνάργεια halber die παρεπόμενα vor den Zuhörern auszubreiten, vgl. Demetr. De eloc. 217; Auct. ad Herenn. 4,55,68f.; Quint. Inst. or. 9,2,40.

[210] Einleitung in die Altertumswissenschaft I², 451f. Zu der ebenso ergreifenden Schilderung vom Auszug der Agrippina aus dem Lager des Germanicus vgl. E. Fraenkel, Tacitus, Neue Jahrbücher für Wissenschaft und Jugendbildung 8, 1932, 227f. (= Tacitus, hrsg. von V. Pöschl, Darmstadt 1969, 30).

[211] Plut. Demetr. 53.

[212] Brut. 11,42.

[213] Hierzu Th. Mommsen, Die Erzählung von Cn. Marcius Coriolanus, Hermes 4, 1870, 1ff. (= Römische Forschungen 2, 113ff.).

[214] Zu den dramatisierenden Ausschmückungen in der nachalexandrinischen Geschichtsschreibung vgl. Plutarchs Urteil über die Überlieferung zum Tod Alexanders (Alex. 75,5).

von der tragischen nicht mehr zu scheiden war. Von den kaiserzeitlichen Vorgängern des Tacitus scheint mancher solche Bestrebungen fortgesetzt zu haben. Ohne die Schwelle zur Unwahrheit geradezu zu überschreiten, suchte Tacitus einen Vorläufer zu überbieten, der Othos Selbstmord bereits in strahlendem Licht gezeigt hatte. Nach der Vorstellung der Zeit rechtfertigten Zugeständnisse an das Bedürfnis nach ψυχαγωγία einige Freiheiten, sofern sie nur im Rahmen des εἰκός blieben[215]. Das Gebot der *fides historica* sah Tacitus offenbar nicht als verletzt an, wenn er drei Abdankungsversuche des Vitellius der fesselnden Wirkung zuliebe zu einer einzigen Szene verdichtete, einander ausschließende Berichte über das Ende des Claudius zusammenarbeitete oder Schiffe aus der Flotte des Germanicus in einem Seesturm an Klippen zerschellen ließ, die als Kulissen bewegter Szenen vor seinem geistigen Auge erstanden sein müssen[216].

Daß Leopold von Ranke ihn als größten Maler von Situationen und als Maler der Leidenschaften bewunderte[217] und daß Napoleon ihn als einen „coloriste hardi et séduisant" bezeichnete[218], bestätigt mittelbar, wie eng sich seine künstlerischen Absichten mit dem Anliegen der hellenistischen Geschichtsschreibung berührten und wie stark seine schriftstellerische Tätigkeit von den literarischen Bestrebungen der eigenen Zeit geprägt war[219]. Was damals als Richtschnur vorschwebte, verdeutlicht sein Zeitgenosse Plutarch mit seinen Ausführungen über die künstlerische Aufgabe des Geschichtsschreibers. Wo er es unternimmt, die schriftstellerische Leistung des Thukydides zu würdigen, geht er von dem Maßstab aus, daß der beste Geschichtsschreiber mit der bildhaften Darstellung von Empfindungen und Personen gleichsam ein Gemälde schaffe[220]. An Thukydides rühmt er nicht die Befolgung der Gesetze, welche die klassizistische Richtung aus seiner Darstellung des Peloponnesischen Kriegs abgeleitet hatte, sondern im Sinne der hellenistischen Kunstkritik die γραφικὴ ἐνάργεια[221].

Der klassizistische Zugang zum thukydideischen Geschichtswerk, den Sallust bevorzugt hatte, muß zu der Zeit des Tacitus bereits an Bedeutung verloren

---

[215] Vgl. Quint. Inst. or. 8,3,70: *consequemur autem ut manifesta sint, si fuerint veri similia, et licebit etiam falso adfingere quidquid fieri solet.*

[216] Zu diesen Beispielfällen siehe Tac. Hist. 3,68 gegenüber Suet. Vit. 15,2–16; Tac. Ann. 12,66f. gegenüber Suet. Claud. 44,2–45 sowie Tac. Ann. 2,23f.

[217] Weltgeschichte III,2, Leipzig 1883$^{1-2}$, 318 und 311; vgl. Racines Urteil in der Seconde Préface seines Britannicus: „„Le plus grand peintre de l'antiquité..".

[218] Napoleons Unterhaltungen mit Goethe und Wieland und Fr. v. Müllers Memoire darüber für Talleyrand, hrsg. von B. Suphan, in: Goethe-Jahrbuch 15, 1894, 22 („C'est un peintre habile que Tacite, disoit L'Empereur, un coloriste hardi et séduisant; mais l'histoire ne veut point d'illusions, elle doit éclairer, instruire et non seulement amuser par des tableaux frappants").

[219] E. Norden, Die antike Kunstprosa I, Darmstadt 1958^5, 329: „Die Darstellungsart der in den Rhetorenschulen aufgewachsenen Schriftsteller der Kaiserzeit hat überhaupt etwas Malerisches."

[220] De glor. Athen. 3 (Mor. 347 A); vgl. Dionys. Hal. Ant. Rom. 11,1,3.

[221] De glor. Athen. 3 (Mor. 347 C); vgl. Nik. 1,1.

haben. Wie in der Behandlung der *expugnationes urbium,* der *varietates proeliorum* und der *clari ducum exitus,* so zieht Tacitus auch in der Beschreibung der *situs gentium* die hellenistischen Gestaltungsgesetze den klassizistischen, von Thukydides abgeleiteten Darstellungsgrundsätzen Sallusts vor. Zur Unterhaltung des Lesers geographische und ethnographische Einlagen in die Geschichtserzählung einzuschieben, liebte man schon in der rhetorischen Geschichtsschreibung des vierten Jahrhunderts. In der hellenistischen Geschichtsschreibung nahmen diese Bestrebungen an Bedeutung zu [222]. Beschreibungen von ϑαυμάσια und pseudowissenschaftliche Erklärungen von erstaunlichen Naturerscheinungen kamen dem Geschmack des hellenistischen Lesers entgegen. Die römische Geschichtsschreibung knüpfte auch in dieser Hinsicht an den Stand der Entwicklung an, den die griechische Geschichtsschreibung im Zeitalter des Hellenismus erreichte. Sallust rückte zwar von den Bestrebungen ab, in der Beschreibung von Land und Leuten die durch das Vorbild des thukydideischen Geschichtswerks vorgezeichnete Grenze zu überschreiten, doch setzte sich sein Standpunkt nicht durch. Obwohl Tacitus ihn als *rerum Romanarum florentissimus auctor* schätzte [223], entfernte er sich auch in dieser Beziehung von seinem römischen Vorbild. Den ϑαυμάσια und den pseudowissenschaftlichen Erklärungsversuchen breiten Raum zu gewähren, trug er in seinem Judenexkurs (Hist. 5,2ff.) keine Bedenken.

Was für die ἐκφράσεις gilt, gilt auch für den Aufbau der Bücher. Auch hier berühren sich die gestalterischen Absichten des Tacitus mit dem Anliegen der dramatischen Geschichtsschreibung des Hellenismus. Wenngleich die annalistische Gliederung die dramatische Gestaltung erschwerte, war Tacitus in den Annalen bemüht, größere Erzähleinheiten nach dramatischen Gesichtspunkten anzulegen und abzurunden [224]. Dieses Verfahren entsprach der hellenistischen Antwort auf die vorhellenistische Forderung nach innerer Geschlossenheit. Unter dem Stichwort αὐτοτελής war diese Forderung bereits von Ephoros erhoben und befolgt worden, nachdem sein Lehrer Isokrates die Anordnung des Stoffes an entsprechende Vorschriften gebunden hatte [225]. Ephoros genügte ihr dadurch, daß er sein Werk nach sachlichen Gesichtspunkten – κατὰ γένος – in Bücher aufteilte [226], die einzelnen Bücher zu abgerundeten Einheiten ausarbei-

---

[222] G. Avenarius, Lukians Schrift 148f.

[223] Ann. 3,30,2.

[224] Eine grundlegende Untersuchung wie E. Burcks Abhandlung über die Erzählungskunst des Livius steht für Tacitus noch immer aus. P. S. Everts, De Tacitea historiae conscribendae ratione 24ff. kommt über anregende Ansätze nicht hinaus, und C. W. Mendell, Dramatic Construction of Tacitus' Annals, Yale Classical Studies 5, 1935, 3ff. stellt zwar nützliche Beobachtungen zusammen, legt aber keine abschließende Abhandlung vor. Verläßlicher Aufschluß über den „Stellenwert" des Dramatischen im Werk des Tacitus wäre nur von einer umfassenden Untersuchung seiner Erzähltechnik zu erwarten.

[225] Isokrates bei Ioann. Sic. 6, p. 156,19 (= Isocratis orationes, ed. G. E. Benseler–F. Blass, p. 275,6).

[226] Diod. 5,1,4.

tete und ihnen jeweils eine Vorrede voranstellte[227]. Wie er in einer dieser Vorreden ausführte, leitete ihn dabei die Absicht, die Klarheit und Einprägsamkeit seiner Darstellung zu erhöhen[228]. Dramatische Gesichtspunkte spielten in seinen Überlegungen noch keine Rolle. Tacitus knüpfte in der Gestaltung seiner Bücher an eine Stufe der Entwicklung an, die in der rhetorischen Geschichtsschreibung der vorhellenistischen Zeit noch nicht erreicht war. Am Schluß der Bücher I, XI und XIV seiner Annalen wecken Anspielungen auf das Kommende Spannung und Erwartung[229]. Die Bücher II, VI, XI, XII und XIV enden jeweils mit dem Tod einer geschichtlich bedeutsamen Gestalt[230], ohne daß die annalistische Einteilung diese Anordnung nahelegte (der Tod des Arminius fiel nicht einmal in das Jahr, unter dem er berichtet wird, Tiberius starb im März, Claudius wurde im Oktober, seine Tochter Octavia im Juli beseitigt); Buch XII beginnt mit der Schilderung des Ehewettstreits, aus dem Agrippina als Siegerin hervorging, während der Konsulwechsel erst im fünften Kapitel desselben Buchs erwähnt wird.

Dramatische Zielsetzungen haben darüber hinaus die Gestaltung einzelner Buchgruppen beeinflußt. Die erste Hexade der Annalen ist so angelegt, daß in der Darstellung des Tiberius jeder neuen Steigerungsstufe der Selbstenthüllung seiner Natur ein Buch gewidmet ist. Die Ausgewogenheit ihres Aufbaus erweist sich daran, daß die Peripetie genau in die Mitte der Buchgruppe fällt. Tacitus erreichte diese Ausgewogenheit damit, daß er den entscheidenden Umschlag von dem Jahr 19 in das Jahr 23 n. Chr. verlegte. Er führte damit die Ansätze, welche die überlieferte Phaseneinteilung für seine tragödienhaft anmutende Behandlung der Geschichte des Tiberius darbot, im Geist der künstlerischen Geschichtsschreibung des Hellenismus weiter.

Selbst in seiner Geschichtsdeutung ist der hellenistische Einfluß mit Händen zu greifen. Seine Aussagen über die Einwirkung übernatürlicher Mächte erinnern an die Vorstellungswelt des Polybios. Beide lassen in ihren Werken das Nebeneinander von natürlicher und übernatürlicher Erklärung zu, ohne darin einen Verstoß gegen die Verpflichtung zu sehen, die sie mit dem Bekenntnis zur rationalen Ursachenforschung eingegangen waren. Tacitus trug keine Bedenken, den Umschlag in der Verhaltensweise des Tiberius einerseits mit dem Wüten der Fortuna und andererseits mit der Beseitigung des Drusus zu erklären[231]. Polybios hatte kein logisches Hindernis gesehen, als er Roms Aufstieg zur Weltmacht

---

[227] Diod. 16,76,5.
[228] Ephoros bei Diod. 16,1,1.
[229] E. Norden, Kunstprosa I⁵, 328 Anm. 1; C. W. Mendell, Yale Classical Studies 5, 1935, 28 mit Anm. 11.
[230] E. Norden, ebenda.
[231] Ann. 4,1,1 und 4,7,1. Weitere Beispiele für das Nebeneinander von natürlicher und übernatürlicher Erklärung: *seu superbiae odio seu praedae dulcedine seu favore quodam erga nos deorum* (Germ. 33,1); *Varus fato et vi Armini cecidit* (Ann. 1,55,3); *magnaque deum benignitate et modestia hiemis rebus extremis subventum* (Ann. 12,43,2).

einerseits als notwendiges Ergebnis der Verfassungsentwicklung hinstellte, während er ihn andererseits als παράδοξον und Werk der Tyche bezeichnete[232]; ohne die Berechtigung seiner rationalistischen, Ursache und Wirkung sondernden Sehweise gefährdet zu glauben[233], hatte er sich, dem Geist des Hellenismus entsprechend, der Vorstellung zugänglich gezeigt, daß das irdische Geschehen einem Schauspiel (θεώρημα; θέαμα) gleiche[234], dessen Leitung in den Händen der Tyche liege[235]. In ihren Werken die Manifestation einer geschlossenen Weltanschauung zu suchen, ist verschwendete Mühe. Daß Polybios von der μῆνις ἐκ θεῶν und Tacitus von der *ira deum* spricht[236], sagt über ihre Gläubigkeit nicht das geringste aus[237]. Beide lassen den Groll der Götter, die göttliche Obhut, das mit menschlicher Vernunft erfaßbare Walten der sinnvoll eingreifenden Tyche und das unerklärliche der launischen nebeneinander bestehen[238].

Obwohl weder Polybios noch Tacitus zu einer geschichtsphilosophischen Durchdringung der Frage nach den letzten Ursachen vorstießen, wurde im einen wie im anderen Fall versucht, das Bündel von auseinanderlaufenden Vorstellungen in ein Begriffssystem zu zwängen oder entwicklungsgeschichtlich aufzutrennen[239]. Tacitus dachte nicht daran, die von der hellenistischen Geschichtsschreibung vorgezeichnete Bahn so weit zu verlassen, daß er seine Geschichtsdeutung der Lehrmeinung einer bestimmten Philosophenschule unterordnete. Den Mei-

---

[232] Polyb. 1,4,1 und 1,4,4.
[233] Zu seiner Absicht, die rationalen Ursachen zu ergründen, siehe 1,1,5; 1,3,7ff.; 1,12,6ff.; 1,20,8; 3,1,4; 3,4,6; 4,28,4; 11,18a und öfter.
[234] Polyb. 1,2,1 und 3,1,4. Zu dieser Vorstellung vgl. Timaios fr. 105 bei F. Jacoby, FGrHist III B,632.
[235] Polyb. 1,4,4f.; 11,5,8 und öfter.
[236] Polyb. 36,17,15; Tac. Ann. 14,22,4; ferner Hist. 1,3,2; 2,38,2; Ann. 4,1,2; 16,16,2.
[237] Gegen L. v. Ranke, Weltgeschichte III,2,315: „Aber wenn doch auch unter den Römern die polybianischen Ansichten mannichfachen Anklang gefunden hatten, so setzt sich Tacitus denselben mit der vollen Energie altrömischer Gläubigkeit entgegen."
[238] Für Polybios vgl. die von K. Ziegler zusammengestellte Sammlung der aufschlußreichsten Belege (Polybios, RE XXI, 1533ff.). Für Tacitus vgl. das Nebeneinander der folgenden, die Erwartung einer geschlossenen Weltanschauung enttäuschenden Aussagen: *argentum et aurum propitiine an irati dii negaverint dubito* (Germ. 5,2); *Galba ... fatigabat alieni iam imperii deos* (Hist. 1,29,1); *nec sine ope divina* (Hist. 4,78,2); *noctem sideribus inlustrem .. dii praebuere* (Ann. 14,5,1); *quod in pace fors seu natura, tunc fatum et ira dei vocabatur* (Hist. 4,26,2); *aequitate deum erga bona malaque documenta* (Ann. 16,33,1); *struebat iam fortuna ... initia causasque imperio ..* (Hist. 2,1,1); *magna documenta instabilis fortunae summaque et ima miscentis* (Hist. 4,47); *.. fama spe veneratione potius omnes destinabantur imperio quam quem futurum principem fortuna in occulto tenebat* 3,18,4).
[239] Zu diesen Bestrebungen in der Polybiosforschung vgl. die von K. Ziegler, RE XXI, 1541 besprochenen Lösungsversuche; zu den entsprechenden Bemühungen in der Tacitusforschung vgl. Ph. Fabia, L'irréligion de Tacite, Journal des Savants N.S. 12, 1914, 250ff.; R. Reitzenstein, Tacitus und sein Werk, Neue Wege zur Antike IV, 1926, 27ff. (= Aufsätze zu Tacitus, Darmstadt 1967, 145ff.); P. Beguin, Le „Fatum" dans l'œuvre de Tacite, L'Antiquité classique 20, 1951, 315ff.

nungsstreit über die für das geschichtliche Verstehen bedeutsamen Größen Schicksal, Zufall, Notwendigkeit und Willensfreiheit gibt er wieder, ohne selbst Stellung zu nehmen [240]. Die Philosophenschulen mochten diese Streitfragen entscheiden, wie es ihnen beliebte. Als Geschichtsschreiber war er an den Grundsatz gebunden, den Polybios in den Mittelpunkt gestellt [241], Sempronius Asellio übernommen [242] und Cicero unter den allbekannten Grundlagen aufgeführt hatte [243]: *ut non modo casus eventusque rerum, qui plerumque fortuiti sunt, sed ratio etiam causaeque noscantur* [244]. Was ein Geschichtsschreiber nicht der Klugheit oder Unbesonnenheit der Menschen zurechnen mochte, durfte er, wie Ciceros Erörterung über die Grundlagen der Geschichtsschreibung lehrt [245], dem Zufall zuschreiben. Berechenbare Kräfte der Geschichte ohne personale Bindung haben weder Cicero noch Tacitus noch Sallust namhaft gemacht.

Die Erschwerungen der historiographischen Betätigung seit dem Beginn des Prinzipats

Daß Tacitus in der Gestaltung des geschichtlichen Stoffs und in der Auffassung von den Aufgaben des Geschichtsschreibers Forderungen und Gesetze anerkannte, die in der bewegten Diadochenzeit aufgekommen oder zur Entfaltung gelangt waren, schlug in merkwürdiger Weise auf seine Einschätzung der eigenen Möglichkeiten zurück. „Ich weiß sehr wohl", gesteht er einmal, „daß vieles von dem, was ich berichtet habe und was ich berichten werde, vielleicht als unbedeutend und der Erwähnung nicht recht wert erscheint. Aber es vergleiche niemand meine Annalen mit der Geschichtsschreibung derer, die die ältere Geschichte des römischen Volkes geschildert haben. Jene erzählten, ohne im Ausgreifen behindert zu sein, von gewaltigen Kriegen, Städteeroberungen, geschlagenen und gefangenen Königen oder, wenn sie sich einmal lieber den inneren Verhältnissen zuwandten, von Streitigkeiten der Konsuln mit den Volkstribunen, Acker- und Getreidegesetzen und Kämpfen zwischen der Plebs und den Optimaten. Mir hingegen verbleibt eine ruhmlose Betätigung auf engem Feld; herrschte doch damals (in der Zeit des Tiberius) ungestörter oder doch nur geringfügig beeinträchtigter Friede [246]." Seine Klage über die Einengung der

---

[240] Ann. 6,22.
[241] Polyb. 1,1,5; 1,3,7ff. und *passim*.
[242] Fr. 1 bei H. Peter, HRR I², 179.
[243] De or. 2,15,63.
[244] Hist. 1,4,1. Daß diese Zusicherung der Ursachenforschung in ähnlicher Weise wie die Wendung *sine ira et studio* bis in den Wortlaut hinein geprägt gewesen sein muß, ergibt sich aus den sprachlichen Berührungen mit Ciceros *et cum de eventu dicatur, ut causae explicentur* ...
[245] De or. 2,15,63.
[246] Ann. 4,32.

eigenen Möglichkeiten läßt sichtbar werden, daß er nicht nur von seiner politischen, sondern auch von seiner historiographischen Einstellung her außerstande war, die Segnungen des Prinzipats vorbehaltlos anzuerkennen. Nicht genug damit, daß er den tiefen Frieden unter Tiberius im Sinne der senatorischen Gegner, die die Geschichte der tiberianischen Zeit aufgezeichnet hatten, als lähmende Kirchhofsstille darstellt[247], beklagt er die *immota pax* auch noch vom Standpunkt des Schriftstellers, der seine Leser fesseln und seine Hörer mitreißen will. Die Geschichte des bewegten Vierkaiserjahres zu schildern, war unter diesem Blickwinkel eine weitaus dankbarere Aufgabe. Darüber war Tacitus sich im klaren. Während er in den Annalen von jedem Versuch absah, die Wahl des Gegenstandes im Sinne der hellenistischen Vorstellungen mit dem Hinweis auf die fesselnde Bewegtheit des Geschehens zu rechtfertigen, vergaß er in den Historien nicht, die Erwartung des Spannung verlangenden Lesers mit der Ankündigung von Ermordungen, Schlachten, Bürgerkriegen und Aufständen zu wecken[248].

Was er in den Historien verhieß, mochte er vom Inhalt her als gleichwertige Entsprechung zu dem Vorblick angesehen haben, dem Thukydides seine Darstellung des Peloponnesischen Krieges hatte folgen lassen[249]. Den Maßstab, nach dem er die Überlieferungswürdigkeit eines geschichtlichen Stoffs bemaß, entlehnte er indessen nicht von Thukydides unmittelbar. Daß die Bedeutsamkeit des gewählten Gegenstands davon abhänge, wie bewegt und abwechslungsreich das Geschehen sei, war eine Leitvorstellung, die über die hellenistische Geschichtsschreibung in Rom Eingang gefunden hatte. Den Schicksalswendungen ($περι-πέτειαι$), die Aristoteles neben den Wiedererkennungen ($ἀναγνωρίσεις$) unter die wirksamsten Mittel der $ψυχαγωγία$ gerechnet hatte[250], hatte selbst Polybios eine solche Bedeutung eingeräumt, daß er die Ausführlichkeit, mit der er den Ersten Punischen Krieg behandelte, unter anderem mit dem Hinweis auf die unvergleichliche Größe der Peripetien begründete[251].

Wurden Maßstäbe dieser Art angelegt, konnte die Außenpolitik eines Kaisers, der dem römischen Volk wechselvolle Kämpfe an den Grenzen des Reiches ersparte, nicht auf die Gunst des Geschichtsschreibers hoffen. Wie das Beispiel des Tiberius zeigt, setzte sich ein solcher Princeps sehr leicht dem Vorwurf aus, er habe sich nicht um die Ausdehnung des Reiches gekümmert[252]. Je weniger ein Kaiser darauf bedacht war, die Reichsgrenze vorzuschieben, desto seltener

---

[247] *maestae urbis res*, Ann. 4,32,2.

[248] Hist. 1,2f. Nach dem, was Lukian De hist. conscr. 53 über die Aufgabe der Vorrede eines Geschichtswerks mitteilt, gehört dieser Vorblick noch zum Prooemium.

[249] Auf „die allgemeine Verwandtschaft von Tac. Hist. 1,2 mit Thuk. 1,23" machte H. Strasburger, Wesensbestimmung 67 Anm. 3 aufmerksam. Herodians Ankündigung einer bunten Folge von Thronwechseln, Bürgerkriegen, Grenzkriegen, Städteeroberungen und Naturkatastrophen (ab excessu divi Marci 1,1,4) gehört in die gleiche Reihe.

[250] Poet. 6, 1450^a, 33ff.

[251] Polyb. 1,13,11.

[252] *princeps proferendi imperi incuriosus erat*, Ann. 4,32,2.

erhielt der Geschichtsschreiber Gelegenheit, mit ethnographischen Einlagen oder Schlachtbeschreibungen Proben seiner Darstellungskunst zu geben, um seine Leser zu fesseln. Neidvoll blickte Tacitus darum auf solche Vorgänger, die von eindrucksvollen Eroberungen und bewegten Zeiten berichten konnten: *nam situs gentium, varietates proeliorum, clari ducum exitus retinent ac redintegrant legentium animum: nos saeva iussa, continuas accusationes, fallaces amicitias, perniciem innocentium et easdem exitii causas coniungimus, obvia rerum similitudine et satietate*[253].

Doch bekam die Geschichtsschreibung auch die Kehrseite der fortschreitenden Romanisierung von Feindesland zu spüren. Sobald Völker ihre politische Selbständigkeit verloren, trat das aus der griechischen Geschichtsliteratur vertraute Gesetz in Kraft, daß unterworfene und in ein Großreich eingegliederte Länder kaum noch einer ethnographischen Behandlung gewürdigt wurden[254]. Tacitus empfand den Zwiespalt, der sich aus dieser Sachlage ergab. Vom imperialen Standpunkt konnte er nur begrüßen, daß ein Land wie Britannien romanisiert und als Provinz fest in den römischen Reichsverband eingegliedert wurde; vom historiographischen Standpunkt mußte er auf der anderen Seite bedauern, daß weitere Länder und Völker zur Geschichtslosigkeit abzusinken drohten. Wie er diese Spannung austrug, erhellt vielleicht am eindrucksvollsten die folgende Stelle des Agricola: *iam vero principum filios liberalibus artibus erudire, et ingenia Britannorum studiis Gallorum anteferre, ut qui modo linguam Romanam abnuebant, eloquentiam concupiscerent. inde etiam habitus nostri honor et frequens toga: paulatimque discessum ad delenimenta vitiorum, porticus et balinea et conviviorum elegantiam. idque apud imperitos humanitas vocabatur, cum pars servitutis esset*[255]. Erlagen auch die freiheitsliebenden Britannier dem Zugriff der römischen Zivilisation, schrumpfte der Kreis der Völker, deren geschichtliche Bedeutung ethnographische und geographische Einlagen rechtfertigte, weiter zusammen. Schon jetzt war die Reihe der Völker, die trotz der Berührung mit den Römern ihre Eigenart zu behaupten wußten, so sehr gelichtet, daß nach antikem Maßstab neben den Britanniern nur noch die Germanen, die Parther und die Juden eine ethnographische Behandlung innerhalb der rombezogenen Geschichtsschreibung verdienten. Die Geschichtsschreibung, so könnte man eine bekannte Äußerung des Livius abwandeln, litt in dieser Beziehung unter der Größe des Römischen Reiches.

Der Bekundung des Mißbehagens über das undankbare Geschäft des kaiserzeitlichen Geschichtsschreibers drückte Tacitus so deutlich den Stempel der Entsagung auf, daß sich die Frage einstellt, worin er überhaupt die Rechtfertigung seiner historiographischen Tätigkeit erblickte.

---

[253] Ann. 4,33,3.
[254] F. Jacoby, Klio 9, 1909, 93f. (= Abhandlungen zur griechischen Geschichtschreibung 31f.).
[255] Agr. 21,2.

Von dem Stoff, den er sich für seine Geschichtsschreibung gewählt hatte, forderte ihm nur der letzte Abschnitt die Erschließung eines historiographisch noch nicht beackerten Feldes ab. In der Behandlung der übrigen Abschnitte stand er vor einer ähnlichen Aufgabe, wie sie von Coelius Antipater in Angriff genommen worden war: Sein Bemühen mußte sich darauf richten, die Vorläufer in der Darstellungskunst zu überbieten. Die Aufgabe, vor die sich Coelius Antipater seinerzeit gestellt sah, war freilich leichter zu bewältigen gewesen. Die Möglichkeiten, die der Gebrauch rhetorischer Kunstmittel eröffnete, waren in den Werken seiner römischen Vorläufer so wenig genutzt worden, daß die Hinwendung zur gestalteten Geschichte vom literarischen Standpunkt ohne weiteres als lohnendes Vorhaben gelten konnte. In der Kaiserzeit aber war die Rhetorisierung der Geschichtsschreibung so weit fortgeschritten, daß selbst ein Velleius Paterculus „bei aller Manier oft packend und glänzend" zu schreiben verstand und besonders in manchen Charakteristiken eindrucksvolle Proben der Beherrschung des gedrängten Stils zu geben vermochte[256]. Tacitus mußte sich mit Vorläufern messen, von denen kaum einer außer acht gelassen haben wird, daß ein im ersten nachchristlichen Jahrhundert verfaßtes Geschichtswerk den hohen stilistischen Ansprüchen einer verwöhnten Leserschaft zu genügen hatte. In der Darstellung des Vierkaiserjahres wetteiferte er mit einem Vorgänger, dem er so wirkungsvoll zugespitzte Wendungen wie *cum timeret timebatur* verdankte. Die Schwierigkeit, ihn in der Kunst der Darstellung zu überbieten, war dadurch verdoppelt, daß dieser Vorläufer seinerseits schon gestaltete Geschichte vorgefunden hatte und damit bereits von dem Zwang der isokrateischen Forderung betroffen war, Gesagtes besser sagen zu müssen[257]. Gegenüber Coelius Antipater war Tacitus auch insofern im Nachteil, daß er die Wahl des Abschnitts, den er in seinen Annalen behandelte, nicht mit der Dynamik des zu schildernden Geschehens rechtfertigen konnte. Gemessen an dem Auf und Ab der Geschichte des Hannibalkrieges nahmen sich die Peripetien, die die Geschichte des julisch-claudischen Hauses bot, recht bescheiden aus. Die Peripetie, die nach der Darstellung seiner Annalen durch den Tod des jüngeren Drusus ausgelöst wurde, führt er mit einer sallustischen Prägung ein, die die Erinnerung an eine weitaus berühmtere Peripetie wachruft. Während Sallust mit den Worten *saevire fortuna ac miscere omnia coepit* die Wendung der römischen Geschichte nach der Zerstörung Karthagos als das Werk der launischen Tyche hinstellte[258], überträgt Tacitus diese Vorstellung auf ein Ereignis, das gewiß keine so epochale Bedeutung beanspruchen konnte wie der Umbruch in der innerrömischen Geschichte: *nonus Tiberio annus erat compositae rei publicae, florentis domus ..., cum*

---

[256] E. Norden, Kunstprosa I⁵, 303, mit Berufung auf folgende Beispiele: Charakteristik des Mithridates (2,18,1), des Pompeius (2,29,2ff.) und des Maecenas (2,88,2).

[257] Zu dieser Rechtfertigung des Rückgriffs auf geschriebene Geschichte siehe Isocr. Pan. 8ff.

[258] Cat. 10,1.

repente turbare fortuna coepit, saevire ipse aut saevientibus vires praebere[259]. Die Einengung der historiographischen Möglichkeiten, die er in dem bitteren Ton der Entsagung beklagte, wird hier geradezu meßbar.

Von dem, was nach den überkommenen Anschauungen die historiographische Betätigung zu einer lohnenden Aufgabe machte, blieb nach Lage der Dinge nicht mehr viel übrig. Tacitus beschränkte sich darauf, die Rechtfertigung seiner Geschichtsschreibung auf die Ansprüche der Unvoreingenommenheit des Urteils und der Nützlichkeit des Inhalts zu gründen. In den Vorreden zu seinen Geschichtswerken verwies er darauf, daß die Vorgänger in ihrem Urteil befangen gewesen seien, während er selbst glücklicherweise historiographische Meinungsfreiheit genieße und zu Liebedienerei oder Verunglimpfung keinerlei Anlaß habe; im dritten Buch seiner Annalen erklärte er, die vorrangige Aufgabe seines Geschichtswerks sei, Verdienste vor der Vergessenheit zu bewahren (*ne virtutes sileantur*) und in Wort und Tat begangene Schlechtigkeiten zu erzieherischen Zwecken anzuprangern (*utque pravis dictis factisque ex posteritate et infamia metus sit*)[260]. Von diesen Äußerungen wird gelegentlich allzu großes Aufheben gemacht[261]. Daß Tacitus sich mit derartigen Erklärungen in Gemeinplätzen bewegte, ist nicht zu verkennen. Ansprüche dieser Art hatten schon in der republikanischen Geschichtsschreibung ihren festen Platz. Den erzieherischen Zweck der Geschichtsschreibung hob bereits Sempronius Asellio hervor, als er sich von seiner polybianischen Auffassung her gegen die chronologische Aufreihung knapper Daten wandte[262]. Zu dem Leitgedanken *ne virtutes sileantur* hatte sich schon der ältere Cato bekannt, als er den Tribunen Quintus Caedicius wegen seines Muts zur Selbstaufopferung dem berühmten Thermopylenkämpfer Leonidas an die Seite stellte[263]. Der Parteilichkeit zieh auch Sallust seine Vorläufer[264], während er sich selbst mit den Worten *neque me diversa pars in civilibus armis movit a vero* das Zeugnis der Unbestechlichkeit ausstellte[265]. In der Kaiserzeit setzte der ältere Seneca diese Tradition fort. Seinen Entschluß, die Geschichte der römischen Bürgerkriege einzubeziehen, begründete er damit, daß seit ihrem Beginn die Wahrhaftigkeit zurückgegangen sei[266]. Wie

---

[259] Ann. 4,1,1.

[260] Ann. 3,65,1.

[261] Den Boden des Beweisbaren verläßt namentlich F. Klingner, Tacitus, Antike 8, 1932, 157ff. (= Römische Geisteswelt 512ff.), wenn er von der Voraussetzung ausgeht, Tacitus habe, den Niedergang der *virtus* bis zu seiner Wurzel zurückverfolgend, den Schmerz über die Unterdrückung der *virtus* gewissermaßen in Geschichtsschreibung umgesetzt.

[262] Fr. 2 bei H. Peter, HRR I², 179f. Zu Tac. Ann. 4,33,2 (.. *plures aliorum eventis docentur*) vgl. ferner Cic. De or. 2,9,36 (*historia .. magistra vitae*) und — als Entsprechung aus der griechischen Geschichtsschreibung — Diod. 1,1,4.

[263] Fr. 83 bei H. Peter, HRR I², 78ff.; zum Leitgedanken vgl. Sall. Cat. 8,4.

[264] Iug. 95,2; Hist. I, fr. 5 (Maurenbrecher).

[265] Hist. I, fr. 6 (Maurenbrecher); ähnlich Cat. 4,2 (*mihi a spe metu partibus rei publicae animus liber erat*).

[266] F. Klingner, Römische Geisteswelt 491, mit Berufung auf Sen. De vit. patr. fr. 1 bei H. Peter, HRR II,98.

er die Meinungsfreiheit nutzte, die Caligula nach dem Tod des Tiberius zugesichert hatte, so machte Tacitus nach eigenem Bekenntnis von der Meinungsfreiheit Gebrauch, die Nerva und Trajan nach dem Scheitern des letzten Flaviers gewährten. Die Gelegenheit, auf das Geschenk der *libertas* hinzuweisen, war doppelt willkommen; bot sich doch die günstige Möglichkeit, zur gleichen Zeit die nochmalige Behandlung der historiographisch schon erschlossenen Vergangenheit zu rechtfertigen und dem Princeps, der den Freiheitsraum der Geschichtsschreibung wieder erweitert hatte, einen ihn verpflichtenden Dank abzustatten. Hatte Sallust als republikanischer Geschichtsschreiber den Anspruch erhoben, die Parteien und ihre Häupter ohne Befangenheit beurteilt zu haben, so beschränkte Tacitus als kaiserzeitlicher Geschichtsschreiber seine Versicherung der Unvoreingenommenheit auf die Beurteilung der Kaiser. Das Ende der großen Parteiungen schlug sich in dem Bekenntnis zur *veritas* erwartungsgemäß nieder. Mit der Versicherung der Wahrheitsliebe verband Flavius Josephus in entsprechender Weise den Vorwurf, daß das Bild des Kaisers Nero aus persönlichen Gründen zu seinen Gunsten oder zu seinem Nachteil verfälscht worden sei[267]. Tacitus und Josephus knüpften an einen Brauch an, der schon vor ihnen dem Wandel der politischen Gegebenheiten angepaßt worden war und, – um ein Beispiel aus dem dritten nachchristlichen Jahrhundert zu nennen –, von Herodian in der Einleitung zu seinem Geschichtswerk fortgeführt wurde[268].

Daß sich auch der hergebrachte Anspruch auf politische Unterweisung den gewandelten Bedingungen unterwerfen mußte, sah Tacitus durchaus. Er war sich bewußt, daß die Zeiten vorüber waren, in denen die führenden Staatsmänner aus den Reihen der Optimaten und Popularen Geschichtswerke lasen, um ihren Erfahrungsschatz zu vergrößern und Erkenntnisse für die Behandlung von Volk oder Senat zu gewinnen, wollte aber den überkommenen Anspruch auf die Vermittlung politischer Lehren nicht preisgeben. Mit welcher Rechtfertigung er ihn aufrechterhielt, ohne die veränderte Lage der Geschichtsschreibung außer acht zu lassen, gibt er bezeichnenderweise inmitten seiner Klage über das undankbare Geschäft des kaiserzeitlichen Geschichtsschreibers zu erkennen: *igitur ut olim, plebe valida vel cum patres pollerent, noscenda vulgi natura et quibus modis temperanter haberetur, senatusque et optimatium ingenia qui maxime perdidicerant, callidi temporum et sapientes credebantur, sic converso statu .. haec conquiri tradique in rem fuerit, quia pauci prudentia honesta ab deterioribus, utilia ab noxiis discernunt, plures aliorum eventis docentur*[269]. Auf die Schrumpfung der historiographischen Möglichkeiten, die er selbst so bitter empfand, fällt auch von dieser Seite her Licht. Die politische Nutzanwendung verengte sich zu empirisch gewonnenen Warnungen, deren vorrangige Bedeutung aus dem Sicherheits- und Selbstachtungsbedürfnis der Senatorenschaft erwach-

---

[267] Jos. Ant. Iud. 20,154ff.
[268] Herod. 1,1,2f.
[269] Ann. 4,33,2.

sen war. Es war ihm klar, daß sich die Bedingungen für die rein politische Nutzanwendung verschlechtert hatten. Um den Anspruch auf diese Form der διόρθωσις dennoch zu retten, nahm er, ohne einen schlüssigen Zusammenhang mit dem Inhalt seiner fortlaufenden Erzählung herstellen zu können, zu dem aus der Vorstellungswelt des Hellenismus vertrauten Gemeinplatz Zuflucht, daß von Ereignissen, die auf den ersten Blick geringfügig seien, oftmals der Anstoß zu bedeutsamen Vorgängen ausgehe[270]. Den Anspruch auf die läuternde Wirkung der Geschichtsschreibung aufrechtzuerhalten, war verständlicherweise leichter und dementsprechend beliebter[271].

Daß mit dem Umsturz der republikanischen Verfassung (*converso statu*) die Verschlechterung der historiographischen Bedingungen einsetzte, hatte nicht erst Tacitus gesehen. Das Jahr 27 v. Chr. muß bereits ein Vorläufer, den auch Cassius Dio benutzte, als ein Schicksalsjahr der römischen Annalistik gekennzeichnet haben. Die Erschwerung der historiographischen Wahrheitsfindung begründet Tacitus in der Vorrede zu seinen Historien[272], Cassius Dio erläutert ihre Ursachen nach seinem Überblick über die institutionellen Änderungen, die das Jahr 27 v. Chr. brachte[273]. Ihre Aussagen über Beginn und Ursache dieser Erschwerung decken sich. Auf einem Zufall kann diese Übereinstimmung nicht beruhen. Schicken sie doch beide ihren Bemerkungen über die Beeinträchtigung des Wahrheitsgehalts der Überlieferung die gleiche Einleitung voran: Bevor sie auf die Verschlechterung der Ausgangslage des Geschichtsschreibers zu sprechen kommen, weisen sie übereinstimmend auf die Notwendigkeit des Übergangs zur Alleinherrschaft hin[274]. Daß Dio seine Überlegungen zu den gewandelten Bedingungen der kaiserzeitlichen Geschichtsschreibung von Tacitus entlehnte, ist ebensowenig möglich: Tacitus beschränkt sich in seiner Neigung zur Verkürzung auf knappe Andeutungen, während Dio die Frage auf breiterem Raum erörtert. Der Schluß ist unabweisbar, daß beide auf Ausführungen eines gemeinsamen Vorläufers zurückgriffen.

Das politische Gespür, das sich die Senatorenschaft trotz der Beschneidung ihrer republikanischen Befugnisse bewahrte, befähigte diesen Vorgänger zu Einsichten, die seinem historischen Sinn das beste Zeugnis ausstellen. Er war sich bewußt gewesen, daß die Entfremdung von der politischen Verantwortung den Einblick in die Hintergründe des politischen Geschehens erschwerte, und hatte die Folgeerscheinungen der verschlechterten Ausgangslage in ihrer vollen Trag-

---

[270] Ann. 4,32,2: *non tamen sine usu fuerit introspicere illa primo aspectu levia, ex quis magnarum saepe rerum motus oriuntur*. Zur Herkunft dieser Vorstellung A. Alföldi, Emotion und Haß bei Fabius Pictor, in: ANTIΔΩPON, Festschrift für E. Salin, hrsg. von E. v. Beckerath u.a., Tübingen 1962, 119f.

[271] Zu dieser Form der διόρθωσις, die Tacitus Ann. 3,65,1 im Auge hat, vgl. beispielshalber Aur. Vict. De Caes. 33,26 und Epit. 3,6.

[272] Hist. 1,1,1.

[273] Dio 53,19,1ff.

[274] Zu *omnem potentiam ad unum conferri pacis interfuit* (Hist. 1,1,1) vgl. Dio 53,19,1.

weite erkannt. Tacitus gibt diese Erkenntnis in der inhaltsreichen Wendung *inscitia rei publicae ut alienae* weiter, Dio in der ausführlicheren Fassung, in der sie ihm überkommen war. Seiner Aufführlichkeit ist es zu verdanken, daß von dem aufschlußreichen Befund, zu dem der unbekannte, aus senatorischer Sicht urteilende Annalist des ersten nachchristlichen Jahrhunderts gelangt war, folgende Beobachtungen vor der Vergessenheit bewahrt wurden[275]: Solange alle wichtigen Entscheidungen im Senat getroffen worden waren, war es leichter, Irrtümer in der Berichterstattung zu vermeiden. Verliehen manche Gewährsmänner ihrer Darstellung aus persönlichen Rücksichten eine beschönigende oder verdunkelnde Färbung, war es nicht schwer, die Glaubwürdigkeit ihrer Behauptungen zu überprüfen. Was in Rom und was in der Ferne vorging, erfuhren damals noch alle. Die Zahl der Paralleldarstellungen, die zum Vergleich herangezogen werden konnten, war dementsprechend groß[276]; und außerdem boten sich die offiziellen Berichte als zuverlässige Hilfe an, wenn es galt, die Wahrheit herauszufinden. Seitdem aber das meiste hinter verschlossenen Türen verhandelt zu werden begann, machten sich in der Geschichtsschreibung Mißtrauen und Unsicherheit breit. Gerüchte und Unterstellungen häuften sich. Was der Öffentlichkeit mitgeteilt wurde, geriet in den Verdacht, es sei nach den Wünschen der Machthaber zurechtgebogen. Die Glaubwürdigkeit solcher Nachrichten wurde teils fälschlich verbürgt, teils zu Unrecht bestritten. Außerdem trugen die Größe des Reiches und die durch sie bedingte Fülle der Geschehnisse das Ihrige bei, die Zuverlässigkeit der Berichterstattung zu erschweren. Es konnte vorkommen, daß nur ein kleiner Kreis von Beteiligten den genauen Hergang eines bestimmten Ereignisses kannte, während alle anderen von dem Ereignis überhaupt nichts erfuhren.

Diese Beobachtungen lassen sichtbar werden, mit welch bewundernswerter Schärfe jener unbekannte Annalist des ersten nachchristlichen Jahrhunderts die Lage der kaiserzeitlichen Geschichtsschreibung gekennzeichnet hatte. Er hatte sich nicht damit zufriedengegeben, die Unzulänglichkeiten der Überlieferung festzustellen, sondern war von den Symptomen zu den Wurzeln des Übels vorgedrungen und hatte die Unvermeidlichkeit der Krise erkannt. In der Aufdeckung der Mißlichkeiten, die von der Ausdehnung des Römischen Reiches und der *inscitia rei publicae ut alienae* herrührten, nimmt er vieles von dem vorweg, was erst in den letzten Jahrhunderten wieder voll in das Bewußtsein trat und durch den Mund Napoleons seine schärfste Artikulation erfuhr. Welche Rückwirkungen die veränderten Bedingungen für die Behandlung der Provinzialgeschichte mit sich brachten, hatte der Annalist bereits so klar erkannt, daß er zuweilen die Feder hätte führen können, als Theodor Mommsen die Einleitung zum fünften

---

[275] Dio 53,19,2ff.
[276] Eine Folgerung, die überspitzt wirkt. Soweit sich die Geschichtsschreibung der republikanischen Zeit überblicken läßt, ist festzustellen, daß Senatoren, die sich zur Darstellung der Zeitgeschichte aufgerufen fühlten, den Faden dort aufzunehmen pflegten, wo ein namhafter Geschichtsschreiber aus diesen oder jenen Gründen hatte abbrechen müssen.

Band seiner Römischen Geschichte niederschrieb[277]. Daß die Senatsakten der Kaiserzeit nur mangelhaft über die Vorgänge im Reich unterrichteten, war dem einen so schmerzlich bewußt wie dem anderen. Aus der Beschäftigung mit diesem Problemkreis ging eine gesonderte Abhandlung hervor, die Mommsen nicht mehr vollenden konnte: Seine Überprüfung der Annalen brachte das wichtige Ergebnis, daß die Aufsplitterung von Zusammengehörigem und die nicht minder störende Häufung zeitlicher Verschiebungen in der Darstellung der Reichsgeschichte letzten Endes auf die Benutzung der Senatsakten zurückgehen[278].

Die Folgeerscheinungen der *inscitia rei publicae ut alienae* erfaßte Napoleon mit der Intuition, zu der ihn sein politischer Sachverstand befähigte. Sie weckten in ihm ein solches Mißbehagen, daß er ihretwegen die Geschichtsschreibung des Tacitus ablehnte: „Pour *Tacite* L'Empereur lui reprocha de n'être point assez entré dans le developpement des causes et mobils internes des événements, de n'avoir point fait ressortir assez le mystère des actions et leur enchainement mutuel, pour préparer ce jugement juste et impartial de la posterité, qui ne doit prendre les hommes et les Etats que tels qu'ils ont pu être au milieu de leur tems et des circonstances qui les environnoient[279]." Die „grämliche, sich in Mutmaßungen erschöpfende Imagination", die sich in der Häufung von abträglichen Unterstellungen kundtat, war ihm zuwider[280]. Seine Ablehnung der taciteischen Geschichtsschreibung ist, wie man sieht, nicht hinreichend erklärt, wenn sie ausschließlich dem gegen den Verleumder der römischen Kaiser auf-

---

[277] Zu Dio 53,19 vgl. Th. Mommsen, Römische Geschichte 5, Berlin 1885, 3: „Die innerliche Entwickelung des Gemeinwesens liegt vielleicht für die frühere Republik in der Ueberlieferung vollständiger vor als für die Kaiserzeit; dort bewahrt sie eine wenn auch getrübte und verfälschte Schilderung der schließlich wenigstens auf dem Markte Roms endigenden Wandelungen der staatlichen Ordnung; hier vollzieht sich diese im kaiserlichen Kabinet und gelangt in der Regel nur mit ihren Gleichgültigkeiten in die Oeffentlichkeit. Dazu kommt die ungeheure Ausdehnung des Kreises und die Verschiebung der lebendigen Entwickelung vom Centrum in die Peripherie."

[278] Das Verhältniss des Tacitus zu den Acten des Senats, Gesammelte Schriften Bd. 7, hrsg. von E. Norden, Berlin 1909, 253ff.

[279] Goethe-Jahrbuch 15, 1894, 22. Nach der Aufzeichnung, die F. Ramorino, Cornelio Tacito nella storia della coltura, Mailand 1898², 106 Anm. 125 zitiert, hatte Napoleons Verdikt folgenden Wortlaut: „Il n'est pas juste de peindre tout en noir comme a fait Tacite. C'est là un peintre habile, je vous l'accorde, un coloriste vigoureux et séduisant mais qui ne songe qu'à l'effet qu'il va produire; l'histoire ne veut point d'illusions. Tacite n'a point assez approfondi les causes; il n'a point suffisamment développé les secrets motifs des événements; il n'a point assez scruté le mystère des actions et de l'esprit des tems, étudié leur mutuel enchaînement, pour livrer à la posterité un jugement impartial et sain. Les empereurs romains n'étaient point, tant s'en faut, ces horribles monstres que Tacite nous a décrit."

[280] Napoleon im Gespräch mit dem Grafen von Narbonne (1812): „Point de cette imagination chagrine et conjecturale, en parlant à la jeunesse. Montrez-lui la grandeur simple et vraie; faites-lui lire les *Commentaires* de César." Angeführt findet man diesen Ausspruch bei M. Villemain, Souvenirs contemporains d'histoire et de littérature, Brüssel–Leipzig 1854, 108.

begehrenden „esprit de corps" zugeschrieben wird[281]. Sie gründete sich auf bedenkenswertere Vorbehalte, denen die sachliche Berechtigung nicht rundweg abgesprochen werden kann.

Seine Einwendungen zeigen freilich auch, daß richtige Beobachtung nicht notwendigerweise gerechte Beurteilung verbürgt. Als er sein vernichtendes Urteil über Tacitus fällte, verfuhr er wie ein befangener Richter, der keine mildernden Umstände gelten läßt. Ein um Gerechtigkeit bemühter Richter hätte zu bedenken, daß die Unzulänglichkeiten in der Darstellung der politischen Hintergründe zu einem guten Teil durch die Überlieferung vorgegeben waren und daß die Unsicherheit, die sich breitgemacht hatte, seitdem die Geheimhaltung von wichtigen Entscheidungen die Nachforschungen erschwerte, auch in dem Geschichtswerk des Tacitus ihre Spuren hinterlassen mußte. Bestand ohnehin schon die Gefahr, daß der Zwang der allgemein anerkannten Forderung, die Absichten der Handelnden zu enthüllen[282], fragwürdige Unterstellungen zeitigte, so mußte sie sich notwendigerweise vergrößern, als das Nachrichtenmonopol in kaiserliche Hand überging und immer weniger an die Außenwelt drang. Mit gutem Grund hatte der unbekannte Annalist des ersten nachchristlichen Jahrhunderts als bezeichnenden Zug der kaiserzeitlichen Überlieferung festgehalten, daß das nicht immer berechtigte, aber verständliche Mißtrauen gegenüber amtlichen Verlautbarungen Gerüchte und Unterstellungen üppig wuchern ließ. Schon die ersten Seiten der Annalen legen davon Zeugnis ab, in welchem Umfang die Mitteilungen, die der Öffentlichkeit nicht vorenthalten wurden oder nicht vorenthalten werden konnten, dem Gerede ausgesetzt waren. Daß Augustus eines natürlichen Todes gestorben war, daß er vor seinem Ableben den Befehl zur Ermordung des Agrippa Postumus gegeben hatte und daß Tiberius ihn in Nola noch lebend angetroffen hatte, wurde nicht etwa dank besseren Wissens in Zweifel gezogen, sondern aus Mißtrauen gegen die für die Öffentlichkeit bestimmten Verlautbarungen oder aus Voreingenommenheit gegen verhaßte Mitglieder des Kaiserhauses.

Von den Machtverschiebungen, die sich hinter den Mauern des kaiserlichen Palastes vollzogen, erfuhr die Bevölkerung erst, als ihre Folgen nicht mehr zu verheimlichen waren. Ein Gewährsmann, den Dio für seine Darstellung der neronischen Zeit zu Rate zog, verdeutlichte dies an einem aufschlußreichen Beispiel: Wie ernst die Spannungen zwischen Nero und Agrippina waren, wurde der Mehrzahl erst bekannt, als der Mutter des Kaisers die Leibwache entzogen wurde; was zuvor durchgesickert war, hatte in der Öffentlichkeit die verschie-

---

[281] Was J. v. Stackelberg, Tacitus in der Romania, Tübingen 1960, 239ff. unter der Überschrift „Napoleon I. und die Geschichte der Tacituskritik" ausführt, bleibt insofern an der Oberfläche.
[282] Zu dieser Forderung vgl. Sempr. Asell. fr. 1 bei H. Peter, HRR I², 179 (im Anschluß an Polyb. 2,56,16 und 3,31,12) und Cic. De or. 2,15,63; sie scheint in hellenistischer Zeit entstanden zu sein.

densten Vermutungen ausgelöst, und der Klatsch fand leicht Glauben, da man den beiden jede Schlechtigkeit zutraute[283].

Während die Bevölkerung die Mitteilungen, die ihr der kaiserliche Hof über die *acta urbis*[284] oder auf anderem Wege von sich aus zukommen ließ, mit ausgeprägtem Argwohn entgegenzunehmen pflegte, konnten Geschichtsschreiber, die die Geschichte der Gegenwart aufzeichneten und ihre Darstellungen zu Lebzeiten des Kaisers der Öffentlichkeit übergaben, verständlicherweise kaum einmal den Schritt wagen, die offiziellen oder offiziösen Verlautbarungen anzutasten. Die Folge war, daß man sie, sobald der betreffende Kaiser gestorben war, offen der Liebedienerei zieh und ihren Geschichtswerken die Glaubwürdigkeit absprach. Wenngleich nicht verborgen blieb, daß die Geschichtswerke, die, in frischem Haß geschrieben, nach dem Tod des Kaisers erschienen, die Wahrheit nicht minder einseitig entstellten, gaben Bearbeiter, die zwischen schönfärbenden und herabsetzenden Darstellungen wählen konnten, in der Regel der zweiten Überlieferungsgruppe den Vorzug. Tacitus verfuhr in dieser Beziehung nicht anders als Dio oder Sueton, obwohl ihm bewußt war, daß der Abrechnung mit verstorbenen Kaisern bloß der trügerische Schein echten Freimuts anhaftete[285]. Auch er richtete sich nach dem historiographischen Gesetz, nach dem die Darstellungen, die nach dem Tod des Machthabers erscheinen, die maßgebliche, fortan gültige Überlieferung verkörpern[286]. Wie vergänglich die zu Lebzeiten des Kaisers veröffentlichten Geschichtswerke waren, deren Verfasser die Geschichte der Gegenwart einbezogen hatten, kann ihm unter diesen Umständen nicht entgangen sein. Das Schicksal, das solche zeitgenössischen Darstellungen traf, war entmutigend genug, um ihn davon abzuhalten, seinerseits das Kaisertum Trajans in einem eigenen Werk zu schildern. Seinen Entschluß mit dem Beweggrund der Enttäuschung zu erklären, besteht nicht der mindeste Anlaß. Die Gegenwart auszuklammern, war die einfachste Lösung, wenn ein Geschichtsschreiber dem Vorwurf der Liebedienerei zu entgehen wünschte und sich den ihm verbleibenden Rest der einstigen *libertas* bewahren wollte. Die Geschichte der Gegenwart einzuschließen und dennoch dem Verdacht der Bestechlichkeit des Urteils glaubhaft den Boden zu entziehen, war weitaus schwieriger. Verfaßte ein Angehöriger des Senats ein Geschichtswerk, mußte er gewärtigen, daß Standesgenossen, die sich selbst oder ihre Vorfahren ungerecht be-

---

[283] Dio 61,8,4ff. — Es könnte sein, daß diese Ausführungen auf denselben Vorläufer zurückgehen, dem Tacitus und Dio den Hinweis auf die Erschwerung der historiographischen Wahrheitsfindung verdanken.

[284] Zu der Bedeutung und dem Gepräge dieser Nachrichtenquelle H. Peter, Die geschichtliche Litteratur über die römische Kaiserzeit bis Theodosius I und ihre Quellen, Bd. 1, Leipzig 1897, 209ff.

[285] Hist. 1,1,2: *quippe adulationi foedum crimen servitutis, malignitati falsa species libertatis inest.*

[286] Von der entsprechenden Richtschnur ließ beispielshalber Arrian sich leiten, als er über den Quellenwert der wichtigsten Überlieferungszweige zur Geschichte Alexanders urteilte (1,1,2).

handelt wähnten, ihren Unwillen zum Ausdruck brachten. Auf diese Mißlichkeit machten Plinius und Tacitus gewiß nicht von ungefähr aufmerksam[287]. Daß Schwierigkeiten dieser Art zunahmen, je näher die Darstellung an die Gegenwart heranrückte, liegt auf der Hand (Ammians Beispiele zeitgenössischer Kritik erläutern treffend, welche Beanstandungen einen Annalisten erwarteten, wenn er sich an die Behandlung der zeitgenössischen Geschichte heranwagte[288]). Gegen Anfeindungen war ein Geschichtsschreiber aber auch dann nicht gefeit, wenn er die Veröffentlichung eines abgeschlossenen Geschichtswerks bis zu dem Zeitpunkt hinausschob, zu dem alle im Mittelpunkt der betreffenden Darstellung Stehenden verstorben waren. Der Fall des Justus von Tiberias zeigt, wie leicht einer sich damit dem Vorwurf der Feigheit aussetzen konnte[289].

Als achtbarer wird der Ausweg gegolten haben, den der ältere Plinius wählte: Er hatte, wie er in der Vorrede zu seiner Naturgeschichte erwähnt[290], seinem Erben den Auftrag erteilt, seine *a fine Aufidi Bassi* beginnenden und bereits vollendeten Historien erst nach seinem Tod der Öffentlichkeit zu übergeben. Auf die Befriedigung zu verzichten, die die Anerkennung der Mitwelt verschafft, fiel gewiß nicht leicht. Die Befürchtung, sich den Vorwurf der Liebedienerei zuzuziehen, muß in den Überlegungen der römischen Geschichtsschreiber eine kaum zu überschätzende Bedeutung erlangt haben[291].

Ein Cato brauchte sich nicht zu bedenken, als er die Darstellung der römischen Geschichte bis auf seine Zeit herabführte. Im Zeitalter der römischen Republik lief der Verfasser zeitgeschichtlicher Darstellungen noch nicht so leicht Gefahr, in den Verdacht der *ambitio* zu geraten[292]. Plinius und Tacitus aber konnten nicht umhin, nach Lösungen zu suchen, um diesem Vorwurf zu entgehen. Daß ihnen bewußt war, welche Anfeindungen zeitgenössischen Darstellungen drohten, haben beide unmißverständlich zu erkennen gegeben[293].

Von kaiserlicher Seite wird den Lösungen, die sie fanden, um dieser Gefahr vorzubeugen, weder im einen noch im anderen Fall das Verständnis gefehlt haben. Die Einsicht, zu der Pescennius Niger gelangte, wird so verständigen

---

[287] Plin. Epist. 5,8,12f.; Tac. Ann. 4,33,4.
[288] 26,1,1.
[289] Joseph. Vit. 65,359f.
[290] Nat. hist. praef. 20.
[291] Vgl. H. Peter, Die geschichtliche Litteratur 1,293f. Daß diese Befürchtung nicht auf die Geschichtsschreibung beschränkt blieb, belegt die folgende Stelle aus dem Panegyricus des jüngeren Plinius (1,6): *quo magis aptum piumque est te, Iuppiter optime, antea conditorem, nunc conservatorem imperii nostri precari, ut mihi digna consule digna senatu digna principe contingat oratio, utque omnibus quae dicentur a me, libertas fides veritas constet, tantumque a specie adulationis absit gratiarum actio mea quantum abest a necessitate.*
[292] Vgl. Agr. 1.
[293] Plin. A fine Aufidi Bassi fr. 4 bei H. Peter, HRR II,110: *... et alioquin statutum erat heredi mandare, ne quid ambitioni dedisse vita iudicaretur;* Tac. Hist. 1,1,2: *sed ambitionem scriptoris facile averseris, obtrectatio et livor pronis auribus accipiuntur.*

Kaisern wie Vespasian und Trajan nicht verschlossen geblieben sein[294]. *nam viventes laudare inrisio est, maxime imperatores, a quibus speratur, qui timentur, qui praestare publice possunt, qui possunt necare, qui proscribere*[295] – diese Erkenntnis war leicht zu gewinnen und allgemein verbreitet[296]. Unzufriedenheit mit den bestehenden Verhältnissen setzt der Entschluß, den Tacitus faßte, so wenig voraus wie die Entscheidung des älteren Plinius[297]. Plinius bejahte die bestehenden Verhältnisse sogar aus vollem Herzen. Seine Verbundenheit mit dem flavischen Haus[298] bekundete er nicht zuletzt damit, daß er seine Naturgeschichte Titus, dem Sohn und Mitregenten Vespasians, widmete. In der Nachwelt als Hofgeschichtsschreiber der Flavier zu gelten, widerstrebte ihm nicht aus politischen Ressentiments, sondern um seiner Selbstachtung willen. Es blieb Josephus vorbehalten, den Anspruch auf Glaubwürdigkeit daraus abzuleiten, daß Titus seine Schilderung des Jüdischen Kriegs mit eigenhändiger Unterschrift als die allein gültige Darstellung ausgezeichnet und der Öffentlichkeit übergeben hatte[299]. Ein Geschichtsschreiber, der den gehobenen Schichten des römischen Volkes angehörte, hätte sich dem Spott seiner Standesgenossen ausgeliefert, wenn er auf eine so fragwürdige Beglaubigung des Wahrheitsgehalts gepocht hätte. Plinius war nicht gewillt, das Traditionsbewußtsein seiner Gesellschaftsschicht wie eine lästige Fessel abzustreifen. Mit seiner anerkennenswerten Verhaltensweise bewies er, daß das republikanische Ethos der Annalistik in der Kaiserzeit nicht völlig erloschen war. Auf ihn traf der Tadel nicht zu, den Tacitus in die Worte *neutris cura posteritatis inter infensos vel obnoxios* kleidete[300].

Tacitus gestattete sich in der Vorrede zu seinen Historien Vereinfachungen, um die kaiserzeitliche Geschichtsschreibung desto schärfer von der republikanischen absetzen zu können. Die Zuspitzung auf den Gegensatz von *libertas* und *veritas infracta* vergröbert das Bild, das der unbekannte Annalist des ersten nachchristlichen Jahrhunderts von der Wandlung der Überlieferungsverhältnisse gezeichnet hatte. Daß die Norm der *veritas* schon in der republikanischen Geschichtsschreibung nicht immer eingehalten worden war, war diesem Vorläufer

---

[294] Zu Trajans ablehnender Einstellung gegenüber Schmeichelei und Lüge vgl. Dio Chrys. 3,2 (ed. G. de Budé I, Leipzig 1916, p. 43): .. τυγχάνεις χαίρων ἀληθείᾳ καὶ παρρησίᾳ μᾶλλον ἢ θωπείᾳ καὶ ἀπάτῃ. Zu Vespasians abwehrender Haltung gegenüber höfischer Liebedienerei vgl. Suet. Vesp. 12: *quin et conantis quosdam originem Flavii generis ad conditores Reatinos comitemque Herculis, cuius monimentum extat Salaria via, referre irrisit ultro.*
[295] [Ael. Spart.] Pesc. Nig. 11,6.
[296] G. Avenarius, Lukians Schrift 46ff.
[297] Anders verhält es sich mit T. Labienus, von dem der ältere Seneca (Contr. 10 praef. 8) sagt: *memini aliquando cum recitaret historiam, magnam partem illum libri convoluisse et dixisse: haec quae transeo post mortem meam legentur. quanta in illis libertas fuit quam etiam Labienus extimuit?*
[298] Zu der Freundschaft, die ihn mit Vespasian verband, vgl. Plin. Epist. 3,5,9 und 18.
[299] Jos. Vit. 65,363.
[300] Hist. 1,1,1.

nicht entgangen. Wie aus Dios Entlehnungen hervorgeht, hatte er ausdrücklich zugegeben, daß Furcht und Gunst, Freundschaft und Feindschaft auch vor der Kaiserzeit Verfälschungen der historischen Wahrheit hervorgerufen hatten [301]. Zu diesem Vorbehalt müssen namentlich solche Geschichtswerke Anlaß gegeben haben, die seit dem Beginn der Bürgerkriege entstanden waren. Sallusts Vorwurf, Sisenna habe Sulla und seine Zeit nicht freimütig genug (*parum .. libero ore*) geschildert [302], findet man bei Seneca zu dem Tadel ausgeweitet, daß der Rückgang der Wahrhaftigkeit *ab initio bellorum civilium* eingesetzt habe [303]. Seit dieser Zeit, dessen waren sich die Urteilsfähigen bewußt, wurde der Geschichtsschreiber dadurch in seiner Unabhängigkeit bedroht, daß er in Versuchung geriet, auf die siegreiche Partei und ihre Führer Rücksicht zu nehmen. Die ängstliche Behutsamkeit, mit der Cicero abwog, was er in einem συμβουλευτικόν sagen durfte, ohne Caesar zu verletzen, und was er um seiner Selbstachtung willen besser mit Schweigen überging, gibt einen Vorgeschmack davon, welche Vorsicht ein Schriftsteller der Kaiserzeit walten lassen mußte, wenn er bei dem Princeps nicht in Ungnade fallen wollte. In dem Bewußtsein, daß er nur halboffen (*semiliber*) sprechen durfte, suchte Cicero seine *libertas* im beredten Verschweigen zu bewähren [304]. *dicere fortasse quae sentias non licet, tacere plane licet* war die Losung, die er in einem Brief an M. Marcellus als Trost mitgab. Es war ihm klar, daß diese Einengung der *libertas* die notwendige Folge der Alleinherrschaft war (*omnia enim delata ad unum sunt*) und daß sich die Verhältnisse kaum anders gestaltet hätten, wenn Pompeius als Sieger aus dem Bürgerkrieg hervorgegangen wäre [305].

Die jeweiligen Machtkämpfe ohne Rücksicht auf den Sieger zu schildern, war fortan ein heikles Unterfangen. Wie schwierig es war, im beginnenden Prinzipat offen und wahrheitsgemäß über die Nachfolgekämpfe *post caedem Caesaris dictatoris* zu berichten, erlebte vielleicht am fühlbarsten Claudius, der Enkel des Antonius und Stiefenkel des Augustus. Die vermutlich recht verschiedenen Vorhaltungen, die ihm seine Mutter als Tochter des Antonius und seine Großmutter als Gattin des Augustus machten, brachten ihn von dem Vorhaben ab, bis zu den Ereignissen zurückzugehen, in die Mark Anton und Octavian verwickelt waren. Ihre Ausstellungen belehrten ihn, daß es ratsamer war, entgegen dem ursprünglichen Plan *a pace civili* zu beginnen [306]. Zu Lebzeiten des

---

[301] Vgl. Dio 53,19,2.
[302] Sall. Iug. 95,2.
[303] Sen. De vit. patr. fr. 1 bei H. Peter, HRR II,98.
[304] Ad Att. 13,31,3. Zu der Mißstimmung über Caesars Staatsführung vgl. Ch. Wirszubski, Libertas as a Political Idea at Rome during the Late Republic and Early Principate, Cambridge 1950, 88ff.
[305] Ad fam. 4,9,2. Zu der Beeinträchtigung der Meinungsfreiheit unter Caesars Alleinherrschaft vgl. ferner Ad fam. 9,16,3: *ut enim olim arbitrabar esse meum libere loqui, cuius opera esset in civitate libertas, sic ea nunc amissa nihil loqui quod offendat aut illius aut eorum, qui ab illo diliguntur, voluntatem.*
[306] Suet. Claud. 41,2.

Augustus offen über die Machtkämpfe seit dem ersten Triumvirat zu schreiben, verlangte den Freimut eines Asinius Pollio. Daß er (um mit Horaz zu sprechen) über die unter tückischer Asche schwelenden Gluten hinweggeschritten war[307], hat gewiß nicht wenig dazu beigetragen, Tacitus zu Worten der Anerkennung zu bewegen, die seine Scheidung in republikanische und kaiserzeitliche Geschichtsschreibung auflockern: *sed veteris populi Romani prospera vel adversa claris scriptoribus memorata sunt, temporibusque Augusti dicendis non defuere decora ingenia, donec gliscente adulatione deterrerentur*[308]. Weder in der Einleitung zu seinen Annalen noch in der Vorrede zu seinen Historien hat Tacitus übersehen, daß Autoren wie Asinius Pollio, Timagenes, Marcus Valerius Messalla Corvinus, Titus Labienus oder Cremutius Cordus den Geschichtsschreibern der ausgehenden Republik an aufrechter Gesinnung und Freimut nicht nachgestanden hatten[309]. Daß der Rückgang des Freimuts in der kaiserzeitlichen Geschichtsschreibung später eingesetzt hatte als die durch die *inscitia rei publicae ut alienae* bedingte Erschwerung der Wahrheitsfindung, war ihm auch schon bewußt, als er die Vorrede zu seinen Historien niederschrieb[310]. Das Lob, welches Seneca in seiner Trostschrift an Marcia der *eloquentia* und *libertas* des Cremutius Cordus zollte[311], fügt sich aufs beste in den Rahmen dieses Prooms[312].

Daß Tacitus in seinem Überblick über den Verfall des Freimuts und der Wahrhaftigkeit in der Geschichtsschreibung die Ausführungen vergröberte, die der unbekannte Geschichtsschreiber des ersten nachchristlichen Jahrhunderts vorgelegt hatte, schmälert nicht den Wert der Erkenntnis, um die er die Beobachtungen des Vorläufers bereicherte. Die Begriffe *eloquentia* und *libertas* waren zwar schon vor Tacitus nebeneinandergestellt worden, aber erst Tacitus rückte ins Blickfeld, daß zwischen republikanischer Freiheit und hoher Sprachkunst das Verhältnis wechselseitiger Bedingtheit bestand. Im Dialogus war es ihm gelungen, die vielerörterte Frage nach der Ursache des Verfalls der Beredsamkeit dadurch zu lösen, daß er den Wandel der politischen Gegebenheiten und die durch diesen Wandel bedingte Einschränkung der Entfaltungsmöglichkeiten des Redners für den Niedergang der Redekunst verantwortlich machte: In der abschließenden Maternusrede hatte er näher ausgeführt, wie eng der Niedergang

---

[307] Hor. c. 2,1,7f.

[308] Ann. 1,1,2.

[309] Zu der Freimütigkeit des Timagenes vgl. Sen. Contr. 10,5,22 und Sen. De ira 3,23, 4ff.; zu der Unbestechlichkeit des Messalla vgl. Tac. Ann. 4,34,4: *Messalla Corvinus imperatorem suum Cassium praedicabat;* zu der Rücksichtslosigkeit, mit der T. Labienus seine pompeianische Gesinnung kundtat, vgl. Sen. Contr. 10 praef. 5: *animus inter vitia ingens et ad similitudinem ingeni sui violentus, qui Pompeianos spiritus nondum in tanta pace posuisset;* zu der Aufrichtigkeit des Cremutius Cordus vgl. Tac. Ann. 4,34f. und Sen. Cons. ad Marc. 1,3f.

[310] Hist. 1,1,1.

[311] Sen. Cons. ad Marc. 1,4: *magnum me hercules detrimentum res publica ceperat, si illum ob duas res pulcherrimas in oblivionem coniectum, eloquentiam et libertatem, non eruisses.*

[312] F. Klingner, Römische Geisteswelt 490.

der *eloquentia* mit der Beschneidung der *libertas* zusammenhing[313]. In der Vorrede zu seinen Historien wendet er diese Erkenntnis auf den Teilbereich der Redekunst an, den die Geschichtsschreibung ausfüllte: *... post conditam urbem octingentos et viginti prioris aevi annos multi auctores rettulerunt, dum res populi Romani memorabantur, pari eloquentia ac libertate: postquam bellatum apud Actium atque omnem potentiam ad unum conferri pacis interfuit, magna illa ingenia cessere*[314]. Er erkennt an, daß die Einführung des Prinzipats um des Friedens willen notwendig war, zeigt aber auch, daß er um den Preis weiß, der für die Segnungen der *pax* zu zahlen war: *magna illa ingenia cessere*[315]. Das Zeitalter des Augustus, diese Erkenntnis hatte er schon im Dialogus durch den Mund des Maternus der Mitwelt unterbreitet, hatte nicht nur das politische Leben, sondern auch die *eloquentia* in all ihren Anwendungsbereichen von Grund auf befriedet: *... longa temporum quies et continuum populi otium et assidua senatus tranquillitas et maxima principis disciplina ipsam quoque eloquentiam sicut omnia depacaverat*[316]. Auf der Grundlage dieser Erkenntnis bettete er in den Dialogus Einsichten ein, die ihm das Zeugnis ausstellen, daß er seine Zeitgenossen an historischem Verständnis überragte. Wie hoch er ihnen in dieser Beziehung überlegen war, wird deutlich, wenn man danebenhält, was der jüngere Plinius, der Schüler des nach Herkunft und Geistesart unpolitischen Quintilian[317], über die Erfordernisse und Verfallserscheinungen auf dem Tätigkeitsfeld des Redners aussagt. Während Plinius mit einem, wie er sagt, gebildeten und sachverständigen Menschen darüber stritt, ob die Reden des älteren Cato und der Gracchen den Reden Ciceros, Pollios und Caesars als Muster vorzuziehen seien, und in diesem Streit seinem Freund Tacitus das Amt des Schiedsrichters antrug[318], legt Tacitus aus seiner vertieften Sicht durch den Mund seines Lehrers Aper dar, daß die Gerichtsrede wie die politische Rede dem Wandel unterworfen war, den die Veränderung der politischen Gegebenheiten und die Anpassung an den Geschmack der Zeit bedingten[319]. Daß die vor den Zentumviralgerichten zu verhandelnden Prozesse, die in der Kaiserzeit die erste Stelle einnahmen[320], unerquicklich und unerheblich zugleich waren, ver-

---

[313] Dial. 36ff.
[314] Hist. 1,1,1.
[315] Eine Feststellung, die, für sich allein genommen, gewiß nicht neu war (vgl. Sen. Contr. 10 praef. 7: *di melius, quod eo saeculo ista ingeniorum supplicia coeperunt quo ingenia desierant*). Doch ist Tacitus insofern weitergekommen, als er die tiefste Ursache des vielbeklagten Niedergangs ergründete.
[316] Dial. 38,2.
[317] Plin. Epist. 6,6,3.
[318] Epist. 1,20. Zu seinen Bestrebungen als Redner vgl. Epist. 1,5,12f.: *est enim .. mihi cum Cicerone aemulatio, nec sum contentus eloquentia saeculi nostri; nam stultissimum credo ad imitandum non optima quaeque proponere*.
[319] Dial. 18ff.; insbesondere 18,2 (*mutari cum temporibus formas quoque et genera dicendi*) und 19,2 (*cum condicione temporum et diversitate aurium formam quoque ac speciem orationis esse mutandam*).
[320] Dial. 38,2.

kannte Plinius so wenig wie Tacitus[321]. Als der tiefere Denker sah Tacitus indessen ein, daß die für die rednerische Betätigung unerfreuliche Entwicklung des Gerichtswesens der geschichtlichen Notwendigkeit entsprach. Sein waches Gespür für historische Zusammenhänge verhalf ihm zu der Einsicht, daß die Verschlechterung der Entfaltungsbedingungen des Gerichtsredners zu dem Preis gehörte, der für die nahezu vollkommene Befriedung des öffentlichen Lebens zu entrichten war[322].

Das politische Bewußtsein war auch vor Tacitus unter den Senatoren hoch entwickelt gewesen, die Beeinträchtigung der Offenheit in der kaiserzeitlichen Geschichtsschreibung und der Verfall der Beredsamkeit waren schon vor ihm wahrgenommen worden. Aber es finden sich erst in seiner Person die Voraussetzungen vereinigt, die zu der geistigen Leistung befähigten, den Niedergang der römischen Geschichtsschreibung in den größeren Rahmen des Niedergangs der *eloquentia* zu stellen und ihren Verfall als Folge der allseitigen Befriedung des politischen Lebens zu verstehen.

---

[321] Vgl. Plin. Epist. 2,14 *passim* und Tac. Dial. 38f.
[322] Dial. 36ff., insbesondere 37,4ff.

TACITUS UND DIE GESCHRIEBENE GESCHICHTE

Von seinem Vorgehen als Geschichtsschreiber hatte Thukydides seinen Lesern mit wünschenswerter Klarheit Rechenschaft abgelegt. In dem sogenannten Methodenkapitel (1,22) gab er über die wichtigsten Grundsätze seiner Geschichtsforschung Aufschluß: über sein Bemühen, wenn nicht den genauen Wortlaut, so doch wenigstens die Gesamtintention der Reden, die auf beiden Seiten gehalten worden waren, unverfälscht zu bewahren, über sein Verfahren der kritischen Verarbeitung und gewissenhaften Überprüfung zeitgenössischer — mündlicher wie schriftlicher — Berichte, über sein Streben nach höchstmöglicher Genauigkeit. Von der Verwirklichung seines Vorhabens erhoffte er sich die Anerkennung derer, die das σαφές, das Transparente des Geschehens, seine bewegenden Kräfte, erkennen wollen. Dementsprechend vertrat er mit Entschiedenheit die Auffassung, daß der historischen Wahrheit der Vorrang vor dem schriftstellerischen Reiz gebühre, den vielleicht eine fabelnde Schilderung dem Erbauung suchenden Hörer oder Leser bieten mochte.

Tacitus hat davon abgesehen, in den Vorreden zu seinen Geschichtswerken die Grundsätze seiner Arbeitsweise mit entsprechender Bereitwilligkeit darzulegen. In beiden Proömien begnügt er sich damit, daß er die Überlieferungslage in allgemein gehaltenen Wendungen skizziert und ein nachdrückliches Bekenntnis zur unverbrüchlichen Wahrheitsliebe ablegt.

Die eigene Wahrheitsliebe zu beteuern, war längst zu einem festen Bestandteil des historischen Prooms geworden[1]. Wie wenig solche Beteuerungen von einem gebildeten Leser der frühen Kaiserzeit in ihrem vollen Wortsinn ernst genommen wurden, verrät Senecas hintergründiger Spott über diesen Historikerbrauch. Mit unverkennbarer Persiflage auf die Einleitungstopik der römischen Geschichtsschreiber und einem boshaften Seitenhieb auf das Mißverhältnis von Anspruch und Wirklichkeit versichert er ausgerechnet in einer satirischen Schrift, in der Einleitung zu seiner Apokolokyntosis, er werde seine Schilderung der Geschehnisse im Himmel so halten, daß weder im Guten noch im Bösen der Voreingenommenheit Raum gegeben werde. Unter dieser (zu nichts verpflichtenden) Bedingung, fährt er fort, seien seine Worte wahr[2].

---

[1] Zur Tradition solcher Beteuerungen C. Weyman, Sine ira et studio, Archiv für lateinische Lexikographie und Grammatik 15, 1908, 278f. sowie J. Vogt, Tacitus und die Unparteilichkeit des Historikers, Würzburger Studien zur Altertumswissenschaft 9, 1936, 1ff. (= Orbis 110ff.); zur Herkunft der Prägung *sine ira et studio* insbesondere 5f.

[2] Apoc. 1,1: *quid actum sit in caelo ante diem III. idus Octobris anno novo, initio saeculi felicissimi, volo memoriae tradere. nihil nec offensae nec gratiae dabitur. haec ita vera.* Zu der neuen Deutung von *ita*, die das Verständnis des Hintersinns erst voll erschließt, ist K. Bringmann gelangt.

Unabhängig von der Erscheinung, daß die Beteuerungen der Wahrheitsliebe mit der Zeit abgegriffen wurden, ist zu fragen, ob Thukydides und Tacitus mit dem Versprechen, eine unverzerrte, wahrheitsgetreue Darstellung zu geben, jeweils dasselbe verheißen wollten. Beachtet man die Umgebung, in die sie ihre Wahrheitsversicherungen gestellt haben, so erweist sich, daß sich die Beteuerungen der Unvoreingenommenheit, die Tacitus in den Vorreden zu seinen beiden historischen Werken untergebracht hat, nur bis zu einer bestimmten Grenze mit dem Anspruch des Thukydides decken. Thukydides hatte sich nach eigener Aussage zum Ziel gesetzt, nach Möglichkeit alle Fehlerquellen, die die Vergeßlichkeit oder Parteilichkeit seiner Augen- und Ohrenzeugen in sich bergen könnten, durch eigene Nachforschungen auszuschalten, um zur historischen Wahrheit, der Wahrheit der Tatsachen, vorzustoßen. Mit dieser Zielsetzung kommt er der wissenschaftlichen Auffassung von der Aufgabe des Historikers, der namentlich Leopold von Ranke zum Sieg verholfen hat [3], zweifellos näher als Tacitus. Tacitus verengt die Bejahung gewissenhafter Wahrheitsfindung zu dem Anspruch auf persönliche Unvoreingenommenheit gegenüber den Kaisern, von denen seine Darstellungen handeln. Er hält sich in diesem Punkt nicht an Thukydides, sondern knüpft mittelbar an die hellenistische Tradition an. In der Geschichtsschreibung, die auf dem Boden der monarchischen Kultur des Diadochenzeitalters gewachsen war, hatte die Meidung von Liebedienerei eine Bedeutung gewonnen, die sie im demokratischen Athen des fünften Jahrhunderts noch nicht haben konnte.

Daß Tacitus sich auf den Anspruch der persönlichen Unvoreingenommenheit beschränkte, geben die Proömien zu seinen beiden historischen Werken zweifelsfrei zu erkennen [4]. Für seine unvoreingenommene Beurteilung der Herrscher des julisch-claudischen Hauses macht er geltend, daß es ihm an persönlichen Beweggründen zu Verdrehungen aus Groll oder Neigung fehle. Dies traf zu. Da Tiberius, Caligula, Claudius und Nero tatsächlich weder zu seinem Nachteil noch zu seinem Vorteil in sein Leben eingreifen konnten, durfte er mit gutem Grund bestreiten, einen persönlichen Anlaß zu haben, sie aus Böswilligkeit unverdient herabzusetzen oder aus Liebedienerei über Gebühr zu rühmen [5]. Dasselbe durfte

---

[3] L. v. Ranke, Geschichten der romanischen und germanischen Völker von 1494 bis 1514, Sämmtliche Werke 33/34, Leipzig 1874², in der Vorrede der ersten Ausgabe (October 1824), VII: „Strenge Darstellung der Thatsache, wie bedingt und unschön sie auch sei, ist ohne Zweifel das oberste Gesetz." Zur richtigen Deutung des bekannten Rankeworts „blos zeigen, wie es eigentlich gewesen" und zu den späteren Mißverständnissen O. Vossler, Rankes historisches Problem, in: Geist und Geschichte. Gesammelte Aufsätze, München 1964, 184ff.

[4] Vgl. F. Leo, Ausgewählte Kleine Schriften 2,267; H. Drexler, Gnomon 28, 1956, 520. Abweichend J. Vogt, Orbis 113: „In beiden Fällen spricht er nur von der Stellungnahme zu Personen, doch es versteht sich, daß auch Einrichtungen und Zustände einbegriffen sind; denn Tacitus führt diese entsprechend der allgemeinen historischen Vorstellungsweise des antiken Menschen unmittelbar auf bestimmte Personen zurück."

[5] Ann. 1,1,2f.

er mit gleichem Recht von seiner Einstellung zu Galba, Otho und Vitellius behaupten. Er wird sie in der Tat, wie er versichert, weder im Guten noch im Bösen kennengelernt haben. Nur für die flavischen Kaiser, denen er seine Karriere verdankte, muß er sich auf seine unverbrüchliche Wahrheitsliebe berufen, um von sich den Verdacht abzuwenden, seine Darstellung ihrer Geschichte sei von Zuneigung oder Haß geprägt[6].

In der Verengung der Objektivitätsanforderungen, die Thukydides an sich und seine Arbeit gestellt hatte, deutet sich schon an, was wir von Tacitus erwarten dürfen und was nicht. Gewiß nicht eine durchgängige Überprüfung der literarischen Vorlagen anhand von Augenzeugenbefragungen (wozu er, von dem verschollenen zeitgeschichtlichen Teil seines Geschichtswerks abgesehen, gegenüber Thukydides zumeist ungünstigere Voraussetzungen vorfand), aber auch nicht eine Quellenkritik auf der Grundlage einer umfassenden Verwertung von Primärmaterial, wie es ihm zu seiner Zeit noch in ansehnlicher Fülle zur Verfügung gestanden haben muß. Eher beiläufig beruft er sich einmal auf die *acta diurna*[7], nur ein einziges Mal verweist er auf die Senatsprotokolle, die *commentarii senatus*[8]. Daß er seine annalistischen Vorlagen aus der umfangreichen Memoirenliteratur ergänzte, gibt er nur in wenigen Ausnahmefällen zu erkennen[9]. Es ist bezeichnend, daß er die Unzuverlässigkeit des menschlichen Gedächtnisses als mögliche Fehlerquelle keiner Erörterung würdigt.

Mit dem Verzicht auf eine umfassende Beschaffung primären Materials begibt er sich zugleich der Möglichkeit einer überzeugend begründeten, in ihrer Stichhaltigkeit unangreifbaren Quellenkritik. Vielfach begnügt er sich damit, Abweichungen in der Überlieferung ohne eigene Stellungnahme zu verzeichnen. In den Nerobüchern stellt er einmal in Aussicht, er werde nach dem Grundsatz *nos consensum auctorum secuturi, quae diversa prodiderint, sub nominibus ipsorum trademus* verfahren[10], doch ist er aus unerfindlichen Gründen von der angekündigten Zitierweise wieder abgekommen. Die Verwirklichung des Grundsatzes wäre zu begrüßen gewesen. Anfechtbar wird das Verfahren erst dann, wenn die Berufung auf die Mehrheit der Gewährsmänner belegen soll, daß die Minderheit im Unrecht ist.

Nimmt Tacitus zu Abweichungen in der Überlieferung einmal Stellung, so begründet er seine Entscheidung für oder gegen eine vorgegebene Meinung mit gefühlsmäßigen, subjektiven Argumenten, die, mögen sie auch in vielen Fällen zutreffend sein, die quellenkritisch sichere Grundlage vermissen lassen. Bald

---

[6] Hist. 1,1,3.
[7] Ann. 3,3,2.
[8] Ann. 15,74,3.
[9] Erwähnt sind die Aufzeichnungen des Vipstanus Messalla (Hist. 3,25,2; 3,28), die Memoiren der jüngeren Agrippina (Ann. 4,53,2) und die Memoiren oder (wahrscheinlicher) Lageberichte des Corbulo (Ann. 15,16,1).
[10] Ann. 13,20,2.

beruft er sich auf die geschichtliche Erfahrung[11], bald stützt er seine Meinung auf allgemeine Überlegungen, wie sie die Wahrscheinlichkeit als Richtschnur menschlichen Ermessens eingibt[12], gelegentlich erklärt er eine abweichende Überlieferung mit der Voreingenommenheit der Gewährsmänner[13]. Über Herodots ὡς ἐμοὶ δοκεῖ, mit dem sich Thukydides, wie sein Methodenkapitel klarlegt, nicht zufriedengeben wollte, kommt Tacitus somit kaum hinaus.

Primärquellen zur Klärung strittiger Fragen heranzuziehen, entsprach zu der Zeit des Tacitus eher der antiquarisch-philologischen Methode, wie wir sie von Sueton kennen. Sueton, dessen Caesarenviten ihre entwicklungsgeschichtliche Herkunft in der alexandrinischen Philologie haben[14], hat hin und wieder mit zwingenden Schlußfolgerungen aus dem ihm verfügbaren Primärmaterial (Briefe aus der kaiserlichen Korrespondenz, *acta diurna*, Inschriften) bewiesen, wie überzeugend auf solcher Grundlage die Auseinandersetzung mit falschen oder bezweifelbaren Behauptungen der befragten Annalisten geführt werden konnte[15].

Was wir also von Tacitus erwarten dürfen, ist eine Darstellung, die sich vorwiegend an literarische Quellen hält und sie ausgiebig verwertet. Welche Quellen er benutzte und nach welchen Gesichtspunkten er die ihm zu Gebote stehenden Darstellungen verarbeitete, darüber versagen die Vorreden zu seinen beiden Geschichtswerken die gewünschte Auskunft.

Die auffällige Kargheit in den Quellenangaben hat er offenbar mit seinen Vorgängern gemeinsam gehabt. Unter dieser Unzulänglichkeit litt nicht nur das historische Schrifttum. Als Plinius für seine Naturgeschichte ältere und neuere Quellen miteinander verglich, mußte er mit Befremden feststellen, daß die erklärtermaßen glaubwürdigsten Gewährsmänner, die *iuratissimi auctores*, von Vorgängern wortwörtlich abgeschrieben hatten, ohne deren Namen zu nen-

---

[11] So Hist. 2,37f. in der Auseinandersetzung mit der von „einigen" beglaubigten Nachricht, die feindlichen Bürgerkriegsheere des Otho und des Vitellius hätten sich über die Köpfe ihrer Kriegsherrn hinweg verständigen wollen.

[12] Beispielsweise Hist. 5,7,2 (Begründung einer eigenen Vermutung über die Ursache der Unfruchtbarkeit zweier Ebenen in der Nähe des Toten Meeres); Ann. 4,11,1f. (Widerlegung des Gerüchts, Tiberius selbst habe auf Anstiften Sejans seinem eigenen Sohn Drusus den tödlichen Gifttrank gereicht); Ann. 4,57,1 (Mutmaßung über den wahren Grund für Tiberius' Entschluß, sich nach Capri zurückzuziehen); Ann. 15,53,4 (Stellungnahme zu der Behauptung des Plinius, Antonia, die Tochter des Claudius, habe sich bereit gefunden, Pisos Staatsstreichpläne zu unterstützen).

[13] Ann. 13,20,2 (Zweifel an einer für Seneca schmeichelhaften Angabe seines Günstlings Fabius Rusticus); Ann. 16,6,1 (Mißtrauen gegenüber einem Auswuchs nerofeindlicher Gesinnung in der Überlieferung).

[14] F. Leo, Die griechisch-römische Biographie nach ihrer litterarischen Form, Leipzig 1901, 141f., 318ff. und *passim*.

[15] Hier nur einige Beispiele, deren Zahl sich leicht vergrößern ließe: Tib. 21,2–7 (eingehende Auseinandersetzung mit der Unterstellung, Augustus habe zur Erhöhung seines eigenen Ruhmes seinen ungeliebten Stiefsohn zum Nachfolger bestimmt); Cal. 8 (ausführliche Erörterung über Caligulas Geburtsort); Vesp. 1,2 (Widerlegung der Behauptung, Sabinus, der Sohn des Titus Flavius Petro, sei Primipilar gewesen).

nen[16]. Wie verbreitet das Verschweigen der Gewährsmänner in der vortaciteischen Geschichtsschreibung gewesen sein muß, beleuchtet am besten Senecas boshafte Anspielung auf die Willkür, mit der von den Historikern Zeugen bald genannt, bald verschwiegen werden[17]. *quis unquam ab historico iurato ⟨aucto⟩-res exegit*, fragt er in seiner Apokolokyntosis mit unverkennbarem Spott[18]: „Wer hat je von einem erklärtermaßen glaubwürdigen Historiker Gewährsmänner verlangt?" Von der nämlichen Einstellung zeugt der Seitenhieb, den er den Historikern in seinen Naturales quaestiones erteilt[19]. Seine bissige Bemerkung über ihr Verfahren, mit gelegentlicher Berufung auf Gewährsmänner Gewissenhaftigkeit und kritischen Abstand vorzutäuschen, bestätigt, wie gut er bezeichnende Schwächen der Zunft durchschaute.

Die unzulängliche Unterrichtung über den Anteil der Vorläufer bringt es mit sich, daß sich Fragen über Fragen einstellen. Zunächst: Welcher Art waren die Quellenvorlagen, die Tacitus heranzog, wie waren sie angelegt, auf welche Quellen stützten sie sich ihrerseits? Weiter: Ist Tacitus einer als grundlegend anerkann-

---

[16] Plin. Nat. hist. praef. 22.

[17] Apoc. 1,1f.: *si quis quaesiverit unde sciam, primum, si noluero, non respondebo ... si libuerit respondere, dicam quod mihi in buccam venerit ... tamen si necesse fuerit auctorem producere, quaerito ab eo qui Drusillam euntem in caelum vidit.*

[18] In der St. Galler Handschrift Nr. 569 waren die letzten Wörter zu *historicoiuratoresexegit* zusammengeschrieben. In den einschlägigen Ausgaben und Kommentaren liest man einhellig *ab historico iuratores exegit*. Die Lesung *ab historico iurato res exegit*, von F. E. Ruhkopf (opera omnia IV, Leipzig 1808², p. 374) zeitweilig erwogen und von Th. Mommsen (Römisches Staatsrecht II,1, Leipzig 1887³, 362 Anm. 2) wieder aufgegriffen, hat sich nicht durchsetzen können, obwohl sie wenigstens einen Platz im textkritischen Apparat verdient hätte. Restlos zu befriedigen vermag weder die eine noch die andere Lösung. *iuratores* im Sinne von *iurati testes* zu verstehen, macht Schwierigkeiten. Der Parallelbeleg, auf den man sich üblicherweise beruft, Symmach. Pro Synes., ed. O. Seeck, Berlin 1883, p. 337, entstammt dem ausgehenden vierten Jahrhundert und deckt die Verwendungsweise des Wortes, die in der Apokolokyntosis angenommen werden müßte, nicht so genau, wie es wünschenswert wäre (Symmachus spricht von Eidbürgen, die für die Eignung ihres Schützlings einstehen). Des weiteren bleibt unklar, worin eigentlich die Pointe der Frage *quis unquam ab historico iuratores exegit* bestehen soll; wurden doch von einem Historiker tatsächlich keine „Schwurzeugen" verlangt. Erwägenswerter ist zweifellos die Lesung *ab historico iurato res exegit*, doch hat sie den Nachteil, daß sie sich nicht glatt genug in den Zusammenhang einfügt. Seneca will auf etwas anderes hinaus, als die Frage *quis unquam ab historico iurato res exegit* besagt. Er spielt darauf an, daß die Historiker dazu neigen, ihre Gewährsmänner zu unterschlagen: *si quis quaesiverit unde sciam, primum, si noluero, non respondebo ... si necesse fuerit auctorem producere, quaerito ab eo qui Drusillam euntem in caelum vidit.* Aller Schwierigkeiten enthebt der Verbesserungsvorschlag *quis unquam ab historico iurato ⟨aucto⟩res exegit*. Auf die Pointe, die in der Bezeichnung *historicus iuratus* liegt, fällt von der Pliniusstelle Nat. hist. praef. 22 her Licht: Mit der Zusicherung *nihil nec offensae nec gratiae dabitur* hatte Seneca sich selbst Glaubwürdigkeit bescheinigt und sich damit als *historicus iuratus* „ausgewiesen".

[19] Nat. quaest. 4,3,1: *aut, quod historici faciunt, et ipse faciam: illi, cum multa mentiti sunt ad arbitrium suum, unam aliquam rem nolunt spondere sed adiciunt: ‚penes auctores fides erit'.*

ten Hauptquelle gefolgt, die er nur gelegentlich um einige Einzelheiten aus Nebenüberlieferungen ergänzte, oder hat er mehrere Darstellungen zu gleichen Teilen nebeneinander benutzt, um sie zu einer eigenen Darstellung zu vereinigen? Und schließlich: Fühlte er sich verpflichtet, sich von den Einseitigkeiten der Überlieferung frei zu machen und das von den Vorläufern vorgeformte Bild in entscheidenden Zügen zu berichtigen?

Aus diesen Fragestellungen ergeben sich folgende Schritte der Untersuchung: Zunächst sollen die Historien nach ihrem Verhältnis zur außertaciteischen, literarischen Überlieferung befragt werden, dann die Annalen. Es eröffnet sich auf diese Weise die Aussicht, genauer zu erfassen, in welchem Sinne Tacitus die berühmte Versicherung, er werde *sine ira et studio* schreiben, verstanden hatte und verstanden wissen wollte.

SEINE ARBEITSWEISE IN DEN HISTORIEN

Wie sehr die Ergebnisse der vergleichenden Quellenforschung die Hochschätzung der taciteischen Leistung beeinträchtigten, ist nicht nur Theodor Mommsens Aufsatz „Cornelius Tacitus und Cluvius Rufus" selbst zu entnehmen[20], sondern auch seiner Wirkungsgeschichte. Zwar hatten manche Bewunderer des Tacitus, die sich den Glauben an die Eigenständigkeit und das gewissenhafte Forschertum „ihres" Autors nicht rauben lassen wollten, Mommsens Beobachtungen und Schlußfolgerungen mit leidenschaftlicher Erbitterung bekämpft[21] und nach anderen Auswegen gesucht. Aber den Bemühungen, Plutarch von Tacitus abhängig sein zu lassen[22], blieb ebenso der Erfolg versagt[23] wie dem

---

[20] Sein Gesamturteil faßte Th. Mommsen Hermes 4, 1870, 316f. in die Worte: „Also zeigt sich in den beiden ersten Büchern der Historien des Tacitus keineswegs polybianische Quellenforschung, sondern engstes Anschliessen an einen allerdings unzweifelhaft vorzüglichen Gewährsmann. Wir finden ihn von diesem abhängig, wie Livius von Polybios, nicht bloß im Thatsächlichen, sondern auch in Farbe und Form bis in die einzelne Wendung hinein; er ist weniger Forscher als Darsteller, und auch als Darsteller darf man vermuthen, dass er die Darstellung, die er vorfand, mehr gesteigert und gereinigt, als wesentlich umgestaltet hat ...".

[21] So beispielsweise K. Nipperdey im Annalenkommentar, Bd. 1, Berlin 1884[8], Einleitung 29 Anm. 1 oder E. Wölfflin, Zur Composition der Historien des Tacitus, Sitzungsberichte der philosophisch-philologischen und der historischen Classe der k.b. Akademie der Wissenschaften zu München, 1901, Heft 1, 5. Mit welcher Erregung die Auseinandersetzung mit Mommsen geführt wurde, verrät sich in der unsachlichen Unterstellung, er habe Tacitus zum Abschreiber erklärt.

[22] Zu dieser Auffassung, die u.a. auch von K. Nipperdey vertreten wurde, vgl. den Literaturüberblick bei M. Schanz–C. Hosius, Geschichte der römischen Literatur II, München 1935[4] (1959), 630.

[23] G. Andresen, der Bearbeiter des Nipperdeyschen Annalenkommentars, beugte sich schließlich der Macht der Gegenbeweise. In der Einleitung zum ersten Band, Berlin 1915[11], 34 Anm. 1 rückte er von Nipperdeys Auffassung ab.

Versuch, in den beiden ersten Historienbüchern die selbständige Vereinigung einer Vielzahl von urkundlichen, literarischen und mündlichen Zeugnissen nachzuweisen[24]. Die Vorbehalte, die Mommsen gegenüber der taciteischen Arbeitsweise vorgebracht hatte, setzten sich in der Folgezeit weithin durch. Der überwältigende Eindruck, den seine Liste von Gemeinsamkeiten und ihre Auswertung hervorriefen, ließ die Zweifel an der Richtigkeit seines Urteils allmählich verstummen. Ernüchterung machte sich breit, als sich herausgestellt hatte, daß Tacitus sogar manch eine wirkungsvoll zugespitzte Wendung, die vorher als sein unverwechselbares Eigentum bewundert worden war, aus der Vorlage entlehnt hatte. Es mehrten sich fortan die Stimmen derer, die nur noch die künstlerische Gestaltungsarbeit als taciteische Leistung anerkennen wollten[25]. Selbst Richard Reitzenstein hat, obwohl er die von Friedrich Leo eingeschlagene Richtung, Tacitus als Historiker preiszugeben, auf das entschiedenste befehdete[26], im Grunde nur bestätigt, was dieser behauptet hatte[27].

Selbständigkeit in der Stoffanordnung und stilistischen Ausgestaltung sprach niemand dem Verfasser der Historien ab (auch Mommsen nicht; er tadelte im Gegenteil manches Willkürliche bei Umstellungen oder Auslassungen[28]); bestritten wurde die Selbständigkeit des Forschens, nachdem der Vergleich mit Plutarch das Ergebnis gebracht hatte, daß Tacitus vorwiegend, wenn nicht ausschließlich, an gestaltete Geschichte anknüpfte. Ist aber die Bedingung der Selbständigkeit

---

[24] Hierauf zielten insbesondere die Untersuchungen von E. Groag, Zur Kritik von Tacitus' Quellen in den Historien, Jahrbücher für classische Philologie, Suppl. 23, 1897, 711ff. Gebilligt wurden seine Ergebnisse, wenn auch mit Einschränkungen, von R. Syme, Tacitus II, Oxford 1958, 674ff. Berechtigte Bedenken gegen Groags Verfahren der Quellenanalyse bei G. B. Townend, Cluvius Rufus in the Histories of Tacitus, American Journal of Philology 85, 1964, 344f.

[25] G. Andresen in der Einleitung zum Nipperdeyschen Annalenkommentar, 1915[11], 34 Anm. 1. In der gleichen Richtung F. Leo, Ausgewählte Kleine Schriften 2, 266ff., E. Fraenkel, Neue Jahrbücher für Wissenschaft und Jugendbildung 8, 1932, insbesondere 227ff. sowie die eingehende Untersuchung der schriftstellerischen Absichten in der Arbeit von P. Ammann, Der künstlerische Aufbau von Tacitus, Historien I 12–II 51 (Kaiser Otho), Diss. Bern, Zürich 1931, *passim*.

[26] R. Reitzenstein, Neue Wege zur Antike IV, 1926, 16 (= Aufsätze zu Tacitus 134).

[27] R. Reitzenstein, Aufsätze zu Tacitus 121f.: „Auch die Grundauffassung der Charaktere und der Entwicklung ist nicht Eigenbesitz des Tacitus, sondern ihm schon überliefert. Nur die Ausführung ist sein eigen." Ebenda 135f.: „Bemerkenswert scheint mir, wie stark damals schon Tacitus mit den Mitteln der Tragödie, der Wahl eines Gegenspielers, der Erregung von Spannung durch retardierende Elemente, vor allem der Erweckung eines tragischen Mitleids arbeitet." Kaum anders F. Leo, Ausgewählte Kleine Schriften 2, 275: „Sein Talent ist ohne Zweifel das des Dramatikers viel mehr als des Epikers. Wie im Drama nimmt er Handlung und Personen straff zusammen, in Abschnitten, mit retardirenden Scenen und Zwischenspielen .. Grosse Tragödien sind die Geschichte des Tiberius, des Nero, der drei Kaiser nach ihm …".

[28] Seine Untersuchung ist, wie er Hermes 4, 1870, 299 deutlich sagt, von der Absicht bestimmt, „die Manipulation darzulegen, welche Tacitus mit der gemeinschaftlichen Quellenschrift vorgenommen hat."

des Forschens nicht erfüllt, wird es nur unter bestimmten Voraussetzungen als Tugend anzusehen sein, wenn die dritte Forderung, Unabhängigkeit im historischen Urteil, verwirklicht sein sollte. Wünschenswert ist Selbständigkeit des Deutens und Urteilens unter den gegebenen Umständen nur mit dem Vorbehalt, daß der Geschichtsschreiber besondere kritische Fähigkeiten mitbringt: glückliche Intuition für die Aufdeckung von Schwächen und Einseitigkeiten seiner Vorlage, ungewöhnlichen Scharfsinn für die Wahrnehmung der Voraussetzungen, unter denen seine Quelle zustandegekommen ist, verständige Nutzung des Vorteils, gegenüber dem Vorläufer dank des größeren Abstands einen reicheren Erfahrungsschatz und dank der *temporum felicitas* größere Meinungsfreiheit zu besitzen. Wie viel damit einem römischen Geschichtsschreiber abgefordert wird, liegt auf der Hand. Es muß dies jedoch verlangt und erwartet werden, wenn die quellenkritische Richtschnur zuverlässig sein soll. Anderenfalls besteht die Gefahr, daß die eigene Kritik ebenso befangen, ja vielleicht noch einseitiger als das Urteil des Vorgängers ausfällt. Erst die Scheidung von willkommener und unerwünschter Eigenständigkeit (eine Trennung, die für den Dichter keine Geltung hat, um so mehr aber für den Historiker[29]) ermöglicht es, Absicht und Leistung des nachgestaltenden Geschichtsschreibers gerecht einzuschätzen. Dies muß in Rechnung gestellt werden, wenn im folgenden dem Problem nachgegangen wird, ob Tacitus seine Vorlage im Sachlichen berichtigt oder in ihrer Ausrichtung verändert hat. Begonnen sei damit, daß seine Darstellung des Kaisers Galba den Beurteilungen in der übrigen Überlieferung gegenübergestellt wird.

Galba bei Tacitus

Galba erhält Hist. 1,49 einen Nachruf, in dem sich Tadel und Anerkennung nicht genau die Waage halten. Es überwiegen die Vorbehalte. Der Inhalt der Gesamtwürdigung: Sein alter Adel, sein Reichtum, die Tatkraft, die er früher in Kommandostellen bewiesen hatte, der Gerechtigkeitssinn und die Mäßigung, die er hierauf als Statthalter zeigte, empfahlen ihn; seine *segnitia* in den letzten Jahren der neronischen Willkürherrschaft entschuldigte man[30]; sein Geiz und seine unentschuldbare Nachsicht oder Blindheit gegenüber den Übergriffen seiner Günstlinge untergruben seine Stellung und wurden ihm schließlich zum Verhängnis.

---

[29] Vgl. Lukian, De hist. conscr. 8.
[30] Zu der Aussage *sed claritas natalium et metus temporum obtentui, ut, quod segnitia erat, sapientia vocaretur* (Hist. 1,49,3) vgl. Suet. Galba 9,1. Zu der Entlarvung der *sapientia* als Beschönigung für *segnitia* vgl. Agr. 6,3: *gnarus sub Nerone temporum, quibus inertia pro sapientia fuit.*

Sein Adel und sein Reichtum werden auch in dem Nachruf hervorgehoben, mit dem Plutarch seine Galbavita beschließt[31]; und unter den Schwächen wird in diesem Nekrolog desgleichen sein Fehler gerügt, Männern vom Schlage eines Vinius oder Laco freie Hand gelassen zu haben[32]. Beide teilen die Auffassung, daß der krasse Widerspruch zwischen seinen unneronischen Regierungsgrundsätzen und der neronischen Mißwirtschaft seiner verschwenderischen Günstlinge wesentlich zu seinem Sturz beitrugen[33]. Sie stimmen des weiteren in der Meinung überein, daß seine Herrschaft seit seinem blutigen Einzug in die Hauptstadt unter einem Unstern stand[34] und eine Kette politisch unkluger Entscheidungen folgte. Die Altersschwäche, die hartnäckige Verweigerung des Donativs, die harten, allgemeine Unruhe verbreitenden Maßnahmen zur Behebung der staatlichen Verschuldung, die Anordnung oder stillschweigende Duldung politischer Morde, die Zurücksetzung Othos, der unheilvolle Einfluß des Titus Vinius, die Verweigerung der allseits geforderten Hinrichtung des Tigellinus werden vom einen wie vom anderen als Gründe für Galbas Unbeliebtheit angeführt[35].

Im großen und ganzen bestätigt auch Sueton das Bild, das die Historien von Galba vermitteln. Beispiele der *saevitia* und der *avaritia*, die unter einer Rubrik gesammelt sind, begründen Galbas Verhaßtheit[36]. Das Treiben der drei Günstlinge Cornelius Laco, Titus Vinius und Icelus macht Sueton gleichfalls für Galbas schlechten Ruf verantwortlich[37]. Das Mißverhältnis von Programm (Behebung der Schäden des neronischen Regiments) und Wirklichkeit (Wiederkehr der neronischen Verhältnisse, Bestechlichkeit der einflußreichen Höflinge) beanstandet er ebenso wie den politischen Mißgriff, den Galba damit beging, daß er den allgemeinen Ruf nach sofortiger Hinrichtung des Tigellinus geflissentlich überhörte und schließlich sogar in einem Edikt rügte, während er weniger belastete Personen aus dem Senatoren- und Ritterstand töten ließ[38].

Freundlicher wird Galba nur von Cassius Dio beurteilt. Gewiß, auch Dio tadelt, daß Galba dem schamlosen Treiben seiner Ratgeber keine Schranken setzte[39], und es kehren auch in seiner Darstellung die Vorwürfe wieder, Galba

---

[31] Plut. Galba 29,1.
[32] Plut. Galba 29,5.
[33] Tac. Hist. 1,5f.; Plut. Galba 29,5.
[34] Tac. Hist. 1,6,2; Plut. Galba 15,5ff.
[35] Galbas Altersschwäche: Hist. 1,5f.; Galba 29,5. Seine Ablehnung der Geldforderungen des Militärs: Hist. 1,5; Galba 18,4. Seine Geldbeschaffungsmaßnahmen: Hist. 1,20; Galba 16,3f. Die Nichtahndung der Ermordung hochgestellter Persönlichkeiten: Hist. 1,6,1 (vgl. auch Othos Vorwürfe Hist. 1,37,3); Galba 15,1ff. Die Brüskierung Othos: Hist. 1,21; Galba 23,5ff. Die Mißwirtschaft des Titus Vinius: Hist. 1,6,1 (vgl. Othos Vorwürfe Hist. 1,37,5); Galba 17,1 (vgl. auch Galba 29,5). Der Widerstand gegen das allgemeine Verlangen nach Hinrichtung des Tigellinus: Hist. 1,72; Galba 17,5ff.
[36] Suet. Galba 12f.
[37] Suet. Galba 14,2.
[38] Suet. Galba 14,3-15.
[39] 63(64), 2,2.

sei im Eintreiben von Geld unersättlich, im Ausgeben äußerst kleinlich gewesen[40]. Aber schon den zweiten Vorwurf mildert er mit der entschuldigenden Erläuterung ab, Galba habe auch viel Geld gebraucht[41]. Aufs Ganze gesehen halten sich bei ihm Lob und Tadel die Waage. Er erkennt an – und dies galt ihm als wichtigste Voraussetzung eines guten Kaisers[42] –, daß Galba maßvoll regierte und sich keine Übergriffe erlaubte[43]. Dessen Befehl, gegen die aufsässigen Marinesoldaten mit dem Schwert vorzugehen, hat er entgegen der Überlieferung nicht als Ausfluß der *saevitia* verurteilt, sondern als Zeichen ungebrochener Tatkraft und als Beweis der Entschlossenheit, sich keine Zugeständnisse unter Druck abpressen zu lassen, ausdrücklich gebilligt[44]. Ja, er rechtfertigt mit der gleichen Begründung selbst so verhängnisvolle Entscheidungen wie die Verweigerung des Donativs und den Entschluß, Tigellinus ohne Rücksicht auf die Stimmung in der Bevölkerung am Leben zu lassen[45]; und er vergißt nicht, eigens festzustellen, daß Galba eine Reihe von verhaßten Kreaturen des neronischen Hofes habe hinrichten lassen[46].

Es wäre verfehlt, aus seiner abweichenden Wertung den Schluß abzuleiten, er müsse eine andere Quelle zugrunde gelegt haben. Er fand dieselbe Überlieferung vor wie Tacitus, Plutarch und Sueton. Das wohlwollendere Urteil über Galba ist sein persönliches Eigentum. Gegenüber diesem auf Kriegszucht bedachten Kaiser verspürte er offenkundig eine Art Geistesverwandtschaft. Hinter seinem wohlwollenderen Urteil stehen seine Bewunderung für eine feste Haltung, wie er sie selbst gezeigt hatte, als ihm die oberpannonischen Einheiten unterstellt waren[47], sowie seine legalistische Überzeugung, daß dem rechtmäßigen Imperator, solange er nicht zum Tyrannen entartet, Gehorsam geschuldet werde[48].

Nicht Tacitus, sondern Dio hat sich von der Tendenz frei gemacht, die er in seiner aus der flavischen Zeit stammenden Vorlage vorfand. Von dem Vorwurf der ταπεινοφροσύνη[49] hat er Galba weithin entlastet. Tacitus hat an der Grundlage des Bildes, das in der Flavierzeit entstanden ist und von einem gemeinsamen Vorläufer weitergegeben wurde, so wenig etwas Entscheidendes geändert wie Plutarch oder Sueton. Von dem Urteil seines wichtigsten Gewährsmannes kann er sich kaum nennenswert entfernt haben, wenn er Galba geradezu die Befähigung zur Herrschaftsausübung abspricht (*et omnium consensu capax imperii, nisi imperasset,* Hist. 1,49, 4). Sofern nicht alles täuscht, hatte schon der „un-

---

[40] 63 (64), 2,1.
[41] Ebenda.
[42] 75 (74), 2,1.
[43] 63 (64), 2,1.
[44] 63 (64), 3,2.
[45] 63 (64), 3,3.
[46] 63 (64), 3,4¹.
[47] 80,4,2.
[48] Zu dieser Denkweise vgl. Dio 49,13,4.
[49] Zu diesem Vorwurf Jos. BJ 4,494.

bekannte Annalist" das Urteil abgegeben, Galba habe mit seiner glücklosen Staatsführung das Ansehen verspielt, das er sich in der Zeit seiner Vorgänger erworben habe, und sich solche Verhaßtheit zugezogen, daß selbst seine vernünftigen Maßnahmen zu seinen Ungunsten mißdeutet worden seien. Nur so erklärt sich, daß sich Plutarch, Tacitus und Sueton einhellig in diesem Sinne äußern[50]. Soweit Tacitus überhaupt von der Darstellung seines Vorläufers abweicht, handelt es sich zumeist um geringfügige Eingriffe, die weniger die Tendenz als die Grundsätze der Auswahl und Darbietung des Stoffes betreffen (wie etwa die Unterdrückung des αἰσχρόν nach der Richtschnur des πρέπον[51] oder die Vereinigung mehrerer Einzelnachrichten zu größeren Erzähleinheiten[52]).

Nähere Beachtung verdienen noch zwei Besonderheiten: die Einschiebung der Galbarede vor dem Thronrat und die Verlegung des Beginns der Geldbeschaffungsmaßnahmen.

Daß Tacitus die Adoptionsrede vor dem Thronrat von sich aus eingelegt hat, ist so gut wie sicher. Die übrige Überlieferung weiß von einer solchen Rede nichts[53]. Plutarch erwähnt nur Galbas Ansprache an die Praetorianer[54], (Dio-)Xiphilinos teilt nur die Tatsache der Adoption mit[55]. Daß Tacitus die Sitzung des Thronrates zur Umrahmung dieser Rede ebenfalls frei erfunden hat, kann nicht mit der gleichen Gewißheit bejaht werden[56]. Einen Ansatz zur Gestaltung der Thronratsszene mag ihm die Überlieferung immerhin an die Hand gegeben haben. Die Darstellung, die Sueton von dem Hergang der Adoption gibt[57], ist zwar weit davon entfernt, sich mit der taciteischen Fassung genau zu decken; doch ist zu beobachten, daß sich die beiden Schilderungen in zweifacher Hin-

---

[50] Zu Galbas Unbeliebtheit siehe Plut. Galba 29,5; Suet. Galba 16,1; Tac. Hist. 1,7,2f. Zur mißgünstigen Auslegung verständiger Maßregeln Plut. Galba 18,1; Tac. Hist. 1,7,2; ähnlich Suet. Galba 14,1. Zum Schwund des einstigen Ansehens Suet. Galba 14,1 (*maiore adeo et favore et auctoritate adeptus est quam gessit imperium*); Tac. Hist. 1,49,2 (*tribus et septuaginta annis quinque principes prospera fortuna emensus et alieno imperio felicior quam suo*) sowie Plut. Galba 29. Daß diese Einschätzung seines Prinzipats auch in späterer Zeit gültig geblieben ist, beweist das Tetrastichon des Ausonius (ed. R. Peiper, Leipzig 1886, p. 189): *spe frustrate senex, privatus sceptra mereri / visus es, imperio proditus inferior. fama tibi melior iuveni; set iustior ordo est / conplacuisse dehinc, displicuisse prius.*

[51] Beispiel: die Schilderung der Verhöhnung und Mißhandlung des toten Galba (Hist. 1,49,1); hierzu R. Syme, Tacitus I, Oxford 1958, 189.

[52] Beispiel: der zusammenfassende Bericht über den Werdegang und das Schicksal des Tigellinus bis zu seinem Ende unter Otho (Hist. 1,72).

[53] H. Willrich, Augustus bei Tacitus, Hermes 62, 1927, 54; P. Ammann, Der künstlerische Aufbau 31 (mit Anm. 17); H. Nesselhauf, Die Adoption des römischen Kaisers, Hermes 83, 1955, 490 Anm. 1.

[54] Galba 23,2f.

[55] 63(64), 5,1.

[56] Die Geschichtlichkeit der Thronratssitzung bestreitet mit Entschiedenheit H. Willrich, Hermes 62, 1927, 54f. Demgegenüber wagt G. B. Townend, American Journal of Philology 85, 1964, 354f. die kühne Vermutung, daß die Kenntnis dieser Sitzung von Cluvius Rufus herrühre.

[57] Galba 17.

sicht berühren. Hier wie dort wird bezeugt, daß Galba seinen Adoptionsbeschluß zuerst vor einem kleineren Kreis verkündete; und beidemal ist davon die Rede, daß Galba den Adoptierten während dieses Vorgangs bei der Hand nahm. Die Nahtstelle, an der die allgemeine Überlieferung mit Sicherheit wieder einsetzt, ist in den Historien gut zu erkennen. Während Plutarch die Umstehenden, die Pisos gelassene Ruhe bewunderten, einheitlich mit οἱ παρόντες bezeichnet[58], gliedert Tacitus sie entsprechend seiner Zweiteilung des Adoptionsaktes in zwei Gruppen auf: *Pisonem ferunt statim intuentibus et mox coniectis in eum omnium oculis nullum turbati aut exsultantis animi motum prodidisse*[59].

Was Tacitus bewog, mit der Einfügung der Adoptionsrede von der Überlieferung abzugehen, ist ohne weiteres zu sehen. Er nimmt die Gelegenheit wahr, sich zu einem Thema zu äußern, das in seiner Zeit aus gegebenem Anlaß wieder lebhaft erörtert worden war. Von Galba selbst stammt offenkundig der Ausspruch, er habe nicht widerrechtlich von dem Thron Besitz ergriffen, sondern sei, vom *consensus omnium* getragen, zu seinem Herrscheramt berufen worden[60]. Möglich, wenn nicht wahrscheinlich, ist ferner, daß die Berufung auf das Beispiel des Augustus, die Verharmlosung der Gärung im obergermanischen Heer und die Behauptung, seine Kinderlosigkeit sei der einzige Vorwurf, den man ihm mache, ihren Ort in der Ansprache hatten, die er an die Garde gehalten hatte[61]. Dagegen gehören die allgemeinen Überlegungen nicht ihm, sondern Tacitus. Wieweit dieser wiederum auf eine schon entwickelte Ideologie des Adoptivkaisertums zurückgreifen konnte[62], ist eine Frage, die hier auf sich beruhen soll. Im gegenwärtigen Zusammenhang wird es nur um die Frage gehen, ob die Rede, die er Galba in den Mund gelegt hat, ein neues, freundlicheres Bild von der Persönlichkeit dieses Kaisers vermitteln soll.

Für sich allein betrachtet, könnte die Rede tatsächlich einen solchen Eindruck leicht erwecken. Galba spricht darin tiefe Einsichten und beherzigenswerte Mahnungen aus, wie sie in einem Fürstenspiegel nicht besser zusammengestellt sein könnten. Es ist aber zu bedenken, daß manche seiner Behauptungen und Bekenntnisse von den Tatsachen, die Tacitus berichtet, Lügen gestraft werden. Wie trügerisch sein Vertrauen auf den *consensus deorum hominumque* ist, offenbart sich darin, daß ein Freigelassener und zwei Soldaten niederen Dienstgrades genügten, um seinen Sturz einzuleiten[63], und alle ihn am Ende im Stich ließen[64]. Ferner steht seine erklärte Absicht, die Beliebtheit des toten Nero

---

[58] Galba 23,5.

[59] Hist. 1,17,1.

[60] Vgl. zu dieser Vorstellung des Kaisers Galba Tac. Hist. 1,15,1; Plut. Galba 29,4 und Dio 63 (64), 2,1.

[61] Vgl. H. Willrich, Hermes 62, 1927, 55f.

[62] Zur Tradition H. Nesselhauf, Hermes 83, 1955, 478 und D. Kienast, Nerva und das Kaisertum Trajans, Historia 17, 1968, 53 (mit Anm. 10) und 54.

[63] Tac. Hist. 1,25; Plut. Galba 24,1ff.

[64] Tac. Hist. 1,41,1; Suet. Galba 20,1.

mit einem überzeugenden Gegenprogramm zu überwinden, in fatalem Widerspruch zu der politischen Wirklichkeit, die Tacitus an anderer Stelle mit den Worten *eademque novae aulae mala, aeque gravia, non aeque excusata* beschrieben hatte[65]. Und schließlich belegt die Schilderung der nachfolgenden Ereignisse mit aller Deutlichkeit, wie auch seine Hoffnung enttäuscht wurde, die Gunst des römischen Volkes und insbesondere der Praetorianer mit der Adoption des Mannes zu gewinnen, den er für den geeignetsten Nachfolger hielt. Daß er sich von der Sorge um den Staat leiten ließ, als er Piso bevorzugte und Otho überging, gestehen ihm Tacitus und Plutarch gleichermaßen zu[66] und schließen sich damit dem Urteil ihres gemeinsamen Gewährsmannes an. Seiner Sicht folgend lassen sie nichtsdestoweniger keinen Zweifel daran, daß die Adoption unter einem Unstern stand. Übereinstimmend berichten sie, daß Regen, Blitz und Donner als Vorboten des Unheils den Akt begleiteten[67].

Der Inhalt des Nachrufs, den Tacitus dem toten Galba gewidmet hat, wird von dem Inhalt der Adoptionsrede nicht in Frage gestellt. Tacitus hat die Rede nicht dazu eingesetzt, Galbas politische Gesinnung zu verherrlichen; er hat sie eingefügt, um einen wichtigen Zug des überkommenen Galbabildes schärfer herauszuarbeiten. Die Rede gab ihm nicht nur die willkommene Gelegenheit, durch den Mund eines anderen Grundsätzliches zum Adoptivkaisertum sagen zu können[68]; sie diente ihm auch dazu, den Widerspruch zwischen Wollen und Vollbringen, der in dem vorgeformten Galbabild von grundlegender Bedeutung gewesen sein muß, besonders sinnfällig zu machen: Die Gedanken, die er Galba äußern läßt, erweisen sich in Galbas Situation als schöne, wirkungslose Worte, ja, sie schaden ihm nur.

Was ihn veranlaßte, die Bemühungen zur Wiedereintreibung der neronischen Schenkungen in die kurze Zeitspanne zwischen Adoption und Ermordung zu verlegen[69], ist weniger leicht zu erklären. Plutarch befindet sich ohne Zweifel in Übereinstimmung mit dem gemeinsamen Gewährsmann, wenn er diese Maßnahme dem Einzug in die Hauptstadt folgen läßt[70]. Was Tacitus mit der befremdlichen Änderung der zeitlichen Reihenfolge erreicht und vermutlich auch erreichen wollte, ist dies: Es verstärkt sich der Eindruck, daß sich in den letzten Tagen das Unheil förmlich über Galbas Haupt zusammenballt[71], daß seine Versuche, die Nachwirkungen der neronischen Vergangenheit zu bewältigen, ihn nur noch rascher dem Verhängnis zutreiben. Wie schon in der Adoptionsrede,

---

[65] Hist. 1,7,3.
[66] Hist. 1,13,2; Galba 21.
[67] Plut. Galba 23,3; Tac. Hist. 1,18,1.
[68] D. Kienast, Historia 17, 1968, 53.
[69] Hist. 1,20.
[70] Plut. Galba 16,3f.; vgl. Dio 63 (64), 3,4^c; Suet. Galba 15,1.
[71] E. Wölfflin, Zur Composition der Historien des Tacitus 25; P. Ammann, Der künstlerische Aufbau 34 Anm. 27; H. Heubner, Studien zur Darstellungskunst des Tacitus (Hist. I,12–II,51), Diss. Leipzig, Würzburg 1935, 10.

so ist auch hier der Gegensatz Galba—Nero beherrschend. Tacitus hat diesen Gegensatz möglicherweise noch schärfer herausgestellt, aber er hat ihn gewiß nicht als erster in seiner Darstellung zur Geltung gebracht. Wie ein Blick auf Plutarchs abschließende Würdigung lehrt[72], hatte bereits der gemeinsame Vorläufer die Abkehr von der neronischen Richtung als Galbas politisches Ziel erkannt und die Absicht an der Wirklichkeit gemessen.

Was Tacitus angestrebt hat, ist alles in allem weniger die Korrektur des überlieferten Galbabildes als vielmehr die dramatische Steigerung. Die Mittel, mit denen er die lebendige Wirkung erzielt, sind: pointierte stilistische Ausgestaltung, eindrucksvolle Stimmungsschilderung, Einfügung ausgefeilter Reden und — als anfechtbarstes Mittel — Umstellung der chronologischen Ordnung.

Otho bei Tacitus

Einen noch aufschlußreicheren Einblick in Absicht und Arbeitsweise des Tacitus gestattet der Vergleich der außertaciteischen Überlieferung mit dem Abschnitt der Historien, in welchem die Geschichte des Kaisers Otho dargestellt ist.

Das Urteil über Othos Wesensart hatte bereits der „unbekannte Annalist" auf den Nenner gebracht, daß seine seelische Festigkeit in einem seltsamen Mißverhältnis zu seiner körperlichen Verweichlichung gestanden habe. Tacitus, Sueton und Plutarch haben das Urteil übernommen[73]; dem Gegensatzpaar *animus — corpus* entspricht bei Plutarch die Gegenüberstellung von $\psi\upsilon\chi\acute{\eta}$ und $\sigma\tilde{\omega}\mu\alpha$[74]. Einheitlich ist die erhaltene Überlieferung zur Geschichte des Kaisers Otho auch darin, daß das Verhältnis von Anerkennung und Tadel trotz des Lobs, das seiner Seelenstärke im Angesicht des Todes gezollt wird, nicht ausgeglichen ist[75]. In der Bewertung seines Verhaltens und der Beurteilung seiner Wesensart überwiegt insgesamt der Tadel. Tacitus und Plutarch schildern ihn als einen Genußmenschen neronischer Prägung[76], von dem die Rückkehr zur neronischen Hofhaltung zu befürchten und nichts Gutes zu erwarten war[77], als einen hoch verschuldeten Hasardeur[78], den Anbiederung und Be-

---

[72] Galba 29,4.
[73] P. Ammann, Der künstlerische Aufbau 35.
[74] Tac. Hist. 1,22,1; Suet. Otho 12,1; Plut. Galba 25,2.
[75] In der Würdigung seines Freitods herrschte Einhelligkeit. In dem Tetrastichon auf Otho (ed. R. Peiper, p. 189) hat Ausonius einen festen Zug der geschichtlichen Überlieferung aufbewahrt: *aemula polluto gesturus sceptra Neroni / obruitur celeri raptus Otho exitio. fine tamen laudandus erit, qui morte decora / hoc solum fecit nobile, quod periit.*
[76] Plut. Galba 19,2ff.; Tac. Hist. 1,13,3f.
[77] Plut. Galba 23,8; Tac. Hist. 1,22,1. Vgl. auch Hist. 1,50 und die Vorwürfe in der Pisorede, Hist. 1,30,1.
[78] Über die Verschuldung Plut. Galba 21,3; Tac. Hist. 1,21,1.

stechung auf den Thron brachten[79], als einen haltlosen Höfling, den außer seiner milden Verwaltung der lusitanischen Provinz nichts oder kaum etwas empfahl[80].

Ihre geringe Meinung von Othos Befähigung und Eignung hat Sueton geteilt. Von den Bestechungsgeldern, die Otho ohne Rücksicht auf seine hohe Verschuldung[81] verteilte, von der Liebedienerei, mit der er die Soldaten für sich einnahm, und von dem fürstlichen Lebensstil, den er schon vor seiner Machtergreifung zur Schau stellte, weiß auch er zu berichten[82]; und auch er vermag aus Othos Vergangenheit nur das eine zu loben, daß er die ihm anvertraute Provinz maßvoll und uneigennützig verwaltet habe[83].

Während die erhaltene Überlieferung einhellig bezeugt, daß Otho bei den Soldaten beliebt war, gehen die Aussagen über sein Verhältnis zum Senat und zur stadtrömischen Bevölkerung auseinander. Plutarchs Erzählung vermittelt den Eindruck, als sei es Otho gelungen, mit seiner freundlichen Regierungsantrittsrede und seiner allseits begrüßten Regelung der Ämtervergabe das Vertrauen des Senats zu gewinnen. Zwar räumt er ein, daß die Senatoren zunächst die schlimmsten Befürchtungen gehegt hätten, aber der Argwohn, meint er, sei angesichts der entgegenkommenden Haltung des neuen Princeps verflogen, man habe wieder Mut gefaßt[84]. Anders Tacitus. Für ihn ist Othos Politik der Mäßigung, sein Verzicht auf die sofortige Wiedereinführung neronischer Verhältnisse nichts weiter als wohlberechnete Verstellung. Die Vergnügungen habe er lediglich auf spätere Zeit verschoben, seine Verschwendungssucht habe er einstweilen noch verborgen gehalten, die Besorgnis aber, seine Tugenden seien nur falscher Schein und die Laster könnten wiederkehren, habe er nicht zu zerstreuen vermocht. Allenthalben habe man ihm mißtraut[85].

Woher rührt dieser Widerspruch, der die erhaltene Überlieferung spaltet? Die in der Forschung vorherrschende Meinung läuft darauf hinaus, daß erst Tacitus die Stimmung in der Hauptstadt zu einer Atmosphäre des Argwohns verdüstert habe[86]. Wer Cassius Dio als weiteren Zeugen hinzuzieht, muß daran zweifeln. Otho sei, heißt es bei ihm, der verdienten Strafe für sein Verbrechen nicht entgangen, obwohl er verständige Maßregeln getroffen habe, um sich die Gunst der Bevölkerung zu erwerben[87]. Seine Politik der Mäßigung habe freilich nicht seiner wahren Natur entsprochen, vielmehr habe er mit Rücksicht auf die von Vitellius ausgehende Bedrohung seiner Machtstellung vermeiden wol-

---

[79] Plut. Galba 20,5ff.; Tac. Hist. 1,23ff.
[80] Über seine Statthalterschaft Plut. Galba 20,1f.; Tac. Hist. 1,13,4.
[81] Suet. Otho 5,1.
[82] Suet. Otho 4,2.
[83] Suet. Otho 3,2.
[84] Plut. Otho 1,3ff.
[85] Hist. 1,71,1.
[86] So etwa H. Heubner, Studien zur Darstellungskunst des Tacitus 14ff.
[87] Dio 63 (64), 7,3.

len, sich auch noch die anderen zu Feinden zu machen[88]. Seine Versuche, mit der Aufhebung früherer Gerichtsurteile und anderen Vergünstigungen ein Vertrauensverhältnis zum Senat herzustellen, seien indes gescheitert, und ebenso sei seinen Bemühungen, mit häufigen Theaterbesuchen bei der Bevölkerung Beliebtheit zu erlangen, der erwartete Erfolg versagt geblieben[89]. Nur wenige und durchweg solche seines Schlages habe er auf seine Seite ziehen können, die übrigen hätten an seiner Lebensführung Anstoß genommen und ihm verübelt, daß eine Reihe von Günstlingen des neronischen Hofes den alten Einfluß zurückgewonnen habe[90].

Die Überlieferungslage ist eindeutig: Schon der gemeinsame Vorläufer hatte dem Usurpator das Tyrannenmotiv unterstellt, er habe, weit entfernt, sich in seinem Inneren zum Besseren gewandelt zu haben, lediglich aus Angst vor dem Gegenspieler seinen bedenklichen Neigungen vorläufig Schranken auferlegt. Bereits vor Tacitus hatte sich in der maßgeblichen Geschichtsschreibung die Meinung herausgebildet, daß es Otho nicht gelungen sei, die Bedenken und Besorgnisse der Bevölkerung gegenstandslos zu machen. Wieder einmal stellt sich heraus, daß Tacitus es vermied, an dem überkommenen Bild entscheidende Änderungen vorzunehmen.

Welche Absicht er mit seiner Bearbeitung der Vorlage verfolgte, erhellen mit größerer Deutlichkeit die drei eigenwilligen Verformungen der Überlieferung, denen die Forschung die meiste Beachtung geschenkt hat[91]. Sie betreffen folgende Sachverhalte: die Erklärung für den Wechsel in der Heeresleitung (Hist. 2,23,3ff.), die Stellungnahme zu der Nachricht, in den beiden Bürgerkriegsheeren seien vor der Schlacht von Bedriacum Verständigungsbestrebungen aufgekommen (Hist. 2,37f.), die Darstellung der Lage Othos nach der Niederlage seines Heeres (Hist. 2,45ff.). Obwohl die Abwandlung des Überlieferten in den genannten Fällen unbestreitbar ist, stellt sich auch hier die Frage, ob Tacitus es darauf abgesehen hatte, das überkommene Othobild entscheidend zu verändern.

Mit Plutarch stimmt Tacitus darin überein, daß die Generale Marius Celsus und Suetonius Paulinus mit Rücksicht auf die feindselige Stimmung im Heer faktisch von Othos Bruder Titianus abgelöst wurden, wenngleich sie formell noch dem Stab der militärischen Berater angehörten[92]. Außerdem kommt in beiden Darstellungen zum Ausdruck, daß der Vorwurf der Unfähigkeit oder des Hochverrats unbegründet war. Was sie unterscheidet, ist dies: Plutarch führt die Beschuldigungen auf einen bestimmten Anlaß, auf das verspätete Eingreifen

---

[88] Dio 63(64), 7,3.
[89] Dio 63(64), 8,2²−3.
[90] Dio 63(64), 8,3.
[91] Hierzu vor allem F. Klingner, Die Geschichte Kaiser Othos bei Tacitus, Berichte über die Verhandlungen der Sächsischen Akademie der Wissenschaften zu Leipzig, Philol.-hist. Klasse 92, 1940, Heft 1 (= Studien 605ff.).
[92] Plut. Otho 7; Tac. Hist. 2,23,5 und 2,39,1.

des Suetonius Paulinus in dem Gefecht bei Castores, zurück, während Tacitus von dem Anlaß absieht und nach dem Grund fragt[93].

Seine Erklärung für die Aufsässigkeit und das Mißtrauen der Soldaten ist weiter hergeholt: Er glaubt, den wahren Grund in dem Schuldbewußtsein der Galbamörder gefunden zu haben. Daß sich Plutarch hier enger an die gemeinsame Vorlage angeschlossen hat, unterliegt keinem Zweifel[94]. Was aber hat Tacitus veranlaßt, die ursächliche Verknüpfung zu lösen, die der gemeinsame Gewährsmann zwischen der Zurücksetzung der Generale und ihrem Verhalten im Gefecht von Castores hergestellt hatte[95]? Weshalb hat er die Nachricht von ihrer Entmachtung und der Berufung des Titianus vorverlegt? Warum hat er sie an den Bericht über ein so nebensächliches Ereignis, wie es das Gefecht des Martius Macer war, unmittelbar angeschlossen? Die Antwort, die sich am ehesten zur Erklärung des seltsamen Verfahrens anbietet, heißt: Es sollte verdeutlicht werden, wie haltlos die Verdächtigungen waren, denen Otho Gehör schenkte, und welch verhängnisvollen Fehler er damit beging, daß er so erfahrene Militärs wie Marius Celsus, Annius Gallus und Suetonius Paulinus fallenließ. Die Umstellung der vorgegebenen Reihenfolge bewirkt, daß Othos Entscheidung noch unverständlicher wird[96]. Die Mitteilung, er habe seinen Bruder mit der Heeresleitung betraut, prallt geradezu mit der Feststellung zusammen, daß sein Heer in der Zwischenzeit unter der Kriegführung des Paulinus und Celsus Erfolge errungen habe: *igitur Titianum fratrem accitum bello praeposuit — interea Paulini et Celsi ductu res egregie gestae.*

So willkürlich diese Verformung der Überlieferung auch erscheinen muß — angelegt war die Kritik an der Unüberlegtheit seiner militärischen Entscheidungen bereits in der Quelle, die Tacitus und Plutarch gleichermaßen vor sich hatten. Aus der gleichen Sicht heraus tadelt Plutarch an ihm, er habe seine Sache mit verbundenen Augen gewissermaßen Hals über Kopf dem Zufall überantwor-

---

[93] Gegenüber H. Heubner, Studien zur Darstellungskunst des Tacitus 26 hat F. Klingner, Die Geschichte Kaiser Othos 5ff. richtiggestellt, daß Tacitus streng genommen nicht behauptet, der Verlauf des Gefechts bei Cremona sei der Anlaß für die Entmachtung der Generale Suetonius Paulinus, Marius Celsus und Annius Gallus gewesen. Seine Auffassung wurde inzwischen von H. Heubner im Kommentar zum zweiten Historienbuch, Heidelberg 1968, 84 als zutreffend anerkannt. Der entscheidende Fortschritt beruht auf dem richtigen Verständnis der Worte *suspectum id Othonianis fuit, omnia ducum facta prave aestimantibus* (Hist. 2,23,4). Klingners Deutung (a.O. Anm. 4): „Den Sinn des Participiums kann man fast mit ,wie sie denn alles ... beurteilten' wiedergeben."

[94] H. Heubner, Studien zur Darstellungskunst des Tacitus 25f.; F. Klingner, Die Geschichte Kaiser Othos 8; H. Drexler, Zur Geschichte Kaiser Othos bei Tacitus und Plutarch, Klio 37, 1959, 169.

[95] H. Drexler, Klio 37, 1959, 173 möchte die Abweichungen von Plutarch damit erklären, daß Tacitus zwei Berichte ineinandergearbeitet habe. Berechtigte Bedenken gegen diese Vermutung bei H. Heubner, Kommentar zum zweiten Historienbuch 100.

[96] H. Heubner, Studien zur Darstellungskunst des Tacitus 26.

tet[97]. Nur verstärkt Tacitus mit seiner eigenwilligen Anordnung der Tatsachen den Eindruck, daß Otho blind in sein Verderben rannte. Er dehnt den Tadel auf sämtliche militärischen Entscheidungen aus, die Otho in dem Bürgerkrieg getroffen hatte, und läßt im Gegensatz zu Plutarch nicht einmal gelten, daß Otho lediglich vortäuschte, den Verdächtigungen der Galbamörder Glauben zu schenken[98]. Obwohl Otho schwerlich eine andere Wahl hatte, als die Meuternden mit einer entgegenkommenden Geste zu beschwichtigen, wirft er ihm vor, er habe in seiner Unsicherheit den Unwürdigsten blind vertraut, vor den Redlichen aber Angst empfunden[99]. „Als seine Sache gut stand, unsicher, als sie schlecht stand, besser" — das ist der Nenner, auf den sein Verhalten während seiner letzten Tage gebracht wird[100]. Bei allen Unterschieden in der Beurteilung der einzelnen Vorgänge und Handlungen steht diese Anschauung in ihrem Kern der überkommenen Auffassung nahe. Daß Otho auf die falschen Berater hörte und infolgedessen Mißgriff über Mißgriff beging, daran lassen auch Plutarch und Sueton keinen Zweifel[101]. In der Beurteilung der Frage, welche Ursachen für Othos Scheitern verantwortlich zu machen sind, befindet sich Tacitus mit der übrigen, auf denselben Gewährsmann zurückgehenden Überlieferung im Einklang. Er teilt die Überzeugung des gemeinsamen Vorläufers, daß es vier folgenschwere Fehler waren, die Otho zum Verhängnis wurden: sein Drängen, die Entscheidungsschlacht sofort auszutragen[102], sein Entschluß, dem Kampf fernzubleiben[103], seine Maßnahme, zu seiner eigenen Bedeckung die besten Truppen dem Heer zu entziehen[104], und sein Versäumnis, die Polyarchie in der Heeresleitung nicht beseitigt zu haben[105]. Daß Suetonius Paulinus bei der Lagebesprechung im Hauptquartier den richtigen Ratschlag erteilt hatte, hat nicht erst Tacitus gesehen und ausgesprochen. Darüber belehrt uns insbesondere die Kritik, die Sueton an der Verwerfung dieses Ratschlags übt[106]. Aber Tacitus hat noch deutlicher als sein Vorläufer, der „unbekannte Annalist", herausgestellt, daß Otho im Unrecht und seine Generale Suetonius Paulinus, Marius Celsus und Annius Gallus im Recht waren. Von seinem Gewährsmann weicht er darin ab, daß er zwei einleuchtende Gründe für die Entscheidung, die Otho im Kriegsrat von Bedriacum fällte[107], in seiner Darstellung unterdrückt: die Rücksichtnahme auf das Drängen der Praetorianer[108] und die Furcht vor Einigungsbestre-

---

[97] Plut. Otho 9,2.
[98] So Plut. Otho 7,6.
[99] Hist. 2,23,5.
[100] Ebenda.
[101] Plut. Otho 9,2; 10,1; Suet. Otho 9,1.
[102] Hist. 2,33,1–Plut. Otho 9,2; Suet. Otho 9,1.
[103] Hist. 2,33,2–Plut. Otho 10,1.
[104] Hist. 2,33,3–Plut. Otho 10,1.
[105] Hist. 2,33,3–Dio 63 (64), 10,1 (Zon.).
[106] Otho 9,1.
[107] Zu den einzelnen Unterschieden zwischen der taciteischen und der plutarchischen Schilderung des Verlaufs der Lagebesprechung jetzt H. Heubner, Kommentar zum zweiten Historienbuch 119ff.
[108] Plut. Otho 9,1.

bungen in den beiden Bürgerkriegsheeren. Daß sich nach der Meinung einiger Zeugen in den feindlichen Lagern der Wunsch nach einer unblutigen Beendigung des Bürgerkriegs geregt haben soll, hat er zwar nicht verschwiegen; doch hat er diese Nachricht aus ihrem ursprünglichen Zusammenhang herausgerissen und, losgelöst von der Erörterung der mutmaßlichen Gründe für Othos Entscheidung, als unglaubhaftes Gerücht verworfen[109].

Was er gegen ihre Glaubwürdigkeit einwendet, ist keineswegs zwingend. Seine Beweisführung geht von der vorgefaßten Meinung aus, in dem *corruptissimum saeculum* seien nie und nimmer edlere Regungen zu erwarten als in der bewegten Zeit der ausgehenden Republik[110]. Dahinter steht die pessimistische Überzeugung von der zunehmenden Verrohung der Truppen und der wachsenden Bedenkenlosigkeit ihrer Führer. Tacitus bejaht Sallusts Auffassung, daß die innere Zersetzung des römischen Staatswesens, das Überhandnehmen von Entartungserscheinungen wie *avaritia* und *ambitio* nach der Zerstörung Karthagos begonnen habe[111]. Er dehnt die moralische Sicht, aus der Sallust die republikanischen Machtkämpfe betrachtet hatte, auf den ersten Bürgerkrieg des Vierkaiserjahres aus[112]. Daß die lange Friedenszeit des Prinzipats den Friedenswillen der Bevölkerung gefestigt haben mochte, zieht er nicht in Erwägung. Wichtige Anzeichen für die Verständigungsbereitschaft des othonianischen Heeres übergeht er in seiner Stellungnahme. Daß zwei Tribunen der Praetorianerkohorten noch kurz vor Beginn der Schlacht mit Caecina in Verhandlungen eintreten wollten, teilt er an anderer Stelle[113] mit, ohne die notwendigen Folgerungen aus diesem bemerkenswerten Vorgang zu ziehen. Nicht gebührend berücksichtigt hat er ferner die Bedeutung der freudigen Aufnahme des Gerüchts, das im othonianischen Heer die Hoffnung auf Einstellung der Kampfhandlungen geweckt hatte[114]. Zur Beurteilung dieses aufschlußreichen Vorgangs ist die Suetonstelle Otho 9,2 hinzunehmen. Sie vermag noch zusätzlich die Auffassung zu stützen, daß die Aussicht bestand, auf dem Verhandlungsweg zu einer gütlichen Einigung zu gelangen. Tacitus stellt sich gegen die Tatsachen, wenn er die Meinung seines Vorläufers, wie sie Plutarch aufbewahrt hat, mit der Berufung auf die geschichtliche Erfahrung verwirft[115].

---

[109] Hist. 2,37f.; hierzu F. Klingner, Die Geschichte Kaiser Othos 15ff.; H. Heubner, Kommentar zum zweiten Historienbuch 139ff.

[110] Hist. 2,38,2.

[111] Tac. Hist. 2,38,1 nach Sall. Cat. 10,1 und Hist. I, fr. 11 und 12 (Maurenbrecher).

[112] Hist. 2,38,2: *illos (exercitus) ... eaedem scelerum causae in discordiam egere*. Zur Übernahme der sallustischen Betrachtungsweise R. Reitzenstein, Bemerkungen zu den kleinen Schriften des Tacitus II, Nachrichten von der Königlichen Gesellschaft der Wissenschaften zu Göttingen, Philol.-hist. Klasse 1914, 241 Anm. 1 (= Aufsätze zu Tacitus 85 Anm. 1); F. Klingner, Die Geschichte Kaiser Othos 17f.

[113] Hist. 2,41,1.

[114] Hist. 2,42,1.

[115] Richtig J. Vogt, Orbis 140: „So wird die Frage nach der Geschichtlichkeit eines Ereignisses — jenes Einigungsversuches der Heere — durch ein vorgegebenes Gesamtbild

Nicht minder fragwürdig sind die Mittel, mit denen er Othos Unbesonnenheit, seine *temeritas*, wie Sueton sagt[116], nachdrücklicher in den Vordergrund stellt. Die stichhaltigen Gründe für dessen Entscheidung im Kriegsrat schiebt er beiseite; übrig bleibt der persönliche, unvernünftige Beweggrund der Ungeduld, des Unvermögens, die Zeit des Bangens und Wartens länger zu ertragen[117]. Aber wie anfechtbar das Verfahren auch ist, so ist doch der Wille erkennbar, die Grundzüge des überkommenen Othobildes unverändert zu lassen. Tacitus beschränkt sich darauf, eine Linie, die er bereits in seiner Quelle angelegt fand, schärfer auszuziehen: Othos *temeritas* wird in den Historien zu einer beherrschenden Größe, zu einer Leitvorstellung in der Beurteilung seiner militärischen Entscheidungen.

Gegenüber den Ansichten, die Heinz Heubner und Friedrich Klingner entwickelt haben, ist somit festzuhalten: Es ist nicht eine bestimmte Geschichtsauffassung, die Überzeugung vom Wirken sinnloser, rational nicht faßbarer Kräfte, die Tacitus zu seinen Änderungen veranlaßt hat. Sie stünde auch im Widerspruch zu der Auffassung, zu der er sich selbst bekannte, als er seine Aufgabe als Geschichtsschreiber mit den Worten umriß: *ut non modo casus eventusque rerum, qui plerumque fortuiti sunt, sed ratio etiam causaeque noscantur* (Hist. 1,4,1). Nach dieser Anschauung sind die eigentlichen Ursachen gerade nicht dem Spiel des blinden Zufalls ausgeliefert[118]!

Dem Vorwurf der *temeritas*, dem Tadel, Otho habe aus Unsicherheit in günstiger Lage unbedachte Entschlüsse gefaßt, steht die Anerkennung der festen Haltung gegenüber, die er in der Stunde der Not zeigte: *rebus prosperis incertus et inter adversa melior* (Hist. 2,23,5). Das Lob wird an späterer Stelle wiederholt: Keineswegs ängstlich, sondern unbeirrbar in seinem Entschluß habe Otho die Nachricht vom Verlauf und Ausgang der Schlacht abgewartet, heißt es Hist. 2,46,1. Die Schilderung des weiteren Hergangs bestätigt das Gesagte: Als die Meldung von der Niederlage eintrifft, läßt er sich selbst von den inständigen Bitten, mit denen ihn seine Getreuen bestürmen, nicht von dem Entschluß abbringen, zur Verhütung weiteren Blutvergießens Hand an sich zu legen[119].

---

der inneren Geschichte Roms nicht gelöst, sondern unterdrückt." Anders F. Klingner, Die Geschichte Kaiser Othos 20.

[116] Otho 9,1.   [117] *aeger mora et spei impatiens,* Hist. 2,40.

[118] Soviel einstweilen zu H. Heubner, Studien zur Darstellungskunst des Tacitus 45. Die Gefahren der Heubnerschen Sehweise sind F. Klingner, wie seine einleitenden Bemerkungen zur Forschungslage (Die Geschichte Kaiser Othos 3f.) erkennen lassen, keineswegs entgangen. Doch ist es ihm nicht gelungen, diese Gefahren seinerseits völlig zu bannen. Die folgenden Behauptungen (a.O. 20) legen davon Zeugnis ab: „Es ist dem Tacitus geradezu zur Leidenschaft geworden, das was die Vorgänger oberflächlich vernünftelnd dargestellt und erklärt hatten, zu entlarven und dann sein Urteil zu sprechen. Darum hebt er oft in so erstaunlicher Weise, manchmal mit abgründiger Bosheit, den vernünftigen Zusammenhang zwischen den Ereignissen auf, den ein Vorgänger hergestellt hatte. Er erhebt damit seinen Widerspruch gegen die pragmatisierende Geschichte, wie sie die Griechen ausgebildet und offenbar auch römische Vorgänger auf ihre Art gehandhabt hatten."

[119] Hist. 2,46ff.

Bis dahin befindet sich Tacitus mit der übrigen Überlieferung in Übereinstimmung. Ohne in seinem Entschluß zu schwanken, habe Otho gefaßt und mit heiterem Antlitz von seinen Getreuen Abschied genommen, berichtet Plutarch an entsprechender Stelle[120]; und in diesem Sinne äußern sich auch Dio und Sueton[121]. Was noch aussteht, ist die Klärung der Frage, ob Tacitus den Selbstmord des Kaisers Otho voraussetzungslos zu einem Freitod in des Wortes eigentlicher Bedeutung stilisierte, ob er als erster Othos Tod als freiwilliges Opfer zum Wohle der *res publica* gewürdigt hat. Wer ausschließlich Plutarch zum Vergleich heranzieht, könnte in der Tat den Eindruck gewinnen, daß erst Tacitus aus dem Selbstmord einen Akt der Selbstlosigkeit in einer keineswegs aussichtslosen Lage gemacht habe. Plutarch teilt Tatsachen mit, die Zweifel an der Freiwilligkeit des Entschlusses aufkommen lassen und eher die Auffassung nahelegen, daß Selbstmord der einzige Ausweg war, der Otho noch verblieb[122]. Was aus seiner Biographie zusätzlich zu erfahren ist, vermittelt von der Lage Othos folgendes Bild: In dem Kriegsrat, den Marius Celsus im Hauptquartier der geschlagenen Legionen einberuft, sprechen sich die Befehlshaber einhellig dafür aus, mit Caecina Friedensverhandlungen aufzunehmen. Marius Celsus läßt vor dem versammelten Kreis mit unmißverständlicher Deutlichkeit durchblicken, daß er von Otho die Opferung des eigenen Lebens zur Verhinderung weiteren Blutvergießens erwartet. Selbst Othos Bruder Titianus muß schließlich von dem verzweifelten Vorhaben der Gegenwehr gegen den anrückenden Feind Abstand nehmen und sich der Macht der Tatsachen beugen. Der Friedenswille seiner Truppen hat gesiegt, Caecina vereidigt sie auf Vitellius.

Solche bedeutsamen Vorgänge, die Othos Entscheidungsfreiheit beträchtlich einengen mußten, hat Tacitus teils verschwiegen, teils verharmlost[123]. Und dennoch ist wiederum zu bezweifeln, daß er bewußt gegen die Tendenz der ihm vorliegenden Überlieferung verstoßen hat. Es verdient Beachtung, daß Sueton und Cassius Dio Othos Entscheidung gleichermaßen als einen freien Entschluß in aussichtsreicher oder wenigstens nicht hoffnungsloser Lage beurteilen. In Übereinstimmung mit Tacitus legen sie auf die Feststellung Wert, daß von den eintreffenden Balkanlegionen eine bedeutende Verstärkung der othonianischen Streitmacht zu erwarten gewesen sei, die durchaus die Fortsetzung des Kampfes hätte rechtfertigen können. Sueton erkennt ausdrücklich an, daß die, wie er sagt, von vielen vertretene Meinung, Otho habe seinen Entschluß eher aus Scheu vor weiterem Blutvergießen als aus dem Gefühl der Hoffnungslosigkeit oder mangelndem Vertrauen auf die Kampfkraft seiner Truppen gefaßt, nicht unbegrün-

---

[120] Otho 15,4.
[121] 63 (64), 12ff.; Otho 9,3.
[122] Th. Mommsen, Hermes 4, 1870, 311; vgl. auch F. Klingner, Die Geschichte Kaiser Othos 23. Abweichend H. Heubner, Kommentar zum zweiten Buch der Historien 176ff.
[123] Th. Mommsen, Hermes 4, 1870, 310ff.; vgl. auch die berechtigten Bedenken, die J. Vogt in der Einleitung zur Hornefferschen Annalenübersetzung gegenüber dem taciteischen Vorgehen vorgebracht hat (insbesondere p. XXX = Orbis 141).

det sei¹²⁴. Zudem benennt er seinen eigenen Vater Suetonius Laetus als Kronzeugen für die Behauptung, daß Otho den Bürgerkrieg verabscheut habe¹²⁵. In gleichem Sinne äußert sich Cassius Dio. In der zuversichtlichen Einschätzung der Lage des geschlagenen Heeres mit Sueton übereinstimmend¹²⁶, weicht er von ihm lediglich in der unbedeutenden Äußerlichkeit ab, daß er Othos Einstellung zum Bürgerkrieg erst in der Abschiedsrede an die Getreuen zum Ausdruck bringt¹²⁷. Dio steht nicht allein damit, Entsprechendes findet sich bei Plutarch. In der Fassung, die er der Abschiedsrede verliehen hat, begegnet sowohl die Überzeugung von der Besiegbarkeit der Vitellianer als auch die Einsicht, daß der Bürgerkrieg grundsätzlich zu verwerfen, seine Verlängerung nicht zu verantworten sei¹²⁸.

Die Einhelligkeit, die in der Beurteilung dieses Freitods herrscht, kann nicht auf Zufall beruhen (daß Othos Ende auch nüchterner gesehen werden konnte, vergegenwärtigen die Worte, die Hist. 2,76,4 dem Kaisermacher Mucian in den Mund gelegt sind¹²⁹). In irgendeiner Form muß bereits der „unbekannte Annalist" der Auffassung Raum gegeben haben, daß Otho sein Leben nicht aus Verzweiflung über seine aussichtslose Lage, sondern aus freiem Entschluß geopfert habe, um ein noch schlimmeres Blutbad zu verhindern und der *res publica* neues Unheil zu ersparen¹³⁰. Ob er sie als eigene Ansicht, als Überzeugung Othos oder als Meinung anderer Gewährsmänner geboten hatte, ist nicht mehr auszumachen. Nur dies ist zu erschließen, daß nicht erst Tacitus, wie Theodor Mommsen gemeint hat¹³¹, das Ende Othos als rühmliches Gegenstück zu seiner verbrecherischen Machtergreifung gewertet hatte. Die taciteische Wendung *duobus facinoribus, altero flagitiosissimo, altero egregio, tantundem apud posteros meruit bonae famae quantum malae* hat ihre Entsprechung in Dios Schlußsatz κακουργότατα τὴν ἀρχὴν ἁρπάσας ἄριστα αὐτῆς ἀπηλλάγη¹³². Die Zuspitzung des Gesamturteils auf die Gegenüberstellung von Untat (Ermordung Galbas) und Ruhmestat (Opfertod für die *res publica*) ist dem gemeinsamen Vorläufer als geistiges Eigentum zuzusprechen. Wieder einmal bestätigt sich, daß Tacitus die bestimmenden Züge des Bildes, das er vorgezeichnet fand, nicht angetastet, sondern nur schärfer herausgearbeitet hat.

---

[124] Otho 9,3.
[125] Otho 10,1.
[126] Dio 63 (64), 12.
[127] Dio 63 (64), 13,1.
[128] Plut. Otho 15,5ff.
[129] *ne Othonem quidem ducis arte aut exercitus vi, sed praepropera ipsius desperatione victum, iam desiderabilem et magnum principem fecit...* Vgl. demgegenüber Suet. Otho 9,3.
[130] Daß diese Auffassung in flavischer Zeit bereits unverrückbar geworden war, bestätigt Martials Epigramm 6,32.
[131] Th. Mommsen, Hermes 4, 1870, 316; vgl. ferner F. Klingner, Die Geschichte Kaiser Othos 25.
[132] Tac. Hist. 2,50,1; Dio 63 (64), 15,2².

Die Mittel, die er zu diesem Zweck anwendet, sind wiederum fragwürdig. Bedeutsame Vorgänge, die dem Bild widersprechen, übergeht er mit Stillschweigen. Die Stimmung im Generalstab beschreibt er unzureichend und eher verschleiernd[133]. Die Nachricht, die Kampfmoral der Praetorianer habe sich als ungewöhnlich schlecht erwiesen[134], unterdrückt er. Welche Absicht ihn dabei leitete, ist leicht zu durchschauen. Ihr Aufbegehren gegen die Anerkennung der Niederlage sollte glaubhafter wirken und größeres Gewicht gewinnen, damit Othos Freitod in noch hellerem Licht erstrahlen konnte. Bewußt stellt Tacitus ihren ungebrochenen Mut, ihren ungeschmälerten Kampfgeist in den Vordergrund[135].

Die Wirkung des vorgeformten Bildes setzt nicht allein seiner Bereitschaft zur Umgestaltung Schranken, sie ist auch mächtiger als die Erkenntnis, die er selbst einmal aus der geschichtlichen Erfahrung herleitete. Sie siegt über die historische Einsicht, die er Hist. 2,38,2 in dem Satz zusammenfaßte: *quod singulis velut ictibus transacta sunt bella, ignavia principum factum est.*

Vitellius bei Tacitus

Wieweit Tacitus in die Überlieferung zur Geschichte des Kaisers Vitellius eingegriffen hat, ist eine Frage, deren Beantwortung besondere Schwierigkeiten bereitet. Die Aufgabe, die taciteische Bearbeitung von der Vorlage abzuheben, wird durch den Verlust der Vitelliusvita des Plutarch beträchtlich erschwert. Die Einbuße an Vergleichsmöglichkeiten, die mit diesem Verlust verbunden ist, vermag Flavius Josephus mit seiner Monographie über den Jüdischen Krieg auch nicht annähernd wettzumachen. Für das Vorhaben, in den Historien das Verhältnis von Umgestaltung und Bewahrung des Überlieferten zu klären, ist dieses Werk aus mehreren Gründen schlecht zu gebrauchen. Josephus zeigt sich über die Vorgänge, die sich während des Vierkaiserjahres in Rom und Italien abspielten, derart schlecht unterrichtet[136], daß die Erwägung, er könnte auf den von den übrigen Bearbeitern benutzten Annalisten zurückgegriffen haben, als abwegig verworfen werden muß. Ebensowenig ist ersichtlich, daß sich seine Schilderung der flavischen Erhebung mit den übrigen Darstellungen enger berührt, als es die Geschichtlichkeit der Ereignisse erforderte[137]. Und schließlich ist bei allen

---

[133] Von F. Klingner, Die Geschichte Kaiser Othos 23f. nicht beanstandet; von K. Büchner, Tacitus. Die historischen Versuche, Stuttgart 1963², 32ff. sogar mit der erstaunlichen Einstellung gebilligt, Tacitus habe die tiefere Wahrheit ergründet.

[134] Von Plutarch Otho 12,9 bezeugt.

[135] Hist. 2,44,3.

[136] Zwei bezeichnende Fehlerbeispiele: BJ 4,547 spricht Josephus davon, daß sich die Schlacht bei Bedriacum über zwei Tage erstreckt habe; in Wahrheit währte der Kampf kaum länger als wenige Stunden. Nach BJ 4,654 soll Mucian schon am 21. Dezember 69 in Rom eingezogen sein, wovon nach Ausweis von Tac. Hist. 4,1ff. keine Rede sein kann.

[137] Gegen die Annahme, Josephus habe sich hier auf dieselbe Überlieferung gestützt, die auch Tacitus, Sueton und Dio zugrunde legten, schon R. Laqueur in der Besprechung,

Vergleichen die Möglichkeit in Rechnung zu stellen, daß Josephus, soweit er auf literarischer Überlieferung fußte, die Angaben seiner Quellen von sich aus im Sinne der höfischen Propaganda verbog. Für die Rekonstruktion des verschollenen Geschichtswerkes, das die Grundlage für die späteren Darstellungen des Vierkaiserjahres abgab, bedeutet er schwerlich eine bessere Hilfe als Velleius Paterculus für die Rekonstruktion jener Tiberiusdarstellung, an die Tacitus in den ersten sechs Büchern seiner Annalen anknüpfte.

Für die Aufgabe, die taciteische Darstellung der Geschichte des Kaisers Vitellius von der flavischen Überlieferung abzuheben, bleibt die Forschung im wesentlichen auf den Vergleich mit der weithin nach Sachgruppen gegliederten Vitelliusvita des Sueton und dem knappen, teilweise ungeschickt verkürzten Abriß des Cassius Dio angewiesen, – eine wenig günstige Ausgangslage.

Nachdem Herbert Nesselhauf in seinem vielbeachteten Hermesaufsatz „Tacitus und Domitian"[138] zu dem Ergebnis gekommen war, Tacitus habe sich bereits in seinen frühen Schriften, dem Agricola und der Germania, mit der flavischen Propaganda auseinandergesetzt und sie als große Geschichtsfälschung zu entlarven gesucht, lag es nahe, mit der gleichen Fragestellung an den Teil der Historien heranzutreten, der den Bürgerkrieg zwischen Vitellius und Vespasian behandelt. Aufgegriffen wurde dieser Ansatz schon wenige Jahre später in der Abhandlung „Tacitus und das flavische Geschichtsbild"[139]. Ihr Verfasser, Adalbert Brießmann, bemühte sich um den Nachweis, daß Tacitus sich in den Historien gleichermaßen mit der flavischen Geschichtsschreibung und der höfischen Propaganda auseinandergesetzt habe.

Zu diesem Vorhaben ermutigte vor allem der bekannte Ausfall am Ende des zweiten Buches, mit dem Tacitus aus gegebenem Anlaß von der zeitgenössischen, dem flavischen Haus ergebenen Geschichtsschreibung abrückte. An dieser herausgehobenen Stelle wirft er ihr vor, sie habe die wahren Beweggründe für den Abfall des vitellianischen Befehlshabers Alienus Caecina beschönigend verfälscht: *scriptores temporum, qui potiente rerum Flavia domo monimenta belli huiusce composuerunt, curam pacis et amorem rei publicae, corruptas in adulationem causas, tradidere: nobis super insitam levitatem et prodito Galba vilem mox fidem aemulatione etiam invidiaque, ne ab aliis apud Vitellium anteirentur, pervertisse ipsum Vitellium videntur*[140]. Tacitus legte offenbar besonderen Wert darauf, diese Verzerrung des wahren Sachverhalts zu berichten. Nur so erklärt sich, daß er seinen Vorwurf am Ende seines Nachrufs auf Vitel-

---

die er Philologische Wochenschrift 41, 1921, 1105ff. der von W. Weber vorgelegten Untersuchung „Josephus und Vespasian" (Berlin 1921) gewidmet hatte. Für die vorliegende Frage besonders beachtenswert die ebenda 1110ff. vorgebrachten Einwände, an die H. Drexler, Gnomon 28, 1956, 524 in der Auseinandersetzung mit A. Brießmann, Tacitus und das flavische Geschichtsbild, Hermes-Einzelschriften 10, 1955, 2ff. zu Recht erinnert.

[138] Hermes 80, 1952, 222ff.
[139] Hermes-Einzelschriften 10, Wiesbaden 1955 (1961²).
[140] Hist. 2,101,1.

lius wiederholt[141]. Die Geschichtsfälscher der flavischen Zeit, gegen die sich sein Angriff richtet, bezeichnet er Hist. 2,101,1 ohne nähere Eingrenzung mit *scriptores temporum, qui potiente rerum Flavia domo monimenta belli huiusce composuerunt*. Ob sein Tadel auch den Gewährsmann treffen sollte, den er mit Vorliebe zu Rate gezogen hat, läßt die Stelle nicht erkennen. Sollte er seinem Vorläufer, dem „unbekannten Annalisten", tatsächlich widersprochen haben, so muß erwartet werden, daß die übrigen Autoren, soweit sie demselben Vorgänger verpflichtet sind, die Persönlichkeit des vitellianischen Generals und seinen Abfall in ein anderes, günstigeres Licht gerückt haben. Gerade diese Bedingung wird indessen von der erhaltenen Parallelüberlieferung nicht erfüllt. Als uneigennütziger Patriot, der sich aus Sorge um den Frieden und aus Liebe zum Gemeinwesen von Vitellius abwendet, wird Caecina nirgendwo hingestellt. Plutarch schildert ihn im Gegenteil als rücksichtslos und abstoßend; er spricht ihm sogar Vorzüge ab, die Tacitus ihm immerhin noch beließ: ein einnehmendes Äußeres und die Gabe einer gewinnenden Redeweise[142]. Die Darstellung des höfischen Historikers Flavius Josephus lehrt, aus welcher Sicht die flavische Geschichtsschreibung am Ende der Regierungszeit des Vespasian die Rolle des abtrünnigen Generals betrachtete. Weit entfernt, für den Übertritt zur flavischen Partei edelmütige Beweggründe zu unterschieben, macht er kein Hehl aus seiner Auffassung, daß Caecinas Versuch, seine Streitkräfte zum Abfall zu überreden, nichts anderes als Verrat war und daß sein Entschluß der unrühmlichen Furcht vor der feindlichen Übermacht entsprang[143]. Diese Bewertung blieb fortan gültig, bei Cassius Dio ist sie wiederzufinden[144]. Die rücksichtsvolle, schmeichelnde Deutung, die zuvor Gültigkeit besessen hatte, war im selben Augenblick überholt, in dem die offizielle Meinung über Caecina umgeschlagen war. Der Zeitpunkt des Umschwungs läßt sich ziemlich genau bestimmen: Der Putschversuch, den Caecina mit dem Leben bezahlen mußte, fiel in das letzte Jahr der Regierung Vespasians[145]. Das Geschichtswerk, an das sich Tacitus und Plutarch gehalten haben, war schon von dem Meinungsumschwung geprägt; es dürfte frühestens am Ende der siebziger Jahre zum Abschluß gekommen sein[146]. Tacitus bekämpft am Schluß des zweiten Buchs seiner Historien nicht die Auffassung des Vorläufers, dessen Geschichtswerk er auf weite Strecken als Grundlage be-

---

[141] Hist. 3,86,2; hierzu A. Brießmann, Tacitus und das flavische Geschichtsbild 39. Vgl. ferner das Urteil über den zweiten vitellianischen General, Fabius Valens: *Galbae proditor, Vitellio fidus et aliorum perfidia inlustratus* (Hist. 3,62,2).
[142] Plut. Otho 6,6; demgegenüber Tac. Hist. 1,53,1. Zu seinem Auftreten vgl. Hist. 2,20,1; zu seiner Beliebtheit Hist. 2,30,2.
[143] BJ 4,635ff.
[144] 64 (65), 10,2ff.
[145] Zur Vereitelung des Umsturzvorhabens vgl. Suet. Tit. 6,2 und Dio 65 (66), 16,3. Nach Dios Aussage fiel das Ereignis in die Zeit, in der auch Julius Sabinus sein Ende fand, und dessen Todesjahr ist, wie sich aus Tac. Hist. 4,67,2 ergibt, auf 79 n. Chr. anzusetzen.
[146] Zur Abfassungszeit R. Syme, Tacitus II, 675.

nutzte[147]; er setzt sich an dieser Stelle vielmehr mit einer früheren Schicht der Überlieferung auseinander, mit der zeitgenössischen Geschichtsschreibung, die in den ersten Jahren nach dem Machtwechsel von Vitellius auf Vespasian entstanden war[148].

Wie Flavius Josephus bezeugt, stand für den Zeitraum von Neros Sturz bis zum Ende der Bürgerkriege eine reiche Literatur in griechischer und römischer Sprache zur Verfügung[149]. Auf sie konnte der „unbekannte Annalist" bereits zurückgreifen. Daß er schon bei der einen oder anderen Gelegenheit auf die Vorgänger in der flavischen Geschichtsschreibung eingegangen ist und zu ihren Verzerrungen der historischen Wahrheit von Fall zu Fall Stellung nahm, ist durchaus denkbar. Selbst wenn Tacitus als erster in der Auseinandersetzung mit der älteren Überlieferung die Beschönigung des Verrats offen beanstandet haben sollte, verbietet es sich, das Zeugnis überzubewerten. Das vereinzelte Beispiel der offenen Bekämpfung einer einseitigen, verschleiernden Deutung erlaubt nicht ohne weiteres den Schluß, daß Tacitus es sich angelegen sein ließ, die flavische Geschichtsschreibung auf Schritt und Tritt stillschweigend zu berichtigen. Mit welcher Einstellung er der flavischen Überlieferung gegenübertrat, bedarf noch eingehender Prüfung. Dies um so mehr, als der einzige Beleg für eine offene Auseinandersetzung mit der flavierfreundlichen Geschichtsschreibung einen geschichtlichen Fall betrifft, der von der späteren flavischen Geschichtsschreibung längst entschieden worden war.

Es wäre gewiß ungerecht, dem „unbekannten Annalisten" eine so vorbehaltlose Ergebenheit gegenüber dem flavischen Haus zu bescheinigen, wie sie bei dem Hofhistoriker Flavius Josephus allenthalben zum Vorschein kommt. An seiner flavierfreundlichen Einstellung ist indessen nicht zu zweifeln[150]. Sie schimmert in den Darstellungen, die unter seinem Einfluß stehen, auf Schritt und Tritt durch, in den Historien des Tacitus nicht minder als in den Auszügen aus der Römischen Geschichte des Cassius Dio und den entsprechenden Kaiserviten des Sueton. Seine Gesinnung hat sich aufs deutlichste darin niedergeschlagen, daß die von ihm abhängige Überlieferung die Auseinandersetzung zwischen Vitellius und Vespasian aus vitelliusfeindlicher Sicht schildert.

---

[147] Anders zuletzt wieder St. Borzsák, P. Cornelius Tacitus, RE Suppl. XI, 451 und 481f. Obwohl jeder sichere Anhalt für diese Mutmaßung fehlt, teilt er mit A. Gercke, Seneca-Studien, Jahrbücher für classische Philologie, Suppl. 22, 1896, 252 und H. Peter, Die geschichtliche Litteratur 1, 421 die Überzeugung, daß die Polemik sich gegen den älteren Plinius richte.

[148] Um die Vorstellung zu retten, daß Tacitus seinen wichtigsten Gewährsmann berichtigt habe, nahm A. Brießmann, Tacitus und das flavische Geschichtsbild 45 zu der merkwürdigen Verlegenheitslösung Zuflucht, dessen Stellungnahme in eine stillschweigende Korrektur an der Vorlage und eine offene Polemik gegen die „caecina-freundliche Tradition" aufzugabeln.

[149] BJ 4,492ff.

[150] Vgl. E. Groag, Jahrbücher für classische Philologie, Suppl. 23, 1897, 775.

rei publicae haud dubie intererat Vitellium vinci – mit so eindeutigen Worten rechtfertigt Tacitus den blutigen Bürgerkrieg, den Sturz des Kaisers Vitellius, die Machtergreifung der Flavier, kurz: eines der peinlichsten Kapitel der flavischen Geschichte[151]. Lethargie (*torpor*), Unfähigkeit (*inscitia*) und Grausamkeit (*saevitia*) hatte die flavische Seite, hatte der Flavianer Mucian in seinem Aufruf zur bewaffneten Erhebung dem vom Senat anerkannten Princeps Vitellius nachgesagt[152]. Die gleichen Vorwürfe sind es, die Tacitus in seiner Schilderung des vitellianischen Prinzipats mehrfach wiederholt. Wie gering er die Fähigkeiten des Vitellius einschätzt, verrät bereits die sarkastische Erläuterung zu der Entscheidung, ihn, den Sohn des Zensors und dreimaligen Konsuls Lucius Vitellius, mit dem Kommando über die niedergermanischen Legionen zu betrauen: *inferioris Germaniae legiones diutius sine consulari fuere, donec iussu Galbae A. Vitellius aderat, censoris Vitellii ac ter consulis filius: i d satis videbatur*[153]. Im Einklang mit der flavischen Sicht stellt er fest, daß das vitellianische Heer einen besseren Kriegsherrn verdient hätte (Hist. 2,89,2), mit vernichtender Schärfe fällt er das Urteil, Vitellius habe vom Kriegshandwerk und von den einfachsten Grundregeln der Truppenführung überhaupt nichts verstanden, sondern sei in allem auf den Rat anderer angewiesen gewesen (Hist. 3,56,2).

Mit der schonungslosen Bloßstellung der *inscitia* hatte es nicht sein Bewenden. Um die Erhebung der Flavier zu rechtfertigen, durfte sich die dem flavischen Haus ergebene Annalistik nicht damit zufriedengeben, Vitellius als verachtungswürdigen, aber im Grunde seines Wesens nicht bösartigen Versager hinzustellen. Es kam ihr darauf an, ihn zum hinterhältigen, sadistischen, vor Mord nicht zurückschreckenden Tyrannen zu stempeln. Auch diesen Zug der Überlieferung hat Tacitus aufbewahrt. Der Typologie der Tyrannenschilderung gehört die Behauptung an, Vitellius habe zum Argwohn geneigt und sich von haltlosen Verdächtigungen ängstigen lassen[154], ihr entstammt die Vorstellung, daß die vorher schlummernden *vitia*, namentlich *superbia, socordia, libido* und *saevitia*, zum Ausbruch gekommen seien, sobald er von der Furcht vor dem Gegenspieler befreit gewesen sei[155], und in ihr hat schließlich auch die Überzeu-

---

[151] Hist. 3,86,2.   [152] Hist. 2,77,3.

[153] Hist. 1,9,1; zu den Gründen für seine Berufung vgl. auch die wenig schmeichelhaften Mutmaßungen, die sich bei Sueton Vit. 7,1 finden. Daß das Urteil über seine Mutter Sextilia weitaus günstiger ausgefallen ist, paßt in das Bild. Ihren Ausspruch, sie habe keinen Germanicus, sondern einen Vitellius geboren, hatte die flavische Geschichtsschreibung gewiß mit Freuden verbreitet (siehe Hist. 2,64,2 und Dio 64 (65), 4,5; auf dieselbe Äußerung scheint Sueton Vit. 3,2 anzuspielen). Mit dem Lob ihrer *probitas* gibt Tacitus nur weiter, was er in seiner flavischen Quelle vorfand, seine Würdigung (Hist. 2,64,2) entspricht der Spiegelung des flavischen Urteils bei Sueton (Vit. 3,1).

[154] Hist. 2,68,4.

[155] Hist. 2,73. Wie verbreitet diese Vorstellung in der Geschichtsschreibung des Tacitus ist, zeigt die Zusammenstellung bei H. Hoffmann, Morum tempora diversa, Gymnasium 75, 1968, 231ff.

gung ihren Ursprung, daß die Freisetzung der gefährlichsten Eigenschaft des Tyrannen, das Hervorbrechen seiner *saevitia,* von seinen schlechten Ratgebern begünstigt worden sei. Daß Vitellius den Befehl gab, Dolabella zu beseitigen, nimmt Tacitus als Beweis für die Behauptung, Vitellius sei unter dem Einfluß seines Bruders und der Lehrmeister des Despotentums überheblicher und unbarmherziger geworden. Ohne näher nachzuprüfen, ob die Anklage auf Hochverrat vielleicht doch begründet war, oder wenigstens in Rechnung zu stellen, daß Vitellius von Rom aus falsch unterrichtet war, übernimmt er die vorgegebene Meinung, Dolabella sei das erste unschuldige Opfer der *saevitia* des Vitellius gewesen[156]. Nach der Darstellung der Historien übertraf Vitellius den Gegner, den er besiegt hatte, noch an Grausamkeit. Dem Vorgänger des Vitellius hatte Tacitus im Einklang mit der Überlieferung immerhin zugebilligt, daß er sich aus Scheu vor weiterem Blutvergießen den Tod gegeben habe. Von Vitellius aber weiß er zu berichten, er habe das Leichenfeld von Bedriacum mit Vergnügen besichtigt, ohne seine Augen bei dem Anblick so vieler unbeerdigter römischer Bürger abzuwenden[157]. Mit welcher Bedenkenlosigkeit die flavische Geschichtsschreibung ihr Ziel verfolgt hatte, Vitellius mit allen erdenklichen Merkmalen des Despoten zu behaften, bestätigt die Schilderung vom Tod des Iunius Blaesus. Wiederum ist das Bestreben wahrzunehmen, die sadistische Freude am Unglück anderer als bezeichnenden Wesenszug des Vitellius festzuhalten. Obwohl die Angabe, Vitellius habe Iunius Blaesus vergiften lassen, bloß auf einem Gerücht beruhte, folgt Tacitus ohne erkennbares Mißtrauen dem Bericht des flavisch gesinnten Gewährsmannes, der das Verlangen des Besuchers, seine Augen am Anblick des sterbenden Feindes zu weiden, gegen jede Wahrscheinlichkeit zu dem eigentlichen Zweck des Krankenbesuches erklärt hatte[158].

Zu den Vorwürfen der Unfähigkeit, der Grausamkeit und der Heimtücke gesellen sich die Vorwürfe der Apathie, der Feigheit, der Wankelmütigkeit, der Wollust, der Völlerei und der Trunksucht[159]. Mit unerbittlicher Schärfe kehren die Historien wiederholt hervor, daß Vitellius seine Augen und Ohren vor un-

---

[156] Hist. 2,63f.; bezeichnend die Schlußwendung *magna cum invidia novi principatus, cuius hoc primum specimen noscebatur.* Vgl. die verwandten Bemerkungen zum Regierungsantritt des Tiberius (*primum facinus novi principatus fuit Postumi Agrippae caedes,* Ann. 1,6,1) und des Nero (*prima novo principatu mors Iunii Silani proconsulis Asiae ignaro Nerone per dolum Agrippinae paratur,* Ann. 13,1,1).

[157] Hist. 2,70,4. Auch dies ein Bestandteil der Tyrannenschablone: vgl. St. Borzsák, RE Suppl. XI,459f. (mit weiterführender Literatur).

[158] Hist. 3,39,1; der Einleitungssatz *nota per eos dies Iunii Blaesi mors et famosa fuit, de qua sic accepimus* (Hist. 3,38,1) veranlaßte M. Fuhrmann, Das Vierkaiserjahr bei Tacitus, Philologus 104, 1960, 272 zu der Vermutung, Tacitus habe sich hier einer besonderen Quelle angeschlossen. Seine Annahme ist möglich, aber nicht zwingend (daß Vitellius gegen Iunius Blaesus eine geheime Abneigung gehegt habe, war schon Hist. 2,59,2 zum Ausdruck gekommen). Außer Frage steht im einen wie im anderen Fall die vitelliusfeindliche Einstellung des Gewährsmannes.

[159] Die Belege: Hist. 1,62,2; 2,57,2; 2,62,1; 2,67,2; 2,87,1; 2,94,2; 2,95,2; 3,55,1; 3,56,2; 3,67,1.

angenehmen Wahrheiten verschlossen habe, um sich bequemen Täuschungen hinzugeben[160]. Die Geißelung seiner Verachtungswürdigkeit gipfelt in dem grimmigen Urteil, sein Gemüt habe eine solche Teilnahmslosigkeit befallen, daß er vergessen hätte, jemals Princeps gewesen zu sein, wenn ihn die übrigen nicht daran erinnert hätten[161]. Die Herabsetzung geht so weit, daß er sogar mit einem dumpf dahinvegetierenden Tier verglichen wird[162]. Die Sicht, von der die Schilderung der Historien geprägt ist, geht alles in allem dahin, daß die Befürchtungen der Bevölkerung, die, nach Hist. 2,31,1 zu urteilen, Vitellius wegen seiner dumpfen Tatenlosigkeit verachtete, ihn aber immer noch für harmloser als Otho hielt, von der Wirklichkeit übertroffen worden seien.

Daß sich in dem Wesen des Mannes, der Galba gestürzt hatte, Verwegenheit (*audacia*) mit Grausamkeit (*saevitia*) paarte[163], ist eine glaubhafte Vorstellung. Weniger einleuchtend ist die Sicht, daß bei seinem Nachfolger die — recht seltsame — Mischung von *saevitia, ignavia, torpor* und *segnitia* vorgelegen habe. Muß sich nicht der Verdacht aufdrängen, daß die flavische Geschichtsschreibung ein Zerrbild überliefert hatte? Aus naheliegenden Gründen gibt die Parallelüberlieferung nur selten sichere Indizien an die Hand, die den Schritt von dem Verdacht zur Gewißheit ermöglichen. Eines aber ist jetzt schon deutlich: Tacitus bewegt sich mit seinem vernichtenden Urteil über die Eignung des Vitellius durchaus in den Bahnen der flavierfreundlich und vitelliusfeindlich ausgerichteten Überlieferung. Cassius Dio und Sueton, die an die gleiche Überlieferung anknüpfen, lassen es sich in gleicher Weise angelegen sein, mit möglichst krassen Beispielen zu untermauern, in welchem Ausmaß Vitellius seiner Verschwendungssucht, seiner Gefräßigkeit und seiner Grausamkeit freien Lauf gelassen habe[164]. Daß Cassius Dio gerade von Vibius Crispus, dem nachmaligen Günstling des Kaisers Vespasian, eine witzige Äußerung mitteilen kann, die auf die Maßlosigkeit der vitellianischen Gastmähler zielte[165], ist kein Zufall. Die flavische Geschichtsschreibung hatte sich die Gelegenheit nicht entgehen lassen, dem mächtigen Höfling mit der Wiedergabe seines geistreichen Ausspruchs zu huldigen. Den Ruf des Vitellius hatte sie so gründlich zerstört, daß Sueton nicht genug Stoff fand, auch nur eine Rubrik mit Beispielen einer lobenswerten Eigenschaft zu füllen. Entgegen seiner Gepflogenheit, erfreuliche und unerfreuliche Züge nebeneinanderzustellen, mußte er sich diesmal darauf beschränken, Beispiele der *saevitia* und der *luxuria* zu Sachgruppen zu vereinigen[166]. Wie vertrauensselig er auf die Zuverlässigkeit der vitelliusfeindlichen Überlieferung baute, geht am deutlichsten daraus hervor, daß er die Echtheit des Ausspruchs,

---

[160] 2,96,2; 3,54; 3,56,3.
[161] Hist. 3,63,2.
[162] Hist. 3,36,1.
[163] *Otho luxu saevitia audacia rei publicae exitiosior ducebatur* (Hist. 2,31,1).
[164] Dio 64 (65), 2ff.; Suet. Vit. 13f.
[165] Dio 64 (65), 2,3.
[166] Suet. Vit. 13f.

ein erschlagener Feind rieche ausgezeichnet und besser noch ein erschlagener römischer Bürger[167], mit keinem Wort in Zweifel zieht. Den Bestrebungen seines Gewährsmannes, Vitellius als blutrünstigen Staatsfeind hinzustellen, steht er mit einer kaum noch zu überbietenden Arglosigkeit gegenüber.

Die fragliche Äußerung anzuführen, hat Tacitus vermieden, wie er überhaupt nach dem Gebot der *gravitas* die ärgsten Auswüchse der Vitelliusfeindlichkeit ausgesondert zu haben scheint. Das bedeutet jedoch keineswegs, daß er die Handlungen und Entscheidungen des Vitellius im Vergleich zu Sueton oder Dio durchweg unvoreingenommener bewertete. Selbst Beweise rechtlicher Gesinnung, die ein unbefangener Beurteiler uneingeschränkt hätte loben können, hat er Vitellius aberkannt oder nur mit Vorbehalten belassen: Die Hinrichtung der 120 Bittsteller, die Otho seinerzeit um Belohnungen für ihre angebliche Mitwirkung an Galbas Ermordung ersucht hatten, rechnet er ihm im Unterschied zu Sueton (Vit. 10,1) nicht als Verdienst an; – er fühlt sich zu der Klarstellung verpflichtet, daß Vitellius diese Maßnahme nicht Galba zu Ehren, sondern aus eigennütziger Berechnung getroffen habe[168]. Das Verhalten, das Vitellius als Legat zeigte, schildert er mit solcher Voreingenommenheit, daß vieles, was wohlwollendere Richter durchaus als Leutseligkeit, Gutherzigkeit und Freigebigkeit hätten auslegen können, von vornherein dem Verdacht der Anbiederung oder Verschwendung unterliegt[169].

Daß Vitellius auf Enteignungen und nachträgliche Steuereinziehungen verzichtete, die Othonianer mit wenigen Ausnahmen begnadigte, die Testamente der gefallenen Bürgerkriegsgegner anerkannte, die Vergünstigungen aus früherer Zeit unangetastet ließ und die Standbilder seiner Vorgänger nicht beseitigte, würdigt Dio mit angemessener Ausführlichkeit[170]. Tacitus beschränkt sich darauf, die Verdienste des Vitellius in zwei kurzen Sätzen abzutun, um sogleich zu dem Vorwurf der Prasserei überzuleiten[171]. Die achtbare Geste, die Standbilder der kaiserlichen Vorgänger – selbst derer, die ihn beschimpft oder bekämpft hatten – an ihrem Platz zu belassen, erwähnt Tacitus überhaupt nicht.

Daß Vitellius nach zeitgenössischer Schätzung in den wenigen Monaten seiner Herrschaft mehr als 900 Millionen Sesterzen vergeudete, veranlaßt Tacitus, über ihn das harte Urteil zu fällen, er habe nur an den Genuß der Gegenwart, nicht an die Zukunft gedacht[172]. Dio, der die gleiche Summe nennt[173], hat an anderer Stelle immerhin als löbliche Verhaltensweise vermerkt, daß Vitellius die Münzen beibehielt, die unter Nero, Galba und Otho geprägt worden waren[174]. Wie man aus dieser Angabe ersieht, ist unter Vitellius keine Münzverschlechterung eingetreten!

---

[167] Vit. 10,3; zum Besuch des Schlachtfelds vgl. Dio 64 (65), 1,3.
[168] Hist. 1,44,2.
[169] Hist. 1,52,1f.; ähnlich Suet. Vit. 7,3.
[170] 64 (65), 6.
[171] Hist. 2,62,1.
[172] Hist. 2,95,3.
[173] 64 (65), 3,2.
[174] 64 (65), 6,1.

Obwohl Vespasian Nero auf der Griechenlandreise begleitet hatte und unter ihm den bedeutenden Aufstieg erlebte, daß er zum Nachfolger des berühmten Corbulo ernannt wurde, hat es die flavische Geschichtsschreibung geschickt verstanden, ihn von dem naheliegenden Verdacht zu reinigen, er habe zu den Günstlingen des neronischen Hofes gehört[175]. Mit Erfolg hat sie dafür gesorgt, daß sich die Kenntnis von dem Zwischenfall verbreitete, der ihn bei Nero in Ungnade gebracht haben soll. Daß Sueton, Dio und Tacitus, die gleichermaßen auf flavischer Überlieferung fußen, allesamt von der Episode berichten[176], ist gewiß kein Zufall.

Mit ebenso großem Erfolg hatte die dem flavischen Haus ergebene Geschichtsschreibung das Ziel verfolgt und erreicht, Vespasians Gegenspieler, den vom Senat anerkannten Vitellius, als einen Neronianer schlimmster Prägung und verachtungswürdigster Abkunft in Verruf zu bringen[177]. Über seinen Schritt, die Neroverehrung mit einem Totenopfer wiederaufleben zu lassen, urteilen Tacitus und Dio mit auffälliger Einhelligkeit. Zu dem Vorfall erklärt Tacitus, die Anständigen seien darüber verstimmt gewesen, nur die Verachtungswürdigsten hätten sich darüber gefreut[178]; bei Dio ist 64(65), 7,3 Entsprechendes zu lesen[179]. Beide schließen sich aufs engste der Wertung an, die sie in der Überlieferung vorfanden. Beide übernehmen darüber hinaus die Auffassung, daß Vitellius den Schritt von der Nerobewunderung zu der Neronachahmung tat[180].

Den aufschlußreichsten Einblick in die Einseitigkeit der flavischen Geschichtsschreibung gewährt die Beschäftigung mit der Sicht, aus der die Beziehungen zwischen Vitellius und dem Senat dargestellt sind. Da der Senat ihn anerkannt und mit den üblichen Ehrungen überhäuft hatte, mußte ihr besonders daran gelegen sein, die höhere Legitimität, die er damit gegenüber Vespasian besessen

---

[175] Bemerkenswert ist, wie Josephus Vespasians Berufung verbrämt (BJ 3,1ff.). Nero erscheint bei ihm als Werkzeug göttlicher Vorsehung; sein Entschluß wird mit der Notlage des Reiches begründet. Die Verdrehung der Wahrheit gipfelt in der Behauptung, Nero habe Vespasian mit Schmeicheleien und Gunstbeweisen zur Annahme des Kommandos überredet.

[176] Suet. Vesp. 4,4; Dio 62(63), 10,1ᵃ; Tac. Ann. 16,5,3. Wie aus der Annalenstelle hervorgeht, hatte die flavische Geschichtsschreibung die Tatsache, daß er mit dem Leben davonkam, als Beweis für seine höhere Berufung gewertet. Wie gut sich Vespasian den Wünschen der jeweiligen Machthaber anzupassen verstand, beweist sein fragwürdiges Verhalten unter Caligula (hierüber Suet. Vesp. 2,3).

[177] Tac. Hist. 2,71,1; Suet. Vit. 4; Dio 64(65), 5 (auch Dio 64(65), 4,1f.; der gleichzeitige Ausfall gegen seine Gattin Galeria wird durch Hist. 2,64,2 als Verleumdung entlarvt). Zu den einander widerstreitenden Zeugnissen über die vitellianische *gens* siehe Suet. Vit. 1,1–2,2. H. R. Graf, Kaiser Vespasian, Stuttgart 1937, 4 vermutete mit gutem Grund, daß die abträgliche Fassung von der flavischen Geschichtsschreibung aufgegriffen und verbreitet wurde. Zu dem geläufigen Schachzug, „Enthüllungen" über die Abkunft als Waffe im politischen Kampf auszuspielen, vgl. Suet. Aug. 4,2 sowie Dio 46,4,2f.

[178] Hist. 2,95,1.

[179] Vgl. auch die abfällige Bemerkung, mit der Sueton Vit. 11,2 auf die Totenfeier eingeht.

[180] Dio 64(65), 7,3; Tac. Hist. 2,71,1; 2,87,2; 2,95,2.

hatte, ihres Werts zu berauben. Die Schilderung der Historien bietet ein getreues Abbild der vorausgehenden Bestrebungen, Vitellius diesen Trumpf postum aus der Hand zu schlagen. Viele Entschlüsse, die Vitellius gefaßt hatte, um das Vertrauen des Senats zu gewinnen, rückt Tacitus in ein wenig schmeichelhaftes Zwielicht. Daß Vitellius Verstöße gegen das Verbot unterband, welches Angehörigen des Ritter- und Senatorenstandes das Auftreten in der Arena untersagte, war zweifellos eine achtbare Regelung, die eine deutliche Absage an die Praxis der neronischen Zeit enthielt. Gleichwohl hat Tacitus sie keines Lobs gewürdigt. Die Nachricht ist so fest in die Aufzählung von Beweisen der *luxuria* und *saevitia* eingebettet, daß ihr vorteilhafter Aussagewert kaum zur Geltung kommt[181].

Daß Vitellius die führenden Persönlichkeiten der Gegenseite nicht bloß begnadigt, sondern zu einem guten Teil in ihren Ämtern belassen hatte, geht fast völlig in der Schilderung der Ausnahmefälle unter, in denen er den einen oder anderen Othonianer zurücksetzte, vertröstete oder eine Zeitlang über das ihm bevorstehende Schicksal im ungewissen ließ[182]. Die Gewichte sind so verteilt, daß als Gesamteindruck die Vorstellung der unbilligen Gefährdung bedeutender Männer haftenbleibt. Daher kann Tacitus ohne Zwang mit der Wendung *inter magnorum virorum discrimina* zu einem neuen Zusammenhang überleiten[183].

Ebensowenig wie die Begnadigung der einstigen Bürgerkriegsgegner entlockt ihm die freiwillige Beschränkung der Kaisertitulatur ein anerkennendes Wort. Die Geste der *moderatio* tut er diesmal mit der Bemerkung ab, Vitellius habe nichtsdestoweniger die volle Machtbefugnis des Princeps für sich in Anspruch genommen[184]; Ablehnung und Annahme der Bezeichnung Augustus, so erklärt er wenig später, seien gleichermaßen unnütz gewesen[185].

Wie sehr Vitellius darauf bedacht war, in der Wahrung der republikanischen Formen an das augusteische Vorbild anzuknüpfen, kommt in den Historien nur ungenügend zur Geltung. Daß Vitellius gemeinsam mit den Bewerbern *civiliter* den Konsulwahlen beiwohnte, teilt Tacitus zwar mit; doch zwängt er in diese Angabe die unfreundliche Feststellung hinein, Vitellius habe im Theater als Zuschauer, im Zirkus als Anhänger (sc. der Partei der „Blauen"[186]) nach dem Beifall des gemeinen Pöbels gehascht: *sed comitia consulum cum candidatis*

---

[181] Hist. 2,62,2.

[182] Hist. 2,60; zu den Zurücksetzungen vgl. Hist. 2,71,2.

[183] Hist. 2,61.

[184] Hist. 2,62,2: *praemisit in urbem edictum, quo vocabulum Augusti differret, Caesaris non reciperet, cum de potestate nihil detraheret.* Über die mutmaßlichen Gründe, die Vitellius zur Annahme des Namens Germanicus und zur Ablehnung der Namen Augustus und Caesar bewogen, B. Grenzheuser, Kaiser und Senat in der Zeit von Nero bis Nerva, Diss. Münster 1964, 65f.; zu dem Bruch mit der Tradition des julisch-claudischen Hauses A. Momigliano, Vitellio, Studi italiani di filologia classica 9, 1931, 122 und M. A. Levi, I principii dell' impero di Vespasiano, Rivista di filologia e d'istruzione classica 16, 1938, 4.

[185] Hist. 2,90,2.

[186] Suet. Vit. 7,1.

civiliter celebrans omnem infimae plebis rumorem in theatro ut spectator, in circo ut fautor adfectavit [187]. Da die beiden verschiedenartigen Aussagen nicht ohne Gewaltsamkeit ineinandergeschoben sind, muß die nachfolgende Enthüllung, daß das leutselige Verhalten des Vitellius keineswegs edlen Motiven entsprungen sei [188], rückwirkend auch die Meinung über den Wert seiner senatsfreundlichen Geste beeinflussen. Vorangestellt sind obendrein eine abfällige Bemerkung über seine Unkenntnis des göttlichen und menschlichen Rechts und ein − künstlich hineingezogener − Seitenhieb auf die *socordia* seiner Günstlinge [189]. Die Anerkennung der *civilitas* wird auf solche Weise von den Beschuldigungen und Unterstellungen, die sie umgeben, gleichsam erdrückt.

Auch den anderen Beweisen seiner Absicht, im Regierungsstil zu dem Konstitutionalismus des augusteischen Prinzipats zurückzukommen, bleibt in den Historien die unvoreingenommene Würdigung versagt [190]. Ohne jedes anerkennende Wort berichtet Tacitus in aller Kürze, daß Vitellius häufig an den Senatssitzungen teilgenommen habe und selbst dann erschienen sei, wenn man nur unbedeutende Angelegenheiten verhandelt habe [191]. Die Nachricht ist in solchem Maße von unfreundlichen Enthüllungen über die Untauglichkeit des Vitellius umschlossen, daß sie den ungünstigen Gesamteindruck kaum abzumildern vermag.

Daß Vitellius trotz seiner umfassenden Vollmachten anläßlich eines Zusammenstoßes mit Helvidius Priscus die Hilfe der Volkstribunen anrief, entlockt Tacitus ebensowenig ein uneingeschränktes Lob. Im Gegenteil: Die begütigende Erklärung, die Vitellius vor dem Senat abgab, bleibt, wenn auch wohlwollendere Stimmen zu Wort kommen, nicht von der herben Kritik verschont, daß sein Bekenntnis zu dem Freimut eines Thrasea Paetus eine unverfrorene Anmaßung gewesen sei [192]. Daß Tacitus persönlich der ungünstigen Bewertung zuneigte, erweist sein Bericht über eine Senatssitzung, in der sich Vitellius als Gesinnungsgenosse einer kleinen Minderheit gegen einen freimütigen Antrag des Thrasea Paetus gewandt hatte. Ganz im Sinne der flavischen Geschichtsschreibung benutzt er die Schilderung des Vorfalls als Gelegenheit zu dem Verdikt, Vitellius sei in der Bereitschaft zur Schmeichelei unübertroffen gewesen, habe die Geachtetsten mit Sticheleien gereizt und sei, wie bei Feiglingen üblich, verstummt, wenn einer die Herausforderung annahm [193].

---

[187] Hist. 2,91,2.
[188] Hist. 2,91,2: *quae grata sane et popularia, si a virtutibus proficiscerentur, memoria vitae prioris indecora et vilia accipiebantur.*
[189] Hist. 2,91,1.
[190] Zu den numismatischen Aussagen über die Senatspolitik des Vitellius vgl. O. Th. Schulz, Die Rechtstitel und Regierungsprogramme auf römischen Kaisermünzen (Von Cäsar bis Severus), Studien zur Geschichte und Kultur des Altertums XIII, Heft 4, Paderborn 1925, 29.
[191] Hist. 2,91,2.
[192] Hist. 2,91,3.
[193] Ann. 14,49,1.

Obwohl Vitellius mit seiner Entscheidung, allen Verbannten der neronischen Zeit die alten Rechte gegenüber ihren Freigelassenen zurückzugeben, den Wünschen des Senatorenstandes in großzügiger Weise entgegenkam, bleibt auch dieses wertvolle Zugeständnis in der Beleuchtung, in die es die Schilderung der Historien rückt, nicht ohne Zwielicht. Es fehlt nicht der Hinweis, der den Wert des Zugeständnisses schmälert und Vitellius belastet. Tacitus erwähnt im selben Satz, einige dieser Freigelassenen seien, um sich ihren Verpflichtungen zu entziehen, in den Palast des Kaisers übergewechselt und dort mächtiger gewesen als ihre einstigen Herrn[194].

Mit welchem Nachdruck die flavische Geschichtsschreibung ihr Ziel verfolgt hatte, den Eindruck zu vermitteln, daß zwischen Vitellius und dem Senat kein Vertrauensverhältnis bestanden habe, spiegelt sich in der Schilderung der Historien allenthalben. Tacitus hat sich nicht von ihrer Befangenheit frei gemacht, sondern eher noch den vitelliusfeindlichen Zug der Überlieferung in der Hinsicht verschärft, daß er die Erwähnung anerkennenswerter Handlungen mit abfälligen Bemerkungen über die menschliche Unzulänglichkeit und die neronische Vergangenheit des Vitellius durchsetzte[195]. Seine Schilderung ist gänzlich von der Vorstellung beherrscht, daß dessen Beziehungen zum Senat von Argwohn, Angst und Enttäuschung belastet gewesen seien: Senatoren und Ritter seien dem heranrückenden Sieger von Rom aus teils aus Furcht, teils aus Liebedienerei entgegengeeilt, um nur nicht als einzige zurückzubleiben (Hist. 2,87,2), bei seinem Einzug habe er Senat und Volk vor sich hergetrieben (Hist. 2,89,1), am folgenden Tag habe er wie vor dem Senat und Volk eines anderen Staates eine großsprecherische Rede über sich selbst gehalten (Hist. 2,90,1). Tatenlos habe er zugesehen, als sich die beiden siegreichen Generale Caecina und Valens, ohne zu säumen, auf Häuser, Parks und das Vermögen des Reiches stürzten, während er sich mit keiner Geste des Mitleids der bedauernswerten Schar verarmter Adliger angenommen habe, denen Galba die Rückkehr aus der Verbannung gestattet hatte (Hist. 2,92,2; eine Behauptung, die in einem merkwürdigen Gegensatz zu der nachfolgenden Mitteilung steht, daß er ihnen die alten Rechte gegenüber ihren Freigelassenen gewährt habe).

Daß Vitellius in einem gespannten Verhältnis zur senatorischen Schicht gestanden habe, hebt auch Sueton unter dem Einfluß der flavischen Geschichtsschreibung hervor. Unter der Rubrik *saevitia* verzeichnet er, Vitellius habe bald aus diesem, bald aus jenem Grund Männer, die der Nobilität angehörten, umbringen lassen (Vit. 14,1); die Neuerung, die Konsuln für zehn Jahre vorherzubestimmen, nimmt er neben anderen Verstößen gegen das Herkommen als Beweis für die Behauptung, Vitellius habe im Laufe der Zeit mehr und mehr jeg-

---

[194] Hist. 2,92,3.
[195] Vgl. hierzu auch Hist. 3,55,2: In die Mißbilligung eines Verstoßes gegen das Herkommen drängt sich hier bezeichnenderweise der ständig wiederkehrende Vorwurf der ausschweifenden Lebensführung ein. Wieder einmal sind zwei Aussagen, die von der Sache her kein enges Band zusammenschließt, gewaltsam ineinandergeschoben.

liches göttliche und menschliche Recht mißachtet (Vit. 11,2). Der Vorwurf entstammt derselben Quelle, die auch Dio und Tacitus benutzt haben[196]; Sueton macht ihn zur Überschrift für einen ganzen Abschnitt.

Nur Dio hat sich gelegentlich von der Vitelliusfeindlichkeit der flavischen Überlieferung frei gehalten. Von der Beliebtheit, die sich Vitellius mit seinen häufigen Theaterbesuchen zu erwerben suchte, spricht er ohne Abwertung[197]. Daß Vitellius den Senatoren und Rittern verbot, in der Arena oder auf der Bühne aufzutreten, rechnet er ohne Einschränkung zu den lobenswerten Maßregeln[198]. Das konstitutionalistisch einwandfreie Verhalten bei dem Zusammenstoß mit Helvidius Priscus läßt er als Beweis der ἐπιείκεια gelten, ohne die beschwichtigende Versicherung des Vitellius dem Vorwurf der Unverfrorenheit auszusetzen[199]. Daß Vitellius nach dem Vorbild des Augustus[200] Angehörige der beiden oberen Stände zu gemeinsamen Banketten einlud und sich ihnen gegenüber als leutseliger, offenherziger Gastgeber zeigte, hat er als einziger vorbehaltlos gewürdigt. Völlig allein steht er mit der Ansicht, Vitellius sei es mit solchen Einladungen gelungen, in zunehmendem Maße die Zuneigung der einflußreichsten Männer zu gewinnen[201]. Tacitus stellt die Ehrlichkeit der freundschaftlichen Beziehungen mit der Bemerkung in Frage, Vitellius habe mit seinen maßlosen Schenkungen Freundschaften eher zu erkaufen gesucht, als sie wirklich besessen[202]. Nach seiner Schilderung kennzeichneten Verstellung und Schmeichelei das Verhalten der Senatoren[203].

Wie bedenkenlos die flavische Geschichtsschreibung mit zweierlei Maß gemessen hatte, verrät uns Sueton mit aller Deutlichkeit. Während er die Gastmähler des Vitellius erwähnt, um dessen Prasserei zu veranschaulichen[204], rechtfertigt er die üppigen Bankette, die Vespasian als Princeps zu veranstalten pflegte, mit der Begründung, er habe die Fleischwarenhändler unterstützen wollen[205]. Alles in allem hat es den Anschein, als habe Dio, der standesbewußte, konstitutionalistisch denkende Reichsbeamte[206], den Bemühungen des Vitellius, in der

---

[196] Vgl. Tac. Hist. 2,91,1 und Dio 64 (65), 2,1.
[197] Dio 64 (65), 7,1.
[198] Dio 64 (65), 6,3.
[199] Dio 64 (65), 7,2.
[200] Siehe Suet. Aug. 74.
[201] Dio 64 (65), 7,1. Daß der Kreis der Gäste vorwiegend Angehörige der beiden oberen Stände umfaßte, geht aus der Scheidung in alte und neugewonnene Freunde hervor und wird auch von der Angabe bestätigt, die Dio bereits 64 (65), 2,3 gemacht hatte.
[202] Hist. 3,86,2.
[203] Hist. 3,37,1.
[204] Vit. 13.
[205] Vesp. 19,1.
[206] Zu seinem Standesbewußtsein vgl. allgemein seine Ausführungen in der Maecenasrede (52,14ff.) und im besonderen seine Erörterung über die notwendigen Vorbedingungen für die Aufnahme in den Senatorenstand (52,25,6f.). Wie J. Bleicken, Der politische Standpunkt Dios gegenüber der Monarchie, Hermes 90, 1962, 463 klargelegt hat, will Dio „den

Senatspolitik dem augusteischen Vorbild nachzueifern, größeres Verständnis entgegengebracht als seine Vorläufer.

Tacitus hat zwar seine Wiedergabe der flavischen Überlieferung nach dem Gebot des πρέπον, das der Erzählung des αἰσχρόν Schranken setzte, um die ärgsten Auswüchse der Vitelliusfeindlichkeit beschnitten (dem Hofklatsch über die Mißbrauchung des Asiaticus oder der unglaubhaften Verleumdung, Vitellius habe seine Gefräßigkeit so wenig zügeln können, daß er sich sogar am Opferfleisch vergriffen habe, schenkt nur Sueton Beachtung[207]); doch ist er keineswegs so weit gegangen, die Einseitigkeit der flavischen Sicht zu beseitigen. An den Grundpfeilern der vitelliusfeindlich ausgerichteten Überlieferung hat er nicht gerüttelt.

Tacitus über die Flavier und ihre Zeit

Das Ergebnis, das die Untersuchung für seine Darstellung des vitellianischen Prinzipats erbracht hat, vermag auch der Gegenprobe standzuhalten: Auf Vespasian fällt kaum ein Schatten, das Lob überwiegt bei weitem. Das Bild, das Tacitus von ihm gezeichnet hat, nimmt sich geradezu als Kehrseite des Bildes aus, das er von Vitellius vermittelt. Die Abhängigkeit von der flavischen Sicht ist mit Händen zu greifen. Die Schilderung, die Tacitus von dem Hergang des Bürgerkrieges und dem Verhalten der beiden Gegenspieler gibt, ist so gehalten, daß sie weitgehend bestätigt, was er den Flavianer Mucian in seinem Aufruf zur Erhebung gegen Vitellius aussprechen läßt: *nec mihi maior in tua vigilantia parsimonia sapientia fiducia est quam in Vitellii torpore inscitia saevitia*[208]. Lethargie, Unfähigkeit und Grausamkeit bei dem einen, Tatkraft, Verständigkeit und Sparsamkeit bei dem anderen — diese Gegenüberstellung entspricht mit einer Einschränkung recht genau dem überkommenen Urteil, das schon vor der trajanischen Zeit so fest geworden war, daß es später von keinem Geschichtsschreiber mehr ernsthaft in Frage gestellt wurde. Die Historien schildern Vespasian als tüchtigen Militär, der an der Spitze des Zuges zu finden ist, den Platz für das Lager persönlich aussucht, mit Rat und Tat in das Kampfgeschehen eingreift und sich in seinem Äußeren kaum von dem gemeinen Soldaten abhebt[209]. Mit einer Ausnahme erkennt Tacitus ihm alle die Tugenden zu, die dem herkömm-

---

Senat als einen wirksamen Faktor der Regierung des Reiches erhalten und seinen Mitgliedern sowohl als Beamten im Heer und in der Verwaltung, wie auch als Ratgebern des Kaisers Einfluß sichern." Es entspricht seiner konstitutionalistischen Denkweise, wenn er als einziger ausdrücklich hervorhebt, daß man den Verräter Caecina in Fesseln gelegt habe, ohne seine Konsulwürde zu beachten: so Dio 64(65), 10,4.

[207] Siehe Vit. 12 und Vit. 13,3.
[208] Hist. 2,77,3.
[209] Hist. 2,5,1.

lichen Musterbild des vollkommenen Feldherrn entsprechen (die Tätigkeit und Tüchtigkeit des Statthalters Agricola hatte er mit ähnlichen Wendungen beschrieben[210]). Die einzige Einschränkung des Gesamtlobs besteht darin, daß er an Vespasian die Neigung zur *avaritia* bemängelt: *prorsus, si avaritia abesset, antiquis ducibus par* (Hist. 2,5,1).

Auf diesen zeitgenössischen Vorwurf einzugehen, hat der Hofhistoriker Flavius Josephus vermieden. Daß sich die übrigen Vertreter der flavischen Geschichtsschreibung in dieser Hinsicht die gleiche Zurückhaltung auferlegten, ist damit nicht gesagt. Ihnen eine so schrankenlose Ergebenheit gegenüber den Flaviern zuzutrauen, widerspricht im Gegenteil jeder Wahrscheinlichkeit[211]. Daß der Spott über Vespasians Geldgier in flavischer Zeit nicht unterdrückt wurde, beweist der Auftritt des Pantomimen Favor bei dem Leichenbegängnis[212]. Was dem Pantomimen erlaubt war, wurde der flavischen Geschichtsschreibung gewiß nicht verwehrt. Sie durfte sich mit dem Vorwurf der *pecuniae cupiditas* befassen und hat sich auch mit ihm befaßt. Mit welcher Begründung sie ihn zu entkräften suchte, lehrt die von Sueton wiedergegebene Rechtfertigung, Vespasian habe von dem, was er sich unrechtmäßig verschafft habe, den besten Gebrauch gemacht[213]. Wie Sueton bezeugt, hatte Vespasian selbst über seine unsauberen Finanzgeschäfte gewitzelt, um den Groll über sein Gebaren mit solchen Scherzen auf versöhnliche Weise aufzufangen[214]. Ganz in seinem Sinne legte die flavische Geschichtsschreibung darauf Wert, den Lesern die *non-olet*-Anekdote und andere Witzworte des Kaisers zur Kenntnis zu bringen[215] oder Vespasian dadurch zu entlasten, daß sie dazu überging, die schlimmsten Auswüchse dem ohnehin umstrittenen Mucian zum Vorwurf zu machen[216].

Enthüllt sich so Zug um Zug die proflavische Einseitigkeit der Überlieferung, die den Grundstock für die entsprechenden Darstellungen des Tacitus, Sueton und Cassius Dio abgab, so fällt doch besonders auf, mit welchem Nachdruck Tacitus die Vorzüge des Titus lobt und seine Schwächen zu entschuldigen oder zu verharmlosen sucht. Man ist versucht, daraus den Schluß zu ziehen, daß die späterhin als maßgeblich anerkannte Überlieferungsschicht in der Zeit des Titus entstand. Jedenfalls schildert Tacitus die Reise, die Titus auf dem Weg nach Rom in Korinth abbrach, mit ähnlicher Wärme wie die Orientreise des Germanicus[217]. Das Gerücht, Galba habe Titus mit der Absicht, ihn zu adoptieren,

---

[210] Agr. 20,2.

[211] Dies und das Folgende zu A. Brießmann, Tacitus und das flavische Geschichtsbild 14f.

[212] Suet. Vesp. 19,2.

[213] Suet. Vesp. 16,3; in diesem Sinne auch Dio 65 (66), 10,3. Zu dem Abschnitt über die *pecuniae cupiditas* (Vesp. 16) vgl. H. R. Graf, Kaiser Vespasian 97f.

[214] Suet. Vesp. 23,1.

[215] Über die *non-olet*-Anekdote Suet. Vesp. 23,3; Dio 65 (66), 14,5.

[216] Vgl. die treffende Bemerkung bei Dio 65 (66), 2,5.

[217] Über die Orientreise des Germanicus Ann. 2,53ff.; über die Reise des Titus Hist. 2,1ff. Zu dem Bericht über diese Reise vgl. Suet. Tit. 5,1.

nach Rom gerufen, gibt er zwar nicht als verbürgte Wahrheit aus; doch benutzt er die Gelegenheit, das Lob auszusprechen, Titus sei schon dank seiner natürlichen Gaben, seines einnehmenden Äußeren und seines Charisma zu jeder noch so hohen Stellung befähigt gewesen[218]. Beachtung verdient, mit welchen Gründen Tacitus dem Liebesverhältnis mit Berenice die Anstößigkeit abspricht. Ausdrücklich bestreitet er, daß Titus sich von der Sehnsucht nach ihr habe hindern lassen, seinen Auftrag auszuführen[219]. Im Einklang mit der flavischen Überlieferung, auf der auch Sueton und Dio fußen, erinnert er ferner daran, daß Titus seine Jugend zwar in frohem Genuß von Vergnügungen verlebt habe, während seiner eigenen Herrschaft jedoch maßvoller gewesen sei[220]. Darüber hinaus vergißt er nicht zu erwähnen, daß Berenice die Sache der Flavier mit großer Tatkraft unterstützte und ihr zur Freude des alten Vespasian reiche Zuwendungen zukommen ließ[221]. So hatte eine wohlwollende Geschichtsschreibung Berenice vor der Verrufenheit einer Kleopatra, Titus vor der Verrufenheit eines Antonius bewahrt.

Wo immer sich die Gelegenheit ergibt, zeigen die Historien Titus in strahlendem Licht. Auf seine Gabe, Freunde zu gewinnen, führt Tacitus zu einem wesentlichen Teil die Aussöhnung mit Mucian zurück[222]. Wie er des weiteren bezeugt, hatte Titus sich auch bemüht, Vespasians Groll über das anmaßende Auftreten seines jüngsten Sohnes zu beschwichtigen[223]. Dessen feindselige Einstellung gegenüber seinem älteren Bruder bezeichnet Tacitus dementsprechend als ein arges Mißverständnis, zu dem Titus mit seiner wohlwollenden Gesinnung keinen Anlaß gegeben habe[224].

Die Schilderung der Bestürmung von Jerusalem eröffnet er damit, daß er an die Kriegstüchtigkeit erinnert, die Titus schon vor der Machtergreifung bewiesen habe. In einem Atemzug rühmt er an ihm die strahlende Erscheinung und die Tatkraft, die Liebenswürdigkeit und Leutseligkeit, die Bereitschaft, die Anstrengungen des einfachen Soldaten zu teilen, und die Fähigkeit, mit freundlichem Zureden den Pflichteifer zu wecken[225]. Wie sehr schon der Gewährsmann des Tacitus bemüht war, Titus zu huldigen, verrät nicht zuletzt die merkwürdige Neuerung, Titus entgegen der jüdischen Tradition, die immer nur von einem Messias gesprochen hatte, nachträglich in die messianische Weissagung einzubeziehen[226].

---

[218] Hist. 2,1,2. Zu seiner glücklichen Veranlagung vgl. Suet. Tit. 3.
[219] Hist. 2,2,1.
[220] Hist. 2,2,1; vgl. Suet. Tit. 7 und Dio 66,18,1.
[221] Hist. 2,81,2. Über Berenices Rolle während der flavischen Erhebung Ph. B. Sullivan, A Note on the Flavian Accession, The Classical Journal 49, 1953, 69f.
[222] Hist. 2,5,2. Zu der Tatsache der Aussöhnung vgl. Suet. Vesp. 6,4; zu der Gabe, die Zuneigung der Mitmenschen zu gewinnen, Suet. Tit. 1.
[223] Hist. 4,52.
[224] Hist. 4,86,2.   [225] Hist. 5,1,1.
[226] Hist. 5,13,2. Über die Unterschiede zwischen der jüdischen und der „westlichen" Tradition in der Wiedergabe der messianischen Weissagungen R. Laqueur, Philologische Wochenschrift 41, 1921, 1111f.

Während nach alldem schwerlich zu bezweifeln ist, daß das Urteil über die beiden ersten Flavier, — deren Herrschaft Tacitus an herausgehobener Stelle als segensreich für die *res publica* bezeichnet [227] —, von dem sogenannten Domitianerlebnis nicht getrübt wurde, bleibt zu fragen, ob die Erfahrungen der drei letzten Jahre domitianischer Schreckensherrschaft Tacitus beeinflußten, als er, die flavische Überlieferung vor Augen, Domitians Verhalten vor und nach dem Sturz des Vitellius zu schildern hatte.

Die Frage erfordert eine Antwort, die der Vielschichtigkeit des Sachverhalts gerecht wird. Daß sich das Domitianbild eines Geschichtsschreibers der trajanischen Zeit von dem Domitianbild eines Vorläufers der flavischen Zeit unterschied und unterscheiden mußte, versteht sich von selbst. Beurteiler, die die gesamte Spanne der Flavierzeit erlebt und nach Domitians Tod beschrieben hatten, konnten und durften den letzten Flavier an seinen Vorgängern messen und das Ergebnis des Vergleichs in der Schlußabrechnung zusammenfassen, daß Domitian von den beiden ersten Flaviern unvorteilhaft abstach und dementsprechend das verdiente Ende fand. Diese Möglichkeit, von der Sueton ebenso Gebrauch machte wie Tacitus [228], war einem Geschichtsschreiber der flavischen Zeit selbstverständlich verwehrt.

Daß Tacitus die Enthüllung, das Erröten des jungen Domitian sei von den Zeitgenossen fälschlich als Bescheidenheit ausgelegt worden [229], nicht von einem Gewährsmann der flavischen Zeit aufgegriffen haben kann, bedarf erst recht keines Beweises. Die Feststellung des Irrtums ist bereits von der Erbitterung geprägt, die im Verlauf der domitianischen Herrschaft nahezu den gesamten Senatorenstand erfaßte und sich nach Domitians Ende in der senatorischen Literatur entlud [230]. Das Lob der Bescheidenheit, das der kaiserliche Prinz mit seiner maßvollen Rede und seinem ansprechenden Auftreten erntete, hat Tacitus nicht getilgt; was seine eigene Erfahrung ihn lehrte, ist davon deutlich abgesetzt.

Nur Beobachtungen, die auf solcher Grundlage gewonnen sind, besitzen Gültigkeit und Aussagewert. Keinesfalls geht es an, die Voraussetzung zugrunde zu legen, Tacitus habe in allen Fällen, in denen die Historien etwas Abträgliches über den jungen Domitian mitteilen, in die flavische Überlieferung eingegriffen oder sie um belastende Ergänzungen aus nachdomitianischen Quellen erweitert. Solange Domitian noch nicht die Thronfolge angetreten hatte, brauchte sich die flavische Geschichtsschreibung, soweit sie sich einen Rest der alten *libertas* bewahrt hatte, nicht zu scheuen, manches zu berichten, das kein günstiges Licht auf ihn warf [231]. Wie tief Vespasian selbst über die Ausschweifungen und den

---

[227] Hist. 2,1,1.
[228] Vgl. Suet. Vesp. 1,1 und Tac. Hist. 2,1,1.
[229] Hist. 4,40,1.
[230] Zu der domitianischen Eigentümlichkeit des Errötens vgl. das Verdikt des jüngeren Plinius, Pan. 48,4.
[231] Entgegengesetzt A. Brießmann, Tacitus und das flavische Geschichtsbild 90. Sein Einwand, Domitian wäre „zweifellos mit den schärfsten Mitteln gegen eine solche Darstel-

Machtmißbrauch seines jüngsten Sohnes verstimmt war, verraten neben seiner diesbezüglichen bissigen Bemerkung[232] mancherlei Anzeichen bewußter Zurücksetzung[233]. Zu bedenken ist ferner, daß Tacitus keineswegs der einzige ist, der Abträgliches über den jungen Domitian zu berichten vermag. Von dem Gerücht des geplanten Hochverrats weiß nicht nur er, sondern auch Dio[234]; und die Ausstellungen an dem anstößigen Lebenswandel und der selbstherrlichen Machtanmaßung des kaiserlichen Prinzen hat neben Dio und Tacitus noch Sueton aufbewahrt[235]. Wie die Dinge liegen, fehlt jeglicher zuverlässige Anhalt für die Annahme, daß Tacitus die Darstellung seines flavischen Gewährsmannes, soweit sie Domitians Jugendgeschichte berührte, entscheidenden Veränderungen unterwarf[236].

So wenig zu bestreiten ist, daß die Geschichtsschreibung, an die Tacitus anknüpfte, von einer flavierfreundlichen Gesinnung geprägt war, so ungerecht wäre es, sie der höfischen Propaganda der Domitianzeit an die Seite zu stellen. Wollte sich ein Geschichtsschreiber der flavischen Zeit nicht von vornherein dem Vorwurf der Geschichtsfälschung und Liebedienerei aussetzen, so mußte er es unterlassen, den wahren Sachverhalt mit so auffälliger Schönfärbung zu verschleiern oder zu überhöhen, wie es die Hofpoeten Statius, Martial oder Silius Italicus in ihren Dichtungen wagen durften. Gerät Tacitus in den Historien mitunter einmal mit der Darstellung eines dieser Dichter in Widerspruch, so ist das eher die unausbleibliche Auswirkung der Gattungsverschiedenheit als ein Beweis, daß er an dieser Stelle die Auffassung seines Gewährsmannes bekämpfte. Nicht die geringste Spur führt darauf, daß ihn in einem solchen Fall die Absicht leitete, sich gegen eine Verfälschung zu wenden, die die höfische Dichtung aus durchsichtigen Beweggründen begangen hatte. Verfehlt sind deshalb solche Vorstellungen wie die Annahme, Tacitus habe die von den Hofdichtern verschuldete Verschleierung einer peinlichen Wahrheit entlarven wollen, als er von Domitians Flucht vor

---

lung seiner Jugendgeschichte eingeschritten", schlägt nicht durch. Das ungleich feindseligere Geschichtswerk des Cremutius Cordus hatte die vom Senat verhängte Vernichtung überlebt; die immerhin flavierfreundliche, wenn auch nicht gerade domitianfreundliche Darstellung, die Tacitus vor sich hatte, braucht nicht einmal der Verfolgung ausgesetzt gewesen zu sein. Im Agricola (c. 2,1) ist nur davon die Rede, daß zeitgenössisches Schrifttum über zwei politische Märtyrer unterdrückt wurde.

[232] Dio 65 (66), 2,3; vgl. Suet. Dom. 1,3.

[233] Hierüber K. Christ, Zur Herrscherauffassung und Politik Domitians. Aspekte des modernen Domitianbildes, Schweizerische Zeitschrift für Geschichte 12, 1962, 191f.

[234] Vgl. Tac. Hist. 4,86,1; Dio 65 (66), 3,4 sowie die Andeutung bei Sueton (Dom. 2,1).

[235] Zum ausschweifenden Privatleben vgl. Tac. Hist. 4,2,1; Dio 65 (66), 3,4 und Suet. Dom. 1,3; zur mißbräuchlichen Ausnutzung der Macht Tac. Hist. 4,39,2; Dio 65 (66), 2,2f. und Suet. Dom. 1,3.

[236] Daß die taciteische Beurteilung nicht mit der Schilderung zu vereinbaren ist, die Flavius Josephus von der Rolle des Prinzen Domitian gibt, hat W. Weber, Josephus und Vespasian 267 richtig gesehen; nicht stichhaltig ist indessen seine Folgerung, erst „die Domitian feindliche Tradition" habe das „Zerwürfnis mit Vater und Bruder hervorgezogen", während „die flavische Quelle" das nicht habe tun können.

den vitellianischen Verfolgern berichtete[237]. Machte man mit diesem Gedanken Ernst, müßte man gerechterweise unterstellen, daß Sueton und Cassius Dio, die denselben Vorfall gleichfalls ohne Verbrämung schildern, sich ebenso wie Tacitus zum Ziel setzten, die propagandistische Verzerrung der Wirklichkeit aufzudecken[238]. In der Berichterstattung der Historien deuten überdies keinerlei Anzeichen darauf hin, daß Tacitus eine Richtigstellung im Sinne hatte. Die Schilderung der Flucht birgt keine Gehässigkeit in sich. Tacitus ist weit entfernt, Domitian als einen Feigling hinzustellen. Er hebt im Gegenteil eigens hervor, daß diesem nicht der Mut gefehlt habe, den Versuch zu wagen, sich mit wenigen Begleitern zu den Truppen des Antonius Primus durchzuschlagen[239].

So offenbart sich mit aller Deutlichkeit, wie anfechtbar und unergiebig das Unterfangen ist, auf den erhaltenen Teil der Historien den Ansatz anzuwenden, von dem aus Nesselhauf das historiographische Anliegen der beiden frühesten Schriften des Tacitus nachzuweisen suchte. Ob seine Auffassung, Tacitus habe sich im Agricola und in der Germania gegen die flavische Propaganda gewandt, einer genaueren Nachprüfung standzuhalten vermag, ist ohnedies zweifelhaft. Tacitus schrieb für einen Leserkreis, den er kaum noch davon überzeugen mußte, daß Domitians Leistungen von der höfischen Propaganda über Gebühr gefeiert worden seien. Die Nutznießer der domitianischen Herrschaft haben seine Schriften schwerlich erreicht und gewiß nicht umzustimmen vermocht. Nachdem Domitian ermordet war, gehörte die höfische Propaganda der Vergangenheit an. Bei Nerva setzten die Senatoren sogleich durch, daß über seine Verfügungen und die ihm bewilligten Ehrungen die *damnatio memoriae* verhängt wurde[240]. Reichte schon die Beobachtung einer Abweichung von der höfischen Propaganda dazu aus, die Absicht der Richtigstellung zu erweisen, dann müßte der gesamten nachdomitianischen Abrechnungsliteratur, von der der Panegyricus des jüngeren Plinius gewiß nur ein Beitrag unter vielen gewesen ist, mit dem gleichen Recht bescheinigt werden, daß sie im Dienst der historischen Wahrheit das Ziel verfolgte, das Bild zurechtzurücken, welches die flavische Propaganda aufgerichtet hatte.

Die Germania war schon von der Gattung her denkbar ungeeignet, einem solchen Ziel dienstbar zu sein. Mit einer Darstellung, die das plinianische Werk über die Germanenkriege fortsetzte, hätte Tacitus die unterstellte Absicht fraglos leichter verwirklichen können. Die ethnographische Schrift versagt sich der Deutung, ihr Verfasser habe durch ihren Inhalt auf unauffällige Weise die von der flavischen Propaganda genährten falschen Vorstellungen von der Größe Ger-

---

[237] So A. Brießmann, Tacitus und das flavische Geschichtsbild 76ff.; zustimmend St. Borzsák, RE Suppl. XI, 457f.
[238] Über Domitians Flucht zum Kapitol: Suet. Dom. 1,2; Dio 64 (65), 17,2; Tac. Hist. 3,69,4; über seine Rettung vor den vitellianischen Verfolgern Suet. Dom. 1,2; Dio 64 (65), 17,4; Tac. Hist. 3,74,1.
[239] Hist. 3,59,3.
[240] Suet. Dom. 23,1.

maniens und der Größe der noch zu bewältigenden Aufgabe beseitigen wollen[241]. Gerade der Pfeiler, den Nesselhauf als die verläßlichste Stütze seiner Auffassung betrachtet[242], erweist sich als wenig tragfähig. Der Überblick über die Geschichte der römisch-germanischen Auseinandersetzungen (c. 37) enthält keinen gezielten Seitenhieb, der zu der Feststellung Anlaß gäbe, Tacitus habe das Mißverhältnis von Anspruch und Wirklichkeit in der höfischen Verherrlichung der domitianischen Germanienfeldzüge ans Licht ziehen wollen. Der Zusammenhang weist in eine andere Richtung. Tacitus nimmt die Erwähnung der Kimbern, die in einer Aufzählung der einzelnen Germanenstämme naturgemäß einen besonderen Rang einnehmen mußte, zum Ausgangspunkt einer Betrachtung über den unvergleichlichen Freiheitswillen der Germanen. Die *libertas* der germanischen Völkerschaften ist der übergeordnete Gesichtspunkt, unter dem der bis zur Gegenwart reichende Überblick über die Geschichte der Gemanenkämpfe steht. Tacitus will mit seinen Ausführungen klarlegen, daß es keinem der bisherigen Germanenbekämpfer gelungen sei, einen endgültigen Sieg zu erringen. Seinem Beweisziel entsprechend lag ihm die Absicht fern, gerade mit Domitian und der zeitgenössischen Verherrlichung seiner Chattenkriege abzurechnen. Daß die Namen Marius, Caesar, Drusus, Tiberius, Germanicus und Caligula fallen, während die Namen aller späteren Germanensieger unerwähnt bleiben, bekräftigt das Gesagte als äußere Bestätigung.

Nicht weniger anfechtbar ist die neue Deutung des Agricola. Von der Beobachtung aus, daß Tacitus den Triumph über die Chatten zu einer Farce entwertet und die britannischen Erfolge des Agricola weit höher stellt, unterlegt Nesselhauf der Erstlingsschrift einen doppelten Sinn: Seiner Meinung nach sollte sie zum einen die Fragwürdigkeit des Anspruchs aufdecken, wie er etwa in der Münzlegende GERMANIA CAPTA seinen Ausdruck fand, und zum anderen ein Versäumnis der Hofdichtung und der Münzprägung wiedergutmachen[243]. Werden die Aussagen des Prooms in ihrem Wortsinn ernst genommen (und von dieser Verpflichtung könnten nur schwerwiegende Gegengründe entbinden), dann ist davon auszugehen, daß sich der Verfasser des Agricola die eigentliche Abrechnung mit Domitian für einen späteren Zeitpunkt aufgespart hatte. Die Schrift, die er vorerst vorlegte, soll nach seinen eigenen Worten als Bekundung der Anhänglichkeit betrachtet und danach beurteilt werden: *hic interim liber honori Agricolae soceri mei destinatus, professione pietatis aut laudatus erit aut excusatus*[244]. Soweit es um die Gestalt des Agricola geht, will die Schrift mithin an den Gesetzen der enkomiastischen Biographie gemessen sein, und an diese Gesetze hat sich ihr Verfasser in der Tat gehalten. Wenn Tacitus die Er-

---

[241] Vgl. die berechtigten Einwände von W. Steidle, Tacitusprobleme, Museum Helveticum 22, 1965, 88f. und K. Kraft, Urgentibus imperii fatis, Hermes 96, 1968, 599 Anm. 1 und 600 Anm. 3. Einschränkend bereits K. Christ, Schweizerische Zeitschrift für Geschichte 12, 1962, 209f.
[242] Siehe Hermes 80, 1952, 245.
[243] Hermes 80, 1952, 226ff.
[244] Agr. 3,3.

folge des Agricola aufwertet und höher als die Leistung des obersten Kriegsherrn einstuft[245], so ist das nichts anderes als der schlagende Beweis, daß er mit großem Nachdruck das zum Schluß verkündigte Ziel verfolgte, als Zeichen seiner *pietas* dem Schwiegervater ein unvergängliches literarisches Denkmal zu setzen[246].

So wenig man der enkomiastischen Lebensbeschreibung gerecht wird, wenn man in ihr einen historischen Versuch im Sinne einer Vorarbeit mit der Zielsetzung der Historien sieht, so bleibt sie doch für die Untersuchung der taciteischen Arbeitsweise in bestimmter Hinsicht aufschlußreich. Sie läßt besonders gut erkennen, welche Mittel einem geschickten Rhetor zu Gebote standen, wenn es galt, die gewünschten Eindrücke hervorzurufen. Schon im Agricola begegnen die drei wichtigsten Mittel der Beeinflussung, die allesamt auch in den Historien und Annalen zur Anwendung kommen: die tendenziöse Gruppierung von Tatsachen, die suggestive Verwendung von Gerüchten und Unterstellungen und die Schwarzweißzeichnung der Charaktere.

Das erste Mittel benutzt Tacitus in c. 2: Obwohl Herennius Senecio und Arulenus Rusticus als Verfasser von Lebensbeschreibungen der politischen Märtyrer Helvidius Priscus und Thrasea Paetus zweifellos der stoischen Opposition angehörten, setzt Tacitus ihre Verfolgung von der in dieselbe Zeit fallenden Philosophenvertreibung ab[247]. So verstärkt sich der Eindruck, daß Domitian in allen Bereichen des Geisteslebens jedwede Regung der Meinungsfreiheit unterdrückte.

Das zweite Mittel setzt Tacitus mehrmals mit beängstigender Entschlossenheit ein. Agr. 40,2 teilt er ein Gerücht mit, das den Leser in der Meinung bestärken soll, Domitian habe sich vor Agricola wegen seiner Beliebtheit und seiner Erfolge als Eroberer gefürchtet und seiner Loyalität mißtraut. Selbst daß man Domitian solchen Argwohn zutraute, wird zum Vorwurf; das Gerücht, so redet Tacitus dem Leser ein, ist zumindest nicht abwegig, es paßt zu der Veranlagung des argwöhnischen Kaisers.

Agr. 43 unternimmt er den Versuch, dem Gerede, Agricola sei einem Giftmordanschlag zum Opfer gefallen, mit Tatsachen Glaubwürdigkeit zu verleihen, die einem unbefangenen Beurteiler eher das Gegenteil beweisen müssen. Äußere Anzeichen der Anteilnahme wie die häufigen Krankenbesuche der einflußreichen Freigelassenen, die Betreuung durch kaiserliche Leibärzte oder die

---

[245] Zur Problematik dieser Bewertung K. Christ, Schweizerische Zeitschrift für Geschichte 12, 1962, 207.

[246] Agr. 46,4. Daß diese Zielsetzung die enkomiastische Biographie kennzeichnet und ihren Anspruch von dem Wahrheitsanspruch der Historiographie unterscheidet, bezeugt Polyb. 10,21,6ff. mit wünschenswerter Deutlichkeit. Vgl. demgegenüber K. Büchner, Die historischen Versuche 49: „Der Agricola ist das, was die Vorrede ... erwarten läßt: eine Würdigung seiner historischen Größe im Dienste der Wahrheit ...".

[247] Von der sachlichen und zeitlichen Zusammengehörigkeit beider Vorgänge überzeugt Dios Bericht (67,13,2f.).

ununterbrochenen Erkundigungen nach dem Befinden des Sterbenden setzt er dem Verdacht aus, sie hätten der Bespitzelung gedient. Dem Kaiser unterstellt er das Bedürfnis, sich über den Eintritt des Todes Gewißheit zu verschaffen. Daß er dessen Trauer als Heuchelei abtut und dessen Freude über die Ehre, in Agricolas Testament als Miterbe eingesetzt zu sein, als Beweis der Verblendung und Verkommenheit wertet, ist nach den vorangehenden Unterstellungen nur folgerichtig[248].

Mit solcher Entschlossenheit stellt er sich im Agricola nur noch einmal gegen die Tatsachen. Agr. 40,3 entwertet er die Ehre, daß Agricola nach seiner Rückkehr aus Britannien noch in der Nacht von Domitian empfangen wurde, mit der Unterstellung, der allseits geachtete und ruhmbedeckte Britanniensieger habe es mit Rücksicht auf Domitians Eifersucht nicht wagen können, die Hauptstadt bei Tag zu betreten; und der hohen Auszeichnung des Empfangskusses nimmt er dadurch ihre Bedeutung, daß er den Kuß als flüchtig bezeichnet.

Das dritte Mittel, die einseitige Verteilung von Licht und Schatten, kommt dadurch zur Anwendung, daß Tacitus sich bemüht, das Undomitianische in der Natur des Mannes hervorzukehren, dessen Leben er beschreibt. Um dessen Vorzüge, wie es der Zielsetzung der enkomiastischen Biographie entsprach, möglichst wirkungsvoll zur Geltung zu bringen, hebt er an ihm gerade solche Eigenschaften hervor, die dem Mann, in dessen Person sich das Gegenbild verkörpert, nach allgemeiner Überzeugung abgingen. Daß die Aussage, Agricola habe niemals aus Ruhmgier die Leistungen anderer für sich in Anspruch genommen[249], auf Domitian zielte, konnte den zeitgenössischen Lesern nicht verborgen bleiben, und ebensowenig konnte ihnen die hintergründige Bedeutung der Bemerkung entgehen, daß bei Agricola von einem Zornesausbruch kein geheimer Groll zurückgeblieben sei[250].

Wenn Tacitus ihm Haß und Eifersucht auf Agricola unterstellt und die Gegensätzlichkeit der beiden Männer bewußt hervorkehrt, so mag ihn dabei auch der Wunsch geleitet haben, von Agricola den Verdacht abzuwenden, er sei ein Günstling des domitianischen Hofes gewesen[251]. Sollte diese Annahme zutreffen, so

---

[248] Bemerkenswert ist, daß Dio (66,20,3) von der Vorstellung ausgeht, Domitian habe Agricola aus Neid über dessen militärische Erfolge umbringen lassen. Ob Tacitus mit seinen Bemühungen, Agricolas Tod als *festinata mors* zu erweisen, auf Dios Berichterstattung unmittelbar Einfluß genommen hat, steht dahin. Zu der Einseitigkeit seiner Schilderung und seiner Voreingenommenheit in der Auslegung der Tatsachen siehe L. v. Ranke, Weltgeschichte III,2,284 und T. A. Dorey, Agricola and Domitian, Greece & Rome N.S. 7, 1960, 66ff.

[249] Agr. 22,4.

[250] Ebenda.

[251] In diesem Sinne T. A. Dorey, Greece & Rome N.S. 7, 1960, 71; W. Richter, Römische Zeitgeschichte und innere Emigration, Gymnasium 68, 1961, 304; E. Koestermann, Gnomon 25, 1953, 514f. und Einleitung zu Band I seines Annalenkommentars, Heidelberg 1963, 15 und 25ff. Zu der Schwierigkeit, Agricola in seinem Verhalten gegenüber Domitian als *exemplum virtutis* auszuweisen, vgl. B. Walker, The Annals of Tacitus. A Study in the Writing of History, Manchester 1960², 199ff.

würde das nur bestätigen, daß das Anliegen der Schrift den Zielsetzungen der enkomiastischen Biographie entsprach.

Wieweit die kaum überbietbare Schärfe, mit der Tacitus im Agricola über Domitian Gericht hält, Rückschlüsse auf seine verschollene Darstellung der domitianischen Herrschaft erlaubt, ist schwer zu sagen. Man hat sich daran zu erinnern, daß er für seine biographische Schrift mit keinem Wort versprochen hat, *sine ira et studio* zu schreiben; es hätte ja auch widersinnig erscheinen müssen, wenn er von einem Dokument der *pietas* behauptet hätte, es sei ohne Zuneigung für den Mann geschrieben, dem es gewidmet ist. Für den verschollenen Teil der Historien läßt sich aus dem Agricola allenfalls erschließen, daß Tacitus den Entwicklungsgang der domitianischen Herrschaft in mindestens zwei Phasen unterteilte. Agr. 45,1 hat er die letzten drei Regierungsjahre als die höchste Steigerungsstufe der Tyrannis deutlich von der vorangehenden Zeit abgehoben[252]. Im wesentlichen wird sein Domitianbild den in der Senatsaristokratie vorherrschenden Vorstellungen entsprochen haben, wie wir sie noch in dem Panegyricus des jüngeren Plinius fassen können[253]. Seinen ebenso voreingenommenen Standesgenossen wird die Abrechnung mit dem Tyrannen als hinreichend unvoreingenommen erschienen sein, und die späteren Geschichtsschreiber werden seine Darstellung mit der gleichen Haltung als verbindlich anerkannt haben, mit der er selbst der gestalteten Geschichte gegenübergetreten ist. Wie alle kaiserzeitlichen Geschichtsschreiber, die geschriebene Geschichte neu schrieben, so hat auch er in seinen Historien die literarische Überlieferung in ihrem Zuverlässigkeitsgrad im allgemeinen geschichtlichem Rohmaterial gleichgestellt. Er folgt ihr nicht nur in der Beurteilung der betreffenden Kaiser, sondern auf weite Strecken auch in der Deutung und Bewertung der geschichtlichen Vorgänge. Auch in dieser Hinsicht kann seine Darstellung vom Bürgerkrieg zwischen Vitellius und Vespasian als Musterbeispiel dienen. Seine Behandlung von peinlichen Kapiteln der flavischen Geschichte offenbart dies mit aller Deutlichkeit. Die Erhebung der Flavier wie auch das Geschehen in der Schlußphase des Bürgerkrieges schildert er ohne erkennbares Mißtrauen gegen die Tendenzen der flavischen Überlieferung.

Die flavische Erhebung[254] stellt er im zweiten Buch seiner Historien so wohlwollend dar, daß sie sich durchaus als das rühmliche Gegenstück zu der Erhebung des Vitellius ausnimmt. Während er Vitellius als willenloses Werkzeug der ihn bestürmenden und zur Tat drängenden Mannschaften erscheinen läßt und ihn als untätigen Prasser schildert, der die *fortuna principatus* mit seinem Schwelgerleben vorwegnimmt[255], vermittelt die Schilderung der flavischen Erhe-

---

[252] Zu der Vorstellung, daß sich die domitianische Tyrannis stufenweise verschlimmerte, vgl. Suet. Dom. 10,1.

[253] Pan. 2,3 und *passim*.

[254] Hierzu W. Weber, Josephus und Vespasian 162ff.; H. R. Graf, Kaiser Vespasian 30ff.; M. A. Levi, Rivista di filologia 16, 1938, 1ff.; A. Brießmann, Tacitus und das flavische Geschichtsbild 2ff.

[255] Hist. 1,62,1f.

bung die Vorstellung, daß Vespasians Tatkraft der Begeisterung und Entschlossenheit seiner Truppen die Waage hielt. Vespasian, dem Kopf der Erhebung, spricht er die Tugenden des umsichtigen Feldherrn zu, der sich überall sehen läßt, die Tüchtigen mit seinem Lob ermutigt, die Saumseligen mit dem eigenen Beispiel öfter anspornt, als daß er sie zurechtweist, und darüber hinaus den Fehler vermeidet, Zucht und Geist seiner Truppen damit zu verderben, daß er ein üppiges Donativ in Aussicht stellt[256]. Die einzelnen Entwicklungsstufen der Erhebung bieten sich dem Leser wie folgt dar: Daß Vespasian vor der Entscheidung zögerte[257], verriet nicht Mangel an Entschlußkraft, sondern stellte seine Besonnenheit und sein Verantwortungsbewußtsein unter Beweis. Sein Plan der Erhebung traf sich mit dem Wollen seiner Truppen. Die Zügel behielt er jederzeit fest in der Hand. Obwohl seine Legionen Vitellius ablehnten, nahmen sie die Vereidigung auf ihn ohne Murren hin[258]. So beredt ihr Schweigen auch war, – den schuldigen Gehorsam verweigerten sie ihrem Befehlshaber nicht. Erst als Vespasian seine Bereitschaft zur Machtergreifung erkennen ließ, begrüßten sie ihn unaufgefordert als neuen Imperator[259]. Sein gleichbleibendes Benehmen nach der Ausrufung zum Imperator stellte unter Beweis, daß er in seinem Denken und Handeln von der Neigung zur Überheblichkeit frei war[260].

Wenngleich Flavius Josephus zur Rekonstruktion der verschollenen Darstellung des „unbekannten Annalisten" nichts beitragen kann[261], so vermag sein Geschichtswerk immerhin Aufschluß zu geben, wie das flavische Herrscherhaus den Vorgang der Machtergreifung gesehen haben wollte. Die Sicht, die in den Historien begegnet, entspricht der vom Hof gewünschten und von Josephus vermittelten Deutung des Geschehens zwar nicht genau, kommt ihr aber doch nahe[262]. Wie bei einem Hofhistoriker nicht anders zu erwarten ist, zeigt Josephus in mancher Hinsicht eine noch ausgeprägtere Ergebenheit gegenüber dem flavischen Haus, als sie für den flavischen Gewährsmann vorausgesetzt

---

[256] Hist. 2,82,1f.
[257] Zur *cunctatio* Hist. 2,74f.
[258] Hist. 2,74,1.
[259] Hist. 2,80,1.
[260] Ebenda.
[261] Das Stemma, das H. R. Graf, Kaiser Vespasian 53 aufstellte, ist ein wenig tragfähiges Gerüst. Zu dem Versuch, die *commentarii Flaviorum* als Ursprung der späteren Darstellungen auszumachen, sei auf die einleuchtenden Einwände von R. Laqueur, Philologische Wochenschrift 41, 1921, 1107ff. verwiesen.
[262] Anders A. Brießmann, Tacitus und das flavische Geschichtsbild 3ff. Zu seinen verfehlten Ausführungen über vermeintliche Widersprüche zwischen der Darstellung in den Historien und dem Bellum Iudaicum des Josephus siehe H. Drexler, Gnomon 28, 1956, 525f. Zu der folgenreichen Fehldeutung der Wendung μετέωροι περὶ τῶν ὅλων ὄντες (BJ 4,502) auch H. Heubner, Kommentar zum zweiten Historienbuch 14f. Ebenfalls verfehlt die Unterstellung eines Widerspruchs zwischen BJ 4,598 und Hist. 2,6,2: Auch bei Josephus ist vorausgesetzt, daß mit der Unterstützung der gesamten Orientarmee und nicht etwa nur mit der Beteiligung der drei Legionen zu rechnen war, die Vespasian unterstellt waren. Dies zu A. Brießmann a.O. 11.

werden darf, dem Tacitus, Dio und Sueton gefolgt sind. Von Tacitus unterscheidet ihn unter anderem, daß er über die Rücksichtslosigkeit, mit der sich die flavische Seite das Geld zur Bestreitung der Kriegskosten beschafft hatte[263], kein Wort verliert und den Flavianern durchweg die edelmütigsten Beweggründe unterstellt[264], – daß viele von ihnen (und darunter auch Mucian) die Aussicht auf Bereicherung oder Rettung vor dem finanziellen Ruin zum Anschluß bewog, hat Tacitus nicht verschwiegen[265].

Aus den Unterschieden die Folgerung abzuleiten, er habe sich jedesmal von der Darstellung seines flavierfreundlichen Vorläufers entfernt, wäre aus mehreren Gründen voreilig. Daß Mucian sich persönlich bereicherte, hat auch Dio festgehalten[266]; und daß Vespasian mitunter zu fragwürdigen Mitteln griff, um Geld einzutreiben, bestätigen Dio und Sueton[267]. Außerdem darf nicht übersehen werden, daß Tacitus die Vorwürfe, die er gegen die flavische Partei richtet, wichtigen Einschränkungen unterwirft. Den Anständigen unter den Flavianern billigt er in Übereinstimmung mit Josephus immerhin zu, daß sie sich von der Sorge um das Wohl des Staates leiten ließen[268], und Vespasian entlastet er mit dem Hinweis, daß sich nach dem Sieg über Vitellius nur für die wenigsten die Zuwendungen bezahlt machten, die sie dem Unternehmen hatten zugute kommen lassen[269].

Wäre die Darstellung des Flavius Josephus in jeder Hinsicht beispielhaft für die gesamte flavische Geschichtsschreibung, müßte es um die Glaubwürdigkeit dieser Geschichtsschreibung denkbar schlecht bestellt gewesen sein. Josephus bemüht sich mit einer kaum noch zu überbietenden Parteilichkeit, den Unwillen der Orientarmee und ihre Begeisterung für die flavische Sache in den Vordergrund zu stellen[270], er legt den größten Wert darauf, die σωφροσύνη des Vespasian von der λαγνεία des Vitellius abzuheben[271] und das Zögern vor dem

---

[263] Ein Vorwurf, den Tacitus Hist. 2,84 erhebt.

[264] Über die Beweggründe der Soldaten: BJ 4,592ff.; über Vespasians Beweggründe BJ 4,588ff.

[265] Hist. 2,7,2: *multos dulcedo praedarum stimulabat, alios ambiguae domi res* ... K. Büchner, Die Reise des Titus, in: Studien zur römischen Literatur IV, Wiesbaden 1964, 90 glaubte, aus dieser Bemerkung schließen zu dürfen, Tacitus sei hier der flavischen Geschichtsschreibung „korrigierend entgegengetreten". Seine Beweisführung geht indessen von der anfechtbaren Voraussetzung aus, die Schilderung im Bellum Iudaicum des Flavius Josephus sei ihrem Inhalt nach mit der Darstellung gleichzusetzen, die Tacitus in dem Geschichtswerk seines flavischen Vorläufers vorfand. Berechtigt sind hinwiederum die Einwände, die er ebenda S. 92f. gegen A. Brießmann, Tacitus und das flavische Geschichtsbild 14f. und 27 geltend macht. Dessen Behauptung, Tacitus habe eine von der flavischen Propaganda unabhängige Überlieferung in seinen Bericht über die flavische Erhebung eingearbeitet, entbehrt in der Tat jeder sicheren Stütze.

[266] Dio 65 (66), 2,5.

[267] Dio 65 (66), 8,3f.; Suet. Vesp. 16,1f.

[268] Hist. 2,7,2.

[269] Hist. 2,84,2; vgl. Suet. Vesp. 8,2.

[270] BJ 4,592ff.   [271] BJ 4,596.

Entschluß zur Machtergreifung als bewundernswerte Haltung zu rühmen. Der höfischen Propaganda steht er zweifellos näher als Tacitus, wenn er die *cunctatio* zu dem in der Prinzipatsideologie vertrauten Akt der *recusatio* stilisiert, um die Machtergreifung mit dem *consensus omnium* rechtfertigen zu können[272].

Selbst dem entschlossensten und geschicktesten Geschichtsfälscher hätte es freilich nicht gelingen können, mit Überzeugungskraft die Vorstellung vorzuspiegeln, daß damals jener Schachzug eine Wiederholung erlebte, den Augustus als erster angewandt hatte, um seiner Ausnahmestellung die Legitimationsgrundlage des *consensus universorum* zu verleihen. Der Darstellung des Josephus ist denn auch die Verlegenheit anzumerken, die die peinliche Tatsache hervorrufen mußte, daß der *consensus omnium* ein *consensus militum*, nicht aber der *consensus senatorum* war. Josephus sieht sich genötigt, den Offizieren und Soldaten der Orientarmee die Meinung zu unterlegen, weder der Senat noch das Volk der Römer würden die Ausschweifungen des Vitellius länger hinnehmen, wenn sie an seiner Stelle Vespasian zum Princeps haben könnten[273]. Um die Notwendigkeit des Machtwechsels zu unterstreichen, stellt er seiner Schilderung von der flavischen Erhebung bewußt den Bericht über den Einzug des Vitellius und dessen Mißwirtschaft voran[274]. Er ist sichtlich bemüht, Vespasians Entschluß zur Machtergreifung mit der Entrüstung über die Lage in der Hauptstadt des Reiches zu rechtfertigen. Da er unter den Zeugen, deren Darstellungen auf uns gekommen sind, der einzige ist, der für Vespasians Entscheidung die Besorgnis über die Zustände nach dem Einzug des Vitellius verantwortlich macht, ist anzunehmen, daß er hier entweder den eigenmächtigen Schritt einer zeitlichen und sachlichen Verschiebung gewagt hat oder einer besonderen Überlieferung gefolgt ist, die Tacitus, Sueton und Dio nicht kannten oder nicht berücksichtigen mochten. Nicht die geringste Spur führt darauf, daß Tacitus von sich aus die Erzählfolge Einzug des Vitellius – Erhebung der Flavier umkehrte, um zu enthüllen, daß die Mißwirtschaft des Vitellius nach dem Einmarsch seiner Truppen keinen Einfluß auf Vespasians Entschluß gehabt habe[275]. Wie fern ihm eine derartige Absicht gelegen hat, ist ohne weiteres zu sehen; läßt er doch seiner Schilderung der flavischen Machtergreifung den als Rechtfertigung geeigneten Vorwurf vorangehen, Vitellius sei, sobald er von der Vereidigung der Orientarmee gehört habe, in zunehmendem Maße zum Despoten

---

[272] Zur *cunctatio* siehe BJ 4,591; zur *recusatio* BJ 4,601ff. In denselben Vorstellungsbereich gehört die Wendung ὑποδὺς ἀναγκαίως τὸ βάρος τῆς ἡγεμονίας, die Vespasian, BJ 4,616 zufolge, in seinem Schreiben an Tiberius Alexander gebrauchte. Zur „*recusatio*" Vespasians siehe J. Béranger, Le refus du pouvoir, Museum Helveticum 5, 1948, 188 und Recherches sur l'aspect idéologique du principat, Basel 1953, 137ff.

[273] BJ 4,596.

[274] BJ 4,585ff.

[275] So A. Brießmann, Tacitus und das flavische Geschichtsbild 23; zustimmend St. Borzsák, RE Suppl. XI,456f. Vgl. jedoch die berechtigte Kritik von M. Fuhrmann, Philologus 104, 1960, 273 mit Anm. 1.

entartet[276]. Es kann keine Rede davon sein, daß Tacitus vorgehabt hätte, der flavierfreundlichen Sicht mit einer eigenmächtigen Umstellung der Erzählfolge den Boden zu entziehen[277]. Viel eher ist Flavius Josephus zuzutrauen, daß er sich in bestimmter Absicht über die geschichtliche Überlieferung hinwegsetzte. Mitunter ist er, ohne auf den tatsächlichen Ablauf Rücksicht zu nehmen, seltsame eigene Wege gegangen, um sein Ziel zu erreichen. Um der messianischen Verheißung Genüge zu tun, daß der Herrscher der Welt in der fraglichen Zeit aus Judäa hervorgehen werde[278], macht er sich der offenkundigen Geschichtsfälschung schuldig, indem er bedenkenlos die Reihenfolge umkehrt, in welcher die in Palästina und die in Alexandria stehenden Legionen auf Vespasian vereidigt wurden[279]. Tacitus hält sich hier – nicht anders als Sueton – an die richtige Abfolge[280], ohne daß seine Schilderung der Ansicht des flavischen Hauses widerstritte. Die Auffassung der Flavier erkennt er nicht allein damit an, daß er den Tag, an dem Tiberius Alexander die in Alexandria stehenden Legionen auf Vespasian vereidigte, als den Beginn des Machtwechsels bezeichnet; er läßt darüber hinaus die Deutung gelten, daß die flavische Machtergreifung die messianische Verheißung wahr gemacht habe[281]. Auf die flavische Machtergreifung fällt kaum ein Schatten[282]. Den Makel der Usurpation verdecken nicht nur die Auf-

---

[276] Hist. 2,73.

[277] Ob „die Versuche der Gelehrten, die aus den Besonderheiten der taciteischen Kompositionsweise nicht bloß künstlerische Absichten, sondern die Urteile des Historikers, sein Geschichtssehen und -denken herauslesen möchten", tatsächlich so „verheißungsvoll" sind, wie St. Borzsák, RE Suppl. XI,454 glaubt, bleibe dahingestellt. Das vorliegende Beispiel mahnt zur Vorsicht gegenüber den Gefahren dieser Versuche.

[278] Zu dieser Weissagung vgl. Hist. 5,13,2 und die im Wortlaut aufs engste verwandte Suetonstelle Vesp. 4,5. Angaben zur Literatur über die messianischen Verheißungen bei H. R. Graf, Kaiser Vespasian 117 Anm. 118.

[279] BJ 4,616ff.; über die Prophezeiung BJ 6,312f. Zu den Bemühungen der flavischen Propaganda, jüdisch-hellenistische Heilsvorstellungen zur überhöhenden Rechtfertigung des „pronunciamento" zu benutzen, vgl. M. A. Levi, Rivista di filologia 16, 1938, 6f.

[280] Tac. Hist. 2,79; Suet. Vesp. 6,3. Daß Sueton fälschlich angibt, das Heer in Judäa habe erst am 11. Juli den Eid geleistet, könnte auf einem Versehen der Abschreiber beruhen; statt *V. Idus* muß es *V. nonas* heißen.

[281] Hist. 5,13,2. Während Tacitus von der Überzeugung ausgeht, daß sich die Weissagung auf Vespasian und auf Titus erstreckt habe, beziehen Josephus (BJ 6,312f.) und Sueton (Vesp. 4,5) die Verheißung des Messias ausschließlich auf Vespasian. Bei Sueton muß dies überraschen, da er auf der anderen Seite, mit Tacitus beinahe wörtlich übereinstimmend, die messianische Hoffnung als die Erwartung von mehr als einem Weltherrscher faßt.

Zu dieser Hoffnung des jüdischen Volkes W. Weber, Josephus und Vespasian 34ff. Zu der Wendung *Iudaea profecti* und ihrer Verwandtschaft mit sibyllinischen Weissagungen E. Norden, Josephus und Tacitus über Jesus Christus und eine messianische Prophetie, Neue Jahrbücher für das klassische Altertum, Geschichte und deutsche Literatur 31, 1913, 659 (= Kleine Schriften zum klassischen Altertum, hrsg. von B. Kytzler, Berlin 1966, 266f.).

[282] Entgegengesetzt A. Brießmann, Tacitus und das flavische Geschichtsbild 27. Seine Erörterungen fußen auf den beiden falschen Voraussetzungen, daß Josephus und Tacitus

zählung der flavischen Ruhmestitel und die Ausfälle gegen Vitellius, die in die Rede des Mucian eingelassen sind[283], sondern auch die Erwähnung der mannigfachen Thronverheißungen und die Schilderung der Wunderheilungen. Die Geschichtlichkeit der Vespasianlegende, mit der die flavische Geschichtsschreibung die Vorstellung von der charismatischen Berufenheit des Begründers der neuen Dynastie unterbaut hatte[284], zog Tacitus so wenig in Zweifel wie Sueton[285] oder Cassius Dio[286] (Dio scheute sich nicht einmal, ein so eindeutig auf die flavische Sicht zugeschnittenes Prodigium wie das Erscheinen zweier Sonnen von ungleicher Helle in seine Aufzählung aufzunehmen[287]). Den Orakelbescheid des Sostratus, das Vorzeichen, das man in dem Wiedererbrünen einer Zypresse sehen wollte, die Weissagung des Carmelus-Priesters Basilides sowie das übersinnliche Erlebnis, von dem Vespasian nach seinem Besuch im Serapistempel sprach, erwähnt er ohne eine Äußerung des Mißtrauens[288]. Die Glaubwürdigkeit der Bezeugung zweier Wunderheilungen bekräftigt er sogar mit dem Zusatz, die Gewährsmänner seien auch nach dem Ende der flavischen Herrschaft bei ihren Aussagen geblieben[289].

Die Darstellung der Schlußphase des Bürgerkrieges verrät, daß schon die zeitgenössische Geschichtsschreibung mitunter nicht mehr in der Lage gewesen war, das Dunkel, das über den Friedensverhandlungen lag, bis in den letzten Winkel zu erhellen. Wie unzureichend die Kenntnis von dem Geschehen der letzten Tage vor dem Ende des Vitellius war, erweist nicht allein das Eingeständnis der Unsicherheit über den Ort, an dem der Abdankungsvertrag unterzeichnet worden

---

derselben Überlieferung verpflichtet gewesen seien und daß Josephus sich enger an die Vorlage gehalten habe. Vgl. auch die berechtigten Einwände, die M. Fuhrmann, Philologus 104, 1960, 274 Anm. 3 gegen Brießmanns Auffassung vorgebracht hat.

[283] Hist. 2,76f.

[284] Vgl. die aufschlußreiche Bemerkung, mit der Sueton Vesp. 7,2 die Erzählung von den Wunderheilungen einführt. Über diese wichtige Stelle M. A. Levi, Rivista di filologia 16, 1938, 6. Zu den *omina imperii* vgl. W. Weber, Josephus und Vespasian 44ff.

[285] Über die *omina* Vesp. 5; über den Besuch des Serapistempels und die Wunderheilungen in Alexandria Vesp. 7. Wie einseitig die flavische Überlieferung ausgerichtet war, belegt in der eindrucksvollen Liste glückverheißender Vorzeichen insbesondere jene gesuchte, auffällig wohlwollende Deutung der Demütigung des Ädilen Vespasian (Vesp. 5,3); eine andere, ebenfalls im flavischen Sinne verfertigte Auslegung desselben Vorfalls bei Dio 59,12,3.

[286] Dio 65 (66), 1,2ff.; über die Wunderheilungen 65 (66), 8,1.

[287] Dio 64 (65), 8,1.

[288] Hist. 2,4,2; 2,78,2; 2,78,3; 4,82. Vgl. ferner Agr. 13,3 (*monstratus fatis Vespasianus*). Die Bemerkung *occulta fati et ostentis ac responsis destinatum Vespasiano liberisque eius imperium post fortunam credidimus* (Hist. 1,10,3) stellt die Geschichtlichkeit und Bedeutungsträchtigkeit der Wundererscheinungen nicht grundsätzlich in Frage; vgl. W. Weber, Josephus und Vespasian 152.

[289] Hist. 4,81,3. Wie W. Weber, Josephus und Vespasian 257 zu der Auffassung gelangt ist, in der Klausel *utrumque qui interfuere nunc quoque memorant, postquam nullum mendacio pretium* blicke die Ungläubigkeit des Tacitus allzu deutlich durch, bleibt unerfindlich.

war[290]. Auch die befremdliche Vorstellung, die Verhandlungen des Mucian, des Antonius Primus und des Flavius Sabinus seien selbständig nebeneinander hergelaufen, erweckt den Verdacht, daß bereits der Gewährsmann, an den Tacitus sich hielt, einen nur unzulänglichen Einblick in die inneren Vorgänge hatte. Wie aus Hist. 3,59,3 hervorgeht, war es Antonius Primus gelungen, Flavius Sabinus über geheime Boten die bestehenden Fluchtmöglichkeiten zur Kenntnis zu bringen. Demnach müssen sie auch in die Lage gesetzt gewesen sein, sich über das Vorhaben, Vitellius zur Abdankung zu bewegen, untereinander abzusprechen. Schwerlich kamen Licinius Mucianus und Antonius Primus an der Erkenntnis vorbei, daß Flavius Sabinus als Vespasians Bruder nicht übergangen werden durfte und unter den gegebenen Umständen der geeignetste Vermittler war, den man in die Verhandlungen mit Vitellius einschalten konnte. Daß er sich in seiner Eigenschaft als *praefectus urbi* in Rom befand, war ein nicht zu unterschätzender Vorteil[291]. Nur wenn bei ihm die Fäden der Verhandlungen zusammenliefen, ließ sich zuverlässig verhindern, daß Vitellius den einen Verhandlungspartner gegen den anderen auszuspielen versuchte, um möglichst günstige Bedingungen durchzusetzen. Die Verdächtigungen, das Zögern des Antonius Primus und die hinhaltenden Weisungen des Mucian seien allzu durchsichtigen, eigennützigen Beweggründen entsprungen[292], müssen als wenig angebracht erscheinen. Ihr Verhalten erklärt sich viel glaubhafter unter der Voraussetzung, daß sie das Ergebnis der Verhandlungen zwischen Flavius Sabinus und Vitellius abwarten wollten, um sich die Möglichkeit eines unblutigen Einzugs offenzuhalten[293].

Während die Unsicherheiten in der Berichterstattung über den Verlauf der Thronverzichtsverhandlungen offenbar zu Lasten der Überlieferung gehen, zeigt die Schilderung des vergeblichen Versuchs der Abdankung unverkennbare Spuren eigenmächtiger Umarbeitung. Wenn Tacitus sagt, Vitellius habe Miene gemacht, im Tempel der Concordia die Herrschaftsinsignien niederzulegen u n d

---

[290] Hist. 3,65,2: ... *in aede Apollinis, ut fama fuit, pepigere.* Verfehlt die Deutung von J. Martin, Zur Quellenfrage in den Annalen und Historien, Würzburger Studien zur Altertumswissenschaft 9, 1936, 56. Der Zusatz *ut fama fuit* geht auf die ganze Angabe, nicht bloß auf *pepigere*. Daß ein Vertrag abgeschlossen wurde, unterlag keinem Zweifel. Die Beschwerde des Flavius Sabinus, Vitellius habe die Abmachungen verletzt (Hist. 3,70,1), beweist dies ebenso wie die bestimmte Aussage, daß Cluvius Rufus und Silius Italicus als Zeugen der Vereinbarung hinzugezogen worden waren.

[291] Die Erörterungen über die Bedeutung des Flavius Sabinus, die Josephus BJ 4,598f. den Wortführern unter den Offizieren und Soldaten des Orientheeres unterlegt, sind insofern nicht geradezu abwegig.

[292] Über die Stimmung im Lager der Flavianer und über deren Mutmaßungen Tac. Hist. 3,78,1f.

[293] Angedeutet ist die Möglichkeit einer solchen Rechtfertigung in dem Satz *quidam omnium id ducum consilium fuisse, ostentare potius urbi bellum quam inferre, quando validissimae cohortes a Vitellio descivissent* (Hist. 3,78,2); doch ist nicht zu sehen, daß aus dieser Begründung die notwendigen Folgerungen für die Bewertung der abwartenden Haltung gezogen werden.

das Haus seines Bruders aufzusuchen, so ruft schon die merkwürdige Unklarheit der Angabe den Verdacht hervor, daß er hier zwei verschiedene Szenen willkürlich zusammenfaßte. Wie hätte das Verhalten des Vitellius den Anschein erwecken können, er wolle das eine wie das andere tun[294]? Dio ist sicher im Recht, wenn er dessen Gang zu dem Haus des Bruders und die Niederlegung des Dolches zwei voneinander getrennten Handlungszusammenhängen zuordnet[295]. Die gewünschte Genauigkeit, die uns in die Lage versetzte, die zeitliche Abfolge der einzelnen Handlungen festzulegen, läßt freilich auch er vermissen. In dieser Hinsicht ist Sueton am klarsten; seine Darstellung in der Vitelliusvita ist die einzige Schilderung des Hergangs, deren Chronologie Vertrauen verdient.

Aus seinem Bericht (Vit. 15,2–16) ergibt sich die folgende Kette von Ereignissen: Sogleich nach dem Abschluß des Abdankungsvertrages verkündet Vitellius einer größeren Versammlung von Soldaten von der Palasttreppe aus den Entschluß, auf die Herrschaft, die er gegen seinen Willen angenommen zu haben vorgibt, zu verzichten. Als die Anwesenden ihn bestürmen, von seinem Entschluß Abstand zu nehmen, verschiebt er die Angelegenheit, wiederholt aber den Versuch der Abdankung am nächsten Morgen auf dem Forum. Wiederum zeigt er sich außerstande, sich gegen den lärmenden Widerspruch der umstehenden Menge durchzusetzen. Jetzt läßt er es sogar so weit kommen, daß Flavius Sabinus und die Flavianer in Rom nichts ahnend überfallen werden. Danach packt ihn wieder die Reue; zum Beweis seines Friedenswillens sucht er nacheinander die Konsuln, die übrigen Magistrate und schließlich die Senatoren Mann für Mann zur Entgegennahme des Dolches zu überreden. Als er damit keinen Erfolg hat, macht er Miene, den Dolch im Tempel der Concordia niederzulegen[296]. Auf die Zurufe hin, er selbst sei die Concordia, kehrt er zurück und versichert, er behalte nicht nur den Dolch, sondern nehme auch den Beinamen Concordia an. Zugleich empfiehlt er dem Senat, gemeinsam mit den Vestalinnen Friedensverhandlungen mit dem Feind anzuknüpfen.

Diesen verständlichen und folgerichtigen Handlungsablauf hat Tacitus mit seiner gewaltsamen Umarbeitung bis zur Unkenntlichkeit verdunkelt. Daß Vitellius sich das dunkelfarbige Gewand des amtslosen Bürgers anlegte, bringt er auf mißverständliche Weise mit der Trauer über die Niederlage von Narnia in Verbindung[297]. Aus Sueton und Cassius Dio geht eindeutig hervor, daß die

---

[294] Verfehlt ist aus diesem Grund die von H. R. Graf, Kaiser Vespasian 55f. geäußerte Annahme, Tacitus schildere den Hergang im Einklang mit der Überlieferung, während Sueton die eine Szene in drei einzelne, zeitlich getrennte Handlungen aufgegliedert habe.

[295] Über den Rückzug zu dem Haus des Bruders Dio 64(65), 16,5; über das Angebot der Dolchübergabe Dio 64(65), 16,6.

[296] Verfehlt R. Hanslik, A. Vitellius, RE Suppl. IX, 1730: „Beim ersten Rücktrittsversuch wird es gewesen sein, daß er zum Zeichen seiner Abdankung dem cos. suff. Caecilius Simplex seinen Dolch übergab." Seine Feststellung ist um so erstaunlicher, als er ebenda 1729 zugibt, daß Sueton im Recht ist, wenn er Vit. 15,2ff. von drei verschiedenen Versuchen spricht.

[297] Hist. 3,67,2.

Wahl dieser Kleidung die Bereitschaft zum Thronverzicht, die Entschlossenheit, sich aus dem öffentlichen Leben zurückzuziehen, versinnbildlichen sollte [298]. Darüber hinaus hat Tacitus Geschehnisse, die auf drei verschiedene Tage fielen, zu einer einzigen Abdankungsszene vereinigt [299] und als Folge seiner eigentümlichen Quellenbehandlung die bedenkliche Weiterung in Kauf genommen, daß sich die Aussage, die Sueton in der Fassung *quasi in aede Concordiae positurus abscessit* aufbewahrt hat [300], den geschichtlichen Tatsachen zum Trotz mit der Angabe *domumque fratris petiturus* verbindet [301]. Die Umstellung der überlieferten Anordnung bewirkt, daß der Versuch der Dolchübergabe einen veränderten Sinn bekommt. Während aus Suetons Schilderung hervorgeht, daß die Geste des Vitellius den Überfall auf die Flavianer voraussetzte und als Versinnbildlichung des Friedenswillens, als äußeres Zeichen seines Wunsches, weiteres Blutvergießen in der Hauptstadt zu verhindern, gedacht gewesen war, entsteht in der Darstellung der Historien der Eindruck, als habe Vitellius damit seine Entschlossenheit bekräftigen wollen, die Bedingungen des Vertrags zu erfüllen, den er mit Flavius Sabinus geschlossen hatte. Daß das Angebot, einem Mitglied des Senats den Dolch auszuhändigen, und der Vorschlag, eine Abordnung des Senats dem heranrückenden Feind entgegenzuschicken, gleichermaßen unter dem Zeichen des Eintretens für Frieden und Eintracht standen und als Ausdruck des Bemühens um eine gütliche Einigung aufs engste zusammengehören, läßt nur Suetons Bericht erkennen. Tacitus hat diesen wichtigen Zusammenhang preisgegeben.

Sein bedenklicher Eingriff, mehrere sachlich und zeitlich zu trennende Handlungen zusammenzulegen, um die Verdichtung zu einer ergreifenden Szene zu erreichen, mag einem Bedürfnis des römischen Lesers entgegengekommen sein und einer Forderung Rechnung getragen haben, die zur damaligen Zeit an den Geschichtsschreiber gestellt wurde, doch hat das befremdliche Verfahren im vorliegenden Fall die Verständlichkeit der Schilderung beeinträchtigt, die Kenntnis des genauen Hergangs versperrt und zu einer unvoreingenommeneren Beurteilung des Vitellius nicht das geringste beigetragen. Die Richtung, Vitellius als haltlosen Versager hinzustellen, war schon durch die flavische Geschichtsschreibung vorgegeben [302], und es kann keine Rede davon sein, daß Tacitus sie auch nur stillschweigend bekämpfte. Hist. 3,58,2 stellt er ausdrücklich klar, daß das Mitleid, welches Vitellius mit seinem erbarmungswürdigen Auftreten erregte, weniger der Person des Kaisers als dem entwürdigten Amt gegolten habe.

---

[298] Vit. 15,2; Dio 64 (65), 16,4.
[299] Gesehen, aber nicht beanstandet, von A. Brießmann, Tacitus und das flavische Geschichtsbild 78.
[300] Suet. Vit. 15,4.
[301] Hist. 3,68,3: *aspernante consule, reclamantibus qui in contione adstiterant, ut in aede Concordiae positurus insignia imperii domumque fratris petiturus discessit.*
[302] Vgl. Suetons Schilderung (Vit. 15 und 16).

Wenn Vitellius in Cassius Dio einen noch unerbittlicheren Richter gefunden hat[303], so ist das, wie das Gegenbeispiel, sein Lob der Festigkeit eines Galba[304], vermuten läßt, am ehesten seiner persönlichen Ungeduld mit einem Princeps zuzuschreiben, der vor der Aufgabe versagt, in seinen politischen Entscheidungen eine feste Haltung einzunehmen. Aus der Schärfe seiner Verurteilung den Schluß zu ziehen, er habe sich hier enger an die Richtung seines Gewährsmannes angeschlossen als Tacitus, wäre eine voreilige Folgerung. Wer berücksichtigt, mit welcher Einstellung Tacitus sonst der vitelliusfeindlichen Überlieferung gegenübergetreten ist, wird kaum erwarten, daß er einen ernsthaften Versuch machte, Vitellius entgegen der Tendenz der flavischen Geschichtsschreibung von der Verantwortung für das Scheitern der Mission des Flavius Sabinus zu entlasten oder von der Schuld an dem Brand des Kapitols freizusprechen. Daß Vitellius schuldhaft versagte, hat Tacitus mehrmals unmißverständlich zu erkennen gegeben. Er ist weit entfernt zu beschönigen, daß dieser den Vorwürfen, die Martialis im Auftrag des Flavius Sabinus übermittelte, lediglich die karge Rechtfertigung entgegenzusetzen vermochte, er sei der übergroßen Kampfbegeisterung der Soldaten nicht gewachsen. Schonungslos deckt er auf, daß Vitellius die eigene Schuld auf andere abzuwälzen suchte[305]. Die Bloßstellung seiner Ohnmacht gipfelt in dem Verdikt, er sei nicht mehr Imperator, sondern nur noch Kriegsgrund gewesen[306].

Wenn Tacitus die Schuldfrage so eindeutig zuungunsten des Vitellius beantwortet, kann er der Streitfrage, ob die Belagerer oder die Belagerten den Brand des Kapitols verursacht hatten, für die Beurteilung der Person des Vitellius keine entscheidende Bedeutung beigemessen haben. Wie eine genauere Prüfung seiner Schilderung ergibt, hat er die Schuld der Vitellianer nicht einmal in Frage gestellt. In seinem Bericht über den ersten, gegen die Eingangspforten gerichteten Angriff beschuldigt er sie ohne abschwächenden Vorbehalt, den Kampf mit dem Einsatz von Feuerbränden eröffnet zu haben, während er die Flavianer mit der Angabe entlastet, sie hätten sich mit Felsbrocken und Ziegeln gegen die vom Forum aus heranrückenden Angreifer zu verteidigen gesucht[307]. Den ersten Angriff, daran läßt Tacitus keinen Zweifel, hatten die Vitellianer ohne Rücksicht auf die Gefahr geführt, daß das Kapitol in Flammen aufgehen könnte. Nach seiner Darstellung war es nur den Verteidigungsanstrengungen der Flavianer zu verdanken, daß den Vitellianern der Versuch mißlang, durch die bereits verkohlten (!) Pforten einzudringen[308].

---

[303] Dio 64 (65), 16.
[304] Dio 63 (64), 3,2.
[305] Hist. 3,70,4.
[306] Ebenda.
[307] Hist. 3,71,1f.
[308] Hist. 3,71,2. Wenn H. R. Graf, Kaiser Vespasian 53f. behauptet, Tacitus habe „davon berichtet, daß der Brand durch eine Unvorsichtigkeit der Vitellianer entstanden sei", so liest er etwas aus dem Text heraus, das der Wortlaut der Stelle nicht hergibt.

Von diesem ersten gescheiterten Versuch der Erstürmung des Kapitols sind die beiden anderen Angriffe zu trennen, die daraufhin von den dem Forum abgewandten Seiten aus geführt wurden[309]. An diesem Punkt der Erzählung, heißt es, schwanke die Berichterstattung, ob die Belagerer oder die Belagerten den Brand der umliegenden Gebäude verursacht hätten. Sicher und einhellig verbürgt war erst wieder, daß das Feuer von diesen Gebäuden aus auf die *porticus* und den Tempel übergriff[310]. Da bei diesen Kämpfen, wie der taciteischen Darstellung zu entnehmen ist, das Kapitol nicht vorsätzlich eingeäschert, sondern ungewollt ein Raub der Flammen wurde, tritt hier die Schuldfrage in den Hintergrund. Wenn Tacitus überhaupt eine Partei entlastet, dann eher noch die Partei der Flavianer, deren Anhänger, nichts ahnend überfallen und in die Verteidigung gedrängt, sich ihrer Gegner nur mit der Verzweiflungstat zu erwehren wußten, daß sie die Belagerer herabstießen. Daß den Flavianern von Anbeginn Brandfackeln zur Verfügung standen, ist nirgendwo angedeutet. Aller Wahrscheinlichkeit nach waren sie auf solche angewiesen, die ihnen während des Kampfes in die Hände gefallen waren. Der Wortlaut des taciteischen Berichts legt die Deutung nahe, daß die Flavianer die Brandfackeln der Belagerer aufnahmen und zur Vertreibung der Angreifer benutzten[311]. Selbst wenn sie bei diesen verzweifelten Verteidigungsversuchen den Brand des Kapitols verursacht hätten (was Tacitus nicht mit Gewißheit verbürgen kann), wäre ihnen nach Lage der Dinge kein Vorwurf zu machen gewesen.

Vitellius zu entlasten, hatte Tacitus sich schwerlich vorgenommen. Wenn er Hist. 3,75,3 feststellt, Vitellius habe dem Konsul Quintius Atticus das Leben geschenkt, um ihm das Entgegenkommen zu vergelten, daß er die Schuld an dem Brand des Kapitols auf sich genommen hatte, so spricht sich darin deutlich genug aus, wie fern ihm der Gedanke lag, an Vitellius ein Unrecht gutmachen zu müssen[312]. Vitellius erscheint hier wiederum als einer, der bemüht ist, ein peinliches Verschulden von sich abzuwälzen[313].

Bis zum Schluß bleibt es bei der Bewertung, die schon die flavische Geschichtsschreibung dem Verhalten des Vitellius verliehen hatte. Tacitus sonderte in seiner Berichterstattung über die Verhöhnung und Mißhandlung des Besiegten

---

[309] Das hatte H. R. Graf, Kaiser Vespasian 53f. nicht bedacht, als er in dem taciteischen Bericht über den Brand des Kapitols Widersprüche feststellen zu können glaubte und daraus auf die Verarbeitung zweier Vorlagen schloß.

[310] Hist. 3,71,4. Der überlieferte Text ist unklar, vielleicht durch eine Verderbnis entstellt. Verstehen läßt er sich nur, wenn man sich zu *depulerint* ein *igne* oder dergleichen ergänzt denkt. *hic* wird in der Verbindung mit *ambigitur* kaum anders als mit „an diesem Punkt der Berichterstattung" zu übersetzen sein, während *inde* im nachfolgenden Satz für *a tectis* steht.

[311] Gegenüber der anderen Möglichkeit, daß die Flavianer ihre Gegner mitsamt den Feuerbränden herabstürzten, verdient diese Erklärung der schwierigen Stelle den Vorzug.

[312] Entgegengesetzt A. Brießmann, Tacitus und das flavische Geschichtsbild 75; zustimmend St. Borzsák, RE Suppl. XI,457.

[313] Zu Hist. 3,75,3 vgl. Suet. Vit. 15,3 (... *in alios culpam conferens*).

lediglich die widerwärtigsten Einzelheiten aus, um nicht gegen das Gebot des πρέπον zu verstoßen. Daß Vitellius so würdelos endete, wie er gelebt und geherrscht hatte, bestreitet er so wenig wie Dio oder Sueton [314].

Es wäre gewiß voreilig und überspitzt, aus dem Befund zur Quellenbehandlung in den Historien den Schluß ziehen zu wollen, die *fides* des Geschichtsschreibers habe sich nach taciteischer Vorstellung danach bemessen, wie getreu er die überkommenen Deutungen und Beurteilungen bewahrte. Mehreres muß in Rechnung gestellt werden. Es war besonders schwierig, durch die Kruste, die die flavische Geschichtsschreibung um vieles gelegt hatte, zu dem historischen Kern vorzustoßen. Während sich von Tiberius bis Nero jeder Regierungswechsel dahin ausgewirkt hatte, daß die Geschichtsschreiber, die sich fortan äußerten, die Vorläufer, die zu Lebzeiten des betreffenden Kaisers über dessen Tätigkeit und Leistung geurteilt hatten, ungestraft der Geschichtsfälschung zeihen durften, scheint der Tod der beiden ersten flavischen Herrscher der Kontinuität der geschichtlichen Überlieferung keinen nennenswerten Eintrag getan zu haben. Erst nachdem Domitian ermordet worden war, boten sich Anlaß und Gelegenheit zur ungehinderten Abrechnung. Zu diesem Zeitpunkt hatte das geschichtliche Urteil über den Abschnitt von 69 bis 81 n. Chr. längst seine feste Gestalt gewonnen. Die Aufmerksamkeit galt der Abrechnung mit dem letzten Herrscher des flavischen Hauses, die Zeit seiner beiden Vorgänger betrachtete man inzwischen bereits als ein Stück abgeschlossener (und glücklicherer) Vergangenheit. Hinzu kommt, daß der unbekannte Annalist, dessen Geschichtswerk Tacitus auf weite Strecken zugrunde legte, nach den Maßstäben der damaligen Geschichtsschreibung als gewissenhaft gelten konnte. Er hatte seinerseits bereits Schrifttum, das ihm zugänglich war, verwertet und mitunter Meinungsverschiedenheiten in der zeitgenössischen Überlieferung sorgsam verzeichnet. Daß dieses Vorgehen den Glauben an seine Vertrauenswürdigkeit und Unvoreingenommenheit erhöhte, versteht sich von selbst.

Von der Befangenheit seines Vorläufers sich freizuhalten, hat Tacitus nicht ernsthaft versucht. Die Vorstellung, er habe als Geschichtsschreiber der trajanischen Zeit den Vorteil des größeren zeitlichen Abstands und der größeren Meinungsfreiheit in dem Sinne genutzt, daß er die überkommenen Beurteilungen zurechtrückte, Einseitigkeiten aufdeckte und Fehldeutungen berichtigte, muß fallengelassen werden. Das vielberufene „Domitianerlebnis" hat nicht bewirkt, daß das Bild des ersten flavischen Kaisers bei ihm eine Trübung erfuhr.

Flavius Josephus, der einzige Geschichtsschreiber der flavischen Zeit, dessen Werke erhalten sind, hatte die Gegenüberstellung von Vespasian und Vitellius auf den Gegensatz zugespitzt, daß der eine als ἡγεμὼν ἀγαθός, der andere als τύραννος ὠμότατος zu betrachten sei [315]. Nicht von ihm, aber von einem Ge-

---

[314] Zu dem Ende des Vitellius vgl. Tac. Hist. 3,84,4–85; Suet. Vit. 16f.; Dio 64 (65), 20f.

[315] Jos. BJ 4,596.

währsmann, dessen Ergebenheit gegenüber dem flavischen Herrscherhaus ebenfalls außer Frage steht, haben die späteren Geschichtsschreiber, Tacitus eingeschlossen, den vitelliusfeindlichen Zug der Darstellung übernommen.

SEINE ARBEITSWEISE IN DEN ANNALEN

Die Bewunderer des Tacitus, die in ihm den unabhängigen, kritischen Geschichtsforscher sehen wollten, hatte Theodor Mommsen trotz seiner Vorbehalte gegenüber der taciteischen Eigenständigkeit nicht ohne einen Trost gelassen. Sein Aufsatz „Cornelius Tacitus und Cluvius Rufus" endet mit dem zuversichtlichen Schlußsatz, Tacitus habe „in seinem späteren Geschichtswerk sich von der Unfreiheit des früheren losgemacht[1]." Ob seine Behauptung zutrifft, wird noch im einzelnen zu prüfen sein. Ein Bedenken muß sie sich von vornherein gefallen lassen: Sie ist aus der Verknüpfung zweier Voraussetzungen entstanden, von denen die eine falsch und die andere unsicher ist. Irrig ist die Annahme, das Geschichtswerk des Cluvius Rufus sei die gemeinsame Vorlage für die beiden ersten Bücher der Historien und die entsprechenden Kaiserviten des Sueton gewesen. Unsicher ist die Voraussetzung, ebendiese verschollene Darstellung habe Tacitus für die Nerobücher seiner Annalen, Sueton für seine Nerovita zugrunde gelegt.

Obwohl Mommsen in der Frage der Verfasserschaft schon bald widerlegt wurde[2] und damit die Folgerung, die er an den Schluß seiner Ausführungen gestellt hatte, ihre Berechtigung verlor, hat sich die Forschung, wie es scheint, die Meinung zu eigen gemacht, daß die Annalen eine größere Eigenständigkeit in der Quellenbehandlung zeigten[3]. Entstanden ist die herrschende Auffassung offenbar aus der Vorstellung, das Spätwerk müsse als Verkörperung höchster Vollendung und Reife den Höhepunkt der Selbständigkeit im Schaffen des Autors bedeuten. Zwingend ist diese Folgerung nicht. Selbst im Bereich der augusteischen Dichtung könnte sich der Grundsatz, das Spätwerk sei mit der Stufe der größten künstlerischen Unabhängigkeit gleichzusetzen, nicht immer

---

[1] Hermes 4, 1870, 325.
[2] Schon im Jahr darauf widersprach ihm mit Recht H. Nissen, Die Historien des Plinius, Rheinisches Museum 26, 1871, 507f. Mit Nissen den älteren Plinius an die Stelle des Cluvius Rufus zu setzen, löst freilich die leidige Frage der Verfasserschaft auch nicht so überzeugend, daß alle Zweifel verstummen müssen. Sie mit letzter Gewißheit zu beantworten, ist nicht möglich.
[3] Nur J. Martin, Würzburger Studien zur Altertumswissenschaft 9, 1936, 47 hat sich einmal gegen diese verbreitete Anschauung gewandt. Das eine Gegenbeispiel, das er anführt, reicht freilich bei weitem nicht aus, die Folgerung zu rechtfertigen, Tacitus stehe „entgegen der gewöhnlichen Ansicht in den Historien seinen Quellen noch freier gegenüber als in den Annalen."

bewähren. Die Beobachtung, die für einen Vergil oder Horaz zutreffen mag, ungeprüft auf die „Entwicklung" eines Geschichtsschreibers zu übertragen, muß erst recht auf ernste Bedenken stoßen. Es wird niemand leugnen wollen, daß die Annalen den Leser ungleich stärker in ihren Bann ziehen als die Historien, Aber diese Wirkung verdanken sie eher einer Steigerung der schriftstellerischen Kunst und vielleicht auch der Tragik des Geschehens. Über das Verfahren der Quellenverarbeitung ist damit überhaupt nichts ausgesagt.

Daß Tacitus die Arbeitsweise, die er in seinen Historien befolgt hatte, in den Annalen beibehielt, ist von folgenden Überlegungen her die wahrscheinlichere Annahme. Es ist zu bedenken, daß er erst verhältnismäßig spät mit der Abfassung seines ersten Geschichtswerkes begann und nach der Vollendung seiner Historien, ohne eine längere Pause einzuschieben, die Arbeit in Angriff nahm, die nachaugusteische Zeit bis zum Jahr 68 n. Chr. zu schildern. Es wäre überraschend, wenn er in der kurzen Zwischenzeit die Methode kritischer Quellensichtung so weit verfeinert haben sollte, daß er in die Lage versetzt gewesen wäre, die Schwächen der verfügbaren literarischen Überlieferung zu erkennen und die überkommene Beurteilung dementsprechend umzustoßen oder wenigstens abzuwandeln. Die Scheidung in Frühwerk und Alterswerk verleitete hier allzu leicht zu irrigen Erwartungen. Hinzu kommt, daß er, selbst wenn er den besten Willen gehabt hätte, die Richtigkeit der literarischen Überlieferung bis in alle Einzelheiten hinein zu überprüfen, zumindest für die Darstellung der Geschichte des Tiberius vor der Schwierigkeit stand, kaum noch zeitgenössische Ohren- oder Augenzeugen befragen zu können. Die Abkehr von den Aussagen und Wertungen seiner Vorgänger wäre unter diesen Umständen nicht unbedingt ein Beweis der Gewissenhaftigkeit und Wahrheitsliebe.

Diese Überlegungen können selbstverständlich nicht mehr leisten, als die Aufmerksamkeit auf die Tatsache zu lenken, daß die herkömmliche Auffassung auf unausgesprochenen Voraussetzungen beruht, deren Berechtigung nicht über jeden Zweifel erhaben ist. Ob sie stichhaltig sind oder nicht, vermag (sofern die Frage mit den wenigen zu Gebote stehenden Vergleichsunterlagen überhaupt schlüssig zu beantworten ist) allein die Gegenüberstellung der erhaltenen Berichte zu klären.

Tacitus über Augustus und Livia

Eduard Schwartz hatte richtig erkannt, daß das düstere Tiberiusbild, welches bei Dio, Sueton und Tacitus entgegentritt, schon längst durch ein annalistisches Geschichtswerk vorgeformt gewesen sein muß[4]. Dieses Werk war ganz gewiß

---

[4] E. Schwartz, Cassius Dio Cocceianus, RE III, 1716f. Zum Klima, in dem die nachtiberianische Geschichtsschreibung gedeihen konnte, vgl. Dio 59,4,2.

in frischem Haß geschrieben und hatte als eindrucksvolle Tyrannenschilderung verbindliche Geltung erlangt. Die Befangenheit des historischen Urteils ist nicht allein an der Voreingenommenheit gegenüber der Gestalt des Tiberius abzulesen; sie äußert sich auch in dem spürbaren Wohlwollen, das dem jungen Germanicus entgegengebracht wird. Beide Einseitigkeiten verraten, wie sehr das Gesicht der nachtiberianischen Geschichtsschreibung davon geprägt wurde, daß auf Tiberius die jüngere claudische Linie, die Deszendenz seines Bruders Drusus, folgte. Ob der Rücksichtnahme auf die dynastischen Verhältnisse zuzuschreiben ist, daß die Überlieferung Drusus in menschlicher und politischer Hinsicht über Tiberius stellt[5], die vornehmere Abkunft des Germanicus von der Abstammung des jüngeren Drusus abhebt[6] und den Thronanwärter Tiberius (Gemellus), Caligulas unglücklichen Nebenbuhler, mit dem Makel des Verdachts behaftet, ein Bastard gewesen zu sein[7], steht dahin. Soviel aber ist sicher: Der teilnahmsvollen Schilderung des Leids, das in der Regierungszeit des Tiberius über die Familie des Germanicus hereingebrochen war, haben die Annalen nicht zufällig so breiten Raum gewährt. Caligula hatte sogleich nach seinem Regierungsantritt die Erinnerung an dieses Leid wachgerufen, als er zu den Verbanntenimseln Pandateria und Pontia gefahren war, um die Asche seiner Mutter und seines ältesten Bruders nach Rom zu holen[8]. Seitdem mit ihm ein Sohn des Germanicus auf den Thron gekommen war und der Senat nach den Jahren der Unterdrückung neue Hoffnung schöpfte, konnten sich die beherrschenden Züge der Überlieferung ausbilden und im Laufe der Zeit festigen[9].

Während die Schwarzweißzeichnung der Charaktere, in der Germanicus zur „Lichtgestalt", Tiberius zum Tyrannen wird, der gesamten nachtiberianischen Geschichtsschreibung das Gepräge gegeben haben wird, sind der als „Totengericht" gestaltete Nekrolog auf Augustus und das Wagnis, die Regierung des Tiberius in fünf Entwicklungsphasen einzuteilen, das unverwechselbare Eigentum eines bestimmten Annalisten[10], von dem sich weder der Name noch die Abfassungszeit seines Geschichtswerks mit Sicherheit ermitteln lassen. Ob dieses Erbe über Zwischenquellen oder ohne eine derartige Vermittlung zu Dio, Sueton oder Tacitus gelangt ist, entzieht sich einer eindeutigen Klärung. Da sich die folgende Untersuchung auf die Merkmale beschränkt, die der Überlieferung das Gepräge gegeben haben, kann die Frage hier ausgeklammert werden. Die Wahl des allgemeinen Begriffs „nachtiberianische" Geschichtsschreibung läßt bewußt offen,

---

[5] Zur Beliebtheit des Drusus Ann. 1,33,2; 2,41,3; 6,51,1; zu seinem Wunsch, die alte republikanische Verfassung wiederhergestellt zu sehen, vgl. Ann. 1,33,2; 2,82,2 sowie Suet. Tib. 50,1.

[6] Ann. 2,43,5f.

[7] Suet. Tib. 62,3; Dio 57,22,4^b und 58,23,2.

[8] Suet. Cal. 15,1.

[9] Vgl. E. Schwartz, RE III, 1717; M. Gelzer, Iulius (Tiberius), RE X,535.

[10] Vgl. E. Schwartz, RE III, 1716f.

ob Dio, Sueton und Tacitus dieselbe Darstellung oder verschiedene Schichten einer auf einen gemeinsamen Ursprung zurückgehenden Überlieferung vor Augen hatten; die Zeitbestimmung „nachtiberianisch" soll nur die untere Grenze der Entstehungszeit genau festlegen.

Das „Totengericht" konnte Sueton begreiflicherweise weder in seiner Augustusvita noch in seiner Tiberiusvita unterbringen. Eine solche Form des Nachrufs widersprach den Gepflogenheiten seiner Darstellungsweise. Übernommen haben es nur Dio und Tacitus[11]. Doch kehrt es bei ihnen in unterschiedlicher Brechung wieder. In der Fassung, in der Dio den Nachruf bewahrt hat, überwiegt die Anerkennung. Dio zählt zunächst die guten Seiten des Augustus auf, kommt dann auch kurz auf die Ausstellungen an seinem Verhalten zu sprechen, fängt aber die Kritik sogleich mit Rechtfertigungen auf und schließt mit dem Lob, Augustus habe zur vollen Zufriedenheit der jüngeren Zeitgenossen, die die Bürgerkriegszeiten nur vom Hörensagen kannten, den inneren Wirren ein Ende bereitet und geordnete Verhältnisse geschaffen.

Anders Tacitus[12]. Er beginnt zwar ebenfalls mit der Aufzählung der Verdienste; doch durchsetzt er die Anerkennung in solchem Maße mit halbherzigen Entschuldigungen für unschöne Vorgänge, daß sich die Vorbehalte bereits hier andeuten. Einen weit größeren Raum nehmen die darauf folgenden Anklagen ein; sie zielen darauf ab, die achtbaren Beweggründe, die ihm die wohlwollenden Beurteiler zugebilligt hatten, als Vorwände und Beschönigungen für verwerfliche Absichten zu entlarven, die Bedeutung seiner Verdienste abzuwerten und die dunklen Stellen seines Privatlebens ans Licht zu ziehen. Die Abrechnung schließt mit dem Vorwurf, Augustus habe zur Vergrößerung seines eigenen Ruhmes seinen ungeliebten und unbeliebten Stiefsohn Tiberius zum Nachfolger bestimmt.

Die Gewichte sind in den zwei Würdigungen so verschieden verteilt, daß sich die Frage einstellt, wer von beiden sich enger an die Tendenz des gemeinsamen Vorbilds angeschlossen hat.

Wie sie zu entscheiden ist, ist nach wie vor strittig. Während Eduard Schwartz davon gesprochen hatte, daß Dio „das beabsichtigte Schwanken des Bildes zwischen gut und schlecht beseitigt" habe[13], suchte Friedrich Klingner in seiner bekannten Abhandlung „Tacitus über Augustus und Tiberius" die Auffassung zu begründen, daß „Tacitus das überlieferte Verhältnis verschoben und das, was zugunsten des Augustus gesagt zu werden pflegte, an die erste, schwächere Stelle gerückt" habe[14]. In den folgenden Jahren pflichtete die Mehrheit der

---

[11] Dio 56,43f.; Tac. Ann. 1,9f.

[12] Die taciteische Fassung des Totengerichts wurde ausführlich von B. Witte, Tacitus über Augustus, Diss. Münster 1963, 133ff. behandelt.

[13] RE III, 1716.

[14] Sitzungsberichte der Bayerischen Akademie der Wissenschaften, Phil.-hist. Klasse 1953, Heft 7, München 1954, 22 (= Studien 640).

Ansicht bei, die Klingner vertreten hatte[15]. In jüngster Zeit gab jedoch Hermann Tränkle wieder Schwartz recht[16].

Will man in dieser wichtigen Kontroverse zu einer bündigen Entscheidung gelangen, hat man sich die folgenden vier Fragen vorzulegen:

Hat Tacitus von sich aus „das, was zugunsten des Augustus gesagt zu werden pflegte, an die erste, schwächere Stelle gerückt" oder ist ihm der Vorläufer, an dessen Vorbild er anknüpft, in der Wahl dieser Reihenfolge vorausgegangen? Hatten sich vernichtende Urteile über Augustus in der frühkaiserzeitlichen Literatur niedergeschlagen oder war dies durch die dynastischen Verhältnisse verwehrt? Hatte Dio einen einleuchtenden Beweggrund, den überkommenen Nachruf auf Augustus zum Freundlicheren hin zu verändern? Haben sich bei Dio Rückstände aus einer Darstellung erhalten, deren Verfasser erhebliche Vorbehalte gegenüber Augustus zu erkennen gegeben hatte?

Geht man diesen Fragen ohne Voreingenommenheit nach, so ergibt sich, daß Dio die überkommene Fassung des Totengerichts zugunsten des Augustus abgewandelt haben muß.

Die Aufzählung des Lobenswerten hat nicht nur Tacitus an den Anfang gestellt, sondern auch Dio. Aus dieser Übereinstimmung geht hervor, daß schon der Annalist, der das Vorbild für den Nachruf auf Augustus geschaffen hatte, diese Reihenfolge gewählt haben muß. Die Reihenfolge, in der die „Verständigen" das Wort erhalten, bewirkte bereits bei dem Vorläufer, daß die lobenden Stimmen an der ersten, schwächeren Stelle weniger zur Geltung kamen. Die Annahme, Tacitus selbst lasse mit dem Überleitungssatz *at apud prudentes vita eius varie extollebatur arguebaturve* „noch das überlieferte Verhältnis zwischen den Argumenten für und gegen Augustus erraten", steht in einem merkwürdigen Widerspruch zu der Annahme, daß Dio der Tradition näher sei[17]. Trifft die erste Vermutung zu, muß Dio sogar sehr erheblich in die Überlieferung eingegriffen haben; kann doch von einem *arguere* in seinem Nachruf kaum noch die Rede sein.

Die Behauptung, es sei „nichts von einem vernichtenden Urteil über Augustus bekannt[18]", entbehrt der Beweiskraft. Selbst wenn sie zuträfe, zwänge das nicht zu dem Schluß, daß es keine vernichtenden Urteile über Augustus gab. Es ist eine unbestreitbare und allseits anerkannte Tatsache, daß von der frühkaiserzeitlichen Geschichtsschreibung fast alles und von der kaiserzeitlichen Literatur

---

[15] Neben anderen haben E. Koestermann (Der Eingang der Annalen des Tacitus, Historia 10, 1961, 348ff.), A. Brießmann (Gymnasium 70, 1963, 100) und C. Questa (Studi sulle fonti degli Annales di Tacito, Rom 1963², 65ff.) die Auffassung bekräftigt, daß der doppelgesichtige Nachruf auf Augustus als ein taciteischer Einfall anzusehen sei.

[16] Augustus bei Tacitus, Cassius Dio und dem älteren Plinius, Wiener Studien 82 (N. F. 3), 1969, 108ff.

[17] Dies zu F. Klingner, Tacitus über Augustus und Tiberius 22.

[18] So F. Klingner, Tacitus über Augustus und Tiberius 21; im gleichen Sinne E. Koestermann, Einleitung zu Bd. I seines Annalenkommentars 37.

sehr viel verlorengegangen ist; die Trümmerhaftigkeit der Überlieferung verwehrt somit sichere Schlüsse. Überdies sind in hinreichender Zahl auch solche Aussagen überliefert, die gegenüber dem Verhalten und der Persönlichkeit des Augustus beträchtliche Vorbehalte erkennen lassen[19]. So hatte Seneca in seiner Schrift De clementia zwar anerkannt, daß sich Augustus als Princeps milde gezeigt habe, dabei aber nicht verschwiegen, daß derselbe Mann in der Vergangenheit öfters Beweise der entgegengesetzten Gesinnung geliefert hatte. Er beschönigt nicht im mindesten, daß Octavian in den Nachfolgekämpfen nach Caesars Ermordung nicht einmal davor zurückgeschreckt sei, Freunde umbringen zu lassen, und beschuldigt ihn offen, zuerst einen heimtückischen Anschlag auf das Leben seines Gegenspielers Antonius vorbereitet zu haben und dann im Bunde mit ihm *collega proscriptionis* gewesen zu sein[20]. Ja, er entwertet selbst die Anerkennung der Milde. Die Bereitschaft des Augustus, seinen Gegnern zu vergeben, entlockt ihm die boshafte Begründung: „Über wen hätte er gebieten sollen, wenn er den Besiegten nicht verziehen hätte[21]?" Seneca ist weit entfernt, den naiven Glauben zu teilen, daß Augustus sich seit dem Beginn des Prinzipats in seinem Inneren gewandelt habe. Daß für den Entschluß, selbst Verschwörer zu begnadigen, andere Beweggründe als politische Berechnung, als die Absicht, die senatorische Opposition mit einer Geste der Milde zu beschwichtigen, verantwortlich gewesen seien, läßt er so wenig gelten wie die senatorische Geschichtsschreibung, an die er, nach der Übereinstimmung mit Dio zu urteilen, angeknüpft hat[22]. Von *clementia* möchte er im Falle des Augustus überhaupt nicht sprechen, er entlarvt sie als *lassa crudelitas*[23]. Wie man daraus ersehen kann, berührt sich seine Einstellung zu Augustus in ihrem Kern mit Julians bekannter Anschauung, daß Augustus wie ein Chamäleon die Farbe gewechselt habe, ohne sein Wesen zu ändern[24].

Seneca war durchaus nicht der erste, der solche Vorbehalte in Worte kleidete. Daß Augustus schon in einem Zweig der frühen kaiserzeitlichen Geschichtsschreibung zum Meister der Verstellungskunst abgestempelt worden war, ist mit hinlänglicher Sicherheit aus der gehässigen Schilderung zu erschließen, die Sueton von der Sterbeszene aufbewahrt hat. Ein eitler Mime, der sich an seinem letzten Tag wiederholt erkundigt, ob sich draußen auf der Straße schon Unruhe über sein

---

[19] Vgl. H. Tränkle, Wiener Studien 82 (N. F. 3), 1969, 118ff., dessen Verdienst es ist, Plin. Nat. hist. 7,147–150 zur Lösung der Streitfrage hinzugezogen zu haben.

[20] De clem. 1,9,1; zu dem Attentatsversuch vgl. Suet. Aug. 10,3.

[21] De clem. 1,10,1.

[22] De clem. 1,9,2ff. Über die Verhaltensweise des Augustus nach der Aufdeckung der Verschwörung des Cornelius Cinna und über den Ratschlag der Livia, es einmal mit Milde zu versuchen, nachdem die blutige Niederschlagung verschiedener Verschwörungen immer noch nicht zum gewünschten Erfolg geführt habe, ganz entsprechend Dio 55,14ff.

[23] De clem. 1,11,2.

[24] Julian Caes. 309 A; eine Kennzeichnung, die R. Syme, The Roman Revolution, Oxford 1939 (1959²), 2 als treffend anerkannt hat. Über die antiken und modernen Versuche, Persönlichkeit und Leistung des Augustus zu würdigen, K. Christ, Zur Beurteilung der Politik des Augustus, Geschichte in Wissenschaft und Unterricht 19, 1968, 329ff.

Befinden rege, und sich, stets auf äußere Wirkung bedacht, die herabsinkenden Kinnladen richten läßt, verabschiedet sich von seinem Publikum: So hatte die ihm feindlich gesinnte Geschichtsschreibung seine Todesstunde stilisiert[25].

Mit dieser Überlieferung verfährt Cassius Dio mit bemerkenswerter Verständnislosigkeit. In seiner Schilderung fehlt alles Gehässige. Die Bitte um Beifall deutet er an der entsprechenden Stelle als eine Äußerung der Gelassenheit, die darauf abgestellt gewesen sei, das ganze Menschenleben zu verspotten[26]. Was könnte wirkungsvoller veranschaulichen, in welchem Maße sich seine Bewunderung für Augustus gegen alle Vorbehalte durchsetzte, welche die unversöhnte Geschichtsschreibung im frühen Prinzipat angebracht hatte?

Von anderen Äußerungen her bestätigt sich, daß Dio geneigt war, die charakterlichen Eigenschaften des Augustus wohlwollend einzuschätzen. Für das Rätsel, wie die Grausamkeit des jungen Octavian mit der Nachsicht zu vereinbaren sei, die der Princeps Augustus gegenüber politischen Gegnern zu üben pflegte, hat Dio eine verblüffend einfache Lösung anzubieten. Er bestreitet, daß Octavian von Natur aus grausam gewesen sei, und sucht seine Auffassung mit der Beweisführung abzusichern, daß Augustus auf weiteres Blutvergießen verzichtet habe, sobald er die Herrschaft nicht mehr mit anderen habe teilen müssen[27]. Während Sueton in seiner Augustusvita bezeugt, daß Octavian die Proskription nach anfänglichem Widerstand noch unerbittlicher als Antonius und Lepidus betrieben habe[28], weist Dio den beiden anderen Triumvirn die Hauptlast der Verantwortung für das Blutbad zu[29]. Octavian, behauptet er, habe vielen das Leben gerettet und nur wenige töten lassen, wie er ja als junger Mann, der erst am Anfang seiner politischen Laufbahn stand, nur wenige zu Feinden gehabt habe[30]. Obwohl er weiß, daß Octavian nach der Erstürmung Perusias, dem Sieg über Sextus Pompeius und dem Erfolg von Aktium unter den Rittern und Senatoren, die ihm als Gefangene in die Hände fielen, jedesmal ein furchtbares Blutbad anrichtete[31] und sich sogar einmal das sadistische Vergnügen erlaubte, Vater und Sohn um ihr Leben losen zu lassen[32], ist er nicht in dem Glauben zu beirren, daß Caesars Erziehung zur Milde in Octavian Wurzel geschlagen habe[33]. Entschlossen, den Begründer der monarchischen Staatsform vor dem Vorwurf der Grausamkeit zu bewahren, sucht Dio – im Gegensatz zu Sueton[34] – nach Mög-

---

[25] Suet. Aug. 99,1.
[26] Dio 56,30,4.
[27] Dio 47,7,2f.
[28] Aug. 27,1.
[29] Dio 47,7,1.
[30] Dio 47,7,2f.
[31] Zu dem Morden nach der Eroberung Perusias Dio 48,14,3ff. (vgl. Suet. Aug. 15); zu der Abrechnung nach dem Sieg über Sextus Pompeius Dio 49,12,4; zu dem Strafgericht über die geschlagenen Anhänger des Antonius Dio 51,2,4ff.
[32] Dio 51,2,5f.; vgl. Suet. Aug. 13,2.
[33] Dio 47,7,2.
[34] Zu dem Vorwurf der *saevitia* siehe Suet. Aug. 13,1f.; Aug. 15 und Aug. 27,1ff.

lichkeit zu vermeiden, Octavians Namen mit den blutigen Strafgerichten nach den Siegen über Lucius Antonius, Brutus und Cassius, Sextus Pompeius und Marcus Antonius in Verbindung zu bringen. Teils bevorzugt er für die Schilderung dieser Greueltaten die passivische Erzählweise, teils spielt er das Ausmaß des Blutbads damit herunter, daß er die Zahl der Hinrichtungen verschweigt und um so länger bei den Begnadigungen verweilt.

Daß er dem Schöpfer des Prinzipats eine so wohlwollende Einstellung entgegenbrachte, hinderte ihn seltsamerweise nicht, arglos eine Überlieferung wiederzugeben, die seiner eigenen Vorstellung, der Auffassung, Caesars Erziehung zur *clementia* habe Früchte getragen, zuwiderlief[35]. Der Annalist, auf den diese Überlieferung letzten Endes zurückgeht, hatte es verschmäht, die erstaunliche „Entwicklung" vom grausamen Triumvirn zum nachsichtigen Princeps als die Folge eines inneren Wandels auszugeben. Er hatte die scheinbare Wandlung als eine Abwechslung in der politischen Taktik entlarvt und nicht verschleiert, daß Augustus zu keiner Zeit Bedenken trug, seine Gegner zu vernichten, wenn es ihm zweckmäßig erschien. Das Rätsel, das der Princeps mit seiner überraschenden Nachsicht der Mitwelt und Nachwelt aufgab, hatte er damit zu lösen gesucht, daß er Livia zu der Urheberin der ungewohnten Handlungsweise erklärte. Nach seiner Darstellung hörte Augustus auf ihren Rat, die Wirkung einer Begnadigung von Verschwörern zu erproben, da mit dem Schwert nicht alles zu erreichen sei[36].

Selbstverständlich ist Dios Schilderung, was die Verbrämung peinlicher Tatbestände anlangt, weit entfernt, ein Abbild des augusteischen Tatenberichts zu sein. Die Aussage *auctoritate omnibus praestiti, potestatis autem nihilo amplius habui quam ceteri, qui mihi quoque in magistratu conlegae fuerunt*[37] zu bekräftigen, ist ihm niemals in den Sinn gekommen. Da er auf republikanische Empfindlichkeiten keine Rücksicht zu nehmen brauchte und als überzeugter Anhänger der monarchischen Staatsform auch nicht nehmen wollte, macht er kein Hehl aus seiner Auffassung, daß sich Augustus ungeachtet mancher Zugeständnisse eine monarchische Stellung gesichert habe[38]. Auch verschweigt er nicht, daß Octavian die Bewilligung des ersten Konsulats mit militärischem Druck erzwungen hatte[39], daß seine Beziehungen zum Senat gespannt waren[40], daß die Dankbarkeitsbezeugungen die wahren Empfindungen der entmachteten Führungsschicht verdeckten[41], daß er selbst als Princeps immer wieder auf politischen Widerstand stieß[42] und daß sein Privatleben von Anstößigem nicht frei

---

[35] Dio 55,14ff.
[36] Dio 55,21; vgl. Sen. De clem. 1,9,6.
[37] Res. gest. c. 34.
[38] Dio 53,17f. Zu seiner Auffassung vom augusteischen Prinzipat vgl. J. Bleicken, Hermes 90, 1962, 444ff. und F. Millar, A Study of Cassius Dio, Oxford 1964, 93.
[39] 46,45,5.
[40] 46,47,1ff.
[41] 48,3.
[42] Siehe etwa Dio 54,3,2f.; 54,12,3; 54,15; 54,16,3ff.; 54,27,4; 54,29,6; 55,3,1ff.

war⁴³. Doch siegt über alle Vorbehalte dieser Art seine Bewunderung für dessen staatsmännische Leistung, den Wirren des Bürgerkrieges ein Ende bereitet und den Staat gerettet zu haben⁴⁴. Unter dem Eindruck dieses Verdienstes versagt er es sich, in seinem Nachruf auf Augustus die dunklen Punkte aus der Zeit des Triumvirats im einzelnen zur Sprache zu bringen, um den Kontrast zwischen dem Triumvirn und dem Princeps zu verdeutlichen⁴⁵. Die Bejahung der augusteischen Staatsform veranlaßt ihn, dem Totengericht, das er in der Überlieferung vorfindet, die ätzende Schärfe zu nehmen⁴⁶. Die Einsicht in die Notwendigkeit der monarchischen Staatsumwälzung führt ihn dahin, das Blutvergießen zu entschuldigen und den größten Teil der Schuld an dem Blutvergießen auf die beiden anderen Triumvirn abzuwälzen.

Von den Vorbehalten, die der Schöpfer des doppelgesichtigen Nekrologs gegenüber Augustus zum Ausdruck gebracht hatte, haben sich bei ihm nur geringe Reste niedergeschlagen. Zu ihnen zählt ganz gewiß die Unterstellung, Augustus habe sich bei der Wahl seines Nachfolgers von eigensüchtigen Überlegungen leiten lassen⁴⁷; und vermutlich geht auf denselben Vorläufer die Mitteilung zurück, nur wenige hätten vor ihren Erfahrungen mit Tiberius über den Tod des Augustus echte Trauer empfunden⁴⁸. Mit seinem eigenmächtigen Schritt, der Gesamtwürdigung eine abgemilderte, freundliche Fassung zu geben, macht Dio sein Versprechen wahr, zuweilen, wenn es ihm nötig erscheine, einen abweichenden Standpunkt einzunehmen⁴⁹.

So wenig zu verkennen ist, daß in dem taciteischen Totengericht die Kritik über das Maß der Billigkeit hinaus überwiegt, so darf doch eines nicht übersehen werden: Tacitus verschreibt sich keineswegs der Meinung der einen oder der anderen Gruppe⁵⁰. Er nennt die Vertreter beider Richtungen *prudentes* und

---

⁴³ Über die Vermählung mit Livia Dio 48,44; über die Affäre mit Terentia Dio 54,19,3; über Anspielungen auf Verstöße gegen die eheliche Treue Dio 54,16,3f.
⁴⁴ Dio 56,44,2; vgl. auch 53,19,1 und öfters.
⁴⁵ Dio 56,44,1f. Daß diese Stelle den Eindruck vermittelt, „als ob Dio hier eine ausführliche Erörterung über die furchtbaren Anfänge des Augustus vorgefunden, aber kurz abgetan habe", gesteht F. Klingner (Tacitus über Augustus und Tiberius 21 Anm. 3) E. Schwartz (RE III, 1716) zu. Die Implikation, daß dieses Zugeständnis die Stichhaltigkeit seiner eigenen Beweisführung in Frage stellt, scheint er dabei übersehen zu haben.
⁴⁶ Auch F. Klingner konnte nicht umhin zuzugeben, daß Dio „seine eigenen Ansichten über Monarchie und Republik überhaupt und Augustus im besonderen gehabt" habe (Tacitus über Augustus und Tiberius 21). Was er damit einräumt, verträgt sich indessen schlecht mit seiner Auffassung, daß Tacitus es gewesen sei, der „das überlieferte Verhältnis verschoben" habe. Hatte Dio seine eigenen Ansichten über Augustus und die von ihm geschaffene Staatsform, mußte er allen Grund haben, dem Totengericht eine gemilderte Fassung zu geben.
⁴⁷ Dio 56,45,3; vgl. Tac. Ann. 1,10,7; Suet. Tib. 21,2.
⁴⁸ Dio 56,43,1; vgl. Tac. Ann. 1,7,1.
⁴⁹ Dio 53,19,6.
⁵⁰ Darauf macht D. C. A. Shotter, The Debate on Augustus (Tacitus, Annals I 9–10), Mnemosyne Ser. IV, 20, 1967, 171ff. mit Recht aufmerksam. In diesem Sinne auch schon B. Witte, Tacitus über Augustus 137.

beschränkt sich darauf, ihre Auffassungen in abhängiger Rede wiederzugeben, ohne selbst für die eine oder die andere Seite Partei zu ergreifen. Zu den politischen Anschauungen, die er in seinen früheren Schriften bejaht hatte, besteht kein Widerspruch; alle Versuche, an dem Inhalt des Totengerichts eine zunehmende Verdüsterung der Geschichtsbetrachtung ablesen zu wollen, müssen von vornherein scheitern. Weder das vielberufene Domitianerlebnis noch die – unterstellte – Enttäuschung über Trajan haben das düstere Augustusbild hervorgebracht. Wenn überhaupt ein „Erlebnis" im Spiel war, dann eher noch das Tiberiuserlebnis des nachtiberianischen Vorläufers, der den Nachruf auf Augustus als Totengericht gestaltet hatte.

Aber auch von ihm muß gesagt werden, daß er seinerseits wieder auf eine augustusfeindliche Tradition zurückgreifen konnte. Einen Claudius konnte der Hof mit Erfolg davon abhalten, sich mit der gebotenen Offenheit über die Geschehnisse während der Bürgerkriegswirren nach Caesars Tod ausführlich zu verbreiten[51]. Daß sich senatorische Geschichtsschreiber des heiklen Gegenstandes annahmen, vermochte Augustus jedoch nicht zu verhindern und hat er auch nicht zu unterbinden versucht. Sueton und Dio haben manche ungeschminkten Entgegnungen, mit denen Senatoren jener Zeit Augustus verärgerten, für die Nachwelt aufgehoben[52]. Nimmt man den Freimut, den diese Äußerungen verraten, zum Maßstab für den Spielraum der Meinungsfreiheit, dann wird man auch der senatorischen Geschichtsschreibung zutrauen dürfen, daß sie es an Offenheit nicht fehlen ließ. Diesen Rest der politischen Unabhängigkeit von einst hatte Augustus der entmachteten Führungsschicht belassen. Als der für seinen Freimut bekannte Senator Cremutius Cordus aus seinem Geschichtswerk vorlas, war Augustus sogar als Zuhörer zugegen[53]. Politische Pamphlete suchte er lieber zu widerlegen als zu unterdrücken. Sueton hat das nicht nur behauptet[54], sondern auch bewiesen. Er bringt Beispiele für derartige Selbstrechtfertigungen[55] und vermag neben anonymen Spottepigrammen[56] eine Reihe von anzüglichen Beschuldigungen anzuführen, die die gegnerische Propaganda in den vergangenen Bürgerkriegen gegen Octavian gerichtet hatte[57]. Selbst Mark Antons Briefe waren nicht der Vernichtung verfallen[58]. Sueton entnimmt ihnen mancherlei herabsetzende Anspielungen auf Octavians Privatleben[59] und sein Versagen in den entscheidenden Bürgerkriegsschlachten[60].

---

[51] Suet. Claud. 41,2.
[52] Siehe Suet. Aug. 54 sowie Dio 54,3,3; 54,15,7; 54,15,8; 54,16,3ff.; 54,27,4.
[53] Suet. Tib. 61,3; Dio 57,24,3.
[54] Aug. 55.
[55] Aug. 7,1 und 27,4.
[56] Aug. 70.
[57] Aug. 68.
[58] Tac. Ann. 4,34,5; Ov. Ex Pont. 1,1,23f.
[59] Aug. 68, 69 und 70,1.
[60] Aug. 10,4 und 16,2. Weitere Hinweise auf Mark Antons Briefe Aug. 7,1 und 63,2.

Mit der allgemeinen Beobachtung, daß unter Augustus offene Worte für die Betreffenden noch keine gefährlichen, aber schon unliebsame Folgen hatten, wird Seneca wohl die Wahrheit getroffen haben [61]. In einigen Fällen suchten Augustus und Tiberius die Verbreitung mißliebiger Schriften zu unterbinden [62], und eine Zeitlang gelang es auch, freimütige Kritik, wie sie Titus Labienus, Cassius Severus oder Cremutius Cordus geübt hatten, zum Verstummen zu bringen [63]. Doch blieb solchen Bemühungen auf die Dauer der erhoffte Erfolg versagt. Die Bücherverbrennungen verhinderten nicht, daß einige Abschriften der verbotenen Werke der Vernichtung entgingen. Als Caligula nach dem Tod des Tiberius eine allgemeine Amnestie aussprach [64] und das Verbot der beanstandeten Bücher mit der Begründung aufhob, es komme ihm besonders darauf an, daß alle Tatsachen der Nachwelt überliefert würden [65], war die Bahn frei, an den Freimut anzuknüpfen, mit dem sich die Vertreter der unversöhnten Geschichtsschreibung zu Lebzeiten des Augustus geäußert hatten. Die äußeren Voraussetzungen, der Kritik an Augustus Raum zu geben, waren so günstig wie nie zuvor. Fortan war es keinem Geschichtsschreiber verwehrt, in aller Offenheit hervorzukehren, welchen Anteil Octavian an den Wirren und Greueln der Bürgerkriege hatte. Caligula selbst hatte verboten, die Seesiege, die Octavian an der Küste Siziliens und bei Aktium errungen hatte, in offiziellen Festlichkeiten zu begehen, da sie ein Unglück für den Staat gewesen seien [66]. Vollends entfiel von nun an jeder Anlaß, das Privatleben des Augustus zu schonen. Wie Sueton bezeugt, hatte Caligula unverhohlen auf die ungewöhnlichen Begleitumstände der Vermählung mit Livia angespielt [67].

Der Vorläufer, der den Einfall hatte, dem Nachruf auf Augustus das Gepräge des Totengerichts zu verleihen, hatte die Freiheit genutzt, die sich ihm bot. Er nahm die Gelegenheit wahr, in dieser Form die Summe aus all den Einwänden zu ziehen, die seine freimütigen Vorgänger gegen die Person und das Verhalten des Augustus vorgebracht hatten.

Daß er seiner Sammlung von Vorwürfen, von denen sich, wenn auch verstreut, ein großer Teil noch bei Dio und Sueton fassen läßt, eine Aufzählung von Verdiensten und Rechtfertigungen gegenübergestellt hatte, kann nicht über die Einseitigkeit der Auswahl hinwegtäuschen. Es ist nicht zu verkennen, daß neben berechtigten Einschränkungen und Ausstellungen auch unsachliche Kritik

---

[61] De ben. 3,27,1.

[62] Zu dem Einschreiten gegen die Verbreitung von Schmähschriften unter Augustus Tac. Ann. 1,72,3 und Dio 56,27,1; über die Verbrennung der Bücher des Cremutius Cordus unter Tiberius Ann. 4,35,4.

[63] Über das Schicksal des Titus Labienus und seiner Bücher Sen. Contr. 10, praef. 7; über die Bestrafung des Cassius Severus Ann. 4,21,3; über das Ende des Cremutius Cordus Ann. 4,35,4.

[64] Suet. Cal. 15,4.

[65] Suet. Cal. 16,1.

[66] Suet. Cal. 23,1.

[67] Cal. 25,1.

eingeflossen ist. Zwar ist der Versuch unterblieben, dem Begründer des Prinzipats seine größte Leistung, die Beendigung der innenpolitischen Wirren, abzuerkennen. In dem Bemühen, solche zufälligen, von äußeren Feinden verursachten Störungen des Friedens wie die Niederlage des Lollius und die Katastrophe des Varus hochzuspielen, spiegelt sich indessen deutlich genug, mit welcher Entschlossenheit die Vertreter der senatorischen Geschichtsschreibung, soweit sie sich nicht von den Vorzügen der *pax Augusta* hatten versöhnen lassen, sein unbestreitbares Verdienst, eine dauerhafte Friedensordnung geschaffen zu haben, auf jede erdenkliche Weise verkleinert hatten [68]. Zu der *clades Lolliana* bemerkt Sueton mit Recht, daß die Schande größer gewesen sei als der Verlust [69], und der Untergang der drei Legionen des Varus war eine Katastrophe, die ganz gewiß nicht zu Lasten der neuen Ordnung und nur bedingt zu Lasten ihres Begründers ging, sondern zuallererst dem persönlichen Versagen des Varus zuzuschreiben war.

Hatten schon Augustus befangene Richter beurteilt, so gilt dies erst recht für Livia. Die Erbitterung der entmachteten Führungsschicht, die sich mit dem ungewöhnlichen Einfluß der im Hintergrund schaltenden Frau nicht abfinden mochte, hat sichtbare Spuren in der Überlieferung hinterlassen. Man traute ihr alle erdenklichen Ränke zu. Angefangen von dem Tod des Marcellus begegnet kaum ein Trauerfall im kaiserlichen Haus, der nicht Anlaß zu dem Gerede gegeben hätte, Livia habe als Giftmischerin ihre Hand im Spiel gehabt. Ihren Bestrebungen, ihren leiblichen Söhnen den Thron und sich selbst die Fortdauer ihres Einflusses zu sichern, sollen von den engeren Verwandten, die Augustus als Nachfolger in Aussicht genommen hatte, nach seinem Schwiegersohn und Neffen Marcellus seine beiden Enkel und Adoptivsöhne Lucius und Gaius Caesar sowie der letzte verbliebene Enkel, Agrippa Postumus, zum Opfer gefallen sein [70]. Das Gerücht verschonte sie nicht einmal vor der unglaubhaften Verdächtigung, sie habe schließlich auch ihrem eigenen Gemahl heimtückisch Gift verabreicht, als sie von seiner Seite eine Regelung der Nachfolge befürchtet habe, die ihren eigenen Plänen zuwiderlaufen mußte [71].

Obwohl nicht verborgen geblieben war, daß ihre hochgreifenden Machtansprüche zu einem Zerwürfnis mit ihrem Sohn geführt hatten [72], lief man in tibe-

---

[68] Ann. 1,10,4: *pacem sine dubio post haec, verum cruentam: Lollianas Varianasque clades, interfectos Romae Varrones Egnatios Iullos.*

[69] Suet. Aug. 23,1.

[70] Zu dem Gerücht über den Tod des Marcellus Dio 53,33,4. Zu dem Verdacht, Livia habe Lucius und Gaius Caesar beseitigt, Dio 55,10a,9f.; Tac. Ann. 1,3,3; 3,19,3. Zu der Beschuldigung, sie habe die Ermordung des Agrippa Postumus veranlaßt, Dio 57,3,6; Tac. Ann. 1,6,2; Suet. Tib. 22.

[71] Dio 56,30,1f.; Tac. Ann. 1,5,1f.

[72] Zu den Spannungen zwischen Mutter und Sohn Tac. Ann. 1,14,2; 1,72,4; 3,64,1; 4,57,3; Suet. Tib. 50,2–51; Dio 57,12,3ff. Zu seinem Verhalten bei der Erkrankung und dem Tod der Mutter Tac. Ann. 5,2,1; Suet. Tib. 51,2; Dio 58,2,1. Zu der Schwierigkeit,

rianischer Zeit Gefahr, vor Gericht gestellt zu werden, wenn man es wagte, abträgliche Gerüchte und Meinungen über das Wirken der einflußreichen Frau zu verbreiten. Beleidigungen ihrer Person fielen damals unter das Majestätsgesetz und wurden nach Ausweis der Diostelle 57,19,1 mit entsprechender Strenge geahndet. Mag Dios Angabe auch mit Vorsicht aufzunehmen sein[73], so ist doch soviel sicher, daß es zu Lebzeiten des Tiberius ratsam war, Anwürfe gegen seine Mutter zu unterlassen. Zwar waren damals Spottepigramme in Umlauf, die verletzende Anspielungen auf die Uneinigkeit zwischen Mutter und Sohn enthielten; doch waren ihre Verfasser vorsichtshalber anonym geblieben. Die zeitgenössische Annalistik hatte ganz gewiß darauf verzichtet, den Hofklatsch zu verbreiten, dem Livia ständig ausgesetzt war. Die ungehinderte Freiheit, Enthüllungen über ihre Rolle in den inneren Machtkämpfen darzubieten, gewann die Geschichtsschreibung erst, seitdem Caligula an die Macht gekommen war. Caligula ging mit eigenem Beispiel voran. Mit seiner treffenden Bemerkung, Livia sei ein „*Ulixes stolatus*" gewesen[74], spielte er auf ihre Fähigkeit an, im Hintergrund Intrigen zu spinnen. Seiner Urgroßmutter gewogen zu sein, hatte er, sofern die antiken Berichte über die Spannungen im kaiserlichen Haus Vertrauen verdienen, nicht den geringsten Anlaß. Sie soll seine Eltern gehaßt[75] und über den Tod seines Vaters, wenngleich sie Trauer heuchelte, Freude empfunden haben[76]. Außerdem belastete sie das Gerücht, sie habe mit zwei erbitterten Feinden seiner Eltern, mit Cnaeus Piso und seiner Gattin Plancina, im Einverständnis gestanden[77]. Beide waren nach dem frühen Tod des Germanicus unter der Anklage, dessen vorzeitiges Ende verschuldet zu haben, vor Gericht gestellt worden[78].

Nachtiberianische Geschichtsschreiber ließen sich die Gelegenheit nicht entgehen, den jahrzehntelang angestauten Unmut über den beispiellosen Einfluß der machtbesessenen Intrigantin endlich freisetzen zu können. Das ungünstige Bild, das sich von ihr erhalten hat, ist ebenso wie die feindselige Beurteilung der beiden ersten Kaiser oder die wohlwollende Schilderung der Gestalt des Germanicus die Folge bestimmter äußerer Gegebenheiten, der Niederschlag geschichtlicher Voraussetzungen, die in ihrer Gesamtheit erst seit dem Regierungsantritt des jungen Caligula erfüllt waren.

---

die Erwägung *sincera adhuc inter matrem filiumque concordia sive occultis odiis* (Ann. 3,64,1) mit der bestimmten Aussage *hunc quoque asperavere carmina incertis auctoribus vulgata in saevitiam superbiamque eius et discordem cum matre animum* (Ann. 1,72,4) zu vereinbaren, siehe R. Syme, Tacitus II,696.

[73] Die Schilderung, die Tacitus Ann. 2,50 von dem Verlauf einer diesbezüglichen Gerichtsverhandlung gibt, läßt zumindest den Schluß zu, daß Livia nicht immer auf der strafrechtlichen Verfolgung ihrer Beleidiger bestanden hatte.

[74] Suet. Cal. 23,2.
[75] Ann. 1,33,1.
[76] Dio 57,18,6; Tac. Ann. 3,3,1.
[77] Ann. 2,77,3; 2,82,1.
[78] Zu diesem Prozeß Tac. Ann. 3,10ff.; Dio 57,18,10.

Gegen den liviafeindlichen Zug der nachtiberianischen Überlieferung hat Tacitus so wenig Front gemacht wie gegen die Einseitigkeit des Totengerichts oder die Voreingenommenheit in der überkommenen Beurteilung des Tiberius. Im Gegenteil. Er übernimmt nicht bloß die Meinung, Livias Trauer um Germanicus sei geheuchelt gewesen, sondern stützt auf diese unüberprüfbare Behauptung eigene Mutmaßungen über die Gründe, aus denen Antonia, die Mutter des Toten, den Beisetzungsfeierlichkeiten ferngeblieben sein mochte[79].

Tiberius bei Tacitus

Es mag sein, daß Augustus, Tiberius oder Livia in vielen Fällen tatsächlich das getan, gedacht oder beabsichtigt hatten, was das Gerücht oder ein Annalist der nachtiberianischen Geschichtsschreibung ihnen zugetraut hatten. Das Unbehagen über die Vielzahl von Unterstellungen bleibt. Inhalt und Auswahl der Gerüchte, die Tacitus in den ersten sechs Büchern seiner Annalen mitteilt, geben zu dem Argwohn Anlaß, daß die Überlieferung, an die er anknüpfte, von den Gegebenheiten der Zeit, in der sie entstanden war, auf Kosten ihrer Glaubwürdigkeit gefärbt war.

Wie unbedenklich man in der nachtiberianischen Geschichtsschreibung solche Unterstellungen und Gerüchte eingesetzt hatte, um die Meinung des Lesers im gewünschten Sinne zu beeinflussen, offenbart sich besonders kraß in der Widersprüchlichkeit der Mutmaßungen über die Hintergründe der Thronfolgeregelung des Augustus.

Die Erbitterung über Tiberius hatte die Unterstellung eingegeben, Augustus habe Tiberius, dessen grausame Natur er durchschaut habe, in der selbstsüchtigen Hoffnung zu seinem Nachfolger bestimmt, daß man sich nach den Erfahrungen mit seinem unbeliebten Stiefsohn um so sehnlicher an seine eigene, erträglichere Staatsführung erinnern werde. Von diesem Vorwurf, mit dem der Schöpfer des Totengerichts seine vernichtende Abrechnung beschlossen hatte, berichten nicht allein Tacitus und Sueton[80]; auch Dio, der die Beschuldigungen gegen den Begründer des Prinzipats bis auf wenige Reste ausmerzte, gibt ihn wieder[81].

Sueton darf das Zeugnis ausgestellt werden, daß er als einziger die Stichhaltigkeit der Unterstellung gewissenhaft überprüfte und die unbillige Behauptung mit Briefstellen aus der kaiserlichen Korrespondenz, die er hierzu eigens eingesehen hatte, schlagend widerlegte[82]. Was Tacitus zur Untermauerung der gegen-

---

[79] Ann. 3,3,3.
[80] Tac. Ann. 1,10,7; Suet. Tib. 21,2.
[81] Dio 56,45,3.
[82] Suet. Tib. 21,3ff. Die Gründe, mit denen C. Questa, Studi sulle fonti degli Annales di Tacito 112ff. nachzuweisen sucht, daß Sueton hier gegen Tacitus (Ann. 1,10,7) Stel-

teiligen Ansicht ausführt, ist bereits durch das Filter der Deutung gegangen und besitzt nicht die gleiche Beweiskraft[83]. Daß Sueton zuweilen, wenn es ihm angebracht erschien, authentisches Material zusätzlich heranzog, wirkte sich hier besonders vorteilhaft aus.

Mag auch Augustus für seinen älteren Stiefsohn keine so tiefe Zuneigung empfunden haben wie für seinen jüngeren[84], — von den Fähigkeiten des bewährten Militärs und Organisators hatte er schwerlich so gering gedacht, wie die tiberiusfeindliche Geschichtsschreibung glauben machen wollte. Zweifellos hat Sueton recht daran getan, die Auffassung, Augustus habe sich *necessitate magis quam iudicio* für Tiberius entschieden, lediglich zu erwähnen, ohne sie sich zu eigen zu machen[85]. Daß sie der Unterstellung, Augustus habe seine Wahl mit Rücksicht auf seinen eigenen Nachruhm getroffen, den Boden entzieht, gehört zu den Ungereimtheiten, an denen die tiberiusfeindliche Überlieferung so reich ist.

Daß die Unterstellung, die Nachfolgeregelung des Augustus sei eine beabsichtigte Fehlentscheidung gewesen, das Anliegen der nachtiberianischen Geschichtsschreibung unterstützte, bedarf keines Beweises. Nach dem Tod des Tiberius waren die Geschichtsschreiber nur zu gern bereit, alles aufzugreifen, was dazu beitragen konnte, ihn herabzusetzen. Die Versuchung, die Unterstellung gegen Tiberius zu verwenden, kreuzte sich indessen auf eigentümliche Weise mit der Bereitschaft, Germanicus, den Sproß der jüngeren claudischen Linie, die nach dem Tod des Tiberius an die Macht gekommen war, bei jeder Gelegenheit auf Kosten des Tiberius zu verherrlichen. Wie die erhaltene Überlieferung lehrt, hatte man in der nachtiberianischen Geschichtsschreibung nicht versäumt, den Hinweis einzuflechten, Augustus habe die Thronfolge des Germanicus in Aussicht genommen und sei erst auf Betreiben seiner Gemahlin von seinem Plan abgekommen[86]. Es fällt schwer, in dieser Nachricht mehr als eine Mutmaßung zu sehen[87]. Sie gründete sich wohl ausschließlich auf den fragwürdigen Anhaltspunkt, daß Augustus seinen Adoptivsohn Tiberius seinerseits zur

---

lung genommen habe, vermögen nicht zu überzeugen. Weitaus wahrscheinlicher ist, daß Sueton sich mit seiner Widerlegung gegen die Verdächtigung wandte, die er in der nachtiberianischen Überlieferung vorfand. Ebensowenig geht es an, mit C. Questa, a.O. 69 anzunehmen, Dio habe die Unterstellung von Tacitus übernommen.

[83] Ann. 1,10,7: *etenim Augustus paucis ante annis, cum Tiberio tribuniciam potestatem a patribus rursum postularet, quamquam honora oratione, quaedam de habitu cultuque et institutis eius iecerat, quae velut excusando exprobraret.* Wie aus Tib. 68,3 hervorgeht, stand Sueton dasselbe Argument zu Gebote; dennoch ließ er sich nicht in seiner Überzeugung beirren, daß die Behauptung, Augustus habe von den Fähigkeiten seines Stiefsohnes eine geringe Meinung gehabt, die Wahrheit entstelle.

[84] Zu seinen Aussetzungen an dem Benehmen des Tiberius vgl. Suet. Tib. 68,3.
[85] Tib. 23.
[86] Tac. Ann. 4,57,3; Suet. Cal. 4 und Tib. 21,2.
[87] Anders D. C. A. Shotter, Tacitus, Tiberius and Germanicus, Historia 17, 1968, 195 mit Berufung auf Suet. Cal. 4.

Adoption des Germanicus gezwungen hatte, obwohl Tiberius in Drusus einen leiblichen Sohn besaß. Für diesen ungewöhnlichen Schritt gibt Tacitus eine Begründung an, die das Richtige treffen dürfte: Augustus wünschte offenbar tatsächlich, die junge Dynastie auf möglichst viele Stützen zu stellen[88].

Selbst wenn sich die Annahme verböte, daß die auffällige Adoption zu dem Schluß verleitet hatte, Augustus habe die Designation des Germanicus erwogen, bliebe immer noch das Unbehagen über das Dickicht widersprüchlicher Aussagen und Unterstellungen bestehen. Hatte Augustus tatsächlich Germanicus für die Nachfolge ausersehen und sich nur von den Bitten seiner Gemahlin umstimmen lassen, dann scheidet der ihm unterschobene Beweggrund, er habe den schmeichelhaften Vergleich mit einem unbeliebteren Nachfolger gesucht, als mögliches Motiv aus. Gerade die Beliebtheit des Germanicus soll ja Augustus veranlaßt haben, die Zurücksetzung des Tiberius in Erwägung zu ziehen. Die nachtiberianische Geschichtsschreibung hatte sich hier in Widersprüche verstrickt, die ihre Parteilichkeit, ihre Rücksichtnahme auf die dynastischen Verhältnisse der Gegenwart, grell beleuchten.

Von den Spuren dieser Parteilichkeit hat Tacitus seine Darstellung nicht gereinigt. Obwohl sich Germanicus bedenkliche Eigenmächtigkeiten erlaubte, fällt auf ihn kein Schatten[89]. Selbst unbesonnene Schritte, die Tiberius mit vollem Recht gerügt hatte, bleiben in den Annalen unbeanstandet[90]. Ganz im Sinne der nachtiberianischen Geschichtsschreibung führt Tacitus die Mißhelligkeiten, die Germanicus großenteils aus Unüberlegtheit verschuldet hatte, auf das ängstliche Mißtrauen, die Eifersucht und den Haß des Tiberius zurück[91]. Obwohl die Entscheidung, Germanicus von der Rheinfront abzuberufen, vom militärischen Standpunkt gerechtfertigt war[92], unterstellt er Tiberius den persönlichen

---

[88] Ann. 1,3,5. Wie D. Timpe, Untersuchungen zur Kontinuität des frühen Prinzipats, Wiesbaden 1962, 29 meint, hatte für Tiberius in dem neuen Verwandtschaftsverhältnis tatsächlich „der beste Schutz" gelegen. Zwingend ist das nicht: vgl. H. D. Meyer, Gnomon 36, 1964, 288.

[89] Vgl. R. Syme, Tacitus I,418.

[90] Zu der Einseitigkeit, mit der Tacitus das Verhältnis Tiberius–Germanicus schilderte, K. Christ, Drusus und Germanicus, Paderborn 1956, 87 und 95.

[91] Zu den Spannungen Tac. Ann. 1,7,6; 1,33,1; 2,26,4f. und öfters.

[92] Uneingeschränkt gutgeheißen wurde sie u. a. von F. B. Marsh (The Reign of Tiberius, Oxford 1931 (Cambridge 1959), 74), M. P. Charlesworth (The Cambridge Ancient History X, Cambridge 1952², 618f.) und K. Christ (Drusus und Germanicus 101f.). E. Koestermann, der die Fähigkeiten des Germanicus und die Bedeutung seiner Feldzüge im Vertrauen auf die Glaubwürdigkeit der antiken Überlieferung würdigt, zeigte sich demgegenüber geneigt, die Zuversicht des Germanicus, den Krieg im Sommer des folgenden Jahres zum Abschluß bringen zu können, als begründete Hoffnung gelten zu lassen (Die Feldzüge des Germanicus 14–16 n. Chr., Historia 6, 1957, 465). Dieser Auffassung kommt D. Timpe, Der Triumph des Germanicus, Antiquitas 16, Bonn 1968, 76 nahe; doch räumt er ein, daß die Kriegsplanung des Germanicus „beträchtliche Risiken" in sich geborgen habe. In jedem Fall wird man sagen müssen, daß Tacitus unter dem Einfluß der nachtiberianischen Geschichtsschreibung den persönlichen Grund des Neids gegenüber dem sachlichen überbewertete.

Beweggrund der *invidia*[93]. Nichts läßt erkennen, daß er beabsichtigt hätte, ihm in immanenter Auseinandersetzung mit der einseitigen Überlieferung auf Kosten des Germanicus größere Gerechtigkeit widerfahren zu lassen[94]. Aus der Schilderung der Annalen Vorbehalte gegenüber der überkommenen, germanicusfreundlichen Sicht herauslesen zu wollen, ist ein unsicheres Unterfangen, das zu keinem überzeugenden Ergebnis führen kann.

Die Befangenheit, mit der man in der nachtiberianischen Geschichtsschreibung über Tiberius geurteilt hatte, verschlimmerte eine noch schwerer ins Gewicht fallende Unzulänglichkeit, die sich desgleichen als unvermeidliche Folge der Zeitumstände einstellen mußte.

Hatte sich der Catobewunderer Favonius bereits vor Caesars Ermordung zu der Auffassung bekannt, daß Bürgerkrieg schlimmer sei als eine widerrechtliche Alleinherrschaft[95], so mußte sich diese Einstellung vollends durchsetzen, nachdem man in die Lage gesetzt war, die anarchischen Zustände während der Nachfolgekämpfe und die Segnungen der *pax Augusta* nebeneinanderzuhalten. Nach diesen Erfahrungen scheinen selbst solche Geschichtsschreiber, die Augustus der Heuchelei ziehen und sich nur schwer mit der Beschränkung der senatorischen Befugnisse abfinden konnten, gelernt zu haben, den Prinzipat als eine unbequeme, aber unabwendbare Notwendigkeit hinzunehmen[96]. Offenbar hatte sogar der für seinen Freimut bekannte Senator und Geschichtsschreiber Cremutius Cordus weder die Berechtigung der neuen Staatsform verneint noch an den institutionellen Mängeln, die ihr anhafteten, von grundsätzlichen Überlegungen her Anstoß genommen. Die Anklage konnte ihm lediglich vorhalten, er habe Senat und Volk (ihrer Fügsamkeit wegen) getadelt[97], Marcus Brutus gepriesen und Gaius Cassius den letzten der Römer genannt[98]. Das Bekenntnis zu Brutus und Cassius kam nicht einer grundsätzlichen Absage an die augusteische Ordnung gleich[99]. Hätte Cremutius in seinem Geschichtswerk grundsätzliche Kritik an der Staatsschöpfung des Augustus geübt, wäre es ihm schwerlich vergönnt gewesen, Augustus unter seinen Zuhörern zu haben[100]. Tacitus verdient vollen Glauben, wenn er den Vorwurf, Cremutius habe Brutus und Cassius ge-

---

[93] Gegen diese Unterstellung bereits L. v. Ranke, Weltgeschichte III,2,297.
[94] Dies zu D. C. A. Shotter, Historia 17, 1968, 194ff.
[95] Plut. Brut. 12,3.
[96] Vgl. W. Allen, The Political Atmosphere of the Reign of Tiberius, Transactions and Proceedings of the American Philological Association 72, 1941, 1ff. sowie J. Bleicken, Senatsgericht und Kaisergericht, Göttingen 1962, 57.
[97] Dio 57,24,3: καὶ τοῦ δήμου τῆς τε βουλῆς καθήψατο. Die Übersetzung „er rügte das Volk und den Senat" trägt der Gegensätzlichkeit von ἐπῄνεσε und καθήψατο Rechnung und empfiehlt sich vom Sprachgebrauch her (vgl. Her. 6,69,4; Thucyd. 6,16,1 sowie Plato, Crito 52A). Verfehlt ist die Übersetzung „er hielt sich an Volk und Senat" (F. Klingner, Römische Geisteswelt 488).
[98] Tac. Ann. 4,34,1; Suet. Tib. 61,3; Dio 57,24,3.
[99] Vgl. R. Syme, Tacitus und seine politische Einstellung, Gymnasium 69, 1962, 253.
[100] Suet. Tib. 61,3; vgl. auch Dio 57,24,3.

priesen, als wichtigsten Anklagepunkt erwähnt[101]. Daß im Leichenzug der Iunia, einer Nichte des Cato Uticensis, die Ahnenbilder des Brutus und Cassius fehlten[102], gibt eine Vorstellung davon, wie unerwünscht die Erinnerungen, die sich mit ihren Namen verbanden, schon in der sogenannten guten Zeit des tiberianischen Prinzipats gewesen sein müssen.

Je weniger aber der Prinzipat als Staatsform Gegenstand einer Erörterung des Für und Wider wurde, desto mehr mußte sich die Kritik auf die Hervorkehrung der persönlichen Fehler verlagern, die der Senat dem jeweiligen Princeps zur Last legte. Für Tiberius hatte das zur Folge, daß die senatorische Geschichtsschreibung die außergewöhnliche Schwierigkeit, den politischen Ballast des augusteischen Erbes zu bewältigen, nicht angemessen berücksichtigte und aus dem Scheitern seiner Senatspolitik die Berechtigung herleitete, ihm Tyranneneigenschaften wie Mißtrauen, Hinterhältigkeit und Heuchelei nachzusagen. Sie zeigte kein Verständnis dafür, daß der schwerblütige, verschlossene Aristokrat, in dessen Natur sich die Bewunderung für stolzen Freimut mit einer verhängnisvollen Verletzlichkeit paarte, von seinem Wesen her mit der Aufgabe überfordert war, die von seinem Vorgänger geschickt verdeckten und oft genug gewaltsam unterdrückten Gegensätze abzubauen[103]. Sie stellte nicht gebührend in Rechnung, daß die von halbherzigen Zugeständnissen geprägte Schöpfung der Prinzipatsverfassung von einem Princeps zwangsläufig verlangte, das unvermeidliche pseudorepublikanische Spiel zu spielen[104], und daß Tiberius von seiner Veranlagung her nicht befähigt sein konnte, die Regeln dieses Spiels mit solch gelassener Virtuosität zu beherrschen, wie sein wendigerer Vorgänger es vermocht hatte[105]. Wie sehr diese Unzulänglichkeit der nachtiberianischen Annalistik das Urteil über den Menschen Tiberius getrübt hatte, ist aus der erhaltenen Überlieferung klar zu ersehen. Schon die Berichterstattung von dem Hergang des Regierungswechsels legt von diesem Mangel Zeugnis ab. Weder Dio

---

[101] Zur modernen Kritik an dem taciteischen Bericht vgl. die ausführliche Stellungnahme von W. Steidle, Museum Helveticum 22, 1965, 105ff.

[102] Tac. Ann. 3,76,2.

[103] Zu der Schwierigkeit der Aufgabe, das Erbe des Augustus anzutreten, vgl. F. B. Marsh, The Reign of Tiberius 27,46 und öfter. Welche Deutung der Senat seiner Verschlossenheit gegeben hatte und welchem Unverständnis seine ängstliche Scheu begegnet war, seinen Standpunkt vor der Beratung eines Gegenstandes in Miene oder Wort kenntlich zu machen, spiegelt sich in besonders deutlicher Weise in der Gesamtcharakteristik, die Dio seiner Darstellung der Tiberiuszeit vorausschickt (57,1; zu dem Vorwurf der Verstellung vgl. auch Tac. Ann. 1,11,2 und Dio 57,6,3).

[104] Zu diesem Problem K. v. Fritz, Tacitus, Agricola, Domitian, and the Problem of the Principate, Classical Philology 52, 1957, 78f., 81,83ff.

[105] Zu der Gelassenheit des Augustus vgl. seine an Tiberius gerichtete briefliche Äußerung *aetati tuae, mi Tiberi, noli in hac re indulgere et nimium indignari quemquam esse, qui de me male loquatur; satis est enim, si hoc habemus ne quis nobis male facere possit* (Suet. Aug. 51,3). Ebendiese Gelassenheit ließ Tiberius als Princeps gelegentlich vermissen (vgl. etwa Ann. 1,74 oder 4,42,2f.).

noch Sueton oder Tacitus haben sich hier von dem Einfluß der nachtiberianischen Geschichtsschreibung frei gemacht.

Sueton verurteilt in seiner Tiberiusvita die Unehrlichkeit des Scheinkonstitutionalismus am schärfsten, wenn er den Akt des Regierungsantritts als die „unverschämteste Komödie" bezeichnet[106]. Aber auch Dio und Tacitus haben keinen Zweifel daran gelassen, daß sich die Unentschlossenheit, die Tiberius im Senat an den Tag legte, mit der unverzüglichen Inanspruchnahme der imperatorischen Rechte, die seinem Auftritt im Senat voranging, schlecht vertragen habe[107].

Daß in seinem Verhalten ein Widerspruch lag, ist, wenn die wahren Machtverhältnisse bedacht werden, sicherlich richtig beobachtet. Wer im Besitz des *imperium proconsulare maius* und der *tribunicia potestas* ist, wird sich kaum ernsthaft mit dem Gedanken tragen, auf die Staatsführung zu verzichten[108]; Tacitus hat zweifellos recht, wenn er sagt, Augustus habe mit der Verleihung der *tribunicia potestas* verhindern wollen, daß nach seinem Tod Unklarheit über die Nachfolge herrsche[109]. Nur war die nachtiberianische Geschichtsschreibung darin einseitig, daß sie das Verhalten des Tiberius vorwiegend auf psychologische Gründe, auf Eigentümlichkeiten seiner Wesensart und den Einfluß des Mißtrauens gegenüber dem beliebteren Germanicus zurückführte[110]. Sie mußte infolgedessen verkennen, daß für die Handlungsweise, die sie anprangerte, eher die Rücksicht auf das empfindliche Räderwerk des augusteischen Systems als die Psyche des Princeps verantwortlich war.

Folgende Beweggründe sind es, die sie zur Erklärung seiner vermeintlichen Unentschlossenheit in Betracht gezogen hatte: der Hang zur Verstellung, die Angst vor einer Erhebung des Germanicus, die Besorgnis über die pannonischen Unruhen, die Absicht, Einblick in die Gesinnung der Senatsaristokratie zu gewinnen, der Wunsch, den Eindruck zu verwischen, daß er den Thron der Intrige einer Frau und der Adoption eines Greises verdanke. Diese Erklärungsversuche führt Dio vollzählig auf, während Sueton und Tacitus aus unterschiedlichen Gründen auf Vollständigkeit verzichtet haben[111]. Daß das Verhalten des Tiberius bei Tacitus „keine verständigen Gründe mehr" habe[112], ist eine irrige Auffassung, die den Tatsachen widerspricht. Wenn er im Unterschied zu Cassius Dio keine ursächliche Verknüpfung zwischen der unentschiedenen Haltung des Tiberius und den Meutereien der pannonischen und niedergermanischen Legionen her-

---

[106] Suet. Tib. 24,1.
[107] Dio 57,2; Tac. Ann. 1,7,2ff.
[108] Daß die *recusatio* insoweit lediglich eine feierliche Zeremonie war, verkennt E. Kornemann, Tiberius, Stuttgart 1960, 65.
[109] Ann. 3,56,2.
[110] Seine Bereitschaft, den psychologischen Erklärungsversuchen Glauben zu schenken, bekundet H. H. Schmitt, Der pannonische Aufstand des Jahres 14 n. Chr. und der Regierungsantritt des Tiberius, Historia 7, 1958, 382f. ohne zureichende Begründung.
[111] Vgl. Dio 57,3; Suet. Tib. 24f.; Tac. Ann. 1,7,6f. und 1,11,2.
[112] So F. Klingner, Tacitus über Augustus und Tiberius 36.

stellt, so wird ihn dabei gewiß nicht die Absicht geleitet haben, „die vernünftigen Gründe des Verhaltens des Tiberius zu verneinen und es auf das abgründige ängstliche Mißtrauen des tyrannischen Menschen gegen alles Große, Bedeutende, Beliebte allein zurückzuführen[113]." Bevor überhaupt irgendeine Aussage über seine Absicht gewagt werden darf, müssen die folgenden Fragen zufriedenstellend geklärt sein: Setzte er sich bewußt über die ihm vorliegende Überlieferung hinweg? Machte er sich einer sachlichen Entstellung schuldig? Unterdrückte er um einer vorgefaßten Meinung willen eine zum geschichtlichen Verständnis wesentliche Beobachtung?

Die erste Frage ist wohl zu bejahen. Während Cassius Dio und Sueton übereinstimmend davon ausgehen, daß die beunruhigenden Nachrichten vom Ausbruch bedrohlicher Meutereien unter den niederrheinischen und pannonischen Legionen Tiberius zeitig genug erreichten, um ihn in seinem Verhalten gegenüber dem Senat zu beeinflussen, spricht Tacitus zurückhaltender nur davon, daß Tiberius die Zusammenballung einer so großen Truppenmacht, wie sie am Rhein vereinigt war, mit Sorge und die Beliebtheit des Germanicus mit Argwohn betrachtet habe. Dem Vorwurf, den geschichtlichen Tatbestand irreführend wiedergegeben zu haben, sind indessen die beiden anderen Darstellungen weit eher ausgesetzt als sein eigener Bericht. Ob der Ausbruch der Meuterei am Niederrhein vor der Senatssitzung vom 17. September in Rom überhaupt bekannt geworden sein kann, ist durchaus zweifelhaft; und ob die Meldung von den Unruhen in Pannonien Tiberius tatsächlich veranlaßten, dem Senat mit der Geste der *recusatio* gegenüberzutreten, ist, wenn auch nicht aus chronologischen Bedenken[114], so doch aus sachlichen Gründen in Frage zu stellen. Sein Kurs, eine Willensbekundung des Senats zu erwirken, ohne den formellen Regierungsantritt mit der Anmaßung kaiserlicher Vollmachten vorwegzunehmen,

---

[113] So F. Klingner, Tacitus über Augustus und Tiberius 36f. E. Koestermann hat sich Historia 10, 1961, 341 Anm. 36 mit Recht gegen diese Auffassung gewandt, schlug aber seinerseits eine Lösung vor, die ebensowenig zu überzeugen vermag. In Wahrheit hat Tacitus weder die überlieferten Gründe beiseite gelassen noch die Kenntnis der Zusammenhänge bei seinen Lesern vorausgesetzt. Mit welchem Recht hätte er diese Kenntnis überhaupt voraussetzen dürfen?

[114] Den chronologischen Sachverhalt zu klären, unternahmen mit entgegengesetztem Ergebnis E. Hohl, Wann hat Tiberius das Prinzipat übernommen?, Hermes 68, 1933, 107 und H. H. Schmitt, Historia 7, 1958, 378ff. Ihre Bemühungen kranken jedoch an dem gemeinsamen Fehlschluß, die Annalenstelle 1,14,3 beweise, daß der jüngere Drusus noch an der Senatssitzung vom 17. September teilgenommen habe. Richtig verstanden besagt die Stelle lediglich, daß es nicht sinnvoll gewesen wäre, ihm ebenso wie Germanicus ein prokonsularisches Imperium zu verleihen, da er in seiner Eigenschaft als designierter Konsul an die Hauptstadt gebunden zu sein pflegte. Die Frage, ob er sich gerade am 17. September in Rom aufhielt oder nicht, stellt sich hier gar nicht. Ist dies erkannt, darf man Schmitts überzeugenden Berechnungen unbedenklich folgen, ohne zu der unbefriedigenden, den eindeutigen Aussagen von Ann. 1,24,1 widerstreitenden Auskunft genötigt zu sein, Drusus sei dem Trupp nachgeritten, den Tiberius zu dem Unruheherd in Pannonien abgeordnet hatte.

zeichnete sich schon – was nicht zuletzt seine ausweichenden Antworten auf das Drängen der *amici* bestätigen[115] – in den ersten Wochen nach dem Tod des Augustus ab. Tacitus unterstreicht dies mit der vorgreifenden Feststellung *nusquam cunctabundus nisi cum in senatu loqueretur*[116]. Der Vorgriff – Tacitus zählt die überkommenen Erklärungen für die *cunctatio* als einziger vor dem Bericht über den Verlauf der Senatssitzung vom 17. September auf! – mußte zur Folge haben, daß er den ursächlichen Zusammenhang löste, den die Überlieferung zwischen dem Auftreten des Tiberius im Senat und dem Ausbruch der beiden Meutereien hergestellt hatte. Doch bewogen ihn wohl kaum chronologische Bedenken, von der überkommenen Darstellung abzuweichen. Eher leitete ihn die Absicht, die Linie, welche er in der Überlieferung angelegt fand, schärfer auszuziehen. Jedenfalls verfestigt seine Darstellung die vorgegebene Tendenz, den psychologischen Gründen vor den politischen den Vorrang einzuräumen, ohne daß die eigentliche Ursache – *ut vocatus electusque ... a re publica videretur*[117] – verschwiegen wäre. Hätte er verneint, daß allein schon die Besorgnis über die mögliche Gefahr einer Erhebung Tiberius veranlaßte, sich im Senat zögernd zu geben, wäre er um Weiterungen herumgekommen, die chronologische Implikationen nach sich zogen. So aber war er gezwungen, die *cunctatio* des Tiberius über den 17. September hinaus andauern zu lassen[118]. Denn wenn bereits die mögliche Gefahr auf das Verhalten des Tiberius Einfluß gewonnen haben sollte, mußte dies erst recht gelten, seitdem die Gefahr tatsächlich eingetreten war[119]. Von der Überlieferung ermutigt hat Tacitus es versäumt, den Akt der *recusatio*, der auf die Erwirkung des *consensus universorum* abzielte, von der politisch rücksichtsvollen, aber nur scheinbar zögernden Zurückhaltung zu sondern, die Tiberius aus seinem konstitutionalistischen Denken heraus sowohl vor als auch nach dem 17. September wahrte, wenn er mit dem Senat verkehrte. Das Versäumnis beruhte auf einem naheliegenden Mißverständnis von senatorischer Seite, zu dem Tiberius mit seiner bekannten Neigung zu dunklen Wendungen das Seinige beigetragen zu haben scheint. Gewürdigt wurde die peinliche Beachtung der konstitutionalistischen Formen weder vom Senat noch von der senatorischen Geschichtsschreibung. Welchem Unverständnis sie begegnete, verrät nichts deutlicher als die Tatsache, daß Dio die Regierungszeit des Tiberius vom 19. August an rechnet[120].

Unverständnis oder Voreingenommenheit prägten überhaupt das Urteil, das die nachtiberianische Geschichtsschreibung über die Senatspolitik des Tiberius

---

[115] Suet. Tib. 24,1.
[116] Tac. Ann. 1,7,5.
[117] Tac. Ann. 1,7,7.
[118] Zu ersehen aus Tac. Ann. 1,14,5 und 1,46,1.
[119] So spricht Cassius Dio 57,7,1 folgerichtig davon, daß die *cunctatio* geendet habe, als von den Krisenherden keine beunruhigenden Nachrichten mehr in Rom eingelaufen seien.
[120] Dio 58,28,5.

gefällt hatte. Mit welcher Befangenheit sie seinen Bemühungen, die Bedeutung des Senats zu heben, gegenübergestanden haben muß, bestätigt die Abwertung der Zugeständnisse, die er dem Senat gewährt hatte. Die überkommene Auffassung, von der sich bei Sueton und Tacitus noch Brechungen greifen lassen[121], war auf den Standpunkt hinausgelaufen, Tiberius habe dem Senat mit seinem Entgegenkommen nicht mehr als einen Abglanz der einstigen Freiheit zugebilligt.

Die Feststellung ist nicht geradezu falsch (Tiberius hatte tatsächlich, wie Ann. 3,60,1 angedeutet ist, von der Machtfülle, die ihm seine Stellung als Princeps gewährleistete, kaum etwas preisgegeben, das seine kaiserlichen Rechte hätte gefährden können). Aber sie erfaßt das politische Problem nur unzureichend, da sie aus der Anwendung eines unbilligen Maßstabs erwachsen ist. Kein verantwortungsbewußter Princeps konnte daran denken, dem Senat die alte Unabhängigkeit zurückzugeben. Als Folge eines solchen Schritts wäre die Rückkehr zu den anarchischen Zuständen der ausgehenden Republik zu befürchten gewesen. Cassius Dio, den von den politischen Anschauungen, die in der senatorischen Geschichtsschreibung der frühen Kaiserzeit vorherrschten, ein beachtlicher Abstand trennt, hat sich einer entsprechenden Bemerkung über die *simulacra libertatis* enthalten. Er zögert nicht, in seinem Urteil über die Senatspolitik des Tiberius die behutsame Wahrung der republikanischen Tradition uneingeschränkt zu loben[122]. Daß sich mit der Enthüllung über die Scheinfreiheit des Senats der persönliche Vorwurf der Heuchelei verbunden hatte, lassen nur die taciteischen Annalen und, wenn auch mit unterschiedlicher Brechung, die Suetonsche Tiberiusvita erkennen. Die Abwertung der *libertas senatus* war nicht allein darauf abgestellt, die wahren Machtverhältnisse aufzudecken; sie bezweckte darüber hinaus, daß das Entgegenkommen des Tiberius als eine vorsätzliche Täuschung, als die Vorspiegelung republikanischer Gesinnung erscheinen sollte[123].

Es bleibe dahingestellt, ob der Vorläufer, von dem Tacitus diese Auffassung übernommen hat, aus fehlender Einsicht oder aus Scheu vor der Aufdeckung dynastischer *arcana* versäumt hatte, die Bedeutung der politischen Kontinuität in der heiklen Frage der *libertas senatus* vorurteilsfrei zu berücksichtigen. Jedenfalls hatte er die Senatspolitik des Tiberius dadurch am falschen Maßstab gemessen, daß er es unterlassen hatte, die republikanischen Halbheiten als institutionelle Notwendigkeiten des augusteischen Konstitutionalismus gebührend in Rechnung zu stellen.

Das erörterte Beispiel verdeutlicht, welche Vorsicht gegenüber der Annahme geboten ist, daß Tacitus seinerseits in der Schilderung der sogenannten guten Zeit „überall seine entlarvenden Urteile eingezeichnet" habe[124]. Schon jener

---

[121] Suet. Tib. 30; Tac. Ann. 1,77,3; 1,81,2; 3,60,1; vgl. auch Ann. 1,7,3.
[122] Dio 57,7,2ff.; vgl. auch sein anerkennendes Urteil über die Wahrung der Rechte des Volkstribunen 57,15,9.
[123] Zu dieser Unterstellung vgl. Suet. Tib. 26,1; 57,1 und Tac. Ann. 1,81.
[124] So F. Klingner, Tacitus über Augustus und Tiberius 43.

Annalist, der dem Tiberiusbild die fortan gültige Gestalt verliehen hatte, konnte ohne die Unterstellung der Heuchelei nicht auskommen, wenn seine Charakterzeichnung glaubhafte Züge gewinnen sollte, obwohl die Regierungsmaßnahmen der ersten Jahre nicht in das Bild paßten[125].

Von den zeitbedingten Einseitigkeiten abgesehen, waren die vorgegebenen Ansätze zur Entlarvung der machtpolitischen Verhältnisse durchaus geeignet, zu einer richtigen Einschätzung der von Augustus begründeten Staatsform zu verhelfen. Insoweit ist es nur zu begrüßen, daß Tacitus an diese Ansätze anknüpfte. Leider hat er aber auch die Neigung zur psychologisierenden Betrachtungsweise als ein Erbteil der frühen kaiserzeitlichen Geschichtsschreibung übernommen, obwohl hier die größte Vorsicht am Platze gewesen wäre.

Diese Neigung, der sich Dio und Sueton ebensowenig verschlossen, kommt wohl am deutlichsten in dem Wagnis zum Vorschein, die seelische Entwicklung des Tiberius während seines Prinzipats in fünf verschiedene Phasen einzuteilen[126]. Nach der Vorstellung eines Annalisten, von dem wir wissen, daß er Senator war und nach dem Tod des Tiberius geschrieben hatte, setzte mit dem Tod des Germanicus, des Drusus, der Livia und des Sejan jeweils eine neue Stufe der Selbstenthüllung des Tiberius ein. Auf die Problematik dieses Gliederungsversuchs sei im folgenden näher eingegangen.

Es überrascht, wie hoch ein so scharfsinniger Beurteiler wie Eduard Schwartz, den die Bemühungen der antiken Geschichtsschreiber sonst nur selten zufriedenstellten, die Leistung des unbekannten Annalisten einschätzte, auf den die psychologische Konstruktion letzten Endes zurückgeht. Schwartz zeigte sich bereit, dem Schöpfer des fortan gültigen Tiberiusbildes den Superlativ „der genialste Annalist der Kaiserzeit" zuzuerkennen[127], und rühmte an der Charakterzeich-

---

[125] Nur Cassius Dio hat davon abgesehen, die konstitutionalistische Haltung des Tiberius als Verstellung abzutun. Den persönlichen Vorwurf mußte er schon deshalb beiseite lassen, weil er seiner eigenen Erwägung, Tiberius sei vielleicht von Natur gut gewesen (57,13,6), nicht selbst den Boden entziehen durfte. Anders liegen die Verhältnisse bei Sueton. Ihn hinderte Tib. 30 seine gruppierende, Lob und Tadel sondernde Gliederungsweise daran, die Anerkennung, die er mit den Worten *quin etiam speciem libertatis quandam induxit conservatis senatui ac magistratibus et maiestate pristina et potestate* ausspricht, dem Vorwurf auszusetzen, daß Tiberius aus berechnender Verstellung anders handelte, als es seiner Natur entsprach. Doch findet sich diese Unterstellung in anderen Zusammenhängen. Sie begegnet Tib. 57,1 und ist Tib. 26,1 angedeutet.

[126] U. Knoche, Zur Beurteilung des Kaisers Tiberius durch Tacitus, Gymnasium 70, 1963, 213 möchte im vorliegenden Fall lieber von einer „immer klareren Enthüllung der wirklichen Natur" als von einer „Entwicklung" sprechen. Sein Bedenken gegen die Verwendung des Wortes „Entwicklung" ist indessen kaum gerechtfertigt. Der Begriff „Entwicklung" darf durchaus in dem Sinne gebraucht werden, daß Anlagen im Laufe der Zeit zur Entfaltung gelangen.

[127] RE III, 1717. Ein Prädikat, das A. Brießmann, Gymnasium 70, 1963, 100 so sehr als Herausforderung empfand, daß er das Bild vom „Schreckgespenst eines Über-Tacitus" gebrauchte. Gegen die Vorstellung vom „Über-Tacitus" bereits E. Koestermann, Der Sturz Sejans, Hermes 83, 1955, 357 Anm. 1.

nung, die Dio in enger Anlehnung an das Muster vorlegt, sie rage „durch feine psychologische Ausführung" hervor[128]. Daß dem solchermaßen gelobten Annalisten das Verdienst zugesprochen werden darf, die Geschichte der tiberianischen Zeit und die Gestalt des unzugänglichen, schwer durchschaubaren Aristokraten eindringlich und mit beinahe beängstigender Suggestivkraft geschildert zu haben, sei nicht bestritten. Aber muß nicht das Gewaltsame seines Entwurfes Befremden hervorrufen? Was berechtigte ihn zu dem Unterfangen, die Todesjahre des Germanicus, des Drusus, der Livia und des Sejan als Einschnitte in einem Entwicklungsgang fortschreitender Verschlimmerung auszugeben?

Fraglich ist schon, ob er der Persönlichkeit des Tiberius gerecht zu werden vermag, wenn er von der Überzeugung ausgeht, daß dessen seelische Entwicklung als die Entfaltung bedenklicher Neigungen, als das allmähliche Erwachen vorher schlummernder Bösartigkeit, zu begreifen sei. Erst recht müssen sich Zweifel einstellen, wenn er sich zu dem Schritt entschließt, vier äußere Marksteine zur Stufung des Verlaufs anzusetzen. Zur Hand hatte er das bekannte Tyrannenbild, nach welchem die Beseitigung der Gegenspieler in einer despotischen Natur all die Hemmungen beseitigt, die bislang das Hervorbrechen der bösen Neigungen verhinderten, und er hat es, von einigen unumgänglichen Modifikationen abgesehen, ziemlich getreu auf den individuellen Fall übertragen. Von der schon vor Sallust geläufigen Auffassung, daß die Ausschaltung aller rivalisierenden Mächte den Umschlag, die innere Zersetzung des römischen Staates zur Folge gehabt habe[129], ist die Vorstellung, die seine Zeichnung des Tiberius beherrschte, schwerlich abgeleitet[130]; sie gehörte von jeher zu der Typo-

---

[128] Ebenda 1716.
[129] Zur Tradition M. Gelzer, Nasicas Widerspruch gegen die Zerstörung Karthagos, Philologus 86, 1931, 270ff. (= Kleine Schriften Bd. 2, hrsg. von H. Strasburger und Chr. Meier, Wiesbaden 1963, 47ff.). Gegenüber Gelzer (Kleine Schriften 2,53ff.) hat indessen W. Hoffmann, Die römische Politik des 2. Jahrhunderts und das Ende Karthagos, Historia 9, 1960, 318ff. und 340ff. (= Das Staatsdenken der Römer, hrsg. von R. Klein, Darmstadt 1966, 192ff. und 223ff.) mit guten Gründen geltend gemacht, daß der ältere Scipio Africanus und Nasica schwerlich von der staatsmännischen Überlegung ausgegangen waren, Roms Eintracht im Inneren hänge von der Erhaltung Karthagos ab. In der Tat spricht viel dafür, daß die Nachwelt ihnen diese Überlegung unterschob, nachdem das Revolutionszeitalter angebrochen war. Daß Sallust als Epochengrenze das Jahr 146 ansetzt, ist nicht, wie F. Klingner, Über die Einleitung der Historien Sallusts, Hermes 63, 1928, 180ff. (= Studien 548ff.) darlegt, dem Einfluß des Poseidonios zuzuschreiben, sondern geht aller Wahrscheinlichkeit nach auf ein römisches Geschichtswerk der nachgracchischen Zeit zurück, dessen Verfasser vor Poseidonios geschrieben hatte. Die auf Poseidonios zurückführbaren Diodorstellen 37,1,5f.; 37,2,1 und 37,3,1ff. widerstreiten der Behauptung, Poseidonios selbst sei auf den Gedanken verfallen, den Umbruch in der innerrömischen Geschichte mit dem Jahr 146 beginnen zu lassen.
[130] So F. Klingner, Tacitus über Augustus und Tiberius 39. Zustimmend, wenngleich in der irrigen Meinung, nach Klingners Überzeugung habe Tacitus selbst den Einfall gehabt, den Gedanken des *metus externus* auf ein Individuum zu übertragen, E. Koestermann, Historia 10, 1961, 338 sowie in der Einleitung zu Band II seines Annalenkommentars,

logie der Tyrannenschilderungen[131] und brauchte nicht auf diesem Umweg in der kaiserzeitlichen Geschichtsschreibung Eingang zu finden. Da nicht einmal mehr auszumachen ist, in welcher Reihenfolge die beiden Vorstellungen aufgekommen sind, ist es müßig zu fragen, ob die eine von ihnen aus der anderen hervorgegangen sein könnte. Die geschichtlichen Gesetzmäßigkeiten, die in beiden Fällen zugrunde gelegt sind, entstammen letzten Endes, ohne daß die einzelnen Zwischenglieder jeweils zu ermitteln wären, Beobachtungen und Erkenntnissen, zu denen den Griechen schon lange vor der Zerstörung Karthagos ein reicher Erfahrungsschatz — die Schicksale griechischer Poleis und die Politik griechischer, sizilischer oder kleinasiatischer Tyrannen — verholfen hatte. Gedankliche Entsprechungen begegnen namentlich bei Plato. In den Nomoi teilt er die Beobachtung mit, daß im Perserkrieg die Bedrohung von außen die Eintracht im Innern gefestigt habe[132]; und in der Politeia taucht der Gedanke auf, daß der Tyrann am Anfang noch bemüht sei, das lächelnde Antlitz seiner Herrschaft zu zeigen, dann aber, sobald er seine Gegner versöhnt oder vernichtet habe, die Maske fallen lasse und seine wahren Bestrebungen mit zunehmender Deutlichkeit hervorkehre[133].

Welche der beiden Vorstellungen als die Übertragung anzusehen sein mag, ist eine unlösbare und unergiebige Frage zugleich. Um dies zu begreifen, braucht man sich nur zu vergegenwärtigen, welche politischen Einsichten die geschichtliche Erfahrung den Griechen des fünften und vierten Jahrhunderts ermöglichte. Da Plato (um bei diesem Beispiel zu bleiben) die Zeit der Perserkriege aus der Schilderung anderer und die Tyrannis — als Gast am Hofe Dionysios' I. — aus eigenem Erleben kannte, brachte er die notwendigen Voraussetzungen mit, beide Anschauungen nebeneinander zu entwickeln.

So wenig zu bestreiten ist, daß die herkömmliche Vorstellung von der notwendigen Metamorphose der Tyrannis geschichtlicher Erfahrung entsprungen ist, — es bleibt die Frage, ob die allgemeinen Beobachtungen auf den individuellen Fall, auf die Gestalt des Tiberius, angewendet werden dürfen. Bei näherem Zusehen erweist sich mit peinlicher Deutlichkeit, wie sehr der unbekannte Geschichtsschreiber, den Eduard Schwartz als den genialsten Annalisten der Kaiserzeit bezeichnete, den Wert seiner Charakterzeichnung durch die Vorentscheidung schmälerte, daß er für sie einen längst vorgefertigten Grundriß wählte.

Mit seinem Wagnis, eine in fünf Stufen voranschreitende Selbstenthüllung anzusetzen, mußte er schon dadurch in Nöte geraten, daß er die Bedeutung der beiden ersten Todesfälle nur dann gleichartig bewerten durfte, wenn er bereit war, dem Tod des ungeliebten Adoptivsohnes und dem Tod des gelieb-

---

Heidelberg 1965, 17; ablehnend K. Bergen, Charakterbilder bei Tacitus und Plutarch, Diss. Köln 1962, 66ff.

[131] Vgl. H. Hoffmann, Gymnasium 75, 1968, 228.
[132] Plato Nom. 3,698 B–C; vgl. M. Gelzer, Kleine Schriften 2,59.
[133] Plato Pol. 8,566 D–E; vgl. H. Hoffmann, Gymnasium 75, 1968, 228.

ten leiblichen Sohnes dieselbe Auswirkung auf das Verhalten des Tiberius zu unterschieben. Germanicus zu dem Gegenspieler zu erklären, dessen Beseitigung dem Erwachen despotischer Neigungen Vorschub leistete[134], war bereits ein Unterfangen, das sich nur mit Aushilfen verwirklichen ließ. Allein die Rücksichtnahme auf die jüngere claudische Linie verbot schon, Germanicus als echten Gegenspieler hinzustellen; es mußte im Gegenteil das Anliegen eines jeden Annalisten der nachtiberianischen Zeit sein, dessen unverbrüchliche Loyalität zu betonen[135]. Unter diesen Umständen verblieb nur der Ausweg, ihn zu einem Gegenspieler zu erklären, der in der Einbildung des Tiberius lebte. Außerdem war nicht zu erweisen, daß (um in der Terminologie zu bleiben) der Tyrann den Befehl gegeben hatte, den Gegenspieler, der ihn an der freien Entfaltung seiner despotischen Natur hinderte, auf gewaltsame Weise zu beseitigen. Es bestand lediglich die Möglichkeit, sich darauf zu verlegen, Tiberius mit unbeweisbaren Verdächtigungen zu belasten[136]. Die Gerüchte, die der Anhang des Germanicus in Umlauf gesetzt hatte, um Piso und Plancina zu vernichten[137], boten sich als willkommener Ersatz für echte Beweise an. Die Gelegenheit, sie gegen Tiberius zu verwenden, wurde in der nachtiberianischen Geschichtsschreibung nur zu gern ergriffen[138].

Den Tod des Drusus mit der gleichen Begründung zu einem Wendepunkt zu erklären, war nicht möglich und wäre auch der nachtiberianischen Sicht zuwidergelaufen. Wie aus den erhaltenen Beurteilungen zu erschließen ist, hatte die nachtiberianische Geschichtsschreibung dem einzigen leiblichen Sohn des Tiberius nicht im entferntesten die Beliebtheit und sittliche Höhe eines Germanicus zuerkannt[139]. Nach Dio und Tacitus zeigte er sich in der Öffentlichkeit so unbeherrscht, daß ihn sogar sein eigener Vater zurechtgewiesen haben soll[140]. Auf die Entschlüsse des Tiberius einen segensreichen Einfluß auszuüben, war er demnach wohl kaum geeignet, und ganz gewiß kam er nicht als möglicher Gegenspieler des Tiberius in Betracht. Der Ansatz, von dem die Phaseneinteilung ihren Ausgang genommen hatte, ließ sich nicht in der ursprünglichen Richtung weiterführen. Der unbekannte Annalist, von dem die Aufgliederung in fünf Entwicklungsstufen stammt, hatte diese Schwierigkeit durchaus erkannt und zu berücksichtigen versucht. Er verfiel auf den Ausweg, dem Tod des Drusus

---

[134] Zu dieser Vorstellung vgl. Suet. Cal. 6,2; Dio 57,19,1; Tac. Ann. 6,51,3.
[135] Siehe Tac. Ann. 1,34; Suet. Cal. 1,1; Dio 57,6,2 und 57,18,8.
[136] Zum Wahrheitsgehalt der Verdächtigungen L. v. Ranke, Weltgeschichte III,2,298f.
[137] Wie rührig der Anhang des Germanicus dieses Ziel verfolgt hatte, geht u. a. aus Ann. 3,12,4 hervor.
[138] Zu erschließen aus: Suet. Tib. 52,3 und Cal. 2; Tac. Ann. 2,43,4; 2,55,6; 2,77,3; 3,16,1; Dio 57,18,9f.
[139] Vorgeworfen wurden ihm Genußsucht (Ann. 3,37,2; Dio 57,13,1), Anmaßung (Ann. 3,59,4), Jähzorn (Dio 57,14,9), Unbeherrschtheit im Trinken (Dio 57,14,10) und Grausamkeit (Ann. 1,76,3; Dio 57,13,1).
[140] Dio 57,13,1f.; Tac. Ann. 1,76,3.

die Bedeutung zu unterlegen, daß Sejan fortan freieren Spielraum besessen habe, Intrigen zur Vernichtung seiner Gegner einzufädeln[141].

Die Anschauung, Sejan, der Gegenspieler des Drusus, habe seit dem Tod seines Widersachers als der böse Dämon des Tiberius seine Grausamkeit ungestörter entfalten können, läßt sich nicht widerlegen. Nur bietet sie bei vorurteilsfreier Betrachtung keinerlei Handhabe für die Behauptung, Tiberius habe von demselben Zeitpunkt an der Neigung zur Grausamkeit freieren Lauf gelassen. Die Auskunft *nonus Tiberio annus erat compositae rei publicae ... cum repente turbare fortuna coepit, saevire ipse aut saevientibus vires praebere*[142] ist in jeder Hinsicht unbefriedigend. Sie zeigt die Verlegenheit an, die zwangsläufig aus der vorgefaßten Meinung erwachsen mußte, daß die tyrannenhaften Züge des Tiberius von Phase zu Phase immer offener zutage getreten seien[143]. Tacitus vergrößert die vorgegebenen Schwierigkeiten, indem er den Umschlag obendrein dem Walten der Fortuna zuschreibt. Sein Einfall, aus Sallusts Catilina das Nebeneinander von rationaler und irrationaler Erklärungsweise zu entlehnen[144], vergegenwärtigt, wie fatal sich die Macht der historiographischen Tradition in seinen Annalen auswirken kann.

Was dazu berechtigte, mit dem Tod der Livia eine neue Stufe der Grausamkeit des Tiberius beginnen zu lassen, ist ebensowenig einzusehen. Die Begründung *nam incolumi Augusta erat adhuc perfugium, quia Tiberio inveteratum erga matrem obsequium* (Ann. 5,3,1) steht in einem seltsamen Mißverhältnis zu den Beschuldigungen, die in der nachtiberianischen Geschichtsschreibung gegen Livia erhoben worden waren. Soweit sich Livia überhaupt für Personen verwandte, die in Ungnade gefallen waren oder sich vor Gericht zu verantworten hatten, standen ihre Eingriffe, nach der Überlieferung zu urteilen, kaum einmal im Dienst der Gerechtigkeit. Urgulania soll sich im Vertrauen auf die Freundschaft mit ihr über die Gesetze hinweggesetzt haben[145]. Für Plancina, die Frau des Cn. Piso, soll sie zur Empörung der Bevölkerung eingetreten sein, um

---

[141] Zu den Spannungen zwischen Drusus und Sejan und der Bedeutung, die der Beseitigung des Drusus zugeschrieben worden war, siehe Tac. Ann. 4,1,1; 4,3; 4,7; 4,12 sowie Dio 57,22,1f. und 4ᵇ.

[142] Ann. 4,1,1.

[143] E. Kornemann verwirft zwar die künstliche Konstruktion, „den vorzüglichen Anfang aus der notwendigen Rücksicht auf die glänzenden Eigenschaften des Germanicus, weniger des Drusus, zu erklären", sieht aber in den beiden Todesfällen ebenfalls Marksteine in der Entwicklung des Tiberius: „Nach dem Tode des Germanicus, noch einmal nach dem Tode seines Sohnes Drusus, ist in diesem eigenartigen Mann innerlich etwas zerbrochen, das bisher seinem Leben und staatsmännischen Auftreten Linie und Halt gegeben hatte" (Tiberius 231).

[144] Wie F. Klingner, Tacitus über Augustus und Tiberius 41 gesehen hat, ist die Wendung *turbare Fortuna coepit* nach Sallust, Cat. 10,1 (*saevire Fortuna ac miscere omnia coepit*) gestaltet; zu Unrecht bestritten wurde dies von K. Bergen, Charakterbilder bei Tacitus und Plutarch 68f.

[145] Ann. 2,34,2.

ihr einen Gegendienst für die Unterstützung im Kampf gegen Agrippina zu erweisen[146]. Daß ihre Fürsprache Plancina der gerechten Strafe entzogen hatte, galt in der nachtiberianischen Geschichtsschreibung als ausgemacht. Tacitus machte sich diese Überzeugung zu eigen[147]. Daß Livia aus Barmherzigkeit oder Gerechtigkeitsliebe gegen unbillige Entscheidungen oder harte Entschlüsse des Tiberius öfters erfolgreichen Widerstand geleistet hätte, ist aus der Überlieferung nicht zu ersehen. Als einziges Verdienst dieser Art, das uneingeschränkten Beifall fand, verbleibt ihre Fürsprache für Quintus Haterius[148], und dieser Vorfall ereignete sich vor dem Zerwürfnis.

Die Behauptung, sie habe einen mildernden Einfluß auf ihren Sohn ausgeübt, war unter diesen Umständen schwer zu belegen. Wie es scheint, stützte sich die Vorstellung, ihr Tod habe die dritte Steigerungsstufe der Selbstenthüllung eingeleitet, vornehmlich auf den in der Bevölkerung verbreiteten Glauben, daß sie das kaiserliche Schreiben, das sich gegen Agrippina, die Witwe des Germanicus, und Nero, ihren ältesten Sohn, richtete, bis zu ihrem Ableben zurückgehalten hatte[149]. Diese Überzeugung gründete sich ihrerseits lediglich auf die Beobachtung, daß der Brief erst nach Livias Tod vor dem Senat verlesen wurde. Daß damit keine sichere Grundlage gewonnen ist, liegt auf der Hand. Ein merkwürdiger Widerspruch tut sich auf. Ausgerechnet Livia sollte ihre schützende Hand über die Familie des Germanicus gehalten haben? Wie läßt sich das mit der Behauptung vereinbaren, sie habe Agrippina gehaßt[150] und über den Tod des Germanicus Freude empfunden[151]? Die Gewaltsamkeit der Beweisführung ist unverkennbar. Diesmal war sogar der Ausweg verbaut, zu dem der Vorläufer Zuflucht genommen hatte, als er den Tod des Drusus in die Tyrannenschablone einzupassen suchte. Livia zu einer Gegenspielerin des Sejan zu erklären, barg Schwierigkeiten in sich. Tacitus nahm sie nicht wahr. Die Begründung, Livias Tod habe Sejan zu entschlossenerem Vorgehen ermutigt, griff er unbedenklich auf[152], obwohl ihr die Behauptung entgegenstand, daß Sejan Livias alten Haß geschürt habe, um Agrippina um so sicherer stürzen zu können[153]. Die Annalen spiegeln in voller Schärfe wider, wie hoffnungslos sich der Vorläufer in einem Gestrüpp von Ungereimtheiten verfangen hatte.

Wie leicht sein Stufengerüst zum Einsturz gebracht werden kann, erweist sich vollends an seinem Wagnis, Sejans Hinrichtung als den Einschnitt auszugeben, dem die letzte Phase, die höchste Steigerungsstufe der Selbstenthüllung,

---

[146] Zu der Fürsprache der Livia Ann. 3,15,1 und 3,17,1; zu dem Einverständnis in der Hetze gegen Agrippina Ann. 2,43,4 und 2,82,1.
[147] Ann. 6,26,3
[148] Ann. 1,13,6.
[149] Ann. 5,3,1.
[150] Vgl. Ann. 1,33.
[151] Ann. 3,3,1; Dio 57,18,6.
[152] Ann. 5,3,1. Zu der Vorstellung, daß Sejans Macht nach dem Tod der Livia gewachsen war, vgl. Dio 58,2,7.
[153] Ann. 4,12,3.

folgte. Tiberius hatte erst einige Zeit nach dem Tod der Livia geargwöhnt, daß Sejan zur Befriedigung seines Ehrgeizes einen Staatsstreich plane[154]. Der Selbstenthüllung seines Wesens könnte die Furcht vor dem Gegenspieler selbst unter der Voraussetzung, daß sie den unterstellten Einfluß besessen hatte, allenfalls in der Spanne zwischen dem Aufkeimen des ersten Verdachts und Sejans Sturz entgegengewirkt haben. Die Bereitschaft, mit dieser psychologischen Konstruktion Ernst zu machen, müßte mit dem Zugeständnis erkauft werden, daß die vierte Phase in zwei Hälften zerfiel, von denen die zweite gegenüber der ersten einen Rückgang der Selbstenthüllung erkennen ließ. Da ein derartiges Zugeständnis den Gang der Beweisführung durchbrochen hätte, ist es selbstverständlich nie in Betracht gezogen worden. Jeder Versuch, die Vorstellung von der fortschreitenden Selbstenthüllung zu retten, war zum Scheitern verurteilt. Die sinnlose Auskunft *obtectis libidinibus, dum Seianum dilexit timuitve*[155] beleuchtet in voller Schärfe die Auswegslosigkeit des Unterfangens. Was dazu ermächtigte, der Zuneigung zu Sejan und der Furcht vor ihm die gleiche Wechselwirkung auf das Verhalten des Tiberius zuzubilligen, bleibt unerfindlich.

Die vorgefaßte Meinung verstellte den Blick für die natürlichste Erklärung. Daß die Verfolgung des Anhangs, den Sejan sich geschaffen hatte, erst in dem Augenblick einsetzte, als Sejan selbst beseitigt war, war ein Gebot der Selbsterhaltung; und daß der Sturz eines so mächtigen Mannes eine Flut von Hochverratsprozessen nach sich ziehen mußte, verstand sich von selbst. Um seines Beweiszieles willen hatte sich der Vorläufer, von dem die Stufengliederung stammt, solchen Einsichten versagt. Statt dessen verfing er sich aufs neue in dem Netz von Widersprüchen. Die Voraussetzung für die Entwicklungslinie, die er von dem Tod des Drusus bis zu dem Tod der Livia gezogen hatte, war durch Sejans Sturz fortgefallen. Die Zuflucht zu der Erklärung, Sejan habe Tiberius in die unheilvolle Entwicklung hineingetrieben, war jetzt abgeschnitten. Kein Weg führt aus der Ratlosigkeit heraus.

Soviel zu der überkommenen Charakterzeichnung und ihren Mängeln. Zu fragen bleibt, ob die späteren Bearbeiter die Schwächen erkannt haben.

Sueton bekennt sich Tib. 61,1 zu einer Meinung, die sich wie eine Richtigstellung ausnimmt. Er zeigt sich überzeugt, daß Sejan bei den vor 31 verübten Verbrechen in der Regel eher der Vollstrecker und Vollzugsgehilfe des Tiberius als die treibende Kraft gewesen sei. Für sich allein betrachtet, vermag diese Ansicht durchaus den Eindruck zu erwecken, als habe Sueton in der Beweis-

---

[154] Daß die Befürchtung, Sejan trage sich mit hochverräterischen Absichten, Tiberius zum Eingreifen veranlaßte, hat man ohne stichhaltige Begründungen bestritten. Was E. Meissner, Sejan, Tiberius und die Nachfolge im Prinzipat, Erlangen 1968, 48ff. und H. W. Bird, L. Aelius Seianus and his Political Significance, Latomus 28, 1969, 98 an politischen Hintergründen erschließen zu können glaubten, wird von der antiken Überlieferung schlecht gedeckt.
[155] Ann. 6,51,3.

führung seiner Quelle einen schwachen Punkt entdeckt. Nur fragt sich, ob dieser Eindruck richtig ist.

Entstanden ist seine Behauptung aus der Anerkennung der Voraussetzung, daß die *saevitia* des Tiberius erst nach Sejans Sturz ihren Höhepunkt erreicht habe. Sobald er diese Voraussetzung gelten ließ, mußte sich unweigerlich die Folgerung ergeben, Sejan habe Tiberius in der Regel nicht so sehr zu Verbrechen angestiftet, als daß er ihm, wenn er Gelegenheit dazu suchte, zur Hand gegangen sei. Daß Sueton mit seiner Beweisführung die eine der beiden Grundlagen des Stufengerüsts aufgehoben hat, bedarf keiner Erörterung. Machte er aber damit gegen die Auffassung des Vorläufers Front? Ein Blick auf die Parallelüberlieferung lehrt, daß sich diese Folgerung verbietet. Dio stellt mit einem entsprechenden Beweisgang klar, daß Sejan von Tiberius und nicht etwa Tiberius von Sejan als Handlanger für die vor 31 begangenen Verbrechen benutzt worden sei[156]; und Tacitus bekennt sich zu derselben Auffassung, wenn er behauptet, Tiberius habe andere (gemeint ist Sejan) zu ihrem grausamen Vorgehen ermutigt[157]. Überdies stimmen Sueton und Dio darin überein, daß sie die Zusammenarbeit zwischen Tiberius und Sejan schon an früherer Stelle in derselben Weise kennzeichnen, ohne ihre Ansicht eigens zu begründen[158].

Die Übereinstimmungen zwingen zu dem Schluß, daß bereits der Vorläufer um seines Beweiszieles willen bestrebt gewesen war, Tiberius zum Anstifter und Sejan zum Vollzugsgehilfen abzustempeln. Von welcher Warte aus sein Bemühen zu verstehen ist, ist dank der Schilderung, die Dio von der Stimmung nach Sejans Sturz gibt, für uns noch faßbar. Seiner Darstellung ist zu entnehmen, daß die Senatsminderheit, die von dem Verdacht frei war, Sejans Pläne unterstützt zu haben, nach dessen Hinrichtung wieder Hoffnung schöpfte[159]. Ihre Zuversicht gründete sich auf die Überzeugung, Tiberius habe von den furchtbaren Vorfällen der letzten Jahre großenteils nichts gewußt oder habe dem Drängen des Sejan nachgegeben. Daß der nachtiberianische Annalist ihre Auffassung als Irrglauben abtat, ist nur zu begreifen. Seine Sicht ist bereits von der Ernüchterung geprägt, die sich breitmachte, als nach Sejans Sturz eine Lawine von Hochverratsprozessen über den Senat hinwegrollte.

Das bittere Erlebnis läßt seinen Standpunkt verständlich erscheinen. Doch ist nicht zu bestreiten, daß er sich in dem Gewebe seiner eigenen Unterstellungen verfing. Sejans Schuld verkleinerte er mit dem Ziel, Tiberius als einen von Natur aus bösartigen Despoten hinzustellen, der zur Verübung von Verbrechen keines fremden Anstoßes, sondern allenfalls fremder Hilfe bedurfte. Die übermächtige Versuchung, mit Tiberius abzurechnen, brachte das mühsam aufgebaute Stufengerüst zum Einsturz. Sobald Tiberius zu dem bösen Dämon des Sejan

---

[156] Dio 58,16,4f.
[157] Tac. Ann. 4,1,1.
[158] Vgl. Suet. Tib. 55 und Dio 57,19,5.
[159] Dio 58,12,3f.; vgl. auch Dio 58,22,4f.

erklärt wurde, entbehrte die Entscheidung, den Wendepunkt in das Todesjahr des Drusus zu legen, jeder Begründung. Die Vorstellung, Sejan sei nach der Ausschaltung dieses Gegenspielers hemmungsloser vorgegangen, führte unter diesen Umständen nur von dem Ziel des Beweisganges ab.

Die Widersprüchlichkeit der Vorstellungen hat sich auf die Darstellungen der Bearbeiter vererbt. Arglos übernimmt Dio die Auffassung, daß Sejan an die Beseitigung des Drusus die Hoffnung geknüpft habe, er werde dann den Greis um so leichter lenken können[160]; und ohne ein Wort des Zweifels teilt er mit, daß Sejan alles getan habe, um Tiberius gegen Agrippina aufzuhetzen[161]. Dieselbe Widersprüchlichkeit tritt in der Schilderung der Annalen zutage. Sooft Tacitus von Intrigen gegen die Familie und den Anhang des Germanicus berichtet, ist immer nur davon die Rede, daß Sejan die treibende Kraft war und nichts unversucht ließ, den Haß zu schüren[162]. Gleichwohl hält er an der überkommenen Auffassung fest, daß Tiberius Sejan in seinem Vorgehen bestärkt habe[163]. Den Bruch in der Betrachtungsweise auf die Kontamination zweier verschiedener Überlieferungen zurückzuführen, besteht nicht der mindeste Anlaß[164].

Obwohl die Schwächen des überkommenen Entwurfs kaum zu übersehen waren, scheint Sueton sie nicht mit Bewußtsein wahrgenommen zu haben. Soweit es sich mit seinem rubrizierenden Verfahren vereinbaren ließ, behielt er die ursprüngliche Gestalt der Charakterskizze bei[165]. Seine Arbeitsweise bedingt, daß die Konturen nicht so scharf hervortreten, aber es ist nirgends zu erkennen, daß er die Anwendbarkeit der Morphologie des Tyrannen aus grundsätzlichen Bedenken in Frage stellte. Eher unbewußt als bewußt entzieht er der Auffassung den Boden, daß Sejans Beseitigung in Tiberius die Furcht vor der hemmungslosen Entfaltung seiner verhängnisvollen Neigungen verbannt habe. Ihr widerspricht seine Feststellung, Tiberius habe sich selbst nach der Niederschlagung der Verschwörung (und das heißt: in der Zeit, in welche die lange Kette von Hochverratsprozessen fiel) noch nicht sicherer gefühlt[166].

Das Maß an widersprüchlichen Unterstellungen macht Sueton unbedenklich voll. Um die Auffassung abzustützen, daß Tiberius in der letzten, von 31–37 n. Chr. währenden Phase den Gipfel seiner Grausamkeit erreichte, bietet er Tib. 62,1 die Erklärung an, die Erbitterung über die heimtückische Beseitigung des Drusus habe Tiberius zur Verfolgung von Schuldigen und Unschuldigen getrieben. Daß seine Behauptung, Tiberius habe über den Tod seines Sohnes keine Trauer empfunden[167], in einem seltsamen Mißverhältnis zu dieser Begründung steht, ist ihm entgangen.

---

[160] Dio 57,22,2.
[161] Dio 57,22,4[b].
[162] Vgl. Ann. 1,69,5; 4,12; 4,15,3; 4,17,3; 4,54,1; 4,59,3; 4,60,2f.; 4,67,3f.
[163] Vgl. Ann. 4,1,1.
[164] Dies gegen C. Questa, Studi sulle fonti degli Annales di Tacito 163f.
[165] Spuren der ursprünglichen Konzeption begegnen Cal. 6,2; Tib. 33; 42,1; 61,1; 62,1.
[166] Tib. 65,2.   [167] Tib. 52,1.

Die überkommene Phaseneinteilung hat auch den griechischen Bearbeiter, Cassius Dio, zu keiner grundsätzlichen Stellungnahme herausgefordert. Die vorgeprägte Anschauung, Tiberius habe sich bis zum Tod des Germanicus verstellt, lehnt er nicht ab. Er beschränkt sich darauf, die abmildernde Erwägung zur Wahl zu stellen, daß Tiberius von Natur aus gut war, sich aber, als er keinen Gegenspieler mehr hatte, zum Schlechteren hin wandelte[168]. Daß der zweite Deutungsversuch Dio gehört, darf als sicher gelten. Er liebt solche Überlegungen. Die vergleichbaren Mutmaßungen, die er zu der auffälligen Wandlung des Titus anstellt[169], sind ebenso dieser Neigung entsprungen. Der nachtiberianische Vorläufer war zu voreingenommen, als daß er der Erwägung εἴτε καὶ πεφυκὼς μὲν εὖ, ἐξοκείλας δ' ὅτε τοῦ ἀνταγωνιστοῦ ἐστερήθη hätte Raum geben können. Er war von der Voraussetzung ausgegangen, daß Tiberius von Natur aus grausam war. In der Unterstellung, die Furcht vor Germanicus habe Tiberius veranlaßt, seine Veranlagung zum Bösen einstweilen nicht hervorbrechen zu lassen[170], fand diese Überzeugung ihren sichtbaren Ausdruck. Im Sinne der Zeit, in der er geschrieben hatte, war seine Darstellung darauf zugeschnitten gewesen, daß in der Gegenüberstellung von Germanicus und Tiberius der Gegensatz von echter und scheinbarer, zur Schau getragener *civilitas* vor Augen trat. Bei Tacitus und Sueton schimmert diese Anlage noch durch[171]. Beide teilen uneingeschränkt die überkommene Auffassung, Tiberius habe in der ersten Phase seines Prinzipats Mäßigung, Leutseligkeit und Lauterkeit lediglich vorgetäuscht, ohne daß eine echte Gesinnung dahintergestanden hätte[172]. Nur Dio vermeidet es, sich von vornherein der vorgegebenen Anschauung zu verschreiben, daß die Natur des Tiberius vom Anfang bis zum Ende unverändert geblieben sei und sich von Phase zu Phase immer deutlicher enthüllt habe[173]. In der Schilderung der ersten Phase läßt er die Frage auf sich beruhen, ob die *civilitas*, die Tiberius in den Amtshandlungen der ersten Jahre zeigte, echt oder nur vorgespiegelt war. Er

---

[168] Dio 57,13,6.
[169] Dio 66,18.
[170] Suet. Cal. 6,2; zu der überkommenen Anschauung von der Veranlagung des Tiberius vgl. Suet. Tib. 57,1 und Tac. Ann. 1,4,3. Daß Sueton die Bezeichnung πηλὸν αἵματι πεφυραμένον, die Theodoros nicht unpassend auf seinen Schüler Tiberius angewandt hatte, mißverstand und aus seiner Fehldeutung falsche Schlüsse zog, wurde von J. H. Thiel, Kaiser Tiberius, Mnemosyne Ser. III, 3, 1935–1936, 187 klargestellt.
[171] Zur *civilitas* des Germanicus vgl. Tac. Ann. 1,33,2; 2,82,2 und Suet. Cal. 3,1f.; zur gespielten *civilitas* des Tiberius vgl. Tac. Ann. 1,72; 1,81,2 und Suet. Tib. 26,1. Zur Gegensätzlichkeit der beiden Charakterschilderungen vgl. F. Krohn, Personendarstellungen bei Tacitus, Diss. Leipzig, Großschönau i. Sa. 1934, 59.
[172] Tac. Ann. 1,8,5 (*adroganti moderatione*); 1,72; 6,51,3 und Suet. Tib. 26,1. Zur Verbergung der *vitia* vgl. Tac. Ann. 1,4,3 und Suet. Tib. 42,1; 57,1.
[173] F. B. Marsh hat gewiß recht, wenn er diese Anschauung als psychologische Fehldeutung von verhängnisvoller Tragweite verwirft (The Reign of Tiberius 14); nur ist zu bedenken, daß Tacitus diesen Mangel bereits als Erbteil der ihm vorliegenden Überlieferung übernahm.

erkennt ohne jede abwertende Unterstellung an, daß Tiberius während dieser Zeit eine Reihe von Regelungen im Sinne der republikanischen Tradition (δημοτικῶς; im lateinischen: *civiliter*) getroffen habe[174]. Seine Darstellung der Anfänge hatte darauf Rücksicht zu nehmen, daß die Glaubwürdigkeit seiner Neuerung, für die Wandlung des Tiberius eine zweite Erklärungsmöglichkeit zur Wahl zu stellen, nicht in Gefahr geraten durfte. Ergab sich auf diese Weise ein freundlicheres Bild, so lag ihm nichtsdestoweniger der Gedanke fern, an der Grundvorstellung zu rütteln, daß der Tod des Germanicus den Umschlag hervorgerufen habe. Wie arglos er den Bemühungen, das Jahr 19 als Epochenjahr auszuweisen, gegenübergestanden haben muß, verdeutlicht seine Behauptung, die strenge Ahndung von Majestätsverbrechen habe erst nach dem Tod des Germanicus eingesetzt[175].

Tacitus bestritt die Berechtigung der Stufengliederung so wenig wie Sueton oder Dio. Die Phaseneinteilung beeinflußte sogar den Aufbau der ersten Hexade seiner Annalen[176]. Anscheinend schwebte ihm die folgende Einteilungsordnung vor: erste Phase: Buch I und II; zweite Phase: Buch III; dritte Phase: Buch IV; vierte Phase: Buch V; fünfte Phase: Buch VI[177]. Von dem überkommenen Schema entfernte er sich nur in der Hinsicht, daß er den entscheidenden Wendepunkt in das Jahr 23 n.Chr., das Todesjahr des Drusus, verlegte.

Daß er hierin an einen anderen Zweig der Überlieferung anknüpfte[178], ist eine unbewiesene und unbeweisbare Behauptung. Ihr widerstreitet, was Sueton Cal. 6,2 aussagt (*cunctis nec temere opinantibus reverentia eius ac metu repressam Tiberi saevitiam*). Außerdem steht ihr die Tatsache entgegen, daß Tacitus in seinem Nachruf auf Tiberius der herkömmlichen Phaseneinteilung Rechnung trägt. In die Auskunft auszuweichen, daß er in seiner Darstellung

---

[174] Dio 57,9,1.
[175] Dio 57,19,1.
[176] Zum Aufbau der Annalen und der Begrenzung der einzelnen Bücher R. Syme, Tacitus I, 266ff. Ob das Ende der einzelnen Annalenbücher immer so bedeutungsschwer ist, wie Syme annimmt, bleibe dahingestellt.
[177] Ähnlich bereits U. Knoche, Gymnasium 70, 1963, 212ff. Ob schon der Vorläufer in entsprechender Weise gegliedert hatte, ist ungewiß. Dio, der seine Darstellung der Regierungszeit des Tiberius auf zwei Bücher verteilte, beginnt mit dem Jahr 26 ein neues Buch. Beide Bücher behandeln dadurch einen etwa gleich langen Zeitraum. Für seine Entscheidung, den Einschnitt so zu legen, war dies jedoch schwerlich der ausschlaggebende Grund. Eher leitete ihn dabei die Überlegung, daß der Prinzipat des Tiberius mit der Abreise nach Capri eine neue Entwicklung nahm.
[178] So F. Klingner, Tacitus über Augustus und Tiberius 37ff.; zustimmend K. v. Fritz, Classical Philology 52, 1957, 93. Nichts zwingt zu der Annahme, daß das Einteilungsschema „in mindestens zwei Überlieferungszweigen verschieden abgewandelt" war. Dennoch baute C. Questa, Studi sulle fonti degli Annales di Tacito 127ff. diese Auffassung zu der These aus, die Überlieferung sei in eine „germanicianische", eine „drusianische" und eine dritte (u.a. auf die Memoiren der jüngeren Agrippina zurückgehende) Nachrichtengruppe aufgespalten gewesen. Hiergegen erhob bereits A. Brießmann, Gymnasium 70, 1963, 101 berechtigte Bedenken.

zwei Fassungen kreuzte, ist zwar möglich; doch ist nicht einzusehen, was eine solche Verlegenheitslösung empfehlen soll. Weitaus wahrscheinlicher ist die Annahme, daß Tacitus erkannte, wie künstlich der Einschnitt war, den sein Gewährsmann als ersten Markstein der Entwicklung, als den Beginn der Entartung des Tiberius, angesetzt hatte. Die geschichtlichen Tatsachen könnten ihn durchaus darüber belehrt haben, daß zwischen der Spanne von 14 bis 19 n. Chr. und dem Zeitraum von 19 bis 23 n. Chr. kein deutlicher Umschlag wahrzunehmen war. Das Delatorenunwesen bahnte sich schon in den ersten Regierungsjahren an[179]. Soweit sich der Vorstoß gegen das Majestätsgesetz auf die Beleidigung eines Mitglieds des kaiserlichen Hauses beschränkte, häuften sich die Verurteilungen nach dem Jahr 19 keineswegs[180]. Auch in der zweiten Phase änderte Tiberius seine Einstellung zur Strafwürdigkeit solch harmloser Vergehen nicht. Als Aemilia Lepida im Jahr 20 n. Chr. wegen mehrerer Vergehen vor Gericht gestellt werden sollte, beantragte er beim Senat, daß die Anklage auf Verstoß gegen das Majestätsgesetz von der Verhandlung ausgenommen werde[181]; und als im Jahr 21 der römische Ritter Clutorius Priscus nach demselben Gesetz zum Tode verurteilt und unverzüglich hingerichtet wurde, mißbilligte Tiberius diese Entscheidung des Senats in einem Schreiben, das bei aller Verhaltenheit im Ton keinen Zweifel an seiner persönlichen Einstellung ließ[182].

Wenn nicht alles täuscht, haben sich in den Annalen noch Reste der herkömmlichen Fassung erhalten, aus denen zu ersehen ist, daß Tacitus die geläufige Phaseneinteilung vorgefunden und abgewandelt hatte. Dio und Tacitus stimmen darin überein, daß sie in einem zusammenfassenden Überblick Sejans Wesensart, seinen Aufstieg und seine verhängnisvolle Rolle unter Tiberius beschreiben. Dio knüpft zweifellos an die geläufige Überlieferung an, wenn er den Abriß über Sejans Werdegang in die Berichterstattung über den Beginn der zweiten Phase einordnet[183]; von seinem Vorläufer abzuweichen, besaß er keinen ersichtlichen Grund. Demgegenüber verfährt Tacitus so, daß er die Charakteristik, mit der er Sejan dem Leser vorstellt, mit einer Verschiebung um eine Phase nachträgt[184]. Sein Schritt läßt sich als eine naheliegende Änderung begreifen, sobald man von der Voraussetzung ausgeht, daß er den entscheidenden Wendepunkt von sich aus verlegte. Vollzog sich nach seiner Auffassung der Übergang von der ersten zur zweiten Phase erst im Todesjahr des Drusus, dann war es nur folgerichtig, die Kennzeichnung des „bösen Dämons" dem Ort vorzubehalten, der sich nach der abgewandelten Einteilung als die passendere Stelle anbot.

---

[179] Vgl. Tac. Ann. 2,27,1. Zur Einführung der Majestätsprozesse vgl. Ann. 1,72ff. und 2,50 sowie Suet. Tib. 58.

[180] Vgl. die tabellarische Übersicht bei B. Walker, The Annals of Tacitus 263ff.

[181] Ann. 3,22,2.

[182] Ann. 3,51 (vgl. Dio 57,20,3f.). Auf seine Rüge hin faßte der Senat den Beschluß, künftig solle bis zum Vollzug der Todesstrafe für etwaige Begnadigungen eine Frist von 10 Tagen eingehalten werden.

[183] Dio 57,19,5ff.

[184] Ann. 4,1ff.

Da Tacitus die von dem Vorläufer vorgezeichneten Grundzüge sonst nicht antastete, ist es nicht verwunderlich, daß zwischen der annalistischen Schilderung der Anfänge und dem zusammenfassenden Rückblick auf die Spanne von 14 bis 23 n. Chr. (Ann. 4,6) ein Widerspruch klafft[185]. Dieser Widerspruch ist in gewisser Hinsicht ein Erbe, das er von dem Vorläufer mit übernommen hat. War dieser auf der einen Seite bestrebt gewesen, die unerfreulichen Vorkommnisse als unheilvolle Vorboten der künftigen Entwicklung hochzuspielen und die erfreulichen Maßnahmen als Versuche zur Vorspiegelung von Tugenden abzuwerten, so hatte er sich auf der anderen Seite bemüht, eine Peripetie, den jähen Umschlag vom Guten zum Bösen, nachzuweisen. Beide Zielsetzungen bruchlos aufeinander abzustimmen, konnte weder ihm noch Tacitus gelingen[186].

Die Verlegung des Wendepunkts beseitigt bestenfalls eine Schwierigkeit; die übrigen Unzulänglichkeiten des überkommenen Tiberiusbildes haben sich voll auf die Annalen vererbt. Die vorgeprägte Anschauung, Tiberius habe seine Tyranneneigenschaften in der letzten, mit dem Jahr 31 beginnenden Phase vollends enthüllt, verursachte erstaunliche Verzerrungen. Nichts beweist dies schlagender als die gnadenlose Auslegung der Briefstelle, aus der Tiberius' innere Verzweiflung über die fortwährenden Mißverständnisse in den Beziehungen zum Senat spricht[187]. Alle Anzeichen deuten darauf hin, daß schon der Vorläufer, der dem Tiberiusbild die unverwechselbaren Umrisse verliehen hatte, diesen Ausbruch der Verzweiflung als das Schuldbekenntnis eines seiner selbst überdrüssigen, von den Göttern geschlagenen Tyrannen gewertet hatte[188]. Sueton führt aus demselben Schreiben denselben Abschnitt im Wortlaut an und gibt ihm dieselbe ungünstige Deutung[189]. Obwohl diese Interpretation den Sinn der Worte offenkundig verdrehte und mit auffälliger Einseitigkeit auf das Ziel ausgerichtet war, die platonische Morphologie des Tyrannen auf Tiberius zu übertragen, dachte Tacitus nicht daran, sie zu verwerfen.

Zweifellos stellte Tacitus der nachtiberianischen Geschichtsschreibung das richtige Zeugnis aus, als er ihr zum Vorwurf machte, sie habe aus frischem

---

[185] Zu dem auffälligen Mißverhältnis vgl. F. Klingner, Tacitus über Augustus und Tiberius 43 und E. Koestermann, Historia 10, 1961, 338f. Was sie als Ursache des Widerspruchs anführen, trägt nicht, da es auf anfechtbaren Voraussetzungen beruht. Für die Behauptung, erst Tacitus habe „überall seine entlarvenden Urteile eingezeichnet", fehlt jeder sichere Anhalt. Daß die Vorstellung von dem „bösen Urgrund im Wesen des Tiberius" und der fortschreitenden Selbstenthüllung seiner Natur „dem Geist des Tacitus entsprungen ist", trifft nicht zu.

[186] Anders F. Klingner, Tacitus über Augustus und Tiberius 44. Seine Überlegungen zeigen, in welche Verlegenheit die eingewurzelte Überzeugung vom unabhängig urteilenden Tacitus führen kann. In Wahrheit hatte Tacitus nicht die Tradition verschmäht, an die Sueton Cal. 6,2 anknüpft, sondern lediglich abgewandelt. An der Grundvorstellung rüttelte er nicht. Schon der Schöpfer der Phaseneinteilung war von der Konstanz des Charakters überzeugt gewesen.

[187] Ann. 6,6.
[188] Vgl. E. Koestermann im Annalenkommentar z. St.
[189] Tib. 67,1.

Haß ein verzerrtes Bild übermittelt. Doch hat er das Versprechen, *sine ira et studio* zu schreiben, nur in dem Sinne wahr gemacht, daß er die überkommenen Deutungen und Bewertungen nicht aus persönlichen Gründen umstieß.

Persönliche Gründe zu einer tiefgreifenden Veränderung der überlieferten Beurteilung fehlten ihm in der Tat. Sachliche Gründe hätten freilich einen solchen Schritt gerechtfertigt und oftmals verlangt. Doch hat er — und hierin war er keineswegs der einzige — die verbindliche Geltung des einmal fixierten Bildes anerkannt und damit seinen Beitrag zur Kontinuität der senatorischen Geschichtsschreibung geleistet.

Claudius bei Tacitus

Obwohl die antiken Darstellungen, die das Geschehen in der Zeit des Claudius und Nero behandeln, in so vielen Fällen voneinander abweichen, daß sich jeder Versuch, eine gemeinsame, von Dio, Sueton und Tacitus gleichermaßen benutzte Vorlage erschließen zu wollen, als aussichtslos erweist, so läßt sich doch, was die Beurteilung der beiden Kaiser angeht, ein gemeinsamer Grundstock erkennen. Entstanden ist diese Übereinstimmung nach dem Gesetz, dem die Geschichtsschreibung seit der Begründung des Prinzipats unterworfen war: Das geschichtliche Urteil über einen Princeps, dessen Beziehungen zum Senat ernstlich belastet waren, gewann im selben Augenblick feste Gestalt, in dem die äußeren Bedingungen gegeben waren, über ihn freimütig Gericht zu halten.

Der Zeitpunkt, von dem an sich in der Geschichtsschreibung die fortan gültige Meinung über den Prinzipat des Claudius herausbilden konnte, läßt sich unschwer bestimmen. Seit seinem Tod stand es den Senatoren frei, ihren Unwillen über seine Staatsführung in Wort und Schrift offen zu bekunden. Der neue Princeps und sein Erzieher gingen mit eigenem Beispiel voran: Nero, der mit boshaften Scherzen über seinen Stiefvater nicht geizte[190], versprach in seiner Regierungsantrittsrede, er werde die Mißstände abstellen, die unter seinem Vorgänger aufgekommen seien; Seneca rechnete in der Apokolokyntosis ebenso geistvoll wie grimmig mit Claudius ab.

Wenngleich das erste der beiden zeitgenössischen Zeugnisse nicht im ursprünglichen Wortlaut auf uns gekommen ist[191], so ist es doch eine ebenso willkommene Hilfe wie das zweite. Aus ihnen ist mit hinlänglicher Deutlichkeit zu ersehen, worin die schwerwiegendsten Einwände bestanden, die der Senat

---

[190] Vgl. Suet. Nero 33,1 und Dio 61 (60), 35,4.
[191] Am ausführlichsten ist der Inhalt der Thronrede bei Tacitus wiedergegeben (Ann. 13,4), stark verkürzt bei Sueton (Nero 10,1); Dio erwähnt nur die Tatsache, daß sie von Seneca aufgesetzt war und ihr Wortlaut nach dem Willen des Senats auf einer silbernen Tafel verewigt wurde.

gegen die Regierungstätigkeit des Claudius vorzubringen hatte. Diese Einwände haben in der Geschichtsschreibung, die nach dem Tod des Claudius entstand, ihren Niederschlag gefunden, und von diesem Zeitpunkt an war das geschichtliche Urteil im großen ganzen festgelegt.

Entwickelte sich nach dem erwähnten Gesetz schon bald eine weitgehende Übereinstimmung der Meinungen, so ist doch nicht auszuschließen, daß die nachfolgenden Geschichtsschreiber, die aus einem größeren Abstand heraus urteilen konnten, im einen oder anderen Fall die Dinge anders gesehen haben als ihre Vorgänger. Den Bemühungen, die eigene Leistung eines der drei Schriftsteller zu bemessen, deren Claudiusdarstellungen zufällig dem Schicksal der übrigen entronnen sind, stehen darum nicht zu unterschätzende Schwierigkeiten entgegen. Da wir nicht wissen, aus welcher Zeit die Quellen stammen, die Sueton, Tacitus und Dio benutzt haben, dürfen wir nicht von der Voraussetzung ausgehen, daß sie die zeitgenössische Beurteilung unverfälscht vorfanden. Auf die zeitgenössischen Geschichtsschreiber hat Tacitus nur einmal eigens verwiesen[192], eine Ausnahmeerscheinung, die eher darauf hindeutet, daß er sich in der Regel an die voraussetzungsreichere Geschichtsschreibung hielt, die in einigem Abstand auf die zeitgenössische folgte.

Ist der herkömmliche Weg, die Vergleichung der vorhandenen Claudiusdarstellungen, aussichtsreicher? Läßt sich nach diesem Verfahren die Eigenleistung des Tacitus genauer und zuverlässiger abschätzen?

Auch diesen Bemühungen stehen nicht gering zu veranschlagende Hindernisse im Weg. Diesmal entfällt die Möglichkeit, von derselben Voraussetzung auszugehen, von der aus das übliche Verfahren der Quellenvergleichung gesicherte Ergebnisse versprach. Sueton, Tacitus und Cassius Dio mögen Darstellungen zugrunde gelegt haben, die auf die eine oder andere Weise miteinander verwandt gewesen sind. Manche Ähnlichkeiten könnten diese Vermutung nahelegen. Die unmittelbare oder auch nur mittelbare Benutzung einer gemeinsamen Hauptquelle erweisen zu wollen, liefe jedoch auf ein Unterfangen hinaus, das allein schon an dem trümmerhaften Zustand der Überlieferung scheitern müßte. Von den drei wichtigeren Darstellungen, die wir aus der Antike besitzen, ist nur Suetons Claudiusvita unverkürzt und unversehrt auf uns gekommen. Von dem Abschnitt, in dem Tacitus die Geschichte des Claudius behandelt hatte, ist etwa die Hälfte verlorengegangen; der erhaltene Teil beginnt mit einem Ereignis des Jahres 47, dem Sturz des Konsulars Valerius Asiaticus. Und von dem Abschnitt, in dem Cassius Dio die Geschichte des Claudius dargestellt hatte, stehen zum überwiegenden Teil nur die kargen Auszüge der Epitomatoren zur Verfügung; der *codex Marcianus* endet mitten in dem Bericht über die Ereignisse des Jahres 46[193].

---

[192] Ann. 12,67,1.
[193] Im zweiten Band der maßgeblichen Dioausgabe von U. Ph. Boissevain, Berlin 1898, p. 689,6 (Dio 60,28,3).

Die Vergleichsgrundlage ist so schmal, daß jede Möglichkeit, sie zu verbreitern, dankbar ergriffen werden muß. Die verwertbaren Aussagen der beiden Zeugnisse hinzuzunehmen, die Seneca zum Urheber haben und ihn als einen aus senatorischer Sicht urteilenden Gegner der politischen Neuerungen des Claudius ausweisen, wird keine methodischen Bedenken hervorrufen können, solange es nur darum geht, die Gemeinsamkeiten in den Auffassungen zu ermitteln. Solche Fälle, in denen Tacitus mit Sueton, Cassius Dio oder Seneca übereinstimmt, berechtigen zweifellos zu dem Schluß, daß er sich jeweils an die herkömmliche Betrachtungsweise hielt. Entfernt sich aber einmal seine Auffassung von der Meinung der anderen, so ist daraus nicht unbedingt abzuleiten, daß er an der betreffenden Stelle von seinem Gewährsmann abgewichen ist. Sobald ein derartiger Fall auftritt, ist Vorsicht vor weiter reichenden Folgerungen angezeigt.

Die antike Beurteilung des Kaisers Claudius kann ihre senatorische Herkunft nicht verleugnen. Sie ist davon geprägt, daß seine Beziehungen zum Senat von Anbeginn belastet waren[194]. Soweit Senatoren in die Verschwörung gegen Caligula eingeweiht waren – und es sollen nicht wenige gewesen sein[195] – waren sie um die Hoffnung betrogen worden, einem Mann ihrer Wahl die Caesarenwürde zu übertragen. Sie werden nicht vergessen haben, daß die Praetorianer es waren, die dem Bruder des Germanicus zur Thronfolge verholfen hatten[196]. Besonders verdroß sie, daß die eigentlichen Nutznießer des Herrscherwechsels, die Freigelassenen am kaiserlichen Hof, die Oberhand gewannen[197]. Zwar war ein so wendiger und weitblickender Höfling wie der Freigelassene Callistus schon vor der Zeit des Claudius zu ungewöhnlicher Macht und ansehnlichem Reichtum gelangt[198]; aber erst unter Claudius machte die Ausdehnung der kaiserlichen Bürokratie solche Fortschritte, daß der Machtzuwachs der Freigelassenen in den Reihen der Senatoren allgemeine Verstimmung hervorrief. Zum einen Teil setzte sich unter Claudius eine notwendige Entwicklung fort, die sich schon unter seinem Vorgänger angebahnt hatte, zum anderen scheint Claudius die Freigelassenen auch aus persönlichen Gründen begünstigt zu haben. Daß seine Thronfolge allen Widerständen zum Trotz durchgesetzt werden konnte, war nicht zuletzt dem Einfluß des mächtigen Freigelassenen Callistus zu verdanken gewesen, der schon vor Caligulas Ermordung entschlossen auf die Seite des aussichtsreichsten

---

[194] Über sein Verhältnis zum Senat und die Grundsätze seiner Senatspolitik A. Momigliano, Claudius, Oxford 1934 (Cambridge 1961²), 24ff. und 39ff.; D. McAlindon, Claudius and the Senators, American Journal of Philology 78, 1957, 279ff.; derselbe, Senatorial Advancement in the Age of Claudius, Latomus 16, 1957, 252ff. sowie A. Bergener, Die führende Senatorenschicht im frühen Prinzipat, Diss. Bonn 1965, 25ff.

[195] Jos. Ant. Iud. 19,62; eingeweiht war unter anderen auch der Konsul Cluvius Rufus (siehe ebenda 19,92).

[196] Zum Eingreifen der Praetorianer Jos. Ant. Iud. 19,162ff.; 212ff., insbesondere 226.

[197] Vgl. H. H. Scullard, From the Gracchi to Nero, London 1970³, 303.

[198] Jos. Ant. Iud. 19,64f.

Thronanwärters übergeschwenkt war[199]. Flavius Josephus, der den Hergang des Machtwechsels am ausführlichsten schildert, neigt aus naheliegenden Gründen dazu, die Rolle überzubewerten, die sein Landsmann Agrippa in den Auseinandersetzungen um die Thronfolge des Claudius spielte[200]. Wenn nicht alles täuscht, darf Callistus, der mit den Unzufriedenen aus Senat, Ritterschaft und Garde schon frühzeitig Verbindung aufgenommen hatte und in den Umsturzplan des Cassius Chaerea eingeweiht war[201], mit größerer Berechtigung als eine Schlüsselfigur in dem Kampf um die Nachfolge des Kaisers Caligula angesehen werden[202].

Obwohl das Verhältnis zum Senat aus den genannten Gründen gespannt war, ist die überkommene Beurteilung des Claudius von so gewaltsamen Verzerrungen frei geblieben, wie sie etwa die Formung des düsteren Tyrannenbildes bedingte, das ein unbekannter Vorläufer des Tacitus von Tiberius entworfen hatte. Solch scharfe Umrisse hat das antike Claudiusbild nie gewonnen[203]. Es fällt auf, daß Tacitus gegen die Regel sogar auf den Versuch verzichtete, die Wesenszüge des Claudius in einem kurzen Nachruf abschließend zu vergegenwärtigen. Einen gewissen Ersatz für die fehlende Würdigung von eigener Hand bietet er dadurch, daß er von dem Inhalt der *laudatio funebris* und ihrer Wirkung auf die Zuhörer berichtet[204]. Aus den wechselnden Empfindungen, die die Grabrede auslöste, ist zu ersehen, daß man Claudius nicht geradezu haßte oder verabscheute, an seiner Eignung aber beträchtliche Zweifel hatte. Den Teil der Rede, in dem Nero neben dem zufallsbedingten Ruhmestitel der *antiquitas generis* die literarischen Verdienste des Toten und dessen Leistung, dem Römischen Reich verlustreiche Kämpfe mit äußeren Feinden erspart zu haben, lobend hervorhob, nahm man noch beifällig auf[205]. Heiterkeit löste der Redner erst aus, als er auf die *providentia* und *sapientia* des Claudius zu sprechen kam.

Weshalb niemand bereit war, ihm diese beiden Eigenschaften zuzubilligen, ist aus den Schilderungen der Mißstände, die unter seiner Herrschaft um sich griffen, unschwer zu erkennen. Tacitus vermittelt ein anschauliches Bild von der

---

[199] Jos. Ant. Iud. 19,66.
[200] Zur Rolle des Agrippa siehe Jos. Ant. Iud. 19,236ff.; vgl. Dio 60,8,2.
[201] Jos. Ant. Iud. 19,62ff.
[202] Die Bedeutung, die seiner Mitwirkung in den entscheidenden Tagen zukam, könnte vermutlich besser ermessen werden, wenn der taciteische Bericht über die Vorgänge nicht verlorengegangen wäre. Daß Tacitus von der wichtigen Schwenkung des Callistus wußte, belegt Ann. 11,29,1f.
[203] Claudius als Tyrannen hinzustellen, fehlte jegliche Voraussetzung; die Meinung des Cassius Chaerea, mit Claudius trete ein Narr an die Stelle eines Wahnsinnigen (vgl. Jos. Ant. Iud. 19,258), war eine zu verbreitete Vorstellung.
[204] Ann. 13,3,1.
[205] Die Gelehrsamkeit des Claudius war – bei aller Verschrobenheit seiner Forschungsneigungen – unbestritten: vgl. das Urteil, das Sueton Claud. 41 über die literarische Tätigkeit des Claudius abgibt.

geradezu beängstigenden Lenkbarkeit des Claudius[206]; und auch die sonstige Überlieferung läßt die Vorstellung aufkommen, daß er den Freigelassenen an seinem Hof blind vertraute und den Frauen hörig war[207]. Hinzu kamen seine sprichwörtliche μετεωρία und ἀβλεψία, die ihm teils Spott, teils Verachtung oder gar Erbitterung eintrugen[208]. Die Günstlingswirtschaft, der er mit seiner Lenkbarkeit Vorschub leistete, störte naturgemäß die Beziehungen zum Senat am empfindlichsten. Soweit sich die Senatoren ihren aristokratischen Stolz bewahrt hatten, fanden sie sich nur widerwillig mit der Tatsache ab, daß Freigelassene griechischer Herkunft und eine ehrgeizige Frau die Geschicke des Reiches maßgeblich bestimmten. Größte Erbitterung hatten insbesondere die Auswüchse in der Rechtsprechung hervorgerufen[209], und Nero war gut beraten, auf diesem Gebiet sofortige Abhilfe in Aussicht zu stellen. Welche Änderungen Nero versprach, umreißt Tacitus Ann. 13,4,2 in den folgenden Sätzen: *non enim se negotiorum omnium iudicem fore, ut clausis unam intra domum accusatoribus et reis paucorum potentia grassaretur; nihil in penatibus suis venale aut ambitioni pervium; discretam domum et rem publicam: teneret antiqua munia senatus, consulum tribunalibus Italia et publicae provinciae adsisterent, illi patrum aditum praeberent – se mandatis exercitibus consulturum*[210]. Wie man sieht, richtete sich der Groll des Senats gegen die Neuerung, daß die kaiserliche Gerichtsbarkeit auf Fälle ausgedehnt wurde, für die bislang das Senatsgericht zuständig zu sein pflegte. Man warf Claudius vor, er habe sich zum Richter aller Rechtsgeschäfte gemacht. Mit seinem Verfahren, Gerichtsverhandlungen unter Ausschluß der Öffentlichkeit abzuwickeln, habe er dem Einfluß weniger in verhängnisvoller Weise Tür und Tor geöffnet. Ankläger und Angeklagte seien in den Mauern des kaiserlichen Palastes – *unam intra domum* – eingeschlossen gewesen; Käuflichkeit und Liebedienerei hätten (zu ergänzen ist: in der Rechtsprechung) Einzug gehalten.

Wie der Ausdruck *unam intra domum* inhaltlich aufzuschlüsseln ist, haben die Erklärer nicht erläutert. Gerber-Greef reihen das schwer verständliche *unam* unter der Rubrik i.q. *idem* opp. *varius, diversus, alius aliter* ein. Die Gleichsetzung mit *eandem* ergibt aber keinen befriedigenden Sinn. Auch die Verhandlun-

---

[206] Vgl. etwa Ann. 11,28,2; 12,3,2; 12,41,3.
[207] Vgl. Dio 60,2,4ff. und Suet. Claud. 25,5 und 29,2; ferner Vit. 2,5 (*Claudium uxoribus libertisque addictum*..): ein Vorwurf, den M. P. Charlesworth, CAH X, 686 und 701 nur mit der Beschränkung auf die letzten Regierungsjahre des Claudius gelten lassen möchte und dem W. den Boer, Die prosopographische Methode in der modernen Historiographie der hohen Kaiserzeit, Mnemosyne Ser. IV, 22, 1969, 272ff. den epigraphischen Befund entgegenstellt.
[208] Suet. Claud. 39,1.
[209] Zur überkommenen Einschätzung der richterlichen Tätigkeit des Claudius vgl. Suet. Claud. 14 und 15.
[210] Das wichtige Zeugnis hat in den gängigen Ausgaben eine Interpunktion erfahren, die das Verständnis eher erschwert als erleichtert. Es war unumgänglich, sie an mehreren Stellen zu verändern; die Gründe werden im Verlauf der Erörterung dargelegt werden.

gen des Senatsgerichts wurden niemals anders geführt, als daß Ankläger und Angeklagte in einem und demselben Raum versammelt waren. Der unausgesprochene Gegensatz zu *unam intra domum* muß anderswo zu suchen sein. Die bildhafte Aussage, Ankläger und Angeklagte seien in den Mauern eines einzigen Hauses eingeschlossen gewesen, deutet eher darauf hin, daß die rätselhafte Wendung *unam intra domum* auf die Einengung des Gerichtsorts anspielt und als Gegensatz der Gedanke an die Weite des Forums vorschwebt. An die Einwirkung einer solchen Vorstellung zu denken, bietet sich dadurch an, daß wenig später an die forensische Tätigkeit der Konsuln erinnert wird.

Verkannt haben die Erklärer, daß die Absage, die Nero der Bestechung und der *ambitio* erteilt, vor allem auf die Fehlentwicklungen im Gerichtswesen zu beziehen ist (zu *nihil in penatibus suis venale aut ambitioni pervium* vergleiche man Ann. 11,5,2 *nec quicquam publicae mercis tam venale fuit quam advocatorum perfidia..*). Bestechlichkeit wurde den Mächtigen am Hofe des Claudius zwar auf allen Gebieten – so etwa auch bei der Vergabe von Bürgerrechtsprivilegien – nachgesagt[211]. Dem Zusammenhang nach erinnert Neros Absage jedoch insbesondere an die Mißstände, die die kaiserliche Gerichtsbarkeit in Verruf gebracht hatten. Hierzu paßt, daß einer der ersten Beschlüsse, die der Senat unter Nero faßte, der *lex Cincia* wieder Geltung verschaffte (*ne quis ad causam orandam mercede aut donis emeretur*[212]).

Zur Versöhnung der Senatsaristokratie verspricht Nero die Rückkehr zu den Verhältnissen, die Augustus geschaffen hatte. Er bekennt sich zu dem augusteischen Grundsatz, daß der kaiserliche und der ‚freistaatliche‘ Einflußbereich voneinander geschieden seien: *discretam domum et rem publicam*. Die Verkündigung dieses Grundsatzes steht als Überschrift über den folgenden Ausführungen (es ist darum erforderlich, den Punkt, mit dem die Herausgeber die übergeordnete Aussage von den sich anschließenden Erläuterungen sinnwidrig abtrennen, durch einen Doppelpunkt zu ersetzen).

Die mit *teneret* beginnenden Darlegungen geben nähere Auskunft über die Regelung der Zuständigkeiten in der Rechtsprechung; sie kündigen an, welche Befugnisse das Senatsgericht von der Verwirklichung des Grundsatzes der Trennung von *domus* und *res publica* zu erwarten hat. Die allgemein gehaltene Zusicherung, dem Senat werde sein alter Aufgabenkreis belassen, wird dahingehend erläutert, daß Italien und die senatorischen Provinzen vor den Konsuln Klage erheben und die Konsuln (sofern sie die Anklage annehmen) ihrerseits die Sache vor den Senat bringen sollen. Beide Vorgänge, die Eröffnung des Verfahrens vor den Tribunalen der Konsuln wie seine Weiterleitung an den Senat, gehören als feste Bestandteile der *cognitio senatus* aufs engste zusammen[213]. Die Heraus-

---

[211] Zur „Verscherbelung" des römischen Bürgerrechts vgl. Dio 60,17,5ff.
[212] Ann. 13,5,1. Um sie hatte es schon unter Claudius Auseinandersetzungen im Senat gegeben (vgl. Ann. 11,5ff.). Daß der Senatsbeschluß Senecas Vorstellungen entsprach, beweist seine Verhöhnung der geschädigten Anwälte, Apoc. 12,2.
[213] Vgl. Th. Mommsen, Römisches Staatsrecht II,1,121.

geber haben das übersehen; sie setzen nach *adsisterent* einen Doppelpunkt, ohne zu bedenken, daß sie auf diese Weise von der Zusicherung der senatorischen Gerichtsbarkeit gewaltsam einen Teilbereich abtrennen (ihre sinnwidrige Interpunktion rührt offenkundig von der falschen Vorstellung her, daß *illi* – welches sich seinerseits auf *consulum* zurückbezieht – und *se* – sc. *Neronem* – einander antithetisch zugeordnet seien). Nero hebt in seiner Rede nicht die Befugnisse der Konsuln von den Rechten ab, die er für sich in Anspruch nimmt. Er grenzt vielmehr die Zuständigkeit des gesamten Senats von seiner eigenen Zuständigkeit ab, die er – dem Vorbild des Augustus folgend – auf die kaiserlichen Provinzen beschränkt wissen will (*se mandatis exercitibus consulturum*). Keinesfalls darf die Stelle in dem Sinne verstanden werden, daß er die Konsuln und sich selbst als die eigentlichen Träger der geteilten Verantwortung ansah.

Stilistisch griff Tacitus bei aller Knappheit, mit der er den Inhalt der Regierungsantrittsrede wiedergibt, nicht so einschneidend ein, daß die Eigentümlichkeiten der augusteischen Prinzipatsideologie verlorengegangen wären. Die Verwendung des wirklichkeitsfernen Begriffs ‚*publicae provinciae*' und die künstliche Scheidung von *domus* und *res publica* entsprechen ihr genau. Obwohl die Volksversammlung als Institution zur Bedeutungslosigkeit abgesunken war und der Senat eine empfindliche Beschneidung seiner republikanischen Rechte hinnehmen mußte, hielt Seneca, der Verfasser der Rede, weiterhin die Fiktion aufrecht, daß die Provinzen, die nicht der kaiserlichen Verwaltung unterstellt waren, *publicae provinciae* seien und dem Senat in diesem Einflußbereich die volle freistaatliche Verfügungsgewalt belassen sei.

Da Tacitus die Regierungsantrittsrede in starker Verkürzung wiedergibt, ist zu vermuten, daß Nero noch weitere, ins einzelne gehende Zusicherungen gegeben hatte. Tacitus stellt das Zugeständnis in den Mittelpunkt, das den Zeitgenossen als das vordringlichste erschienen war. Wie der zeitgenössische Dichter Calpurnius Siculus auf das lebhafteste begrüßte, daß Nero die Beseitigung der Mißstände im Gerichtswesen in Aussicht gestellt hatte[214], so wird auch die Geschichtsschreibung, auf die Tacitus zurückgriff, gerade dieses Versprechen besonders gewürdigt haben.

Weshalb die Zeitgenossen der Verheißung unbestechlicher Rechtsprechung solches Gewicht beimaßen, wird verständlich, sobald die Zeugnisse in Augenschein genommen werden, die über die kaiserliche Gerichtsbarkeit zu der Zeit des Claudius und ihre Auswüchse unterrichten. Die Stellen sind von Jochen Bleicken gesammelt[215]. Hier genügt es festzuhalten, daß Tacitus durchaus im Einklang mit der zeitgenössischen Auffassung urteilt, wenn er zum Jahr 47 anläßlich einiger Justizmorde vermerkt: *continuus inde et saevus accusandis reis*

---

[214] Ecl. 1,69ff.; vgl. J. Bleicken, Senatsgericht und Kaisergericht 96 Anm. 4. – Seneca selbst faßte die allgemeine Erwartung in die Worte: *legumque silentia rumpet* sc. *Nero* (Apoc. 4,1, v. 24).

[215] Senatsgericht und Kaisergericht 94ff.

Suillius, multique audaciae eius aemuli; nam cuncta legum et magistratuum munia in se trahens princeps materiam praedandi patefecerat. nec quicquam publicae mercis tam venale fuit quam advocatorum perfidia ...[216]. Daß die Ausdehnung der kaiserlichen Gerichtsbarkeit auch ihre Vorzüge hatte und der Notwendigkeit Rechnung trug, den umständlichen Weg der magistratischen Rechtsfindung abzukürzen, würdigt Tacitus begreiflicherweise nicht; die Überlieferung bot keinen Ansatz, der ihn hätte ermutigen können, sich über die zeitgenössische Sicht hinwegzusetzen.

Die Einseitigkeiten dieser Sicht hat Wolfgang Kunkel von rechtshistorischer Seite eindrucksvoll herausgestellt. Auf der Grundlage seiner wichtigen Beobachtungen gewinnt man von der Richtertätigkeit des Claudius folgendes Bild[217]: Claudius hatte zwar „oftmals in die Kompetenzen anderer Justizorgane eingegriffen", doch keineswegs immer auf eigenen Wunsch, sondern vielfach auf Antrag der Parteien. Wenn er auch von dem Recht, Prozesse und namentlich Appellationssachen an sich zu ziehen, einen ausgedehnteren Gebrauch machte als seine Vorgänger, so hütete er sich doch, die Gerichtstätigkeit des Senats drastisch zu beschneiden oder gar zum Erliegen zu bringen. Daß Nero als Sprachrohr Senecas seinem Vorgänger zur Last legte, er habe im Kaiserpalast unter Ausschluß der Öffentlichkeit zu Gericht gesessen, ist kaum mehr als eine zu propagandistischen Zwecken zurechtgestutzte Halbwahrheit. Zielte der Vorwurf auf die jedem Gerechtigkeitsempfinden hohnsprechenden Umstände, unter denen ein so geachteter Aristokrat wie der Konsular Valerius Asiaticus zum Selbstmord genötigt wurde[218], dann hat Seneca als Verfasser der Regierungsantrittsrede seines Zöglings verschleiert, daß dieser Fall besonders gelagert war. Nachdem Valerius Asiaticus verhaftet war, hatte Claudius als Konsul im Kaiserpalast eher eine Voruntersuchung als eine Gerichtsverhandlung geleitet. Wäre ihm nicht von seinem Mitkonsul Vitellius die Lüge vorgesetzt worden, Asiaticus habe um freie Wahl der Todesart gebeten, hätte Claudius den Fall aller Voraussicht nach dem Senatsgericht zur Verhandlung überwiesen. So aber mußte er an ein Schuldgeständnis glauben, das den Abbruch des Verfahrens ohne Einschaltung des Senatsgerichts rechtfertigte[219].

Obwohl Tacitus in einer Zeit lebte, in der das Kaisergericht gegenüber den Zeiten des Claudius an Bedeutung gewonnen hatte, verstand er sich nicht dazu, die Ausweitung der kaiserlichen Gerichtsbarkeit als eine notwendige, den Bedürfnissen einer zeitgemäßen Rechtspflege dienliche Schwerpunktverlagerung zu würdigen. In Claudius den Wegbereiter oder Beschleuniger einer in die Zu-

---

[216] Ann. 11,5,1f.
[217] W. Kunkel, Zeitschrift der Savigny-Stiftung für Rechtsgeschichte Rom. Abt. 81, 1964, 371f.
[218] Zum Hergang vgl. Tac. Ann. 11,1ff. und Dio 61 (60),29,4ff.
[219] W. Kunkel, Die Funktion des Konsiliums in der magistratischen Strafjustiz und im Kaisergericht II, Zeitschrift der Savigny-Stiftung für Rechtsgeschichte Rom. Abt. 85, 1968, 272ff.

kunft weisenden Entwicklung zu sehen, wurde allzusehr durch den Mißstand erschwert, daß die Praxis seiner Rechtsprechung das senatorische Standesbewußtsein auf das empfindlichste traf. Besondere Erbitterung hatte begreiflicherweise hervorgerufen, daß er Günstlingen aus dem Freigelassenenstand schwerwiegende Übergriffe nachsah. Von den Freigelassenen, die an seinem Hof zu leitenden Stellungen aufgestiegen waren, soll namentlich Narcissus seinen Einfluß zu Rechtsbeugungen und Justizmorden mißbraucht haben. Man beschuldigte ihn, im Einvernehmen mit Messalina die Verurteilung ihres schuldlosen Stiefvaters von Claudius erwirkt zu haben[220], und warf ihm vor, er habe die strafrechtliche Verfolgung der Verschwörer, die sich an dem Umsturzvorhaben des Furius Camillus Scribonianus beteiligt hatten, zu seiner persönlichen Bereicherung ausgenutzt[221]. Ihm und den übrigen Freigelassenen des kaiserlichen Hofes legte man zur Last, daß Claudius entgegen seinem Versprechen Angehörige der beiden oberen Stände foltern ließ[222]. Nach dem Scheitern der ersten Verschwörung blieb den Senatoren die Demütigung nicht erspart, daß einige ihrer Standesgenossen im Beisein von Freigelassenen und Offizieren der Garde abgeurteilt wurden[223]. Das gleiche erniedrigende Schauspiel wiederholte sich, als es dem entschlossen eingreifenden Narcissus gelungen war, die Verschwörung des Gaius Silius niederzuschlagen[224]. Und selbst als Agrippina ihm bereits entgegenarbeitete, scheint sich Narcissus nicht gescheut zu haben, sich der Unterschlagung und der Rechtsbeugung schuldig zu machen[225].

All diese Vorgänge lassen es verständlich erscheinen, daß die Mitglieder des Senats, soweit sie nicht selbst zu dem Kreis der Günstlinge am kaiserlichen Hof gehörten, der Ausweitung des kaiserlichen Verwaltungsapparates und den Neuerungen im Rechtswesen mit ausgeprägtem Mißtrauen gegenüberstanden und die in Aussicht gestellte Rückkehr zu den augusteischen Verhältnissen freudig begrüßten. Es wäre unbillig, von der Seite der senatorischen Geschichtsschreiber, die die Zeit des Claudius selbst erlebt hatten, eine Anerkennung der Verdienste zu erwarten, die sich Claudius und seine befähigten Ressortleiter mit dem Aufbau einer übersichtlichen, zweckmäßig arbeitenden Bürokratie erworben hatten[226]. Ein solch hohes Maß an Einsicht und Unvoreingenommenheit darf von

---

[220] *Appianae caedis molitor* nennt ihn Tacitus (Ann. 11,29,1); über den berüchtigten Justizmord – er gehört in das Jahr 42 – unterrichten Sueton (Claud. 37,2) und Dio (60,14,2ff.).

[221] Dio 60,16,2.

[222] Dio 60,15,6.

[223] Dio 60,16,3.

[224] Dio 61 (60), 31,5; Tac. Ann. 11,35f.

[225] Zu dem Vorwurf, er habe sich als Leiter des Kanalbauprojekts zur Trockenlegung des Fucinersees unzulässig bereichert, vgl. Tac. Ann. 12,57,2 und Dio 61 (60),33,6; zu der willkürlichen Vereitelung der Bestechungsklage gegen Iunius Cilo, den Statthalter von Bithynien, vgl. Dio 61 (60),33,5.

[226] Zu dieser Leistung des Claudius und zu der Befähigung seiner führenden Ratgeber vgl. H. Schiller, Geschichte der römischen Kaiserzeit I,1, Gotha 1883, 329f.; V. M.

Senatoren, die in ihrem Standesdenken befangen sind, nicht verlangt werden. In ihrer Mehrzahl versagten sie sich der Erkenntnis, daß die Straffung der Verwaltung in mancher Hinsicht einen Bruch mit dem augusteischen Regierungssystem erforderte[227]. In ihren Augen war es eine Ungeheuerlichkeit, daß Freigelassene griechischer Herkunft die ihnen anvertrauten Hofämter zu Schlüsselstellungen ausbauen konnten, die ihnen in einem bis dahin unbekannten Ausmaß Einfluß, Reichtum und Ehrungen verschafften[228].

Auch in dieser Hinsicht teilt Tacitus die Auffassung, die unter den zeitgenössischen Senatoren vorgeherrscht hatte. Die Verfügungsgewalt des Callistus betrachtet er nicht als *potestas,* sondern als *potentia*[229]. Dem reichsten unter den Freigelassenen, Narcissus, bescheinigt er Geldgier, Hang zur Verschwendung[230] und eine selbstherrliche Einschätzung des eigenen Ranges[231]. Pallas, dem für die kaiserliche Finanzverwaltung zuständigen Ressortleiter, wirft er anmaßende Schroffheit vor[232]. Das hochmütig-mürrische Gebaren des Pallas – Dio beschreibt seine Wesensart mit dem griechischen Ausdruck δυσκολία[233] – war verständlicherweise dazu angetan, die Gefühle der stolzen Senatsaristokratie zu verletzen. Für einen standesbewußten Senator war und blieb Pallas ein Emporkömmling, der die Grenzen, die seine Standeszugehörigkeit ihm setzte, überschritt (*modum liberti egressus,* Ann. 13,2,2) und das ihm übertragene Hofamt dazu mißbrauchte, gleichsam mit der Unumschränktheit eines Herrschers zu schalten (*velut arbitrium regni agebat,* Ann. 13,14,1). Daß Tacitus sich mit seinem unfreundlichen Urteil über die beiden mächtigsten Freigelassenen die herkömmliche Auffassung zu eigen machte, ist mit Händen zu greifen[234]. Narcissus stand spätestens seit der blutigen Niederschlagung der Verschwörung des Furius Camillus Scribonianus in einem gespannten Verhältnis zum Senat. Daß er dem Treiben der Messalina einige Jahre später ein gewaltsames Ende bereitete, nahm der Senat zwar, wie es scheint, eher mit Erleichterung auf. Doch blieb selbst dieses unbestreitbare Verdienst nicht ohne Zwielicht. Die Erinnerung an das Strafgericht, das über den Konsul Gaius Silius und weitere Angehörige der beiden oberen Stände verhängt wurde, sowie der Gedanke, daß Messalinas Sturz den Auf-

---

Scramuzza, The Emperor Claudius, Cambridge 1940, 85ff.; A. Heuß, Römische Geschichte, Braunschweig 1971³, 330.

[227] Zu der Schwierigkeit, das Bekenntnis zu den augusteischen Regierungsgrundsätzen mit der Politik der Zentralisation zu vereinbaren, siehe A. Momigliano, Claudius 39ff.

[228] Vgl. das bei Sueton aufbewahrte Urteil, Claud. 28 und 29,1.

[229] Vgl. Ann. 11,29,2.

[230] Ann. 13,1,3.

[231] Ann. 11,38,4.

[232] Vgl. Ann. 13,2,2 (*tristi adrogantia*) und Ann. 13,23,2 (*nec tam grata Pallantis innocentia quam gravis superbia fuit* ...).

[233] Dio 62,14,3.

[234] Man vergleiche etwa Juvenals scharfes Urteil über die Rolle des Narcissus (Sat. 14,329ff.).

stieg einer noch verhaßteren Nachfolgerin ermöglicht hatte, verhinderte die uneingeschränkte Anerkennung der an sich begrüßenswerten Tat[235].

Nicht weniger unbeliebt war Pallas. Das hochmütige Auftreten, das er vor Gericht zeigte, als er wegen hochverräterischer Beziehungen belangt werden sollte, hatte schon unter den standesbewußten Senatoren der damaligen Zeit allgemeine Mißstimmung hervorgerufen. Wie sehr seine herablassende Verteidigung, er pflege mit Untergebenen nicht mündlich zu verkehren, von ihnen mißbilligt worden war, ist nicht allein aus den Annalen des Tacitus, sondern auch aus Dios Schilderung zu erschließen[236]. Herausgefordert wurde das senatorische Standesbewußtsein nicht minder von der Tatsache, daß Pallas als Freigelassener ein Vermögen von 300 Millionen Sesterzen aufhäufen konnte[237] und sich obendrein als ein Mann von altrömischer Genügsamkeit feiern ließ. Tacitus war schwerlich der erste und nachweislich nicht der einzige, den dieser Widerspruch zu einer bissigen Bemerkung reizte[238]. Der jüngere Plinius, sein Zeitgenosse und Freund, zog das Verlogene und Würdelose desselben Vorfalls mit ebenso grimmigen Bemerkungen ans Licht[239].

So ergibt sich von mehreren Seiten her, daß Tacitus die überkommene Bewertung beibehielt, obwohl er, zeitlich gesehen, von einem größeren Abstand aus über die Tätigkeit der beiden einflußreichen Freigelassenen urteilen konnte. Zwei Gründe sind dafür verantwortlich. Zum einen fand er in der Überlieferung schwerlich einen Ansatz zu einer günstigeren, unvoreingenommenen Beurteilung. Zum anderen teilte er die Überzeugung seiner senatorischen Vorgänger, daß die Ausdehnung des Einflußbereichs von Freigelassenen ein Mißstand sei. Wie ausgeprägt sein Standesdenken in dieser Hinsicht war, verrät sich etwa in dem Unterton der Mißbilligung, mit dem er das Eingreifen des Freigelassenen Hormus zur Kenntnis nimmt. *is quoque inter duces habebatur* lautet die grimmige Erläuterung, die er Hist. 3,12,3 hierzu gibt[240]. Seine Auffassung geht dahin, daß Freigelassene nur in schlimmen Zeiten eine entscheidende Rolle im politischen Geschehen spielen[241]; und er stand mit seiner Überzeugung auch in der trajanischen Zeit nicht allein. Wie verbreitet diese Einstellung unter seinen Standesgenossen war, ist etwa aus dem Panegyricus seines Freundes Plinius – insbesondere c. 88,1ff. – zu ersehen.

---

[235] Vgl. Ann. 11,38,4.
[236] Vgl. Ann. 13,23,2 und Dio 62,14,3.
[237] Ann. 12,53,3; das Vermögen, das er bei seinem Tod besaß, wurde nach Dio 62,14,3 sogar auf etwa 400 Millionen Sesterzen geschätzt.
[238] Ann. 12,53,3: *et fixum est in aere publico senatus consultum, quo libertinus sestertii ter miliens possessor antiquae parsimoniae laudibus cumulabatur.* Unverhohlene Ironie spricht aus der Fortsetzung, mit der er zu den Verhältnissen in Judaea überleitet (Ann. 12,54,1): *at non frater eius, cognomento Felix, pari moderatione agebat.*
[239] Vgl. Epist. 7,29 und 8,6.
[240] Zu seinem Standesdenken vgl. auch Ann. 12,60,4.
[241] Hist. 1,76,3: *nam et hi malis temporibus partem se rei publicae faciunt.*

Während die Neuerungen, die Claudius in der Verwaltung und der Rechtsprechung einführte, dem senatorischen Standesdenken zu sehr zuwiderliefen, als daß Tacitus sie hätte bejahen können, steht er dessen fortschrittlicher Provinzialpolitik mit unverkennbarer Aufgeschlossenheit gegenüber. Daß der Adel der Haeduer im Jahr 48 n. Chr. in den Genuß des *ius adipiscendorum in urbe honorum* kam, würdigt er mit größerem politischem Verständnis, als es der um seine Vorrechte bangende Teil der Senatoren zu der damaligen — etwa 70 Jahre zurückliegenden — Zeit besessen hatte. Als eine Abordnung der *primores* aus der Gallia Comata in Rom die Bitte vortrug, man möge ihnen mit der Gewährung des passiven Wahlrechts den Zugang zu der senatorischen Ämterlaufbahn öffnen, scheint der Senat nicht ohne Erfolg Widerstand geleistet zu haben. Obwohl Claudius das Gesuch der Antragsteller ohne Einschränkung befürwortete[242], beugte er sich den senatorischen Gegenvorstellungen immerhin insoweit, daß er sich auf ein Zugeständnis einließ. Er gab sich damit zufrieden, einen Senatsbeschluß erwirkt zu haben, der aus dem weiteren Kreis des Adels der Gallia Comata vorerst nur den Haeduern das Recht zur Bewerbung um die senatorischen Ämter zugestand[243].

Die taciteische Darstellung läßt den Eindruck aufkommen, als habe sich bloß eine besonders fortschrittsfeindliche Gruppe von Uneinsichtigen dem Wunsch widersetzt, daß allen *primores* der Gallia Comata, die ihrer staatsrechtlichen Stellung nach zu den *foederati* gehörten und das römische Bürgerrecht schon längst erhalten hatten, der Zugang zu der senatorischen Magistratur gestattet werde. War diese Gruppe, wie man nach dem Bericht der Annalen glauben könnte[244], in der Minderheit? Beschränkte sie sich tatsächlich auf solch weit hergeholte Gegenvorstellungen, wie sie Tacitus Ann. 11,23 aufzählt? In dieser Hinsicht sind Zweifel erlaubt. Seneca, der sich nach dem Tod des Claudius als Wortführer der senatorischen Belange hervortat, scheint der Mehrheit seiner Standesgenossen aus dem Herzen gesprochen zu haben, als er in der Apokolokyntosis die fortschrittliche Bürgerrechtspolitik des Claudius mit beißendem Spott verhöhnte[245] und boshaft auf dessen eroberungsfreudiges „Galliertum" anspielte[246]. Es mag sein, daß die Gegner des Antrags tatsächlich den Einwand vorgebracht hatten, die Aufnahme von Senatoren, die aus der Gallia Comata stammten, komme einer zweiten gallischen Eroberung Roms gleich. Ihren Widerstand rief aber eine andere Besorgnis hervor, die mit den Erinnerungen an die gallische Belagerung des Kapitols nichts zu tun hatte. Die alteingesessenen Sena-

---

[242] *..destricte iam Comatae Galliae causa agenda est* heißt es in der Originalfassung der Rede.

[243] Ann. 11,25,1.

[244] Unter dem Eindruck der taciteischen Darstellung spricht F. Vittinghoff, Zur Rede des Kaisers Claudius über die Aufnahme von „Galliern" in den römischen Senat, Hermes 82, 1954, 362 von der „Opposition eines kleinen reaktionären Senatskreises".

[245] Apoc. 3,3.

[246] Apoc. 6,1.

toren fürchteten um ihren Vorrang. Claudius ging in seiner Senatsrede — was Tacitus verschweigt — auf diesen heiklen Punkt ein: *iam vobis cum hanc partem censurae meae adprobare coepero, quid de ea re sentiam, rebus ostendam. sed ne provinciales quidem, si modo ornare curiam poterint, reiciendos puto.* Mit diesen Worten wollte er nicht, wie die Erklärer meinen, den Anwesenden zusichern, daß seine zensorische Senatslectio das zahlenmäßige Übergewicht der italischen (d.i. der nichtprovinzialen) Senatoren gewährleisten werde. Ihre Überlegenheit in der Zahl war ohnehin verbürgt. Daß Claudius im Rahmen seiner zensorischen Tätigkeit besonderen Wert darauf gelegt hatte, ihren Anteil in ein günstiges Verhältnis zu dem Anteil der provinzialen Senatoren zu bringen, ist außerdem in den Annalen nirgendwo vermerkt. Seine beschwichtigende Zusicherung, er werde im weiteren Verlauf seiner zensorischen Tätigkeit mit seinen Maßnahmen kundtun, daß er den Vorrang des italischen Senators (*potiorem esse!*) anerkenne, verheißt keine zahlenmäßige Bevorzugung der nichtprovinzialen Senatoren, sondern eine qualitative Hebung ihrer Stellung. Und dieses Versprechen hat er unmittelbar darauf mit der dankbar begrüßten Entscheidung eingelöst, daß er solche Senatoren, die schon lange dem Senat angehörten oder von vornehmer Abkunft waren, in den Kreis der Patrizier aufnahm[247].

Daß Tacitus die vorurteilsfreie Aufgeschlossenheit bejahte, mit der sich Claudius des Anliegens der gallischen Abordnung angenommen hatte, ist insbesondere an der boshaften Hintergründigkeit abzulesen, mit der er die fortschrittsfeindlichen Überspitzungen in den Einwänden der Gegner offenbar werden läßt[248]. Die Reihe der Ablehnungsgründe, die er Ann. 11,23 vorführt, ist so offenkundig von unsachlichen Übertreibungen durchsetzt, daß die Entgegnung des Redners, der die Gegenmeinungen widerlegt und die Sache des Fortschritts verficht, jedem Leser als ein Zeugnis der Staatsklugheit und des politischen Weitblicks erscheinen muß.

Das Verfahren, das er hier eingeschlagen hat, ist in der römischen Geschichtsschreibung nicht neu gewesen; übernommen hat er es von Livius. Schon längst hat man beobachtet, daß die Claudiusrede in der ursprünglichen wie auch in der taciteischen Fassung Anklänge an die Canuleiusrede (Liv. 4,3–5) enthält[249]. Die Wirkung, die das vierte Buch des Livius auf die Annalen ausübte, reicht indessen noch weiter. Auch Livius war bereits in der Weise verfahren, daß er die bitteren Klagen der entschiedenen Fortschrittsgegner in abhängiger Rede mitteilte und an die erste, schwächere Stelle rückte; in wörtlicher Rede ließ auch er die Entgegnung des weitblickenden Einsichtigen folgen, der die Einwände der auf ihren Vorrechten Beharrenden widerlegte und mit Nachdruck die Sache des Fortschritts vertrat. Damals entzündete sich der Meinungsstreit an dem Antrag, den Plebejern das uneingeschränkte *conubium* und das Recht zur Bewerbung um

---

[247] Ann. 11,25,2.
[248] F. Vittinghoff, Hermes 82, 1954, 370.
[249] Vgl. die Hinweise der Kommentare sowie A. Momigliano, Claudius 16ff.

das Konsulat zu gewähren[250]. Als die entschiedensten Gegner jedweder Neuerung läßt Livius die beiden Konsuln Marcus Genucius und Gaius Curtius zu Wort kommen[251], als den entschlossenen Verfechter des fortschrittlichen Antrags den Volkstribunen Canuleius. Die Gegenvorstellungen der Wortführer des fortschrittsfeindlichen Lagers durchsetzt auch er in solchem Maße mit Überspitzungen, daß ihre Entrüstung erheiternde Züge gewinnt. Die erbitterten Klagen, die er ihnen in den Mund legt, gipfeln in so grotesken Vorwürfen wie den folgenden (Liv. 4,2,5f.): *quas quantasque res C. Canuleium adgressum! conluvionem gentium, perturbationem auspiciorum publicorum privatorumque adferre, ne quid sinceri, ne quid incontaminati sit, ut discrimine omni sublato nec se quisquam nec suos noverit. quam enim aliam vim conubia promiscua habere nisi ut ferarum prope ritu volgentur concubitus plebis patrumque? ut qui natus sit ignoret, cuius sanguinis, quorum sacrorum sit; dimidius patrum sit, dimidius plebis, ne secum quidem ipse concors.*

Ihre Erbitterung entlädt sich in ähnlichen Wendungen wie die Erbitterung der Fortschrittsgegner, die den Erfolg der gallischen Gesandtschaft zu vereiteln suchten. Hier wie dort begegnet der leidenschaftliche Ausfall, die geplante Neuerung werde die bisherigen Vorrechte zu etwas Alltäglichem entwerten (*volgari:* Liv. 4,1,3; *volgentur:* Liv. 4,2,6; *vulgarent:* Tac. Ann. 11,23,4); um die Heftigkeit des Entrüstungsausbruchs zu verstärken, setzt Tacitus das Schlüsselwort *volgari* vom Passiv in das Aktiv um.

Daß er von Livius das wirksame Verfahren übernommen hat, die gegensätzlichen Standpunkte in der Gegenüberstellung von abhängiger und wörtlicher Rede nach außen hin unbeteiligt vorzuführen, ohne die eigene Einstellung dabei zu verhehlen, ist mehr als eine bloß äußerliche Form der Aneignung. Der innere Zusammenhang ist dadurch gegeben, daß im einen wie im anderen Fall ein politischer Streit zur Sprache kommt, den die Geschichte inzwischen entschieden hatte. Beide, Livius wie auch Tacitus, ergreifen gleichermaßen die Gelegenheit, auf hintergründige Weise durchblicken zu lassen, welch großer Abstand sie als Angehörige einer späteren Zeit von den politischen Vorstellungen derer trennt, die sich einstmals dem Lauf der Entwicklung entgegenzustemmen suchten.

Es mag sein, daß Tacitus damit von der Beurteilung abrückte, die er in der ihm vorliegenden Überlieferung vorfand. Sicher ist nur, daß sich seine Einstellung von der Auffassung unterschied, die der auf seine Vorrechte pochende Teil der Senatoren in der Zeit des Claudius verfochten hatte. Den Vorteil, von einem größeren Abstand aus urteilen zu können, hat er in diesem Fall genutzt. Die persönliche Beteiligung des Senators, der ebensowenig wie die *primores* der Gallia Comata der alteingesessenen Aristokratie angehörte, ist hier unverkennbar[252].

---

[250] Liv. 4,1,1ff.
[251] Liv. 4,2.
[252] Vgl. demgegenüber J. Vogt, Tacitus als Politiker (Antrittsrede Tübingen 1923), Stuttgart 1924, 11: „Tacitus war zu sehr in der altrömischen Staatsauffassung befangen, um die

Nero bei Tacitus

Mit der Überlieferung zur Geschichte des Kaisers Nero ist es ähnlich bestellt wie mit der Überlieferung zur Geschichte seines Vorgängers. Der trümmerhafte Überlieferungszustand erschwert sichere Schlüsse. Verschollen ist der wichtige Abschnitt der Annalen, der über die letzten Jahre der neronischen Herrschaft unterrichtete und wohl auch als abschließende Gesamtwürdigung einen Nachruf auf Nero enthielt. Nur in Auszügen auf uns gekommen ist der Inhalt der Bücher 61, 62 und 63 des Cassius Dio. Das geschichtliche Urteil über Nero bildete sich unter ähnlichen Bedingungen heraus wie das allgemeinverbindliche Urteil über Tiberius, Caligula oder Claudius. Der Zeitpunkt, von dem an das ungünstige Bild, das die Geschichtsschreibung von ihm vermittelte, seine feste, fortan gültige Gestalt gewinnen konnte, fiel mit dem Tag zusammen, an dem der Nachfolger die Macht übernahm. Galba, der wieder altrömische Zucht in Rom einziehen lassen wollte und die Schäden der neronischen Mißwirtschaft allenthalben zu beheben suchte, legte der senatorischen Geschichtsschreibung in der Verdammung seines Vorgängers gewiß keine Zügel an. Otho, der es nicht wagte, zu den Bemühungen um eine Erneuerung des Nerokults offen Stellung zu nehmen[253], wird sich gehütet haben, ihr Vorschriften zu machen. Vitellius, der um die Gunst des Senats warb, mußte schon deshalb abgeneigt sein, ihr die Freiheit zu beschneiden, nach den Jahren der Unterdrückung mit Nero abzurechnen. Vespasian, der als haushälterischer Verwalter der Reichsfinanzen das Gegenteil dessen verkörperte, was Nero verkörpert hatte, lag es erst recht fern, diese Freiheit zu beschränken.

Tacitus knüpft aller Wahrscheinlichkeit nach an den Stand an, den die Neroüberlieferung in flavischer Zeit erreicht hatte. Die drei Geschichtsschreiber, die er namentlich anführt, lebten allesamt in dieser Zeit. Er mag ihre Darstellungen nur zusätzlich zu Rate gezogen und im allgemeinen die Kompilation eines nicht genannten Gewährsmannes bevorzugt haben. Schwerlich aber legte er ein Geschichtswerk zugrunde, das eine frühere, vorflavische Schicht der Überlieferung verkörperte. Der üblichen Praxis entsprechend benutzte er mit Vorliebe voraussetzungsreiche Quellen; seine Schilderung von Agrippinas Ermordung (Ann. 14,5ff.) bestätigt, daß er es in der Darstellung der neronischen Zeit nicht anders hielt[254].

Die flavische Sicht hat in der Neroüberlieferung nicht solche unverwechselbaren Spuren der Verzerrung hinterlassen wie in der Vitelliusüberlieferung. Soweit die Geschichtsschreiber der Flavierzeit dem Senatorenstand angehörten

---

Notwendigkeit dieser Entwicklung anzuerkennen. Das Eindringen der Provinzialen in Heer und Verwaltung, selbst in den Senat hat ihn mit großer Sorge erfüllt ... Um das Reich römisch zu erhalten, wurde er ... zum Gegner der liberalen kaiserlichen Provinzialpolitik ...".

[253] Vgl. Hist. 1,78,2.
[254] Am deutlichsten zu ersehen aus Tac. Ann. 14,9,1.

und die neronische Zeit aus eigenem Erleben kannten, nutzten sie nicht anders als ihre Vorgänger die Gelegenheit zur freien Meinungsäußerung, um für die Nachwelt festzuhalten, wie sie selbst und ihre Standesgenossen (oder wenigstens die gleichgesinnten unter ihnen) Nero gesehen hatten. Daß nach Neros Sturz die Machthaber in rascher Folge wechselten, behinderte keineswegs den Fortgang der Verfestigung des geschichtlichen Urteils. In den Grundzügen blieb die Kontinuität des Nerobildes nach 68 n. Chr. immer gewahrt. Mit welchem Grimm und welcher Verachtung die Geschichtsschreiber ihn richteten, verrät nichts deutlicher als die gehässige Ausmalung der einzelnen Phasen seines Sturzes. Um ihn zum wahnwitzigen, seine Bedeutung maßlos überschätzenden Bühnenhelden abzustempeln, schreckten sie vor keiner herabsetzenden Übertreibung zurück. Mit welcher Bedenkenlosigkeit sie einen theatralischen Ausspruch auf den anderen gehäuft haben müssen, vergegenwärtigt ein Blick auf die Schilderungen, die wir von Sueton und Cassius Dio besitzen [255].

Tacitus war sich bewußt, daß die Geschichte des Kaisers Nero nach dessen Tod in frischem Haß geschrieben worden war [256]. Hat er aus dieser Erkenntnis tiefer greifende Folgerungen für seine eigene Darstellung gezogen? Die Beantwortung der Frage wird dadurch erschwert, daß die Grundlage für den Vergleich der vorhandenen Nerodarstellungen schmal ist. Hinzu kommt die Erschwernis, daß ein solcher Vergleich keine sicheren Aussagen über die Absichten des Tacitus erlaubt. Es mag sein, daß Tacitus, Sueton und Cassius Dio verwandte Darstellungen zur Geschichte der Nerozeit zugrunde legten. Manch augenfällige Übereinstimmung könnte dafür sprechen [257]. Die Benutzung einer gemeinsamen Vorlage vorauszusetzen, geht indessen schwerlich an [258]. Bestenfalls läßt sich ein

---

[255] Suet. Nero 47ff.; Dio 63,28f. Zu der Gehässigkeit der erhaltenen Berichte über Neros letzte Tage vgl. A. Gercke, Jahrbücher für classische Philologie, Suppl. 22, 1896, 184f. Das Bündel von „letzten Worten", das die Überlieferung für Nero bezeugt, reiht W. Schmidt, De ultimis morientium verbis, Diss. Marburg 1914, 45 unter der Rubrik *De ultimis verbis, quibus fidesne habenda sit, incertum est* ein.

[256] Ann. 1,1,2.

[257] Vgl. die umfassende Sammlung der Vergleichsstellen, die K. Heinz, Das Bild Kaiser Neros bei Seneca, Tacitus, Sueton und Cassius Dio, Diss. Bern, Biel 1948, 13ff. vorgelegt hat. Allgemein ist zu sagen, daß sich Suetons Nerovita enger mit Dios Darstellung als mit den Annalen des Tacitus berührt. Zum Beleg seien einige augenfällige Beispiele angeführt: Dio 62 (61),11,3f. und Suet. Nero 28,2 (über Agrippinas blutschänderischen Verkehr mit ihrem Sohn; vgl. demgegenüber Ann. 14,2); Dio 62,27,1 und Suet. Nero 37,1 (über die nichtigen Anlässe für die Verurteilung des Salvidienus Orfitus und des Cassius Longinus; vgl. demgegenüber Ann. 16,7); Dio 62 (63),4ff. und Suet. Nero 13 (über die Festlichkeiten zum Empfang des Tiridates); Dio 63,26,1ff. und Suet. Nero 40,4–41,1 (über Neros Verblendung in der Unterschätzung des Vindexaufstandes); Dio 63,27ff. und Suet. Nero 47ff. (über Neros Ende). All diese Vergleichsstellen beweisen indessen nicht, daß Sueton und Dio jeweils dieselbe Quelle benutzten.

[258] Auch die Zusammenstellung der Vergleichsstellen, die K. Heinz in der erwähnten Dissertation bringt, vermag nicht zu erweisen, daß mit dem Rückgriff auf eine gemeinsame Quelle zu rechnen ist. Heinz neigt dazu, den formalen Entsprechungen, die vielfach nur

gemeinsamer Grundstock an Angaben und Anschauungen ermitteln. Gelingt dies, so bleibt immer noch zu fragen, inwieweit es überhaupt möglich ist, von diesem Grundstock die Eigenleistung des Tacitus abzuheben[259].

Ein nach einer starren Schablone gearbeitetes Bild, das um seiner Geschlossenheit willen derart bedenkliche Verdrehungen der Wahrheit erforderte wie das gültige Tiberiusbild, hat die vortaciteische Annalistik von Nero zweifellos nicht geschaffen. Um an Nero mehrere Stufungen in der Selbstenthüllung von tyrannenhaften Zügen nachzuweisen, bedurfte man keines gekünstelten psychologischen Behelfs.

Wenn nicht alles trügt, war in dem Zweig der Überlieferung, den Cassius Dio vor dem Absterben bewahrte, schon die Ermordung des Britannicus zu einem Markstein in der Entwicklung zum Schlimmen erklärt worden. Dio sagt aus, Seneca und Burrus seien von diesem Zeitpunkt an in ihren Anstrengungen um das Staatswohl erlahmt[260]. Von Tacitus wird diese Behauptung nicht bestätigt. Er legt den ersten bedeutsamen Einschnitt in das Jahr 59, den zweiten in das Jahr 62, das Todesjahr des Burrus[261].

Die Anschauung, daß das Jahr 59 den Umschlag brachte, ist nicht seiner eigenen Erkenntnis entsprungen. Daß der Wandel mit dem Jahr begonnen hatte, in das die Ermordung der Agrippina fiel, entsprach der allgemeinen Überzeugung. Es genügt, daran zu erinnern, daß Trajan nach dem Zeugnis des Aurelius Victor dem *quinquennium Neronis* unter allen Epochen des Prinzipates den Vorrang zuerkannte[262].

äußerlich sind und sich nahezu immer ebensogut aus der Sache ergeben haben können, allzu große Beweiskraft beizumessen, während er die Abweichungen, die in der Überlieferung zur Geschichte der Nerozeit viel erheblicher sind als etwa in der Überlieferung zur Geschichte des Vierkaiserjahres, in der Regel als eigenmächtige Änderungen der Bearbeiter gesehen wissen möchte. Träfe dies zu, so müßten Sueton, Dio und Tacitus unabhängig voneinander ohne ersichtlichen Grund gerade der Überlieferung zur Geschichte Neros mit einer anderen Haltung gegenübergetreten sein, als sie sie sonst gegenüber der geschriebenen Geschichte einzunehmen pflegten.

[259] Soweit sich J. Tresch in dem Abschnitt „Tacitus' Leistung" (Die Nerobücher in den Annalen des Tacitus, Heidelberg 1965, 71ff.) darauf beschränkt, die Unterschiede zwischen Dio und Tacitus herauszuarbeiten, sind ihre Ergebnisse in der Regel brauchbar. Sobald sie aber versucht, aus den Abweichungen Aussagen über das Verhältnis von Tradition und Leistung abzuleiten, beginnen die Schwierigkeiten. Dreierlei will beachtet sein: a) Die Epitomatoren können Dios Darstellung mitunter bis zur Verzerrung verkürzt haben. b) Dio kann sich ebensogut wie Tacitus im einen oder anderen Fall eigenmächtig über die Überlieferung hinweggesetzt haben. c) Die Unterschiede zwischen ihren Darstellungen können vielfach darin ihre Wurzel haben, daß Dio und Tacitus verschiedenen Quellen folgten.

[260] Dio 61,7,5. Daß es kaum gerechtfertigt ist, den Wendepunkt vom Guten zum Schlimmen in das Todesjahr des Britannicus zu legen, bedarf keiner langen Erörterung. Im selben Jahr war Pallas seines Amtes enthoben worden, und es unterliegt keinem Zweifel, daß dessen Sturz den Einfluß seiner Gegner Seneca und Burrus nur noch verstärken mußte.

[261] Zum ersten Einschnitt siehe Ann. 14,13,2; zum zweiten Ann. 14,52.

[262] De Caes. 5,2.

Den Wendepunkt in das Jahr 59 zu legen, ließ sich aus senatorischer Sicht rechtfertigen. Bis dahin hatte sich Nero im großen ganzen an die Leitvorstellungen des augusteischen Regierungsprogrammes gehalten und beherzigt, daß ein Prinzipat, der nach eigenem Bekenntnis auf den Pfeilern der *auctoritas patrum* und des *consensus militum* ruhte[263], der Senatsaristokratie Entgegenkommen schuldete. Daß Sueton in dem Lob der Anfänge mit Tacitus übereinstimmt[264], bestätigt es.

Neros Regierungsübernahme war zwar von zwei politischen Morden begleitet; doch lastete man diese Verbrechen Agrippina an — ihn selbst sprach man von jeder Mitschuld frei[265]. Daß das Gerücht ihn für das vorzeitige Ende des Britannicus verantwortlich machte, scheint seiner Beliebtheit nicht sonderlich geschadet zu haben. Mit dem frühen Tod des Britannicus fand man sich vermutlich mit derselben Gleichgültigkeit ab, mit der man unter Caligula die Beseitigung des Tiberius (Gemellus) hingenommen hatte[266]. Welche Vorteile hätte man sich auch davon erhoffen können, wenn Britannicus seine Thronrechte mit Erfolg geltend gemacht hätte? Mußte man nicht befürchten, daß er sich an all denen rächen würde, die an dem Sturz seiner Mutter Messalina mitgewirkt hatten und danach für die Bevorzugung des jungen Domitius eingetreten waren? Seneca war geschickt genug gewesen, in der Regierungsantrittsrede, die er seinem Zögling aufgesetzt hatte, die möglichen Auswirkungen jener dynastischen Wirren in verschleierter Form anzudeuten. Die Bemerkung *neque iuventam armis civilibus aut domesticis discordiis imbutam, nulla odia, nullas iniurias nec cupidinem ultionis adferre* zielt zur Hälfte auf Augustus und zur anderen Hälfte auf Britannicus[267]. Die Anspielung auf Britannicus hat man nicht erkannt[268]; die Tacituserklärer beziehen die Worte *neque iuventam domesticis discordiis imbutam* fälschlich auf Tiberius, Caligula und Claudius oder — hier zeigt sich die Unsicherheit — auf Tiberius ausschließlich[269].

---

[263] Ann. 13,4,1.
[264] Vgl. K. Heinz, Das Bild Kaiser Neros 118.
[265] Zur Ermordung des Prokonsuls Iunius Silanus heißt es *ignaro Nerone* (Ann. 13,1,1); zur Beseitigung des Narcissus *invito principe* (Ann. 13,1,3).
[266] Zur Stimmung in der Bevölkerung vgl. Ann. 13,17,1.
[267] Ann. 13,4,1; zur Abstufung gegenüber Augustus vgl. De clem. 1,11,1 (*comparare nemo mansuetudini tuae audebit divum Augustum etiam si in certamen iuvenilium annorum deduxerit senectutem plus quam maturam*) sowie De clem. 1,11,2 (*haec est, Caesar, clementia vera, quam tu praestas, quae non saevitiae paenitentia coepit nullam habere maculam, numquam civilem sanguinem fudisse*).
[268] Obwohl K. Kraft, Der politische Hintergrund von Senecas Apocolocyntosis, Historia 15, 1966, 113ff. dem dynastischen Streit um Neros Thronrechte besondere Aufmerksamkeit schenkte, ließ er sich dieses wichtige Zeugnis entgehen.
[269] H. Furneaux erläuterte den betreffenden Satz wie folgt: „His youth had not been steeped ... in civil wars (like that of Augustus), nor (like that of Tiberius, Gaius, and Claudius) in family enmities (cp. 4.12,5; 40,3; 6.51,2)." Zum Beleg führte er, wie man sieht, nur Stellen aus den Tiberiusbüchern der Annalen an. Diese Schwäche scheint E. Koestermann erkannt zu haben. Er übernahm zwar von Furneaux die Stellenangaben, bezog aber

Ärgere Mißstimmung als die Beseitigung des Britannicus oder des Iunius Silanus riefen Neros nächtliche Streifzüge hervor[270]. Daß diese Umtriebe dem schuldlosen Senator Julius Montanus zum Verhängnis wurden, mußte namentlich seine Standesgenossen erbittern[271]. Doch trübten die wenigen Vorkommnisse das Verhältnis zum Senat nicht so entscheidend, daß die Freude über die Segnungen des neronischen Prinzipats schon damals tiefer Besorgnis gewichen wäre. Die Mehrheit der zeitgenössischen Senatoren wird Trajans Ansicht über das *quinquennium Neronis* geteilt haben.

Befragt man Tacitus und Dio, inwiefern das Jahr 59 eine schicksalhafte Wendung brachte, erhält man verschiedene Antworten. Tacitus schreibt dem Tod der Agrippina die Bedeutung zu, daß Nero von diesem Zeitpunkt an jede Hemmung fahrenließ, seinen bedenklichen, eines Princeps unwürdigen Neigungen zu frönen: *seque in omnes libidines effudit, quas male coercitas qualiscumque matris reverentia tardaverat*[272]. Dio erklärt die Wendung zum Schlimmen damit, daß die unaufrichtige Billigung des Muttermords Nero verblendet habe. Er meint, Nero habe fortan alles, was er tat, für richtig befunden[273]. Daß die Begründung, die Tacitus bietet, sein geistiges Eigentum ist, ist keineswegs ausgemacht. Vorgegeben waren zumindest die entscheidenden Ansätze: Daß die Beseitigung des Gegenspielers die Wirkung hat, in einem Despoten verwerfliche Neigungen freizusetzen, gehörte zu der Typologie der Tyrannenschilderungen. Daß Nero Züge des Tyrannen besaß, entsprach der allgemeinen Überzeugung, der sich die vortaciteische Annalistik gewiß nicht verschlossen hatte. Und daß Agrippina den Ausschweifungen ihres Sohnes entgegengetreten war, war jedem bekannt, der die Vorgänge am kaiserlichen Hof beobachten konnte[274].

Ob die von Tacitus und Dio angeführten Gründe überzeugend sind, bleibe dahingestellt[275]. Bestimmte Wendepunkte anzusetzen, birgt zumeist die Gefahr

---

den Ausdruck *domesticis discordiis* ausschließlich auf die Zeit des Tiberius. Die angeführten Belege sind unbrauchbar. Beweiskräftig wären sie nur dann, wenn sie zwei Bedingungen erfüllten: Sie müßten besagen, daß Tiberius in seiner Jugend in *domesticae discordiae* verwickelt war, und gleichzeitig eindeutig erkennen lassen, daß das Erlebnis vergangener Streitigkeiten in ihm den Wunsch nach Rache wachgerufen hatte. Statt dessen unterrichten sie lediglich über Spannungen unter den Mitgliedern des Kaiserhauses. Von Haß oder Rachsucht des Tiberius ist dabei überhaupt nicht die Rede. Nimmt man die Andeutung als eine versteckte Anspielung auf Britannicus, sind die erforderlichen Voraussetzungen erfüllt (vgl. Ann. 12,9,2: .. *ob accusatam Messalinam ultio ex filio timebatur*).

[270] Hierzu Tac. Ann. 13,25; Suet. Nero 26; Dio 61,9,2ff.
[271] K. Heinz (Das Bild Kaiser Neros 87) vermutet, die Mahnung, die Seneca De clem. 1,20,2 ausspricht, spiele auf diesen Vorfall an; Gewißheit läßt sich in diesem Punkt nicht erreichen, die Mahnung ist zu allgemein gehalten.
[272] Ann. 14,13,2.
[273] Dio 62 (61), 11,1 (ed. U. Ph. Boissevain, Bd. III, Berlin 1901, p. 36).
[274] Vgl. etwa Tac. Ann. 13,12ff.; Dio 61,7,1ff.; Suet. Nero 34,1.
[275] Die Begründung des Tacitus erkannte E. Hohl, Domitius (Nero), RE Suppl. III,370 an; ebenso H. Dessau, Geschichte der römischen Kaiserzeit II,1, Berlin 1926, 212. Den eigentlichen Wendepunkt „für Neros eigene Entwicklung" legt Hohl in das Jahr vor dem

der Gewaltsamkeit in sich. Im vorliegenden Fall stellen sich solche Bedenken nicht im gleichen Maße ein wie in der Tiberiusüberlieferung. Eine Wendung scheint sich im Jahr 59 tatsächlich angebahnt zu haben. Der Einfluß der beiden Ratgeber, deren segensreiche Zusammenarbeit die Verbindung von *auctoritas patrum* und *consensus militum* verbürgt hatte, ging von nun an zurück. Daß Burrus sich geweigert hatte, der Praetorianergarde den Befehl zur Ermordung der Tochter des Germanicus zu erteilen, hat Nero ihm nicht verziehen. In den Worten, mit denen er dem Freigelassenen Anicetus dafür dankte, daß er sich bereit erklärte, nach dem Scheitern des ersten Mordversuchs einen zweiten zu wagen, verbarg sich ein kaum verhüllter Vorwurf gegen beide Ratgeber [276]. Hatte Seneca früher seinen Zögling als Sprachrohr seiner politischen Überzeugungen und Zielsetzungen benutzt, so ließ er sich nun von ihm in den Dienst einer schlechten Sache stellen. Daß er sich bereit fand, das heikle Rechtfertigungsschreiben an den Senat zu verfassen, trug ihm von Neros Seite keinen bleibenden Dank und von der Seite des Senats den Verdacht der Mitwisserschaft ein [277]. Sein Einfluß sank fortan im selben Maße, wie Nero den Einflüsterungen eines Tigellinus oder anderer Kreaturen vom gleichen Schlag Gehör schenkte. Seitdem Burrus nicht mehr lebte und Tigellinus die eine der beiden Gardepraefektenstellen erhielt, war Senecas Sturz nur noch eine Frage der Zeit.

Das Todesjahr des Burrus als ein weiteres Epochenjahr in der Entwicklung zum Schlimmeren hin anzusetzen, war naheliegend [278]. Die Anschauung, daß dem Jahr 62 in dieser Hinsicht schicksalhafte Bedeutung zukam, muß schon in der vortaciteischen Geschichtsschreibung aufgetreten sein. Diesen Schluß erlaubt die erhaltene Überlieferung trotz ihrer Trümmerhaftigkeit. Tacitus und Dio machen gleichermaßen auf die verhängnisvolle Wendung aufmerksam, die die Entwicklung seit dem Tod des Burrus und der Nachfolge des Tigellinus nahm [279]. Die Vorstellung, daß Neros Herrschaft in verschiedene Phasen einzuteilen sei, geht gewiß nicht erst auf Tacitus zurück [280].

Muttermord, in welchem sich das Liebesverhältnis mit Poppaea Sabina anbahnte (ebenda 367).

[276] Siehe Ann. 14,7,5.   [277] Ann. 14,11,3.

[278] Daß mit dem Jahr 62 ein neuer Abschnitt des neronischen Prinzipats begann, lassen nicht wenige Historiker der neueren Zeit gelten. So etwa A. v. Domaszewski, Geschichte der römischen Kaiser II, Leipzig 1909, 59; E. Hohl, RE Suppl. III,374f.; A. Momigliano, CAH X, 720 und A. Garzetti, L'impero da Tiberio agli Antonini, Storia di Roma VI, Bologna 1960, 167f. Nach A. Heuß, Römische Geschichte 332 beschränkte sich die Bedeutung des Jahres 62 darauf, daß der Einfluß der Berater, die Agrippinas Macht gebrochen hatten, sein „nach außen sichtbares Ende" fand.

[279] Vgl. Tac. Ann. 14,51f. und Dio 62,13,3. Daß der Tod des Burrus Senecas Stellung schwächte, wird von den Epitomatoren nicht ausdrücklich bezeugt; doch ist aus Exc. Val. 244 (= Excerpta historica II,2,349, 10–13) immerhin zu erschließen, daß Tigellinus auch nach Dios Meinung alle anderen (und damit auch Seneca) seitdem an Einfluß übertraf.

[280] Anders J. Tresch, Die Nerobücher 178: „Die Leistung des Tacitus erkannten wir auch an der Einteilung der „Phasen" in Neros Prinzipat und an der Verteilung der Gewichte auf die einzelnen handelnden Personen."

Wer aus den Worten des Annalenprooms die Erwartung schöpft, Tacitus werde sich mit den Meinungen und Unterstellungen der nerofeindlichen Geschichtsschreiber auf Schritt und Tritt auseinandersetzten, sieht sich getäuscht. In dem 13. Buch der Annalen, in dem er das *quinquennium Neronis* behandelt, rückt er an keiner Stelle ausdrücklich von ihnen ab, in den nachfolgenden Büchern nur ein einziges Mal, Ann. 16,6,1. Der Anlaß ist nicht allzu bedeutend: Tacitus weist die Unterstellung zurück, daß Nero Poppaea Sabina vergiftet habe. Der Lorbeer der Unvoreingenommenheit und Wahrheitsliebe war hier leicht zu erwerben. Die Beschuldigung war allenfalls von einer Minderheit unter den Vorläufern, vielleicht sogar nur von einem einzigen Gewährsmann, erhoben worden (Sueton und Dio wissen überhaupt nichts von dieser Bezichtigung), und es war allgemein bekannt, daß Nero seine zweite Frau bis zur Hörigkeit geliebt hatte [281].

Daß Tacitus keineswegs seine Aufgabe darin sah, alle Unterstellungen der nerofeindlich ausgerichteten Überlieferung auszusondern oder wenigstens als unbeweisbare Behauptungen in Zweifel zu ziehen, zeigt sein Bericht vom Brand Roms. In diesem Bericht sind, wie Leopold von Ranke erkannte, zwei verschiedene Überlieferungen, eine feindselige, die Nero der Brandstiftung zieh, und eine wohlwollende, die seine Fürsorge für die Bevölkerung herausstrich, zu einer widerspruchsvollen Erzählung vereinigt [282].

Wie wenig es Tacitus darauf ankam, Nero von den Bezichtigungen der voreingenommenen Geschichtsschreiber zu entlasten, bestätigt ein noch lehrreicherer Fall. Während er Ann. 15,45,3 die Unterstellung, Nero habe Seneca mit Gift umbringen lassen wollen, als die Meinung ‚einiger' Gewährsmänner ausweist, setzt er Ann. 15,60,2 die Geschichtlichkeit des Strittigen voraus: *sequitur caedes Annaei Senecae, laetissima principi, non quia coniurationis manifestum compererat, sed ut ferro grassaretur, quando venenum non processerat.*

Sofern Tacitus für seine Darstellung der Geschichte Neros überhaupt Schrifttum benutzt hat, das zu dessen Lebzeiten erschienen war, kann es in den Annalen nur in begrenztem Umfang seinen Niederschlag gefunden haben. Die gültige Überlieferung entwickelte sich aus den Geschichtswerken, von denen Tacitus sagt, sie seien in frischem Haß geschrieben worden. Seine Versicherung der persönlichen Unvoreingenommenheit bewahrheitet sich nur in dem Sinne, daß es ihm ferngelegen hatte, die Grundzüge des Nerobildes, das die nachneronische Geschichtsschreibung gezeichnet hatte, aus persönlichen Gründen anzutasten. Sein Bemühen ging eher dahin, die vorgegebenen Linien schärfer auszuziehen, und dem gestalteten Stoff eine dramatische Steigerung abzugewinnen.

---

[281] Vgl. Suet. Nero 35,3.

[282] Weltgeschichte III,2,312f.; zu den Ungereimtheiten und topographischen Unklarheiten der Brandschilderung vgl. ferner A. Gercke, Jahrbücher für classische Philologie, Suppl. 22, 1896, 201ff. und G. Walser, Rom, das Reich und die fremden Völker in der Geschichtsschreibung der frühen Kaiserzeit, Baden-Baden 1951, 8ff.

DIE POLITISCHEN ANSCHAUUNGEN DES TACITUS

Sein Bild der römischen Republik

Den staatsrechtlichen Exkursen, die Tacitus in seine Annalen einlegte, hat die Forschung mit gutem Grund besondere Beachtung geschenkt. An gedanklichem und sachlichem Gehalt überragen sie seine sonstigen Digressionen in der Tat.

Dem Lehrbuch eines Juristen aus der Schule des Ateius Capito entstammten die Kenntnisse, die er in seine staatsrechtlichen Exkurse einbrachte, wohl kaum[1]. Es genügte, aus dem breiten Strom der geschichtlichen Überlieferung zu schöpfen, um dieses Wissen zu erwerben. Die Systematik juristischer Handbücher den Bedürfnissen der Geschichtsschreibung anzupassen, wäre zu umständlich gewesen.

Den jeweiligen Herkunftsort der institutionenkundlichen Mitteilungen näher zu bestimmen, ist nicht möglich. Viel wäre auch nicht gewonnen, wenn es gelänge, diese oder jene Sachangabe einer bestimmten Quelle zuzuweisen. Mehr kommt darauf an zu wissen, wieweit Tacitus in seinen Anschauungen über den Werdegang der römischen Republik von Auffassungen und Wertungen festgelegt war, die sich schon vor seiner Zeit herausgebildet hatten. Wie sich zeigen wird, erlaubt diese Frage eine verläßliche Antwort.

Zu den voraussetzungsreichsten Einlagen der Annalen gehört zweifellos der Abriß über die Entwicklung der römischen Gesetzgebung (Ann. 3,26ff.). Gelingt es nicht, über seine Voraussetzungen Klarheit zu gewinnen, muß seine inhaltliche Erschließung Stückwerk bleiben: Es wird sich zeigen, daß die Versäumnisse, die in der Erforschung dieser Voraussetzungen begangen wurden, Verwirrung stifteten und Fehldeutungen verursachten.

Der Exkurs beginnt mit allbekannten Anschauungen über die Rechtszustände in der Vorzeit[2]. Es sind Gedanken, die in dem Vorstellungsbereich der *aurea aetas* und der kulturgeschichtlichen Lehre der Stoa ihren festen Platz hatten. Im 90. Brief seiner Epistulae morales hatte Seneca mit Berufung auf Poseido-

---

[1] Gegen F. Leo, Die staatsrechtlichen Excurse in Tacitus' Annalen, Nachrichten von der Königl. Gesellschaft der Wissenschaften zu Göttingen, Philol.-hist. Klasse 1896, 191ff. (= Ausgewählte Kleine Schriften 2,299ff.). W. Theissen, De Sallustii, Livii, Taciti digressionibus, Diss. Berlin 1912, 90, R. Reitzenstein, Nachrichten von der Königlichen Gesellschaft der Wissenschaften zu Göttingen, Philol.-hist. Klasse 1914, 245 Anm. 3 (= Aufsätze zu Tacitus 89 Anm. 3), E. Fraenkel, Neue Jahrbücher für Wissenschaft und Jugendbildung 8, 1932, 230 und andere billigten das Ergebnis dieser Abhandlung, während E. Hahn, Die Exkurse in den Annalen des Tacitus, Diss. München, Borna–Leipzig 1933, 17ff. und 90ff. mit guten Gründen widersprach.
[2] Ann. 3,26,1f.

nios dargelegt, daß Gesetze erst eingeführt worden seien, als die Entstehung von Habsucht und Willkür den Urzustand der Besitzgleichheit und Gerechtigkeit beendet habe[3]. Im Dialogus hatte Tacitus selbst durch den Mund des Maternus den Gedanken anklingen lassen, daß das Goldene Zeitalter keine Rechtshändel gekannt habe[4].

Nicht weniger geläufig war es, in dem Überblick über die römische Verfassungsentwicklung auf die Gesetzgebungswerke des Minos, des Lykurg und des Solon zu verweisen[5]. Polybios hatte zwar eine Fülle von Gegengründen aufgeboten, um die kretische Verfassung aus der Trias der lobenswerten Verfassungsschöpfungen herauszubrechen[6], doch hatte Cicero diesen Schritt weder nachvollzogen noch überhaupt zur Kenntnis genommen. In De re publica zählte er die Gesetzgeber der Kreter, Spartaner und Athener mit Berufung auf einen Ausspruch des älteren Cato auf, ohne die kretische Verfassungsschöpfung irgendwie abzusondern[7].

Bemerkenswerte Besonderheiten, die der Erläuterung bedürfen, treten erst von dem Augenblick an auf, in dem die Betrachtung von den allgemeingültigen Beobachtungen zu der Darlegung der römischen Verfassungsentwicklung fortschreitet. Die Feststellung *nobis Romulus, ut libitum, imperitaverat* überrascht. Livius, Dionys von Halikarnaß, Plutarch und [Flavius Vopiscus] bezeugen übereinstimmend, daß Romulus die Verfassung der Römer gestiftet habe[8]. Daß Tacitus die abweichende Fassung nicht selbst geschaffen hatte, wurde von Friedrich Leo mit Recht vorausgesetzt[9]. Der Frage nachzugehen, wie sie entstanden ist, wurde von ihm jedoch versäumt. Das Rätsel findet seine Lösung, sobald erkannt wird, daß die Abweichung aus der Anwendung des griechischen Schemas erwachsen ist, das Polybios in seiner Darlegung der ἀνακύκλωσις-Lehre entfaltete[10]. Tacitus übernahm das Ergebnis des bemerkenswerten Wagnisses, die Stufenfolgen: Alleinherrschaft ohne Verfassungseinrichtungen – Königtum auf gesetzlicher Grundlage – Entartung der Königsherrschaft zur Tyrannis auf die Geschichte der römischen Königszeit zu übertragen (daß er die Übertragung selbst erdacht hatte, ist bei seiner skeptischen Haltung gegenüber griechischen Verfassungstheorien kaum anzunehmen). Die Alleinherrschaft des Romulus verkörperte im Sinne dieses Ansatzes die erste Stufe dieser Entwicklung (eine Auffassung, die wenigstens ein Teil der annalistischen Überlieferung gedeckt haben könnte[11]), die Kö-

---

[3] Epist. mor. 14,2 (90),3; 5f.; 38ff.

[4] Dial. 12,3.

[5] Ann. 3,26,3.

[6] Polyb. 6,45ff.

[7] De re publ. 2,1,2.

[8] Liv. 1,8; Dionys. Hal. Ant. Rom. 2,7ff.; Plut. Rom. 13 und 20; [Flav. Vopisc.] Vit. Cari 2,2.

[9] F. Leo, Ausgewählte Kleine Schriften 2,307.

[10] Polyb. 6,4,7ff.

[11] Von Numa heißt es Liv. 1,19,1: *qui regno ita potitus urbem novam conditam vi et armis, iure eam legibusque ac moribus de integro condere parat.*

nigsherrschaft seiner Nachfolger Numa Pompilius, Tullus Hostilius, Ancus Marcius und Servius Tullius die zweite, die Willkürherrschaft des Tarquinius Superbus die dritte.

Nach der Lehre vom Kreislauf der Verfassungen hätte die Geschichte der römischen Republik die übrigen Entwicklungsstufen in der Reihenfolge: Aristokratie—Oligarchie—Demokratie—Ochlokratie durchlaufen müssen [12]. Dieses Deutungsverfahren auf die römische Geschichte nach dem Sturz des Tarquinius Superbus anzuwenden, hatte Polybios verschmäht. Nach seiner Auffassung hatten die Römer die Gesetzmäßigkeit des Kreislaufs dadurch durchbrochen, daß sie aus ihren schlimmen Erfahrungen jeweils die richtige Erkenntnis zogen und auf diese Weise die beste aller Verfassungsformen, die μικτὴ πολιτεία, erlangten [13]. Daß er die Möglichkeit zugestand, den Fortgang der zyklischen Entwicklung durch vernünftiges Verhalten anzuhalten, widerstreitet der Überzeugung von der Zwangsläufigkeit der ἀνακύκλωσις. Räumte er diese Möglichkeit ein, so mußte er auch zugeben, daß die römische Verfassungsentwicklung den Teufelskreis voll durchlief, sobald die menschliche Einsicht abhanden kam. Diese Schwierigkeiten fochten ihn nicht an. Ohne die einander durchkreuzenden Denkansätze zum Ausgleich zu bringen, ließ er es zu, daß die Vorstellung vom Werden und Vergehen der Staatsformen die Auffassung von der Beständigkeit und Dauerhaftigkeit der Mischverfassung überlagerte [14]. Im Banne der naturgesetzlichen Betrachtungsweise glaubte er, die Voraussage wagen zu dürfen, daß die Entwicklung der Verfassung auch den Endpunkt des Umlaufs, die Stufe der Ochlokratie, erreichen werde [15].

Tacitus war der Schwierigkeiten enthoben, in die Polybios sich verstrickt hatte. Er lehnte es ab, der Mischverfassung die Langlebigkeit und Widerstandsfähigkeit zuzubilligen, die Polybios ihr zugesprochen hatte [16], und war vorsichtig genug, die zyklische Geschichtsdeutung lediglich zu erwägen [17]. Daß die Behauptung, Romulus habe *ut libitum* geherrscht, aus der Anwendung der Kreislauftheorie hervorgegangen war, wird ihm nicht bewußt gewesen sein.

Von keiner der beiden Lehren ist, soweit man sieht, seine Einteilung der republikanischen Verfassungsentwicklung beeinflußt. Daß er die Zwölftafelgesetzgebung als Vollendung des ausgewogenen Rechtszustandes (*finis aequi iuris*) bezeichnet, geht weder auf Polybios noch auf Cicero zurück. Polybios hatte in der Zwölftafelgesetzgebung den Beginn der gemischten Verfassung, nicht aber den Abschluß des Ständekampfes gesehen [18]. Im Banne der Über-

---

[12] Vgl. Polyb. 6,4,8ff.
[13] Polyb. 6,10,13f.
[14] Vgl. Polyb. 6,4,11ff.
[15] Polyb. 6,57.
[16] Ann. 4,33,1.
[17] Ann. 3,55,5.
[18] Polyb. 6,11,1. Zu der Deutung dieser schwierigen Stelle vgl. K. v. Fritz, The Theory of the Mixed Constitution in Antiquity, New York 1954, 366 und 467ff. gegenüber E. Meyer, Untersuchungen über Diodor's römische Geschichte, Rheinisches Museum 37, 1882, 622f.

zeugung, daß auch die gemischte Verfassung der Römer dem Naturgesetz des Wachstums und Niedergangs unterworfen sei[19], hatte er die ἀκμή der Verfassungsentwicklung in die Zeit des Hannibalkrieges gelegt[20]. Was hätte ihn hindern sollen, die *leges Liciniae Sextiae* als bedeutsame Zwischenstufe der zur Vollkommenheit hinstrebenden αὔξησις zu würdigen? Cicero hatte den Grundsatz der *aequitas* in den Zehntafelgesetzen, nicht aber in den Zwölftafelgesetzen verwirklicht gesehen[21]. Nach seiner Darstellung hatten die Decemvirn der Jahre 450 und 449 die Zehntafelgesetzgebung ihrer Vorgänger um unbillige Bestimmungen ergänzt, die nicht in einem Zug, sondern Schritt für Schritt außer Kraft gesetzt wurden[22].

Daß Tacitus die Zwölftafelgesetzgebung als Endpunkt einer zum Ausgleich hindrängenden Entwicklung, als *finis aequi iuris,* ansah, beruht indessen nicht auf eigenmächtiger Vergröberung der römischen Verfassungsgeschichte. Seine Auffassung geht mittelbar auf einen Zweig der frühannalistischen Überlieferung zurück, den Diodor vor dem Absterben bewahrte[23]. Der Gewährsmann, dem Diodor folgte[24], hatte den Fehler begangen, die Endstufe einer allmählich fortschreitenden Entwicklung in die Anfänge zurückzuverlegen. Obwohl die Zulassung der Plebejer zum Konsulat erst im dritten der Licinisch-Sextischen Gesetze 367 v. Chr. verfassungsrechtlich verankert wurde[25], hatte er diese Bestimmung unter die Abmachungen eingereiht, die das Ende des Decemvirats vertraglich besiegelten[26]. Sein kühner Vorgriff hatte ihm die Freiheit verschafft, das Ende des Ständekampfes mit der Entmachtung der Decemvirn zeitlich zusammenfallen zu lassen[27]. Die Zwölftafelgesetzgebung hatte er als eine bewundernswerte Leistung gewürdigt, ohne die beiden letzten Tafeln von seinem Lob auszunehmen[28]: Sie hatten ihm als das Werk der beiden Konsuln des Jahres 449 v. Chr.

---

[19] Polyb. 6,9,10ff.
[20] Polyb. 6,11,1.
[21] De re publ. 2,36,61.
[22] De re publ. 2,37,63.
[23] Diod. 12,25.
[24] Über die Quelle, nach der Diodor die Geschichte der frühen Republik erzählte, ist nur soviel auszumachen, daß sie aller Wahrscheinlichkeit nach der älteren Annalistik zuzurechnen ist. Th. Mommsen (Römische Forschungen 2,273ff.) dachte an Fabius Pictor, F. Altheim (Diodors römische Annalen, Rheinisches Museum 93, 1950, 278) trat für C. Acilius ein, während E. Meyer (Rheinisches Museum 37, 1882, 627) und A. Klotz (Diodors römische Annalen, Rheinisches Museum 86, 1937, 223f.) aus guten Gründen davon absahen, sich auf einen bestimmten Namen festzulegen.
Zu Diodors Chronologie des Decemvirats und ihren Problemen R. Werner, Der Beginn der römischen Republik, München–Wien 1963, 188ff.
[25] Zu den Belegen im antiken Schrifttum siehe G. Rotondi, Leges publicae populi Romani, Mailand 1912 (Hildesheim 1962), 218f.
[26] Diod. 12,25,2.
[27] Diod. 12,25,3: τὴν μὲν οὖν ἐν Ῥώμῃ στάσιν τοιαύτης συλλύσεως τυχεῖν συνέβη.
[28] Diod. 12,26,1: ἡ δὲ γραφεῖσα νομοθεσία .. διέμεινε θαυμαζομένη μέχρι τῶν καθ' ἡμᾶς καιρῶν.

gegolten, die als Freunde der Plebs und als Stifter der valerisch-horatischen Gesetze in die Geschichte eingegangen waren[29].

Der Fehler, in der Darstellung des Ständekampfes und der Verfassungsentwicklung Stufen vorwegzunehmen, die erst in den folgenden Jahrhunderten erreicht wurden, entsprach einer verbreiteten Neigung[30]. Die jüngere Annalistik, an die Dionys von Halikarnaß und Livius anknüpften, hatte den Anachronismus auch nicht gescheut. Beide ließen sich von ihren Quellen dazu verleiten, die Bestimmung der *lex Hortensia*, daß das Plebiszit allgemeinverbindliche Gesetzeskraft besitze[31], in die Gesetzgebung der Konsuln Marcus Horatius Barbatus und Lucius Valerius Potitus zu verpflanzen[32].

Über welche Zwischenquelle Tacitus sein Bild von der Entwicklung der römischen Gesetzgebung gewann, ist nicht mehr auszumachen. Daß auch Livius die Gesetzgebungstätigkeit der Decemvirn unter den Gesichtspunkt der Rechtsgleichheit stellte[33], will beachtet sein, gestattet aber keine weiter reichenden Schlüsse. Die Epocheneinteilung, die Tacitus in seinem Exkurs über die Geschichte der römischen Gesetzgebung trifft, läßt sich glücklicherweise auch ohne vollständige Aufhellung der verwickelten Abhängigkeitsverhältnisse erklären. Für das Verständnis seiner Ausführungen kommt mehr auf die Beobachtung an, daß seine seltsam anmutende Anschauung, die Zwölftafelgesetzgebung habe das Ringen um das *aequum ius* beendet, vor dem Hintergrund der Anachronismen in den überkommenen Schilderungen des Ständekampfes zu sehen ist.

Ist dies erkannt, erscheint seine Darstellung des Ständekampfes in einem anderen Licht. Es trifft nicht zu, daß Tacitus die gute Zeit der römischen Geschichte mit der Königszeit und dem ersten halben Jahrhundert der Republik gleichsetzte[34]. Wie seine eigenen Worte eindeutig belegen, betrachtete er die Satzungen, an die das Königtum des Servius Tullius gebunden war, und die Zugeständnisse, die das Volk in den Jahrzehnten vor der Zwölftafelgesetzgebung gegen patrizischen Widerstand erwirkt hatte — gedacht ist an Gesetze wie die *leges Valeriae* vom Jahre 509 und die *lex sacrata* vom Jahre 494[35] —, lediglich

---

[29] Diod. 12,26,1: ... τοὺς δ' ὑπολειπομένους δύο ἀνέγραψαν οἱ ὕπατοι.
[30] Vgl. H. Siber, Römisches Verfassungsrecht in geschichtlicher Entwicklung, Lahr 1952, 32ff. und 43ff.
[31] Zu den antiken Bezeugungen siehe G. Rotondi, Leges publicae 238f.
[32] Zu der sogenannten *lex Valeria Horatia de plebiscitis* vgl. Liv. 3,55,3 und Dionys. Hal. Ant. Rom. 11,45,1.
[33] Liv. 3,34,3; 3,56,9; 3,61,6; 3,63,10; 3,67,9.
[34] So F. Klingner, Antike 8, 1932, 163 (= Römische Geisteswelt 519). Verfehlt auch E. Hahn, Die Exkurse in den Annalen 15f.; E. Howald, Vom Geist antiker Geschichtsschreibung, München–Berlin 1944 (Darmstadt 1964), 198; E. Kornemann, Tacitus, Wiesbaden 1946, 49; J. Vogt, Das römische Geschichtsdenken und die Anschauung des Tacitus, in: Große Geschichtsdenker, hrsg. von R. Stadelmann, Tübingen–Stuttgart 1949,51; E. Koestermann, Annalenkommentar I,467 (zu *duodecim tabulae, finis aequi iuris*); R. Häußler, Tacitus und das historische Bewußtsein, Heidelberg 1965, 201 und 259.
[35] Zu den Gesetzen, die für die Spanne von 509 bis 449 bezeugt sind, siehe G. Rotondi, Leges publicae 190ff.

als Zwischenstufen einer Entwicklung, die in der Erkämpfung des vollkommenen *aequum ius* gipfelte: *pulso Tarquinio adversum patrum factiones multa populus paravit tuendae libertatis et firmandae concordiae, creatique decemviri et, accitis quae usquam egregia, compositae duodecim tabulae, finis aequi iuris*[36]. Als gute Zeit der Republik galt ihm die Spanne, die von dem Sturz der Decemvirn bis zum Ausbruch der römischen Revolution reichte. Ihr Ende sah er gekommen, als die gracchische Bewegung begann und mit ihrem Aufkommen die Ständekampfgesetzgebung einsetzte: *nam secutae leges etsi aliquando in maleficos ex delicto, saepius tamen dissensione ordinum et apiscendi inlicitos honores aut pellendi claros viros aliaque ob prava per vim latae sunt. hinc Gracchi et Saturnini turbatores plebis nec minor largitor nomine senatus Drusus*[37].

Die herkömmliche Auslegung dieser wichtigen Annalenstelle ist aus mehreren Gründen abzulehnen. Hätte Tacitus tatsächlich den Prozeß der innerstaatlichen Zersetzung mit dem Jahr 449 beginnen lassen, müßte er eine Epocheneinteilung getroffen haben, die in einem unerklärlichen Widerspruch zu der gesamten antiken Tradition stand. Damit nicht genug, müßte er sich, hätte ihm dieser eigenartige Periodisierungsansatz vorgeschwebt, aus unerfindlichen Gründen von der Epocheneinteilung abgewandt haben, die er unter dem Einfluß Sallusts im zweiten Buch seiner Historien (38,1) noch anerkannt hatte.

Weitere und vielleicht noch schwerer wiegende Einwände kommen hinzu. Aus der Zeit zwischen 449 und 146 sind keine *per vim* durchgebrachten Gesetze bekannt, die als Handhabe zur Verbannung berühmter Männer dienen sollten, und daß die Annahme der Sextisch-Licinischen Gesetze oder der *lex Ogulnia per vim* durchgesetzt wurde, geht aus der erhaltenen Überlieferung nicht hervor. Träfe es zu, daß Tacitus mit den *secutae leges* Gesetze wie die Sextisch-Licinischen Gesetze meinte, müßte man sich vergebens fragen, was ihn bewogen haben sollte, den Umbruch in der innerrömischen Geschichte mit 449 und nicht mit 367/366 beginnen zu lassen. Wäre er tatsächlich davon überzeugt gewesen, daß die Zulassung der Plebejer zum Konsulat die Fundamente des *aequum ius* ins Wanken brachte, müßte er auf reaktionärem Untergrund eine geradezu grotesk anmutende Haltung eingenommen haben. Livius hatte

---

[36] Ann. 3,27,1. Der lateinische Wortlaut verdeutscht: „Nachdem Tarquinius vertrieben worden war, erwirkte das Volk gegen die Faktionen der Patrizier viele Voraussetzungen zum Schutz der Freiheit und zur Festigung der Eintracht. Es wurden schließlich Decemvirn geschaffen und unter Beiziehung dessen, was sich irgendwo hervorragend bewährt hatte, die Zwölf Tafeln zusammengestellt, die Vollendung des ausgewogenen Rechtszustands."

[37] Ann. 3,27,1. In deutscher Übersetzung: „Die folgenden Gesetze nämlich wurden (wenn sie auch hin und wieder von der Verbrechensbekämpfung ihren Ausgang nahmen, so doch häufiger von der Zerstrittenheit der Stände) zur Erlangung verbotener Ämter oder zur Vertreibung berühmter Männer und zu anderen verwerflichen Zwecken mit Hilfe von Gewalt durchgebracht. Vor diesem Hintergrund sind Volksaufwiegler wie die Gracchen und Saturninus zu sehen und der ihnen nicht nachstehende Staatsmittelvergeuder im Namen des Senats Drusus .."

den Abstand zur republikanischen Vergangenheit genutzt, als er den patrizischen Widerstand gegen die Gleichberechtigungsforderungen der plebejischen *gentes* hintergründig karikierte[38]. Sollte Tacitus ihn schlechter genutzt haben als Livius? In der Äußerung, das Volk habe *adversum patrum factiones* vieles zum Schutz der Freiheit und zur Festigung der Eintracht errungen, lernt man einen Tacitus kennen, der den plebejischen Gleichberechtigungsbestrebungen keineswegs verständnislos gegenüberstand. Ist es denkbar, daß derselbe Tacitus die Sextisch-Licinischen Gesetze verurteilte und die Zulassung der Plebejer zum Konsulat ablehnte?

Die herkömmliche Deutung eröffnet keinen Ausweg aus diesen Schwierigkeiten. Sie entfallen erst dann, wenn Tacitus dahin verstanden wird, daß er mit der Bezeichnung *dissensio ordinum* an die Spannungen erinnert, die seit dem Beginn der gracchischen Bewegung das politische Leben beherrschten. Als obere Epochengrenze der „guten" Zeit das Jahr 449 anzusetzen, hatten die Anachronismen der annalistischen Überlieferung nahegelegt, die Bestimmung der unteren stand im Einklang mit der bekannten Auffassung, daß die Zerstörung Karthagos den Zwang, im Innern Eintracht zu wahren, zum Schaden der *res publica* beseitigt habe. Zu dieser Anschauung hatte sich Tacitus bereits in seinem ersten Geschichtswerk bekannt: *.. ubi subacto orbe et aemulis urbibus regibusve excisis securas opes concupiscere vacuum fuit, prima inter patres plebemque certamina exarsere. modo turbulenti tribuni, modo consules praevalidi, et in urbe ac foro temptamenta civilium bellorum*[39]. In seinen Annalen von ihr abzugehen, war er weit entfernt. Es ist die Zeit nach der Zerstörung Karthagos, die er in seinem Exkurs über die Geschichte der römischen Gesetzgebung mit den Worten *nam secutae leges etsi aliquando in maleficos ex delicto, saepius tamen dissensione ordinum et apiscendi inlicitos honores aut pellendi claros viros aliaque ob prava per vim latae sunt* gekennzeichnet hat. Richtig verstanden beseitigt der Satz, mit dem er fortfährt, jeden Zweifel, daß nur diese Zeit gemeint sein kann. In der Feststellung *hinc Gracchi et Saturnini turbatores plebis nec minor largitor nomine senatus Drusus* weist *hinc* nicht auf das zeitliche Verhältnis, sondern auf den sachlichen Zusammenhang hin: „Dies ist der Hintergrund, von welchem aus die Volksaufwiegler vom Schlage der Gracchen und des Saturninus und der im Namen des Senats nicht minder bedenkenlose Vergeuder Drusus zu betrachten sind[40]." Daß das Wort *hinc* hier in diesem Sinne aufzufassen ist, sichert die Entsprechung, die der Dialogus an die Hand gibt (36,3): *hinc leges assiduae et populare nomen, hinc contiones magistratuum paene pernoctantium in rostris* usf.

Da nicht erkannt wurde, daß die Bezeichnung *dissensio ordinum* ausschließlich auf das Zeitalter der römischen Revolution geht, konnten ungerechtfertigte

---

[38] Liv. 4,2,5ff.
[39] Hist. 2,38,1.
[40] Das Komma, das H. Fuchs und E. Koestermann in ihren Annalenausgaben zwischen *plebis* und *nec* gesetzt haben, ist als sinnstörende Interpunktion zu streichen.

Vorwürfe nicht ausbleiben[41]. Die Auskünfte, die Tacitus gibt, sind aufs äußerste zusammengedrängt. Doch wird sich zeigen, daß seine Beschreibung der römischen Verfassungsentwicklung keineswegs so unklar ist, wie gemeinhin unterstellt wird. Auf die Jahrzehnte, deren politisches Erscheinungsbild er beschreibt, trifft ohne Zweifel die Feststellung zu, daß die Gesetze öfter von der Uneinigkeit der Stände als von einer Straftat herrührten. Die *lex Mucia* vom Jahr 141, deren Annahme L. Hostilius Tubulus veranlaßt hatte, in die Verbannung zu gehen, hatte noch dem Recht zum Sieg verholfen[42]. Seit dem Beginn der Gracchenzeit verringerte sich jedoch die Zahl der Gesetzesanträge, die *in maleficos ex delicto* gestellt wurden. Die *lex Peducaea de incestu virginum Vestalium* vom Jahr 114 gehörte zu den wenigen Ausnahmen, in denen das Recht nicht in dem Strudel der Parteikämpfe unterging[43]. Gesetzen wie der *lex Mamilia de coniuratione Iugurthina* vom Jahr 108 und der *lex Norbana de auri Tolosani quaestione* vom Jahr 104 waren zwar unzweifelhaft strafbare Handlungen vorausgegangen[44]; doch entsprang die Ahndung der Vergehen im einen wie im anderen Fall nicht so sehr uneigennützigem Gerechtigkeitsempfinden oder löblicher Sorge um das Staatswohl, sondern vor allem dem Bedürfnis der senatsfeindlichen Partei, mit Angehörigen der Aristokratie abzurechnen[45].

Die aus der *dissensio ordinum* erwachsene Gesetzgebungstätigkeit gliedert Tacitus durchaus sachgerecht nach der Art des Mißbrauchs auf, und zwar scheidet er die rein parteipolitischen Gesetze nach dem Gesichtspunkt, ob sie dazu dienten, verbotene Ämter zu erlangen, ob sie die Handhabe boten, berühmte Männer aus Rom zu vertreiben, oder ob sie zu anderen verfehlten Zwecken eingebracht wurden. Die Umstände, unter denen sie zustandekamen, bezeichnet er mit *per vim;* den Zeitraum, in den sie fielen, bestimmt er dadurch, daß er die Urheber der folgenschwersten Ständekampfgesetze mit den Worten *hinc Gracchi et Saturnini turbatores plebis nec minor largitor nomine senatus Drusus* in zeitlicher Reihenfolge aufführt. In welchem Umkreis die Gesetze zu suchen sind, die er mißbilligt, ist damit hinlänglich genau festgelegt. Zu den Gesetzen,

---

[41] Siehe etwa H. Furneaux, The Annals of Tacitus I², 423: „The division of periods is here obscure ..."; E. Koestermann, Annalenkommentar I, 468: „Insgesamt ist seine Darstellung unzulänglich. Sie verliert sich in blassen und anfechtbaren Allgemeinheiten und trägt eine tendenziöse Note. Es ist daher unnötig, den Vergleich zwischen seinen vagen Hinweisen und der wirklichen Rechtsgeschichte zu ziehen ...".

[42] Vgl. Cic. De fin. 2,16,54.

[43] Vgl. die Belege, die G. Rotondi, Leges publicae 321 gesammelt hat.

[44] Zu den antiken Bezeugungen vgl. G. Rotondi, Leges publicae 324 und 327.

[45] Zu der Parteileidenschaft und ihrem Einfluß auf die Abstimmung über die *lex* des Volkstribunen C. Mamilius Limetanus vgl. Sall. Iug. 40,3: *sed plebes incredibile memoratu est quam intenta fuerit quantaque vi rogationem iusserit, magis odio nobilitatis, quoi mala illa parabantur, quam cura rei publicae: tanta lubido in partibus erat.* Zu dem parteipolitischen Hintergrund des Gesetzesantrags, den der Volkstribun C. Norbanus gestellt hatte, um die Bestrafung des Q. Servilius Caepio zu erwirken, vgl. Th. Mommsen, Römische Geschichte 2, Berlin 1881⁷, 179.

die zur Erlangung verbotener Ämter eingebracht wurden, rechnete er nicht die *leges Liciniae Sextiae* (367 v. Chr.), die *lex Publilia* (339 v. Chr.) oder die *lex Ogulnia* (300 v. Chr.)[46], sondern die *rogatio Papiria de tribunis plebis reficiendis* vom Jahr 131[47] bzw. das entsprechende Plebiszit, das nach dem Scheitern der *rogatio* des Volkstribunen C. Papirius Carbo spätestens im Jahr 123 erwirkt wurde[48]. Seine Anspielung auf die Verbannung berühmter Männer, deren Los auf Gesetzgebungsmißbrauch beruhte, bezieht sich nicht auf das Schicksal des Camillus oder des Scipio Africanus[49], sondern geht auf die Ungerechtigkeiten, von denen aufrechte Aristokraten wie P. Popillius Laenas, Q. Caecilius Metellus Numidicus und P. Rutilius Rufus betroffen waren. Auf Laenas wurde rückwirkend die *lex Sempronia de capite civis (ne de capite civium Romanorum iniussu populi iudicaretur)* angewandt[50], die im Jahr 123 v. Chr. nach einer denkbar knappen Kampfabstimmung verabschiedet worden war[51]. Gaius Gracchus hatte sie eingebracht, um eine Handhabe zu erlangen, die Bestrafung der Anhänger seines Bruders zu rächen[52]. Seinen Reden *de P. Popillio Laenate circum conciliabula* und *in P. Popillium Laenatem* war der Erfolg beschieden, daß Laenas in die Verbannung gehen mußte[53]. Auf Metellus, den unbequemsten Gegner der Popularen, war die Strafbestimmung der *lex Appuleia agraria* vom Jahr 100 berechnet[54]. Daß Saturninus dieses Gesetz *per vim* durchgepeitscht hatte, bestätigen nicht weniger als drei Zeugen wörtlich[55]. Als Metellus sich weigerte, auf dieses *per vim* durchgebrachte Gesetz den Eid zu leisten, erwirkte Saturninus von der Volksversammlung einen Beschluß, der die Konsuln anwies, über Metellus die Ächtung (*interdictio aqua et igni*) zu verhängen[56].

---

[46] Gegen H. Furneaux, The Annals of Tacitus I², z. St.: „The laws referred to are those opening magistracies to plebeians, as the Licinian rogations (Liv. 6.35–42), ‚lex Publilia' (Id. 8.12), and ‚Ogulnia' (Id. 10.6–9)."

[47] G. Rotondi, Leges publicae 302.

[48] Ebenda 306. Zum Scheitern der *rogatio Papiria* vom Jahr 131 vgl. Liv. Epit. 59 und Cic. De am. 25,96.

[49] Eine Fehlannahme, die E. Koestermann (Annalenkommentar I,467) von H. Furneaux (The Annals of Tacitus I²,423) übernommen hat.

[50] Vgl. Cic. Pro Rab. perd. 4,12 und Plut. C. Gracch. 4,1f. Zur Bedeutung dieses Gesetzes vgl. E. v. Stern, Zur Beurteilung der politischen Wirksamkeit des Tiberius und Gaius Gracchus, Hermes 56, 1921, 272.

[51] Diod. 34/35,27.

[52] Vgl. die Zeugnisse, die A. H. J. Greenidge – A. M. Clay, Sources for Roman History 133–70 B. C., Oxford 1960², 31f. zusammengestellt haben.

[53] Oratorum Romanorum Fragmenta, ed. H. Malcovati, Turin 1955²,184; Cic. Pro Cluent. 35,95; De leg. 3,11,26; De domo sua 31,82.

[54] Plut. Mar. 28,6f. und 29,2ff.; App. Bell. civ. 1,29f.

[55] Liv. Epit. 69: *cum legem agrariam per vim tulisset, Metello Numidico, quod in eam non iuraverat, diem dixit.* Cic. Pro Sest. 16,37: *(Metellus) unus in legem per vim latam iurare noluerat.* [Aur. Vict.] De vir. illustr. 62,2: *idem (Metellus) in legem Apuleiam per vim latam iurare noluit, quare in exilium actus Smyrnae exulavit.*

[56] Vgl. Plut. Mar. 29,8f. und App. Bell. civ. 1,31.

Rutilius Rufus, das berühmteste Opfer der vorsullanischen Ständekampfgesetzgebung, wurde nach der *lex Servilia repetundarum* verurteilt[57], die ihrerseits aus der *lex Acilia repetundarum*[58] hervorgegangen war. Ihre strafrechtlichen Bestimmungen wurden gegenüber dem Vorläufergesetz verschärft[59]. Unverändert blieb, was die *lex Acilia* über die Zusammensetzung der Geschworenen festgelegt hatte[60]; und ebendieser Zusammensetzung der Richterschaft war es zuzuschreiben, daß Rutilius Rufus verurteilt wurde, obwohl die Anklage, die seine Gegner gegen ihn erhoben hatten, erweisbar haltlos war[61]. Die anderen Formen des Gesetzgebungsmißbrauchs hat Tacitus nicht näher bezeichnet. Doch läßt sein Vorwurf, Livius Drusus habe den beiden Gracchen und Saturninus in der Verschleuderung von Vergabungen nicht nachgestanden, den sicheren Schluß zu, daß er die verschiedenen Acker- und Getreidegesetze der genannten Volkstribunen zu den *leges* rechnete, die *alia ob prava per vim* eingebracht worden waren[62]. Daß ihre Annahme unter Gewaltanwendung durchgesetzt worden war, ist in der Mehrzahl der Fälle mitüberliefert[63]. Florus bestätigt sogar wörtlich, daß auch Livius Drusus, der Volkstribun der senatorischen Belange, seine Gesetze *per vim* durchgebracht hatte[64].

---

[57] Cic. Pro Scaur. 1,2: *(M. Aemilius Scaurus) reus est factus a Q. Servilio Caepione lege Servilia, cum iudicia penes equestrem ordinem essent et P. Rutilio damnato nemo tam innocens videretur, ut non timeret illa.* Zur sachlichen Erläuterung dieser Stelle siehe Ascon., ed. A. C. Clark, Oxford 1907, p. 21.

[58] Fontes Iuris Romani Antiqui, edd. C. G. Bruns – O. Gradenwitz, Tübingen 1909⁷, 59ff.; Fontes Iuris Romani Antejustiniani I (leges), ed. S. Riccobono, Florenz 1941², 85ff.

[59] Th. Mommsen, Römisches Strafrecht, Leipzig 1899, 709.

[60] C. G. Bruns – O. Gradenwitz, Fontes Iuris Romani Antiqui 61, §§ 12ff.; S. Riccobono, Fontes Iuris Romani Antejustiniani I, 88, §§ 12ff. Daß das Übergewicht der Ritterschaft in den Geschworenengerichten bis zu Sullas Restauration bestehenblieb, bezeugen Cicero (In Verr. 1,13,38) und Velleius Paterculus (2,32,3). Die *lex iudiciaria* des Konsuls Q. Servilius Caepio kann dieses Übergewicht mithin nur kurzfristig aufgehoben haben; vgl. G. Rotondi, Leges publicae 325 und H. Strasburger, Concordia Ordinum, Borna 1931 (Amsterdam 1956), 9.

[61] Vell. 2,13,2: *eam potestatem* (sc. *iudiciorum*) *nacti equites Gracchanis legibus cum in multos clarissimos atque innocentissimos viros saevissent, tum P. Rutilium, virum non saeculi sui, sed omnis aevi optimum, interrogatum lege repetundarum maximo cum gemitu civitatis damnaverant.* Vgl. ferner Cic. Brut. 30,115; Pro Font. 17,38; In Pis. 39,95; Liv. Epit. 70; Dio fr. 97,1f.

[62] Zu der Anschauung, daß die *lex agraria* und die *lex frumentaria* des C. Gracchus Unheil stifteten, vgl. Liv. Epit. 60: *perniciosas aliquot leges tulit, inter quas frumentariam ... agrariam ...*

[63] Zu den Tätlichkeiten und Rechtsverletzungen, von denen die Annahme der *leges agrariae* des Tiberius Gracchus, Lucius Saturninus und Marcus Drusus begleitet war, siehe App. Bell. civ. 1,12.; [Aur. Vict.] De vir. illustr. 73,7; App. Bell. civ. 1,30; Val. Max. 9,5,2; Flor. 2,5 (3,17),8 und [Aur. Vict.] De vir. illustr. 66,9.

[64] Flor. 2,5 (3,17),9: *sic per vim latae iussaeque leges.* Vgl. Liv. Epit. 71: *... per vim legibus agrariis frumentariisque latis iudiciariam quoque pertulit, ut aequa parte iudicia penes senatum et equestrem ordinem essent.*

Den Spielarten des Gesetzgebungsmißbrauchs, die Tacitus nicht genauer benennt, sind weiterhin die Regelungen zuzuzählen, die darauf abzielten, einen Keil zwischen Senat und Ritterschaft zu treiben. Gaius Gracchus soll von den Gesetzen, die er zu diesem Zweck eingebracht hatte, selbst gesagt haben, er habe Dolche auf das Forum geworfen, damit sich die Bürger – d.h. die Angehörigen der oberen Schichten – untereinander zerfleischten[65]. Es mag sein, daß ihm diese Äußerung, die sich nur zu bald bewahrheiten sollte, untergeschoben wurde. Treffend ist sie gewiß. Was sie besagt, trifft nicht nur auf die *lex Sempronia iudiciaria*[66] und die *lex Sempronia de capite civis* zu, sondern auch auf die *lex Sempronia de provincia Asia*[67].

Wenn auch nicht näher erläutert wird, was unter den *alia prava* zu verstehen ist, so ist doch sicher, daß Tacitus diese Gesetze in gleicher Weise mißbilligte wie die zur Erlangung verbotener Ämter oder zur Vertreibung berühmter Männer bestimmten. Die Regelungen, die das ständische Gleichgewicht störten, waren nach seiner Überzeugung an dem Niedergang der römischen Republik schuld. Die Bezugspunkte, nach denen er die Entwicklung der römischen Verfassungsgeschichte beurteilte, gibt er vorweg an: Die entscheidenden Begriffe, an denen der Stand der Gesetzgebung gemessen wird, lauten *libertas* und *concordia*. Von den Zugeständnissen, die dem Schutz der Freiheit und der Festigung der Eintracht dienten, schloß er, wie sich ergeben hat, die Zulassung der Plebejer zum Konsulat keineswegs aus. Seine Worte bieten keinerlei Handhabe zu der Annahme, daß er einen derart reaktionären Standpunkt vertrat[68]. Er spricht nicht von Ämtern, die dem Volk versagt waren, sondern von *inlicitos honores*. Einseitig nimmt er weder im Streit zwischen den Optimaten und Popularen noch in dem Streit zwischen Patriziern und Plebejern Stellung[69]. Daß er Livius Drusus als *largitor nomine senatus* den beiden Gracchen und Saturninus an die Seite stellt, beweist, wie fern es ihm lag, für ein bestimmtes Lager Partei zu ergreifen.

---

[65] Cic. De leg. 3,9,20. Sinnverwandte Aussprüche überliefern Diodor (34/35,27 und 37,9) und Plutarch (C. Gracch. 12,8).
[66] Vgl. die Fundstellen bei A.H.J.Greenidge – A.M.Clay, Sources for Roman History 34f.
[67] Belege ebenda 36.
[68] Entgegengesetzt H. Furneaux, The Annals of Tacitus I²,423 (als Erläuterung zu *apiscendi inlicitos honores*): „The admiration of Tacitus for the later aristocracy leads him even to sympathize with the patriciate against the plebeian houses". E. Koestermann, Annalenkommentar I,467 (zur selben Stelle): „Die gewaltsamen Versuche der *plebs*, sich Zugang zu den *honores* zu verschaffen, ... werden unter dem Sammelbegriff *prava* zusammengefaßt." Daß Tacitus Ann. 3,27,1 sagt, das Volk habe sich seine Freiheitsrechte *adversum patrum factiones* erkämpft, entzieht derartigen Behauptungen von vornherein den Boden.
[69] Daß „seine Sympathien ganz eindeutig nicht auf Seiten des Volkes liegen", wie E. Koestermann, Annalenkommentar I,467 behauptet, ist seinen Ausführungen nicht zu entnehmen. Koestermanns Auffassung beruht auf dem Mißverständnis, daß mit den *leges per vim latae*, die zur Erlangung verbotener Ämter dienten, die Gesetze gemeint seien, die den Plebejern die Zulassung zum Konsulat sicherten.

Überraschen mag, daß er die Gracchen und Saturninus, ohne Unterschiede zu machen, als Volksaufwiegler (*turbatores plebis*) bezeichnet. Doch fällt dieses Urteil keineswegs aus dem Rahmen. Cicero trug ebensowenig Bedenken, die drei Volkstribunen als Unruhestifter auf die gleiche Stufe zu stellen[70]. Er war davon überzeugt, daß das Staatswohl ihre Beseitigung verlangte[71], und sprach dem Mann, dessen Werk der Sturz des Tiberius Gracchus war, das Verdienst zu, Rom von der Tyrannis befreit zu haben[72]. Es ist augenfällig, daß er und Tacitus in ihrer Verurteilung der Gracchen von einer gemeinsamen Plattform ausgingen. Beide betrachteten die Gracchen als Aufwiegler und Unruhestifter, die das Gleichgewicht der Stände erschütterten und damit der *concordia ordinum* die Grundlage raubten. Der Makel, das römische Volk gespalten zu haben, haftete den Gracchen bis in die Kaiserzeit hinein an[73]. Sich auf den Boden der Überzeugung zu stellen, daß es ein unverzeihlicher Fehler war, die Verfassung und Gesellschaftsordnung des Freistaats in ihrem vorrevolutionären Entwicklungsstand anzutasten, vertrug sich sowohl mit republikanischer als auch mit monarchischer Gesinnung. Da die Losungen der Eintracht und des Friedens, die Cicero aus Sorge um den Bestand des Freistaats im Munde geführt hatte[74], bis zu einem gewissen Grad vorwegnahmen, was als Rechtfertigungsgrundlage des Prinzipats anerkannt wurde, bestand für einen monarchisch gesinnten Beurteiler kein zwingender Anlaß, die Bestrebungen der Gracchen in einem anderen Licht zu sehen. Velleius Paterculus, der die Staatsform des Prinzipats vorbehaltlos bejahte, und Cicero, der den Untergang des Freistaats in letzter Stunde zu verhindern suchte, stimmen in der Verdammung der Gracchenbewegung vollkommen überein. Velleius warf Tiberius Gracchus vor, ein Chaos geschaffen

---

[70] Brut. 62,224: *seditiosorum omnium post Gracchos L. Appuleius Saturninus eloquentissimus visus est.* De domo sua 31,82: *quod C. Gracchus de P. Popilio, Saturninus de Metello tulit, homines seditiosissimi de optimis ac fortissimis civibus.*

[71] Pro Milone 5,14. Vgl. Brut. 27,103: *(Ti. Gracchus) propter turbulentissimum tribunatum ... ab ipsa re publica est interfectus.*

[72] Brut. 58,212: *... P. Scipione, qui ex dominatu Ti. Gracchi privatus in libertatem rem publicam vindicavit ...;* vgl. De off. 1,30,109: *illum (Publium Cornelium Scipionem Nasicam Serapionem) qui Ti. Gracchi conatus perditos vindicavit ...* Zu der Ansicht, daß Tiberius Gracchus eine Tyrannis aufrichtete oder aufzurichten suchte, vgl. De am. 12,41: *Ti. Gracchus regnum occupare conatus est, vel regnavit is quidem paucos menses.*

[73] Zu diesem Vorwurf vgl. Cic. De re publ. 1,19,31: *... mors Tiberii Gracchi et iam ante tota illius ratio tribunatus divisit populum unum in duas partis;* De or. 1,9,38: *(Ti. et C. Gracchus) eloquentia rem publicam dissipaverunt;* Varro bei Non. Marcell., ed. W. M. Lindsay, Leipzig 1903 (Hildesheim 1964), p. 728: *iniquus equestri ordini iudicia tradidit ac bicipitem civitatem fecit, discordiarum civilium fontem.* Flor. 2,5 (3,17),3: *iudiciaria lege Gracchi diviserant populum Romanum et bicipitem ex una fecerant civitatem.*

[74] Vgl. die Fundstellen, die H. Strasburger, Concordia Ordinum 71ff. vorlegt. Wie Strasburger feststellte, gebrauchte Cicero die Wendung *concordia ordinum* nur in Fällen, in denen er auf die Beziehungen zwischen Ritterstand und Senat zu sprechen kam (ebenda 72).

zu haben⁷⁵, und bezeichnete den Teil der Ritterschaft, der sich P. Scipio Nasica anschloß, um Tiberius Gracchus zu stürzen, als *pars melior et maior*⁷⁶. Die Unternehmungen der Gracchen und das Treiben des Saturninus auf die gleiche Stufe zu stellen, vermied er so wenig wie Tacitus oder Cicero. Die Bestrebungen der drei Volkstribunen kennzeichnet er mit einem und demselben Wort: *furor*⁷⁷. Mit Tacitus stimmt er sogar bis zum wörtlichen Anklang überein. Die Pläne des Gaius Gracchus verurteilen beide als *prava;* und ebenso rügen beide den Mißstand, daß die Ritter die Gesetze der Gracchen dazu mißbrauchten, gegen „berühmte Männer" vorzugehen⁷⁸.

Über den Volkstribunen Marcus Livius Drusus urteilen Cicero und Velleius zweifellos freundlicher als Tacitus⁷⁹. Daß er ihn mit der wenig schmeichelhaften Bezeichnung *largitor nomine senatus* vorstellt, geht indessen nicht über das hinaus, was die weitverzweigte ungünstige Überlieferung über sein Volkstribunat hergibt. Drusus selbst soll den Ausspruch getan haben, er habe keinem Menschen etwas zum Verschenken (*ad largiendum*) übriggelassen außer Luft und Kot (*caelum et caenum*)⁸⁰. Und unter dem Eindruck des folgenden Bundesgenossenkriegs verfestigte sich die Meinung, daß seine weitherzigen Zugeständnisse mehr Schaden stifteten als Nutzen brachten⁸¹. In der Kaiserzeit hielt sich diese Wertung: *ut vires sibi adquireret, perniciosa spe largitionum plebem concitavit* heißt es in dem Auszug aus dem 70. Buch des Livius⁸²; *nimiae libe-*

---

⁷⁵ Vell. 2,2,2f.: *pollicitusque toti Italiae civitatem, simul etiam promulgatis agrariis legibus, omnibus statim concupiscentibus, summa imis miscuit et in praeruptum atque anceps periculum adduxit rem publicam.*

⁷⁶ Vell. 2,3,2: *tum optimates, senatus atque equestris ordinis pars melior et maior, et intacta perniciosis consiliis plebs inruere in Gracchum ...*

⁷⁷ Vgl. Vell. 2,6,1: *decem deinde interpositis annis, qui Ti. Gracchum, idem Gaium fratrem eius occupavit furor* ... und 2,12,6: *Servilii Glauciae Saturninique Apulei furorem continuatis honoribus rem publicam lacerantium et gladiis quoque et caede comitia discutientium, consul armis compescuit (Marius) ...*

⁷⁸ Zu *nam secutae leges .. pellendi claros viros aliaque ob prava per vim latae sunt* (Ann. 3,27,1) vgl. Vell. 2,6,4 (*.. aeque prava cupientem..*) und 2,13,2 (*.. equites Gracchanis legibus cum in multos clarissimos atque innocentissimos viros saevissent, tum P. Rutilium ... damnaverant*); ferner Cic. De leg. 3,11,26.

⁷⁹ Vgl. etwa Cic. De domo sua 46,120 (*M. Drusus, ille clarissimus vir*); Pro Milone 7,16 (*domi suae nobilissimus vir*) und Vell. 2,13,1 (*M. Livius Drusus, vir nobilissimus, eloquentissimus, sanctissimus, meliore in omnia ingenio animoque quam fortuna usus*).

⁸⁰ [Aur. Vict.] De vir. illustr. 66,5; vgl. Flor. 2,5 (3,17),6.

⁸¹ Liv. Epit. 71: *cum deinde promissa sociis civitas praestari non posset, irati Italici defectionem agitare coeperunt. eorum coetus coniurationesque et orationes in consiliis principum referuntur. propter quae Livius Drusus invisus etiam senatui factus velut socialis belli auctor, incertum a quo domi occisus est.* Sen. De brev. vit. 6,1: *Livius Drusus, vir acer et vehemens, cum leges novas et mala Gracchana movisset stipatus ingenti totius Italiae coetu, exitium rerum non pervidens, quas nec agere licebat nec iam liberum erat semel incohatas relinquere ...*

⁸² Vgl. ferner Liv. Epit. 71: *... socios et Italicos populos spe civitatis Romanae sollicitavit.*

ralitatis fuit und *cum pecunia egeret, multa contra dignitatem fecit* lauten die Vorwürfe, die der Verfasser von De viris illustribus vorbringt[83].

Vollendung und Zersetzung der freistaatlichen Verfassung bemißt Tacitus nach vorgegebenen Größen einer festgefügten Wertordnung. Wie er mit der Stufe der Vollkommenheit den Stand der republikanischen Verfassungsentwicklung gleichsetzt, in dem er die Vereinigung von *libertas* und *concordia* verwirklicht findet, so beschreibt er den Niedergang der *libera res publica* folgerichtig als eine Phase, in der die *concordia* der *dissensio ordinum* wich und die *libertas* zur *licentia* entartete oder sich in eine *dominatio* verkehrte. Ihm war bewußt, daß die Aushöhlung der republikanischen Staatsordnung unaufhaltsam fortschritt und den Boden für die Errichtung des Prinzipats bereitet hatte. Sooft er es unternimmt, die innere Entwicklung der ausgehenden Republik zu skizzieren, ist dieser Gedanke gegenwärtig. Das Schicksal des Freistaats besiegelten nach seiner Überzeugung zwei Fehlentwicklungen, die auf verhängnisvolle Weise ineinandergriffen: daß zum einen das Pendel immer heftiger zur Anarchie hin ausschlug (*mixtis omnibus et moderatore uno carentibus*[84]) und zum anderen die Machtergreifungen ehrgeiziger Parteiführer in dichter Folge aufeinandertrafen (*non Cinnae, non Sullae longa dominatio; et Pompei Crassique potentia cito in Caesarem, Lepidi atque Antonii arma in Augustum cessere, qui cuncta discordiis civilibus fessa nomine principis sub imperium accepit*[85]). Welchen Grad die Anarchie erreichte, bemißt er sowohl nach der Ausdehnung als auch nach dem Inhalt der parteipolitischen Gesetzgebung: *iamque non modo in commune, sed in singulos homines latae quaestiones, et corruptissima re publica plurimae leges.* Beide Angaben weisen auf das berüchtigte Jahr, dem das Volkstribunat des Clodius den Stempel aufgedrückt hatte. Das Jahr 58 war in der Spanne, die zwischen der sullanischen Restauration und dem dritten Konsulat des Pompeius lag, das Jahr, in dem die Zahl der Gesetzesanträge ihren höchsten Stand erreichte; in das gleiche Jahr fiel die Annahme des Gesetzes, das sich gegen einen einzelnen richtete: die *lex Clodia de exilio Ciceronis*[86]. Daß Clodius ein Gesetz dieser Art einbrachte, wertet Tacitus nicht bloß als einen Verstoß gegen bestehendes Recht, sondern auch als bestätigendes Zeichen für die fortschreitende Verwilderung der Gesetzgebung. Beides mit Recht. Gesetzesanträge vorzulegen, die *nominatim* auf *privati homines* zielten, verstieß gegen eine Bestimmung, die bereits in der Zwölftafelgesetzgebung verankert war[87]. An diese Bestimmung

---

[83] [Aur. Vict.] De vir. illustr. 66,5.

[84] Dial. 36,2.

[85] Ann. 1,1,1. Zu dieser in den Prinzipat einmündenden Folge von Machtergreifungen vgl. Luc. Phars. 4,821ff.: *ius licet in iugulos nostros sibi fecerit ensis / Sulla potens Mariusque ferox et Cinna cruentus / Caesareaeque domus series, cui tanta potestas / concessa est?*

[86] Zu den Fundstellen G. Rotondi, Leges publicae 395f. Zu dem Inhalt des Verbannungsgesetzes W. Sternkopf, Über die „Verbesserung" des Clodianischen Gesetzentwurfes de exilio Ciceronis, Philologus 59, 1900, 278f.

[87] Cic. De domo sua 17,43.

hatte sich Gaius Gracchus wenigstens der Form nach gehalten, als er den Antrag stellte, *ne de capite civium Romanorum iniussu populi iudicaretur* – daß er seine *lex de capite civis* eingebracht hatte, um Publius Popillius Laenas belangen zu können, war ein offenes Geheimnis. Als Clodius die *lex Clodia de capite civis Romani*[88] einbrachte, beachtete er noch, daß es untersagt war, *privilegia* vorzulegen. Dementsprechend richtete Cicero seine Angriffe nicht gegen dieses Gesetz, sondern gegen das zweite, die *lex Clodia de exilio Ciceronis*. Nur der zweite Antrag rechtfertigte den Vorwurf, daß Clodius einen unerhörten Rechtsbruch begangen habe: *quo iure, quo more, quo exemplo legem nominatim de capite civis indemnati tulisti*[89]? Obwohl unbestritten war, daß die *lex Sempronia de capite civis* (und selbstverständlich auch die *lex Clodia de capite civis Romani*[90]) ihrer Zweckbestimmung nach einem *privilegium* gleichgekommen war[91], mißt Tacitus dem formalen Verstoß, der es erlaubte, die *lex Clodia de exilio Ciceronis* für gesetzwidrig zu erklären, die gleiche Bedeutung bei, die Cicero ihm beigemessen hatte. Daß er dieses Verbannungsgesetz von den *leges per vim latae* abhebt, die als Handhabe zur Verbannung berühmter Männer dienten, beweist es.

Tacitus verhehlte sich nicht, daß ein Zustand, in dem die Freiheit zur Willkür ausgeartet war und die Eintracht sich in Zwietracht verkehrt hatte, restaurative Lösungen selbst dann rechtfertigte, wenn die Befriedung des politischen Lebens erzwungen wurde. Daß es ein hoher Preis war, der für die Wiederherstellung der Ruhe entrichtet werden mußte, blieb ihm dabei stets bewußt. Sein zwiespältiges Urteil über die sullanische Restauration legt davon Zeugnis ab. Ihr erkannte er zwar das Verdienst zu, der Demagogie bedenkenloser Volkstribunen einen Riegel vorgeschoben zu haben[92]. Doch verschloß er seine Augen nicht vor der Tatsache, daß die Ruhe mit der Unterwerfung unter die Herrschaftsform der *dominatio* erkauft werden mußte: ... *e plebe infima C. Marius et nobilium saevissimus Lucius Sulla victam armis libertatem in dominationem verterunt*[93]. Die Zwiespältigkeit, die über seiner Beurteilung des augusteischen Prinzipats waltet, ist hier in gewissem Sinne vorweggenommen. Daß der Prinzipat die Verfassungsform verkörperte, die der Gang der politischen Entwicklung geboten hatte, wußte Tacitus sehr wohl. Er gab sich so wenig wie Cicero oder Seneca der Täuschung hin, daß Pompeius der politischen Führungsschicht des Senats die Schmälerung ihrer Handlungsfreiheit erspart hätte, wenn er das Schlachtfeld

---

[88] G. Rotondi, Leges publicae 394f.
[89] De domo sua 16,43.
[90] Vgl. Vell. 2,45,1: *(P. Clodius) legem in tribunatu tulit, qui civem Romanum indemnatum interemisset, ei aqua et igni interdiceretur: cuius verbis etsi non nominabatur Cicero, tamen solus petebatur.*
[91] Vgl. Plut. C. Gracch. 4,1f.
[92] Ann. 3,27,2: .. *L. Sulla dictator abolitis vel conversis prioribus, cum plura addidisset, otium eius rei haud in longum paravit.*
[93] Hist. 2,38,1.

von Pharsalus als Sieger verlassen hätte[94], und verhehlte sich nicht, daß der unhaltbare Zustand der Rechtlosigkeit, der während der Bürgerkriegswirren herrschte, nach Abhilfe verlangte[95]. Doch fand er sich nicht bereit, das Verdienst, das sich Augustus mit der Beendigung dieses Zustandes erworben hatte, so vorbehaltlos anzuerkennen, wie es etwa Velleius Paterculus für angebracht gehalten hatte[96]. Im gleichen Atemzug, in dem er das Verdienst erwähnt, nennt er auch nicht ohne Sarkasmus den Preis, der für die Befriedung des Staatslebens zu zahlen war: *deditque iura, quis pace – et principe uteremur*[97].

Seine Einstellung zum Prinzipat

In seiner Beurteilung der Epochen und Gestalten des Freistaats hatte Tacitus, wie sich zeigte, nirgendwo die Plattform verlassen, auf der die herkömmlichen Wertungen entstanden waren. Läßt sich diese Feststellung auf seine Anschauungen über den Prinzipat ausdehnen?

Die Aufgabe, diese Frage zu beantworten, zerfällt in zwei Teilaufgaben. Es gilt zu prüfen, ob Tacitus seine Auffassung vom Prinzipat im Laufe der Zeit wandelte, und es bedarf der Klärung, ob ihm seine doppelgesichtigen Meinungsäußerungen über die politischen Merkmale dieser Staatsform die Größe des Einsamen verleihen.

Das früheste Zeugnis, das über seine politische Einstellung Aufschluß gibt, die Vorrede zu seinem Agricola, ist von Schlagwörtern durchsetzt, die der Sprache

---

[94] Hist. 2,38,1: *post quos* (sc. *C. Marium et Lucium Sullam*) *Cn. Pompeius occultior, non melior, et numquam postea nisi de principatu quaesitum.* Cic. Ad fam. 4,9,2 (zu den Verhältnissen unter Caesar): *omnia enim delata ad unum sunt: is utitur consilio ne suorum quidem, sed suo. quod non multo secus fieret, si is rem publicam teneret, quem secuti sumus;* Ad Att. 8,11,2: *dominatio quaesita ab utroque est, non id actum, beata et honesta civitas ut esset.* Sen. Epist. mor. 15,3 (95),70 (über Cato Uticensis): *simul contra Caesarem Pompeiumque se sustulit et aliis Caesareanas opes, aliis Pompeianas foventibus utrumque provocavit ostenditque aliquas esse et rei publicae partes* sowie Epist. mor. 2,2(14),13: *quid tibi vis, Marce Cato? iam non agitur de libertate: olim pessum data est. quaeritur, utrum Caesar an Pompeius possideat rem publicam: quid tibi cum ista contentione? nullae partes tuae sunt. dominus eligitur: quid tua, uter vincat? potest melior vincere, non potest non peior esse, qui vicerit.*

[95] Vgl. Ann. 3,28,1 und Dial. 40,4.

[96] Vell. 2,89,3f.: *finita vicesimo anno bella civilia, sepulta externa, revocata pax, sopitus ubique armorum furor, restituta vis legibus, iudiciis auctoritas, senatui maiestas, imperium magistratuum ad pristinum redactum modum; tantummodo octo praetoribus adlecti duo. prisca illa et antiqua rei publicae forma revocata rediit cultus agris, sacris honos, securitas hominibus* usf.

[97] Ann. 3,28,2. Zur Deutung dieser Stelle vgl. M. L. W. Laistner, The Greater Roman Historians, Berkeley–Los Angeles 1963, 119: „Tacitus has deliberately put *principe* after *pace* to show his irony: „A constitution under which we should enjoy peace – and a prince," that is to say, peace but at the cost of having a princeps."

der kaiserlichen Propaganda entlehnt sind. Nerva feiert er mit den Worten, er habe zwei einst widerstreitende Dinge, *principatus* und *libertas*, vereinigt; Trajan huldigt er mit dem Lob, er mehre Tag für Tag die *felicitas temporum* und gebe der Zuversicht Rückhalt, daß die *securitas publica* ihre Verwirklichung finde[98]. Man kann sagen, daß seine Bekundungen des Dankes und der Zuversicht die Aussagen der Münzprägung bekräftigen. Nerva hatte noch in dem Jahr, in dem sein Vorgänger ermordet worden war, und auch in den folgenden Jahren seiner Herrschaft Münzen mit der Umschrift LIBERTAS PUBLICA und dem Bildnis der Göttin prägen lassen[99]. Unter Trajan waren sowohl solche Münzen in Umlauf, auf deren Rückseite die Gestalt der Göttin *Felicitas* dargestellt war[100], als auch solche, auf deren Rückseite die personifizierte *Securitas* abgebildet war[101]. Die Münzen des ersten Typs zählten in seiner Zeit sogar zu den bevorzugten Prägungen, während sie sich für die Zeit Nervas überhaupt nicht nachweisen lassen.

Die Übereinstimmungen mit den Aussagen der Münzprägung warnen davor, die politischen Äußerungen des Tacitus, soweit sie gegenwartsbezogen sind, von den Anschauungen seiner Zeit und seiner Standesgenossen abzusondern. Aus der Briefsammlung des jüngeren Plinius lassen sich manche Entsprechungen anführen. In einem Schreiben an Trajan, in dem er sich für einen Freund verwendet, greift auch er zu dem Ausdruck *felicitas temporum*, um die Gegenwart zu kennzeichnen[102]. In einem anderen Brief, in dem er auf die Zeit nach Domitians Ermordung Bezug nimmt, spricht er von den ersten Tagen der zurückgewonnenen Freiheit[103]. Das Verdienst, die Freiheit wiederhergestellt zu haben, wurde Nerva allseits zuerkannt. Der Senat verewigte seinen Dank für dieses Verdienst. Um Nerva zu ehren, faßte er den Beschluß, der *Libertas restituta* einen

---

[98] Agr. 3,1: *.. et quamquam primo statim beatissimi saeculi ortu Nerva Caesar res olim dissociabiles miscuerit, principatum ac libertatem, augeatque cotidie felicitatem temporum Nerva Traianus, nec spem modo ac votum securitas publica, sed ipsius voti fiduciam ac robur assumpserit, natura tamen infirmitatis humanae tardiora sunt remedia quam mala.* Zu der Stilisierung des Lobs vgl. Plin. Pan. 24,1 (mit Beziehung auf Trajan): *iunxisti enim ac miscuisti res diversissimas, securitatem olim imperantis et incipientis pudorem.*

[99] RIC II, Nerva Nr. 7, 19, 31, 36, 64, 76, 86, 100.

[100] RIC II, Trajan Nr. 3, 13, 56, 120, 121, 172, 271, 273, 301, 332, 343–46, 499, 624–26, 634, 671–74, 735.

[101] RIC II, Trajan Nr. 19(?), 415, 517–18.

[102] Epist. 10,12,2.

[103] Epist. 9,13,4: *ac primis quidem diebus redditae libertatis pro se quisque inimicos suos .. postulaverat simul et oppresserat.* Vgl. auch Epist. 8,14,3: *.. reducta libertas rudes nos et imperitos deprehendit.* Zu der Zeitstimmung, aus der heraus die zweite Äußerung zu verstehen ist, vgl. Tac. Agr. 3,1: *nunc demum redit animus; et quamquam primo statim beatissimi saeculi ortu Nerva Caesar res olim dissociabiles miscuerit, principatum ac libertatem, augeatque cotidie felicitatem temporum Nerva Traianus, nec spem modo ac votum securitas publica, sed ipsius voti fiduciam ac robur assumpserit, natura tamen infirmitatis humanae tardiora sunt remedia quam mala; et ut corpora nostra lente augescunt, cito exstinguuntur, sic ingenia studiaque oppresseris facilius quam revocaveris.*

Tempel auf dem Kapitol zu weihen[104]. Die Losungen LIBERTAS RESTITUTA und LIBERTAS PUBLICA bedeuteten unter Nerva nichts anderes, als was sie unter Galba bedeutet hatten: Befreiung von der Unterdrückung, Abkehr von der Terrorherrschaft des verhaßten Vorgängers[105]. Der Sache nach verkündeten sie nicht die Rückkehr zu der *libertas* der Republik, sondern die Wiederkehr des geordneten Rechts- und Staatszustands, den der augusteische Scheinkonstitutionalismus geschaffen hatte. Daß unter Galba Münzen mit den Umschriften LIBERTAS RESTITUTA und LIBERTAS AUGUSTA, unter Nerva Münzen mit den Umschriften LIBERTAS PUBLICA und AEQUITAS AUGUST. nebeneinander in Umlauf waren[106], beweist dies schlagend.

Ein Senator, dem es nicht an politischem Einblick mangelte, konnte sich niemals der Täuschung hingeben, daß Nervas Prinzipat die republikanische Freiheit im alten Umfang wiederhergestellt habe. Zu keiner Zeit war Tacitus „ein überzeugter Anhänger der Meinung, daß es im neuen Principat auch alte *libertas* geben kann[107]"; und ebensowenig erblickte er in Nervas Herrschaft jemals eine Verkörperung der Mischverfassung. Seine Behauptung, Nerva habe *principatus* und *libertas* vereint, hat er nirgendwo zurückgenommen[108] und brauchte er auch nicht zurückzunehmen, wenn er es unterließ, dem Begriff der *libertas* den

---

[104] CIL VI 472: LIBERTATI AB IMP NERVA CAESARE AUG ANNO AB URBE CONDITA DCCCXXXXIIX XIIII K OCT RESTITUTAE SPQR und Th. Mommsen, Epigraphische Analekten (Nr. 14), Berichte über die Verhandlungen der Königlich Sächsischen Gesellschaft der Wissenschaften zu Leipzig, Philol.-hist. Classe 2, 1850, 300f. (= Gesammelte Schriften 8, hrsg. von H. Dessau, Berlin 1913,79).

[105] Zum numismatischen Befund: RIC I, Galba Nr. 11 (LIBERTAS P. R.), Nr. 12 (LIBERTAS PUBLICA), Nr. 35 (LIBERTAS PUBLICA S. C.), Nr. 59–60 (LIBERTAS PUBLICA S. C.), Nr. 85 (LIBERTAS PUBLICA), Nr. 100 (LIBERTAS PUBLICA S. C.), Nr. 105 (LIBERTAS RESTITUTA), Nr. 147 (LIBERTAS PUBLICA S. C.), Nr. 153 (LIBERTAS RESTITUTA S. C.).
Zum epigraphischen Befund: CIL VI 471: IMAGINUM DOMUS AUG CULTORIB SIGNUM LIBERTATIS RESTITUTAE SER GALBAE IMPERATORIS AUG CURATORES ANNI SECUNDI ... S.P.D.D.

[106] RIC I, Galba Nr. 31 (LIBERT. AUG. S. C.), Nr. 32 (LIBERT. AUG. S.C.R. XL), Nr. 33 (LIBERTAS AUGUST. S.C.R. XL), Nr. 34 (LIBERTAS AUGUSTA S.C.), Nr. 56 (LIB. AUG. S.C.R. XL), Nr. 57 (LIBERT. AUG. S.C.), Nr. 58 (LIBERTAS AUGUS. S.C.) – RIC II, Nerva, Nr. 1,13,25,37,77,94.

[107] So irrig W. Jens, Libertas bei Tacitus, Hermes 84, 1956, 337 Anm. 2 (= Prinzipat und Freiheit 399 Anm. 10).

[108] W. Jens (Hermes 84, 1956, 347 Anm. 1) gibt L. Wickert (Princeps, RE XXII, 2092) einerseits zu, daß Tacitus Agr. 3,1 nicht von der Mischverfassung spricht, von der er Ann. 4,33,1 sagt, sie könne nicht von langer Dauer sein; andererseits aber zieht er aus dem schiefen Vergleich ebenso weitreichende wie beunruhigende Schlüsse: „Er selbst war einst ein *laudator* der gemischten Form gewesen, aber schon Dialogus und Historien zeigten die – in den Annalen vollendete – Erkenntnis, daß die Verwirklichung dieser Staatsform unmöglich sei ... das *„haud diuturna esse potest"* deutet an, daß er das Ende einer kurzen und glücklichen Zeit absieht oder sie gar schon als beendet betrachtet" (347). Vollkommen neu ist dieser gedankliche Wirrwarr nicht: R. Reitzenstein, Aufsätze zu Tacitus 83 und 92f. ging in der Vermengung der Begriffe voran.

Inhalt der *libertas liberae rei publicae* zu geben. Diese Bedingung ist im Eingang seines Agricola erfüllt. Mit *libertas* meint er dort ebendas, was die Losungen LIBERTAS und LIBERTAS RESTITUTA verkündeten: die Befreiung von der Unterdrückung der Meinungsfreiheit, das Ende der Verfolgungen, denen die Senatorenschaft unter Domitian ausgesetzt gewesen war.

Die Wiederkehr der politischen Verhältnisse herbeizuwünschen, denen sich ein Rutilius Rufus oder ein Aemilius Scaurus gegenübergesehen hatten, mußte ihm fernliegen. Daß die Lebensschicksale beider Männer schlagend bewiesen, wie sehr die freistaatliche Rechtsordnung zu ihrer Zeit bereits zerrüttet war, konnte einem Kenner der römischen Geschichte nicht entgehen. Durch Sallust und Cicero war der Nachwelt hinlänglich bekannt, daß Aemilius Scaurus trotz des dringenden Verdachts der Bestechung der Anklage entschlüpfen konnte und sich sogar als Untersuchungsrichter aufspielen durfte [109], während der lautere Rutilius Rufus, der den Ehrentitel des *princeps senatus* weit eher verdient hätte als Aemilius Scaurus [110], auf Betreiben der Ritterschaft in die Verbannung gehen mußte [111]. Dem Zeitalter, in dem Rutilius Rufus und Aemilius Scaurus gelebt hatten, stellt Tacitus denn auch das wenig schmeichelhafte Zeugnis aus, daß es gesehen habe, was das *ultimum in libertate* bedeute [112]. Von ihrem politischen Erscheinungsbild her galt ihm diese Epoche, wie die Schlußrede seines Dialogus klarlegt, als eine Zeit der fortschreitenden *licentia,* nicht der *libertas.* Von der Zukunft erhofft und erwartet er nicht mehr, als daß ein Segment der republikanischen Freiheit, die Freiheit der Rede und der literarischen Meinungsäußerung, unangetastet bleibe und ungeschmälert fortbestehe [113]. Die Beschneidung dieser Freiheit hatten Rutilius Rufus und Aemilius Scaurus nicht zu fürchten, während Arulenus Rusticus und Herennius Senecio als Verfasser mißliebiger Schriften mit dem Tod bezahlten, daß sie Domitians Groll erregt hatten [114]. An überspannte Erwartungen verschwendete Tacitus keinen Gedanken. Daß das Rad der Geschichte nicht bis zu dem Stand der Verfassungsentwicklung zurückgedreht werden konnte, den die Nachwelt in der sogenannten guten Zeit der römischen Republik erreicht sah, war ihm bewußt, und er verhehlte sich nicht, daß der jetzige Zustand den politischen Verhältnissen vorzuziehen war, die in der Zeit der ausgehenden Republik geherrscht hatten. Die Gabe, mit der die Gegenwart ihn zufriedenstellte, war das Glück, von der Freiheit der Meinung und der Rede Gebrauch machen zu können. Daß Trajan dieses Glück verbürgte, versichert Tacitus im Eingang seines Agricola (*augeatque cotidie felicitatem*

---

[109] Sall. Iug. 40.
[110] Daß Aemilius Scaurus die Ehre dieser Auszeichnung widerfahren war, bezeugt Cicero Pro Sest. 17,39 und De or. 2,47,197.
[111] Cic. De nat. deorum 3,32,80; Pro Scaur. 1,2.
[112] Agr. 2,3.
[113] Daß Tacitus sich nicht an übertriebene Freiheitserwartungen klammerte, hat namentlich Ch. Wirszubski, Libertas as a Political Idea 160ff. herausgearbeitet.
[114] Agr. 2,1.

temporum Nerva Traianus[115]) und bekräftigt er im Eingang seiner Historien (*rara temporum felicitate, ubi sentire quae velis et quae sentias dicere licet*[116]). Eine fortschreitende Verdüsterung seiner politischen Anschauungen aus Enttäuschung über Trajan anzunehmen, fehlt jeder sichtbare Grund[117]. Von der neuen Ära hatte Tacitus nicht mehr erwartet, als was Nerva und Trajan nach seinen eigenen Worten erfüllt hatten[118]. An der Aufrichtigkeit der betreffenden Huldigungen zu zweifeln, besteht nicht der mindeste Anlaß[119]. Hätte ihm das Maß an Meinungsfreiheit, das Trajan gewährte, nicht genügt, wäre er wohl kaum seinem Entschluß treu geblieben, sich mit dem Anspruch der unvoreingenommenen Wahrheitsfindung der Geschichtsschreibung zuzuwenden[120].

Die Verdüsterungsthese, die ihren Platz in der Forschung bis heute behaupten konnte[121], hat eine bemerkenswerte Vorgeschichte. Die ältesten Ansätze zu ihrer Entstehung lassen sich bis auf Karl Hoffmeisters Abhandlung über die Weltanschauung des Tacitus zurückverfolgen[122]. Zum Sieg verhalf ihr aber erst die Forschergeneration, in der sich der Gedanke der Entwicklung überhaupt der größten Beliebtheit erfreute. Den Anstoß gab Alfred Gudeman. Um seine Frühdatierung des Dialogus zu retten, gegen die Friedrich Leo mit zwingenden Gründen Einspruch erhoben hatte[123], war er in der zweiten Auflage seines Kom-

---

[115] Agr. 3,1.

[116] Hist. 1,1,4. Daß Trajans Staatsführung die Befürchtung eingab, die Gewährung der Meinungsfreiheit werde nicht von Dauer sein, deutet der Wortlaut dieser Stelle nicht an. „Das Empfinden der *securitas*" ist keineswegs, wie R. Reitzenstein, Aufsätze zu Tacitus 84f. meint, „geschwunden". Es war die geschichtliche Erfahrung, der die Überzeugung entsprang, daß es ein seltenes Glück bedeutete, wenn die Freiheit der Meinungsäußerung unangetastet blieb. Sie sagte ihm, daß unter einem schlechten Herrscher wiederkehren konnte, was dem Senat während der Schreckenszeit der domitianischen Herrschaft widerfahren war: ... *prospeximus curiam, sed curiam trepidam et elinguem, cum dicere, quod velles periculosum, quod nolles miserum esset* (Plin. Epist. 8,14,8).

[117] Auf wohlbegründetes Mißtrauen stieß diese Annahme bei: I. Zechner, Hat Tacitus seine politische Überzeugung geändert?, Wiener Studien 54, 1936, 101ff.; R. Syme, Gymnasium 69, 1962, 258ff.; W. Steidle, Museum Helveticum 22, 1965, 111ff. und R. Häußler, Tacitus und das historische Bewußtsein 400ff.

[118] Vgl. Agr. 3,1 und Hist. 1,1,4.

[119] Anders Ch. Wirszubski, Libertas as a Political Idea 162: „But praise of the reigning emperor and of his adoptive father cannot bear the weight that has been put on it as if it were an enthusiastic declaration of faith." Sein Mißtrauen erklärt sich daraus, daß er nicht genau erfaßte, was Tacitus im Eingang des Agricola mit *libertas* meint.

[120] In diesem Sinne W. Steidle, Museum Helveticum 22, 1965, 111: „Tacitus muß unbedingt auch noch zur Zeit der Abfassung der Annalen mit einem beträchtlichen, wenn nicht dem vollen Maß historiographischer Meinungsfreiheit als einer festen Gegebenheit gerechnet haben. Er mußte das um so mehr, als seine Kritik jetzt nicht einmal vor Augustus Halt machte und auch gegenüber den anderen Kaisern eher schärfer oder doch sicher nicht milder wurde."

[121] Siehe St. Borzsák, RE Suppl. XI,441 und 461.

[122] K. Hoffmeister, Die Weltanschauung des Tacitus, Essen 1831,50.

[123] Göttingische gelehrte Anzeigen 160, 1898, 172ff. (= Ausgewählte Kleine Schriften 2,281ff.).

mentars um den Nachweis bemüht, daß ein Stimmungswechsel von „fast noch" ungetrübter „Heiterkeit und Ruhe" zu schwerer „Gewitterschwüle" Dialogus und Agricola deutlich voneinander abhebe[124]. Gegen dieses Unterfangen wandte Richard Reitzenstein sich mit Recht[125], wagte aber seinerseits den folgenreichen Schritt, die Anwendung der genetischen Betrachtungsweise auf den gesamten Bereich der politischen Überzeugungen des Tacitus auszudehnen[126]. Er gelangte zu dem Ergebnis, Tacitus habe die Monarchie „unmittelbar nach der Schreckenszeit Domitians" vorbehaltlos bejaht, während ihn später eine „tiefe, immer wachsende Verbitterung gegen den Prinzipat" erfüllt habe[127]. Zustandegekommen war sein Ergebnis durch die Aneinanderreihung krasser Fehldeutungen. Die Auffassung, in dem Tacitus der Jahrhundertwende habe man einen begeisterten Anhänger der Monarchie zu sehen, beruhte auf falscher Auslegung der Maternusrede, und die Behauptung, die freudige Bejahung dieser Staatsform habe sich mit zunehmendem Alter in erbitterte Ablehnung verkehrt, entsprang den beiden Fehlannahmen, daß Tacitus seinen Glauben an die Dauerhaftigkeit der „Mischform von Monarchie und Republik" verloren und seine Einstellung zu den Märtyrern der Freiheit geändert habe[128].

Es lohnt sich nicht, mit gleicher Ausführlichkeit auf alle Fehler einzugehen, die Reitzenstein in seinen Darlegungen über die politische Gesinnung des Tacitus beging[129]. Herausgegriffen sei nur sein folgenreichster Irrtum: Er verkannte, daß Maternus nicht so weit gegangen war, dem Staatswesen, das er vorfand, die Merkmale des vollkommenen Zustands, rasche Einigung der *optimi* und willige Anerkennung der Überlegenheit des *sapientissimus et unus*, zuzubilligen[130]. Das Staatswesen, das er aus eigener Erfahrung kennt, bezeichnet Maternus mit einer Deutlichkeit, die keinen Zweifel aufkommen läßt, als eine *non emendata nec usque ad votum composita civitas*, während er das Staatswesen, in dem Unrecht, Willkür und Unvernunft so gut wie keinen Platz haben, lediglich als fiktive Vergleichsgröße einführt[131].

---

[124] Prolegomena 47. Daß die Bezeichnung „Gewitterschwüle" die Stimmung nach Domitians Sturz ganz und gar nicht trifft, sei nur am Rande vermerkt.

[125] Aufsätze zu Tacitus 83.

[126] Ebenda 79ff. Mit der gleichen Unbekümmertheit bediente R. Reitzenstein sich der genetischen Deutungsweise, als er sich der Untersuchung der religiösen Anschauungen des Tacitus zuwandte. Vgl. hierzu S. 51 Anm. 239.

[127] Aufsätze zu Tacitus 126 und 137. Zu dem Begriff der „Verdüsterung" siehe ebenda 128.

[128] Aufsätze zu Tacitus 84ff.

[129] Zu den zahlreichen Mißverständnissen, die ihm unterliefen, vgl. I. Zechner, Wiener Studien 54, 1936, 101ff. Die Beachtung ihres Aufsatzes hätte der Tacitusforschung manchen Irrweg erspart.

[130] Aufsätze zu Tacitus 81f.

[131] Dial. 41,3f.: *quo modo tamen minimum usus minimumque profectus ars medentis habet in iis gentibus, quae firmissima valitudine ac saluberrimis corporibus utuntur, sic minor oratorum honor obscuriorque gloria est inter bonos mores et in obsequium regentis*

Obwohl der Lösung, die Reitzenstein unterbreitet hatte, schwere Mängel anhafteten, setzte sich die Auffassung durch, daß die Zuversicht, die Tacitus im Eingang seines Agricola bekundet habe, zunehmender Skepsis und Resignation gewichen sei. Von dem Einfluß dieser Auffassung vermochte sich fortan weder die historische noch die philologische Fachrichtung der Tacitusforschung freizuhalten. Hans Drexler, Friedrich Klingner, Walter Jens, Karl Büchner und Kurt von Fritz ließen sich von ihr ebenso gefangennehmen wie Joseph Vogt, Ernst Kornemann und Franz Altheim[132]. Klingner, dessen Essay über Tacitus den Gang der Forschung auf das nachhaltigste beeinflußte, bestritt zwar, daß Tacitus „erst gläubiger Verehrer des Bestehenden und dann ebenso entschiedener Anhänger der altrömischen Staatsform geworden sei"[133], trug aber keine Bedenken, in der Sehweise des Tacitus eine Entwicklung „innerhalb einer und derselben Denkart und Gesinnung" vorauszusetzen[134]. Das Recht, von einer Entwicklung zu sprechen, leitete er von dem allgemeinen Eindruck ab, daß „das Bild der Welt ... für Tacitus im Lauf der Zeit immer dunkler geworden" sei[135] — insoweit stand auch Klingner im Bann der Vorstellung, daß im Geschichtsdenken des Tacitus eine fortschreitende Verdüsterung zu beobachten sei.

Daß er gegenüber Reitzenstein namentlich in der Deutung des Dialogus erhebliche Fortschritte erzielte, entzieht sich jedem Zweifel. Dennoch bleibt zu fragen, ob seine behutsamere Auslegung der Maternusrede und seine vorsichtige Abwandlung des Entwicklungsgedankens jeder Prüfung standhalten. Träfe es zu, daß Tacitus von Trajan „mehr und mehr enttäuscht" wurde und aus dieser bitteren Erfahrung heraus zu einem immer dunkleren „Bild der Welt" gelangte, so wäre zu erwarten, daß sich eine solche Stimmungsänderung an wahrnehmbaren Verschiebungen in den Bekundungen seiner historisch-politischen Sicht zweifelsfrei ablesen ließe. Untrügliche Anzeichen für derartige Verschiebungen liefern indessen, wie sich zeigen wird, weder der Dialogus noch die beiden großen Geschichtswerke.

Viel kommt auf die richtige Einordnung des Dialogus an. Sie setzt voraus, daß das historisch-politische Gut der zweiten Maternusrede genau und unvorein-

paratos. quid enim opus est longis in senatu sententiis, cum optimi cito consentiant? quid multis apud populum contionibus, cum de re publica non imperiti et multi deliberent, sed sapientissimus et unus?

[132] H. Drexler, Bericht über Tacitus für die Jahre 1913–1927, Bursians Jahresbericht über die Fortschritte der klassischen Altertumswissenschaft 224 (Suppl.), Leipzig 1929, 424ff.; F. Klingner, Römische Geisteswelt 509 und 521; K. Büchner, Lateinische Literatur und Sprache in der Forschung seit 1937, Bern 1951,169 und Die historischen Versuche 227; W. Jens, Hermes 84, 1956, 331ff.; K. v. Fritz, Classical Philology 52, 1957, 92. – J. Vogt, Tacitus als Politiker 6f.; 12ff.; Tacitus und die Unparteilichkeit des Historikers, Orbis 118; Das römische Geschichtsdenken und die Anschauung des Tacitus, in: Große Geschichtsdenker 48ff.; E. Kornemann, Tacitus 44f.; F. Altheim, Tacitus, Die neue Rundschau 64, 1953, 191ff.
[133] Römische Geisteswelt 518.
[134] Ebenda 521.
[135] Ebenda 509.

genommen ausgewertet wird. Von vornherein muß erstaunen, wie wenig die Tacitusforschung beachtete, daß Maternus in der Schlußrede des Dialogus das Erscheinungsbild der **ausgehenden** Republik dem Erscheinungsbild des **vespasianischen** Prinzipats gegenüberstellt, nicht aber Republik und Prinzipat schlechthin miteinander vergleicht. Die Achtlosigkeit, mit der über diesen Unterschied hinweggegangen wurde, rächte sich. Das Versäumnis wirkte sich dahin aus, daß Fehldeutungen wie die folgenden sich häuften: „Maternus hatte gesagt, nur Narren könnten in der Republik das Ideal der Freiheit verwirklicht finden" (Vogt)[136]. „Die Zeit der *libertas*, die *res publica* als konkrete historische Epoche war keine Idealzeit. Mit den Vorzügen der Republik sind auch die Nachteile untrennbar verbunden, die zuerst der Dialogus aufdeckte" (Jens)[137]. In Wahrheit hat Tacitus unmißverständlich zu erkennen gegeben, daß er das Revolutionszeitalter von der „guten" Zeit der Republik abtrennt. Die Jahrhunderte von dem Ende des Decemvirats bis zum Ausbruch der gracchischen Revolution hatte die römische Geschichtsschreibung bereits mit so durchschlagendem Erfolg verklärt, daß er niemals in Erwägung ziehen konnte, auf diese Epoche einen Schatten fallen zu lassen. Dieser Epoche der römischen Geschichte stellte er das uneingeschränkt lobende Zeugnis aus, daß ihr Staatsleben auf dem Boden des *aequum ius* gestanden habe und von dem Geist der *concordia* und der *libertas* durchwaltet gewesen sei[138], während er das politische Gesicht der Zeit, die der Demagogie Tür und Tor öffnete, mit der Bezeichnung *licentia* beschreibt[139]. Sein Abstand zu der Blütezeit der römischen Redekunst versetzt ihn in die Lage, Ciceros Ausführungen über die Lebensbedingungen vollkommener *eloquentia* dank besseren Wissens zu widersprechen. Daß Cicero in seinem Brutus die Redekunst *pacis comes, otii socia* und *iam bene constitutae civitatis quasi alumna quaedam* genannt hatte, fordert ihn zu einem nachdrücklichen Nein heraus (Dial. 40,2): *non de otiosa et quieta re loquimur et quae probitate et modestia gaudeat, sed est magna illa et notabilis eloquentia*

---

[136] J. Vogt, Tacitus als Politiker 7.
[137] W. Jens, Hermes 84, 1956, 341. Weitere Mißverständnisse gleicher Herkunft ebenda 339: „Es zeigt sich also, daß Maternus die *libertas* mit dem Blick auf *otium* und *quies* ablehnt, weil sie zur *licentia* führt ... Tacitus erblickt also in der *libertas* nicht mehr etwas schlechthin Gutes, sondern er erkennt ihre Folgen und Auswirkungen ... Im Dialogus bricht zuerst die Antinomie auf, die Historien und Annalen in immer wachsendem Maße beherrscht — die Antithese zwischen der *libertas*, die in ihrer reinen Form zum Chaos führt, und dem Prinzipat, der zwar die Ordnung wiederherstellt, aber die *virtus* austilgt."
In Wahrheit verhält es sich mit der Freiheitsauffassung des Tacitus so: Die *libertas* kann entarten, führt aber nicht zwangsläufig zur *licentia*. Entartet die *libertas*, verdient sie nicht mehr den Namen Freiheit, sondern den Namen Zügellosigkeit. In ihrer reinen Form kann sie niemals zum Chaos führen. Abzulehnen ist die *licentia*, nicht aber die *libertas*.
[138] Ann. 3,27,1.
[139] Dial. 36,2. Zu dem Unterschied zwischen *libertas* und *licentia* vgl. Phaedr. 1,2,1ff.: *Athenae cum florerent aequis legibus / procax libertas civitatem miscuit / frenumque solvit pristinum licentia.*

alumna licentiae, quam stulti libertatem vocabant, comes seditionum, effrenati populi incitamentum, sine obsequio, sine severitate, contumax, temeraria, arrogans, quae in bene constitutis civitatibus non oritur[140].

Seine Entscheidung, die Blütezeit der römischen Redekunst mit der Zeit Vespasians zu vergleichen, erlaubte es ihm, in Antinomien zu denken (ein Vergleich mit den neronischen oder den domitianischen Zeitverhältnissen hätte dies nur sehr bedingt zugelassen). Das Ergebnis seiner Gegenüberstellung faßt er in die Worte, mit denen die zweite Maternusrede endet: „Da niemand zur selben Zeit großen Ruhm und große Ruhe erlangen kann, genieße ein jeder den Vorzug seines Jahrhunderts, ohne das andere herabzusetzen[141]." Wird der Aussagegehalt dieses Schlußsatzes voll ausgeschöpft, so ergibt sich als Fazit, daß der große Ruhm, den ein Römer in der Zeit der ausgehenden Republik gewinnen konnte, ebenso teuer erkauft werden mußte wie die große Ruhe, die ein Römer in der Zeit des vespasianischen Prinzipats genießen konnte. Das Opfer, das für das zweite *bonum* zu erbringen war, bestand in dem Zwang, die Beschneidung der republikanischen Freiheit als Gegebenheit hinzunehmen; der Preis, der für das erste *bonum* zu entrichten war, bestand in der Entartung dieser Freiheit, in der Zerrüttung der Staatsordnung. Den Wert der *libertas* hat der Maternus des Tacitus ebensowenig geleugnet wie den Wert der *quies* und des *otium*. Daß die Befriedung des politischen Lebens, die oberflächlichere Beurteiler als unvergängliches Verdienst des Augustus vorbehaltlos begrüßten[142], den Freiheitsraum des Redners einengte und damit die Lebensbedingungen der Redekunst verschlechterte, verhehlte er sich nicht: ... *longa temporum quies et continuum populi otium et assidua senatus tranquillitas et maxima principis disciplina ipsam quoque eloquentiam sicut omnia depacaverat*[143]. Doch verschwieg er ebensowenig, daß auch die Zeit, in der die Redekunst der Römer ihren Höhepunkt erreichte, ihre Schattenseiten hatte: *nostra quoque civitas, donec erravit, donec se partibus et dissensionibus et discordiis confecit, donec nulla fuit in foro pax, nulla in senatu concordia, nulla in iudiciis moderatio, nulla superiorum reverentia, nullus magistratuum modus, tulit sine dubio valentiorem eloquentiam, sicut indomitus ager habet quasdam herbas laetiores, sed nec tanti rei publicae Gracchorum eloquentia fuit, ut pateretur et leges, nec bene famam eloquentiae Cicero tali exitu pensavit*[144]. Beide Zeiten, die Zeit der Blüte und die des Niedergangs, werden am gleichen Maßstab gemessen. Als Richtschnur schwebt jeweils die Freiheit vor, die man in der „guten" Zeit der

---

[140] Zu dieser Beziehung vgl. R. Reitzenstein, Aufsätze zu Tacitus 79ff.; I. Zechner, Wiener Studien 54, 1936, 102f.; K. Büchner, Die historischen Versuche 222f.; R. Häußler, Tacitus und das historische Bewußtsein 231.

[141] Dial. 41,5: *quoniam nemo eodem tempore assequi potest magnam famam et magnam quietem, bono saeculi sui quisque citra obtrectationem alterius utatur.*

[142] Vgl. etwa Vell. 2,89,3f.

[143] Dial. 38,2.

[144] Dial. 40,4.

römischen Republik verwirklicht glaubte. Aus der Anwendung dieses Maßstabs ergibt sich, daß keine der beiden Zeiten das Ideal erreicht, sondern ihren Vorzügen jeweils Nachteile gegenüberstehen.

Im Geist dieser Erkenntnis schließt die Maternusrede mit dem Ratschlag, daß ein jeder den Vorzug seines Jahrhunderts nutzen solle, ohne das andere herabzusetzen. Maternus mißt „die altrömischen und die gegenwärtigen politischen Zustände" keineswegs „nur an einer bestimmten Wertgruppe, an Ordnung, Friede und Ruhe", und „die alte Republik" — richtig müßte es heißen: die ausgehende Republik — steht in seiner Rede keineswegs „minderwertig" da[145]. Beide Behauptungen beruhen auf offenkundigen Irrtümern. In Wahrheit kreisen die Gedanken der zweiten Maternusrede sowohl um die „Wertgruppe", in deren Bereich die Begriffe der Ordnung, des Friedens und der Ruhe fallen, als auch um die „Wertgruppe", zu der der Ruhm und die Freiheit gehören. *magna fama,* aber Entartung der *libertas* auf der einen Seite, *magna quies,* aber Beschneidung der *libertas* auf der anderen: So und nicht anders lautet die Endgleichung der Rede, mit der der Dialogus schließt. Daß die ausgehende Republik minderwertig sei, ist in dieser Rede nirgendwo angedeutet. Daß diese Meinung aufkommen konnte, geht auf den krassen Deutungsfehler zurück, den Richard Reitzenstein als erster begangen hatte: die Verwechslung von Wunschbild und Wirklichkeit[146]. Der Maternus, den Tacitus sprechen läßt, hat nirgendwo behauptet, „daß der Prinzipat bessere moralische Zustände und eine Ordnung gebracht habe, in der immer der Wertvollere dem Minderwertigen übergeordnet ist[147]." Der Staat, in dem solche Verhältnisse herrschen, schwebt ihm lediglich als Fiktion, nicht aber als Abbild der Wirklichkeit vor. Maternus vergleicht die Lage der Ärztekunst in einem gesunden Volk mit der Lage der Redekunst in einem wohlgeordneten Staat, ohne diesen Staat mit dem römischen gleichzusetzen: *quod si inveniretur aliqua civitas, in qua nemo peccaret, supervacuus esset inter innocentes orator sicut inter sanos medicus* usf.[148]. Überflüssig war der Redner in der zur *aurea aetas* verklärten Vorzeit[149]. Solange dieser Zustand nicht wiederkehrte — und wiedergekehrt war er nicht — wurden Redner gebraucht[150]: *sic quoque quod superest antiquis oratoribus forum non*

---

[145] So F. Klingner, Römische Geisteswelt 506f.
[146] Derselbe Irrtum unterlief auch J. Vogt, Tacitus als Politiker 6 („Die Unterordnung unter den Herrscher hat die Sittlichkeit gehoben; die Entscheidung im Staat hat jetzt der weise Monarch, der gegen alle ein mildes Regiment führt."); Ch. Wirszubski, Libertas as a Political Idea 162 („.. as early as the *Dialogus de Oratoribus* .. he declared that in Rome ruled ,*sapientissimus et unus*'..") und R. Syme, Gymnasium 69, 1962, 255 („Im Augenblick liegt die Macht der Entscheidung in Händen des Herrschers, nicht des Volkes — und dies zu Recht, denn er ist *sapientissimus et unus*").
[147] F. Klingner, Römische Geisteswelt 506 in Übereinstimmung mit R. Reitzenstein, Aufsätze zu Tacitus 81f.
[148] Dial. 41,3.   [149] Dial. 12,1ff.
[150] Vgl. demgegenüber J. Vogt, Tacitus als Politiker 6: „Wie in der glücklichen Urzeit, so ist auch in der Gegenwart die Beredsamkeit überflüssig."

emendatae nec usque ad votum compositae civitatis argumentum est[151]. Es mag sein, daß solche Auswüchse wie die käufliche, gedankenlose Stimmungsmache vor Gericht in Tacitus den gleichen Verdruß weckten, den Plinius über Mißstände dieser Art empfunden hatte[152]. War aber das Mißbehagen über derartige Fehlentwicklungen ein hinreichender Grund, die Daseinsberechtigung der Redekunst zu bestreiten? Derselbe Plinius, der über das schamlose Treiben in den Zentumviralprozessen geklagt hatte, stellt sich als Rechtsbeistand zur Verfügung, als Abgesandte der Provinz Baetica ihn ersuchten, ihre Sache vor dem Senat zu vertreten[153]. War dies nicht der schlagende Beweis, daß die Redekunst nach wie vor nicht überflüssig war? Gewiß wäre es besser gewesen, wenn sich Anwaltsdienste dieser Art überhaupt erübrigt hätten. Aber die Wirklichkeit unterschied sich eben von der Wunschwelt des Goldenen Zeitalters: *quam provinciam tuemur nisi spoliatam vexatamque? atqui melius fuisset non queri quam vindicari*[154]. War es schon nicht möglich, der vielgepriesenen trajanischen Ära das Zeugnis auszustellen, daß sie dem Bild entsprach, das Tacitus von dem öffentlichen Leben einer *ad votum composita civitas* skizziert hatte, so konnte dem politischen Erscheinungsbild der flavischen Zeit dieses Lob erst recht nicht gespendet werden. Nicht einmal Quintilian war so vermessen zu behaupten, daß das öffentliche Leben dieser Zeit in allen Bereichen von dem Geist der Vernunft und der Gerechtigkeit durchwaltet war. Obwohl er dem flavischen Herrscherhaus als Prinzenerzieher nahestand[155] und es an persönlichen Huldigungen nicht fehlen ließ[156], machte selbst er kein Hehl daraus, daß die Verantwortung und Entscheidungsbefugnis in Gerichtsverhandlungen oder Beratungen nicht immer in den Händen von befähigten Sachverständigen lagen: *nam si mihi sapientes iudices dentur, sapientium contiones atque omne consilium, nihil invidia valeat, nihil gratia, nihil opinio praesumpta falsique testes, perquam sit exiguus eloquentiae locus et prope in sola delectatione ponatur*[157]. Aus welchem Grund hätte es da Tacitus in den Sinn kommen sollen, die rednerische Betätigung im Rom der Kaiserzeit für überflüssig zu erklären?

Richtig verstanden schließt der Inhalt der zweiten Maternusrede keineswegs aus, daß Tacitus auch weiterhin als Redner auftrat oder als Redelehrer wirkte. Im selben Lebensabschnitt als Redner und als Geschichtsschreiber tätig zu sein, war, wie das Beispiel des Pompeius Saturninus lehrt[158], in dieser Zeit nichts Ungewöhnliches. Die autobiographische Deutung, Tacitus habe durch den Mund des Maternus seinen Abschied von der rednerischen Tätigkeit begründen wollen,

---

[151] Dial. 41,1.
[152] Epist. 2,14 *passim*.
[153] Epist. 3,4 und 3,9.
[154] Dial. 41,2.
[155] Inst. or. 4, praef. 2.
[156] Inst. or. 4, praef. 2ff.; 10,1,91f.
[157] Inst. or. 2,17,28; ähnlich 12,10,53.
[158] Siehe Plin. Epist. 1,16.

steht auf schwankendem Boden[159]. Daß es ratsam sei, zur Geschichtsschreibung Zuflucht zu nehmen, war ganz gewiß nicht das Fazit, das seine Leser aus den Darlegungen des Dialogus ziehen sollten; wußte er doch nur zu gut, daß die Gattung der Geschichtsschreibung von dem Verfall der *eloquentia* mitbetroffen war[160]. Zum anderen zog Maternus sich von der Öffentlichkeit zurück, um sich der Dichtung zuzuwenden, während Tacitus nichts dergleichen vorhatte.

Hält man den Irrtum der Verwechslung von Wunschbild und Wirklichkeit fern, entfällt auch der Zwang, die Aussagen, die Maternus über die Verhältnisse in einem wohlgeordneten Staat macht, als „hintergründig" (Klingner) oder „ironisch" (Syme) zu deuten. Daß in Zweifel gezogen wurde, ob Maternus „rückhaltlos" und „im Sinne des Tacitus" spreche, rührt offenkundig von diesem Irrtum her: Solche unbefriedigenden Deutungsbehelfe wurden nötig, damit die vermeintlichen Widersprüche zu seinen nüchternen Äußerungen über die politische Wirklichkeit des Prinzipats (oder, um es mit seinen eigenen Worten auszudrücken, der *non emendata nec usque ad votum composita civitas*) überbrückt werden konnten. In Wahrheit berechtigt keine Stelle der Schlußrede zu der Behauptung, „daß Maternus nicht seine ganze Überzeugung und erst recht nicht die des Tacitus aussprechen kann[161]." Die „Wertgruppe", „in deren Mitte die *virtus* steht", ist keineswegs „beiseite gelassen, als gelte sie nicht[162]"; und selbst wenn der Gesichtspunkt der mannhaften Haltung gegenüber Gefahren fehlte, würde das nichts beweisen. Ob Maternus auf die Möglichkeiten zur Bewährung der *virtus* eingeht oder nicht, sagt nicht das geringste darüber aus, ob er „rückhaltlos" oder „hintergründig" spricht. Die Berücksichtigung dieses Gesichtspunkts von einer Schrift zu erwarten, die von den Ursachen des Verfalls der römischen Redekunst handelte, geht über das hinaus, was billigerweise vorausgesetzt werden darf. Hatte der Mißbrauch, den bedenkenlose Demagogen mit der Redekunst getrieben hatten, nicht zur Genüge erwiesen, daß die Bewährung der *virtus* nicht mit der Entfaltung der *eloquentia* zusammenzufallen brauchte? Muß es die Erwartung nicht eher übertreffen als enttäuschen, wenn der Gesichtspunkt der Entfaltung ruhmbringender *virtus* wenigstens als Nebengedanke in Erscheinung tritt? Wo Maternus die Lage des Redners mit den Entfaltungsmöglichkeiten des Kriegers vergleicht, ist immerhin — was nicht übersehen werden sollte — die Vorstellung gegenwärtig, daß Zeiten, in denen Ruhe herrscht, der

---

[159] Die Verwechslung von Wunschbild und Wirklichkeit verleitete R. Syme, Fondation Hardt, Entretiens IV,195 zu dem Fehler, dem Dialogus dieses Anliegen zu unterschieben: „The Dialogus conveys his renunciation and furnishes a diagnosis, not without irony. Oratory flourished in periods of political freedom, and turbulence. In a well ordered state it is not needed any more. One man holds the power, and he is the wisest („*sapientissimus et unus*"); there is no need for long debates in the Senate, for men of good sense come quickly to the right decisions (Dial. 41)." So auch schon in: The Roman Revolution 516.

[160] Hist. 1,1,1.

[161] Dies ist F. Klingner, Römische Geisteswelt 506 entgegenzuhalten.

[162] So F. Klingner, Römische Geisteswelt 507.

Bewährung in der Gefahr geringeren Spielraum gewähren als unruhige Zeiten: *quis ignorat utilius ac melius esse frui pace quam bello vexari? plures tamen bonos proeliatores bella quam pax ferunt. similis eloquentiae condicio. nam quo saepius steterit tamquam in acie quoque plures et intulerit ictus et exceperit quoque maiores adversarios acrioresque pugnas sibi ipsa desumpserit, tanto altior et excelsior et illis nobilitata discriminibus in ore hominum agit ...*[163].

Den ‚Stellenwert', den die Begriffe des Ruhms, der Freiheit und der Ruhe in der abschließenden Maternusrede erhalten, hat Tacitus von dem Beginn bis zum Ende seiner schriftstellerischen Tätigkeit nie verändert. Die Denkweise, von der die Maternusrede Zeugnis ablegt, kehrt in der Warnung wieder, die er Petilius Cerialis in seiner Ansprache an die Treverer und Lingonen verkünden läßt: *moneant vos utriusque fortunae documenta, ne contumaciam cum pernicie quam obsequium cum securitate malitis*[164]. Zu dem Schlagwort der *securitas*, das die kaiserliche Propaganda in den Vordergrund stellte, nennt er im selben Satz den Preis, den die Gallier für das Ende der Selbstzerfleischung und die Gewährleistung gesicherter Verhältnisse zu entrichten haben: die Beschneidung der Freiheit, die Unterwerfung unter die römische Herrschaftsform (*obsequium cum securitate*). Mit der Endgleichung seines Dialogus steht die Wendung *obsequium cum securitate* in keinem Widerspruch. Daß sich sein Denken in einer von der Calgacusrede[165] über die zweite Maternusrede zur Cerialisrede[166] hin verlaufenden Entwicklung wandelte, ist nicht festzustellen. Von einer Entwicklung zu reden, wäre nur dann unumgänglich, wenn ausgemacht wäre, daß er voll hinter dem Inhalt der Calgacusrede steht. Zu dieser Annahme zwingt ihr Wortlaut aber keineswegs. Ihre Einordnung in den Umkreis des „geistigen Widerstands gegen Rom" birgt die Gefahr in sich, zu Mißverständnissen und voreiligen Rückschlüssen zu verleiten. Vieles von dem, was Calgacus in seiner Ansprache sagt, wird zwar nicht von der folgenden Gegenrede, wohl aber von den Tatsachen und den folgenden Ereignissen widerlegt[167]. Die Niederlage, die die freiheitsliebenden Britannier in der Schlacht am Mons Graupius erlitten, liefert den sichtbaren Beweis, daß sie den Fehler begingen, die Möglichkeit der *contu-*

---

[163] Dial. 37,7f.
[164] Hist. 4,74,4.
[165] Agr. 30ff.
[166] Hist. 4,73f.
[167] Vgl. K. Büchner, Die historischen Versuche 68 und W. Steidle, Museum Helveticum 22, 1965, 102f. Obwohl Büchner einerseits zugibt, „daß sich Calgacus über die Wirklichkeit in seiner Situation täuscht", setzt er andererseits mehrfach ohne zwingenden Grund voraus, daß Tacitus die Anschuldigungen, die er Calgacus in den Mund legte, selbst deckt: „Ein fast zu schweres Gewicht will es scheinen, wenn Agricola mit seiner Leistung und Rede hier einen der grundsätzlichsten Angriffe gegen den Sinn der römischen Weltherrschaft überhaupt aufzuwiegen hat" (55). „Von einem letzten Standpunkt aus spürt Tacitus das Verwerfliche und Sinnlose der römischen Eroberung und kann vom römischen Gegner her denken, antinomisch, ohne an den letzten Sinn des Reiches zu glauben" (65f.). „Tacitus hat dem Anspruch auf Freiheit innerlich nichts entgegenzustellen" (68).

macia cum pernicie der Möglichkeit des *obsequium cum securitate* vorzuziehen. Wenngleich Tacitus von den Anklagen weiß, die gegen den römischen Imperialismus erhoben wurden[168], so ist doch keineswegs ausgemacht, daß er die Fortsetzung und Ausdehnung der römischen Eroberungen aus moralischen Bedenken mit zwiespältigen Empfindungen betrachtete[169]. Daß Agricola die Unterwerfung und Besetzung Irlands als das Ziel seiner Wünsche angesehen hatte, würdigt Tacitus ohne ein Wort der Mißbilligung, obwohl Agricola diesen Eroberungsplan ausschließlich machtpolitisch rechtfertigte: *saepe ex eo audivi legione una et modicis auxiliis debellari obtinerique Hiberniam posse; idque etiam adversus Britanniam profuturum, si Romana ubique arma, et velut e conspectu libertas tolleretur*[170]. Wie sollten ihn da ethische Bedenken gehindert haben, die Eroberung Britanniens guten Gewissens zu begrüßen?

Einen Gegner der römischen Herrschaft zu Wort kommen zu lassen, bot, wenn der Ablauf des Geschehens es erlaubte, die willkommene Gelegenheit, einerseits den Freiheitswillen des aufbegehrenden Volkes zu unterstreichen und andererseits die Leistung des römischen Feldherrn hervorzukehren, der es verstanden hatte, den Widerstand des freiheitsliebenden Volkes zu brechen. Caesar hatte sich dieses Mittels zum eigenen Ruhm bedient (die Rede des Critognatus, die er in das siebente Buch seiner Commentarii eingeschoben hatte[171], sollte künftige Geschichtsschreiber dazu anregen, an der entsprechenden Stelle rhetorisch aufgeputzte Nachbildungen einzuflechten). Tacitus wendet das gleiche Verfahren zum Ruhm des Agricola an. An einem Vorgang kann es selbst in dem engeren Umkreis der kaiserzeitlichen Geschichtsschreibung, in der annalistischen Berichterstattung über die britannischen Aufstände der vergangenen Jahrzehnte, nicht gefehlt haben. Die Fassung, in die Cassius Dio die Rede der Boudicca gekleidet hat[172], steht an dem Ende einer Traditionsreihe, in die sich

---

[168] Zur Tradition siehe H. Fuchs, Der geistige Widerstand gegen Rom in der antiken Welt, Berlin 1938, 16ff. und 47. Wie sehr die Calgacusrede im ganzen von rhetorischen Topoi durchsetzt ist, vergegenwärtigen nicht zuletzt die mannigfachen Berührungen mit der Ansprache, die Livius (21,43,2ff.) den gefährlichsten Feind der Römer, den Karthager Hannibal, vor der Schlacht am Tessin an das versammelte Heer richten läßt.

[169] Vgl. demgegenüber F. Klingner, Römische Geisteswelt 524f.: „Es ist freilich ein gebrochenes Fühlen, was sich da zu erkennen gibt, und intellektuelle Verzweiflung. Niemals wäre einem Römer der alten Zeit ein so gespaltenes Fühlen möglich gewesen, niemals wäre ihm der Gedanke gekommen, daß man Abscheulichkeiten begehen müsse, um die *virtus* zu verwirklichen ...". Zustimmend E. Kornemann, Tacitus 52f.: „Spaltung des Bewußtseins", „gebrochenes Fühlen", „intellektualistische Verzweiflung" hat Klingner an vielen Stellen gefunden und damit den Weg zum letzten Verständnis des Meisters gebahnt ... Es bricht .. bei ihm (Tacitus) ein älteres Römertum durch, das sich, wenn es auch die Träger der brutalen Eroberpolitik verherrlicht, doch gleichzeitig der Scheußlichkeit einer solchen bewußt bleibt."

[170] Agr. 24,3.
[171] BG 7,77,3ff.
[172] Dio 62,3ff.; die entsprechende Entgegnung auf römischer Seite: Dio 62,9ff.

die taciteische Calgacusrede mit ihren Ausfällen gegen die Ausbeutung und Unterdrückung Britanniens zwanglos eingliedert.

Über den politischen Standort ihrer Verfasser sagen solche Reden nicht das geringste aus. Ein republikanischer Schwärmer, der dem verlorenen Gut der Freiheit des römischen Volkes mit solcher Wehmut nachtrauerte, daß er fremden Völkern, die sich der römischen Herrschaft beugen mußten, sein Mitgefühl schenkte, war Tacitus so wenig wie Dio. Wie der Dialogus zeigt, war Tacitus weit entfernt, sich an republikanische Wunschvorstellungen zu klammern. Durch den Mund des Maternus gibt er zu verstehen, daß er die einseitige Bewunderung des vergangenen Jahrhunderts, die aus den Worten des Ciceronianers Messalla spricht, nicht teilt. Die Schlußrede des Dialogus läßt keinen Zweifel daran, daß er den engen Standpunkt, den Messalla vertritt, durch eine gerechtere und ausgewogenere Wertung ersetzt wissen möchte. Von dem weltfremden Ciceronianismus des Messalla rückt er dank besseren Wissens ab. Zu keiner Zeit gibt er sich dem Irrglauben hin, daß der Verfall der römischen Redekunst aufzuhalten sei, wenn es nur gelänge, die Ausbildung und Erziehung des Redners auf die Höhe zu heben, die sie zu Ciceros Zeit erreicht hatte. Ihm war bewußt, daß die Wiederherstellung der Voraussetzungen, unter denen große Redekunst gediehen war, mit der Preisgabe der Ruhe und dem Rückfall in die Anarchie erkauft werden müßte. Was hätte ihn bewegen sollen, diesen Rückfall zu ersehnen?

Über die Wünschbarkeit einer Vertauschung der Jahrhunderte dachte der Tacitus der Annalen nicht anders als der Tacitus des Dialogus. In dem Ratschlag *bono saeculi sui quisque citra obtrectationem alterius utatur* und der Feststellung *nec omnia apud priores meliora* tut sich die gleiche Denkweise kund [173]. Aus beiden Äußerungen spricht das gedämpfte Selbstbewußtsein einer Generation, die die Vorzüge ihres Zeitalters kennt, ohne dessen Nachteile zu verkennen.

Die Aussöhnung mit den Schattenseiten des Prinzipats wurde nicht unwesentlich durch die Einsicht erleichtert, daß die gewaltige Ausdehnung des Römischen Reiches eine monarchische Staatsführung gebot. Gewonnen wurde diese Erkenntnis — darauf deuten nicht zuletzt die gedanklichen Entsprechungen in Dios

---

[173] Dial. 41,5 und Ann. 3,55,5. Daß die beiden Stellen sich gedanklich berühren, hat K. Christ, Germanendarstellung und Zeitverständnis bei Tacitus, Historia 14, 1965, 70 erkannt: „So läßt sich wohl eine Brücke schlagen von dem Schlußsatz der Maternusrede im Dialogus, wonach jeder das Gute seines Jahrhunderts ohne Herabsetzung eines anderen gebrauchen möge (41,5), zu der Sentenz in den Annalen, daß nicht alles bei den Vorfahren besser war, sondern daß auch die eigene Zeit viel Lobenswertes und Kunstvolles hervorbrachte, was seinerseits wieder späteren Geschlechtern zur Nachahmung dienen kann (ann. III,55)." — Aus eben dieser Einstellung ist die Kunstgesinnung erwachsen, die Tacitus seinen Lehrer Aper verfechten läßt (Dial. 18,3): *hoc interim probasse contentus sum, non esse unum eloquentiae vultum, sed in illis quoque quos vocatis antiquos plures species deprehendi, nec statim deterius esse quod diversum est, vitio autem malignitatis humanae vetera semper in laude, praesentia in fastidio esse.* Nicht anders dachte sein Freund Plinius (Epist. 6,21,1): *sum ex iis, qui mirer antiquos, non tamen, ut quidam, temporum nostrorum ingenia despicio. neque enim quasi lassa et effeta natura nihil iam laudabile parit.*

Maecenasrede hin[174] — schon vor Tacitus. Tacitus verlieh ihr durch den Mund Kaiser Galbas Stimme: *si immensum imperii corpus stare ac librari sine rectore posset, dignus eram a quo res publica inciperet*[175]. Hinter diesen Worten steht die verbreitete Überzeugung, daß die Einführung des Prinzipats sich als Rettungstat rechtfertige und der Fortbestand der neuen Staatsform die Sicherheit und das Wohl des Reiches gewährleiste[176]. Nachdem die ersten Jahrzehnte des Prinzipats verstrichen waren, bestritt nur noch eine verschwindend kleine Minderheit des Senats, daß eine Wiederherstellung der republikanischen Verfassung das Wohl des Staates aufs Spiel setzen würde. Die Mehrheit teilte die Anschauung, zu der sich Dio, seiner monarchischen Gesinnung entsprechend, ohne Vorbehalt bekennt: ἡ μὲν οὖν πολιτεία οὕτω τότε (im Jahr 27 v. Chr.) πρός τε τὸ βέλτιον καὶ πρὸς τὸ σωτηριωδέστερον μετεκοσμήθη· καὶ γάρ που καὶ παντάπασιν ἀδύνατον ἦν δημοκρατουμένους αὐτοὺς σωθῆναι[177].

Die kaiserliche Propaganda half auf ihre Weise mit, die Verwurzelung dieser Anschauung zu fördern. Bestrebungen dieser Art haben sich in der Münzprägung des ersten und zweiten nachchristlichen Jahrhunderts deutlich niedergeschlagen. Besondere Beachtung verdient, daß seit Galbas Machtübernahme Münzen mit den Umschriften SALUS ET LIBERTAS, SALUS GENERIS HUMANI und SALUS PUBLICA in Umlauf gesetzt wurden. Der Adoptionsrede, die Tacitus ihm in den Mund legt, verleiht diese Tatsache einen bemerkenswerten Hintergrund. Wurde die offizielle Sprachregelung zugrunde gelegt, barg das Nebeneinander von *salus* und *libertas* nichts Widerstreitendes in sich. Nahm aber ein Historiker den republikanischen Freiheitsbegriff zum Maßstab, mußte die Antwort mit Notwendigkeit anders ausfallen.

Im Eingang des Agricola hatte Tacitus den weniger umfassenden „kaiserzeitlichen" Freiheitsbegriff[178] zugrunde gelegt, als er Nervas Staatsführung das

---

[174] Dio 52,15,5f.; vgl. ferner die sachlich übereinstimmende Rechtfertigung des Prinzipats bei Jos. Ant. Iud. 19,162 und bei Dio 56,39,5 (in der Leichenrede auf Augustus).

[175] Hist. 1,16,1; im Gedanken ähnlich Sen. bei Lact. Div. inst. 7,15,16: *amissa enim libertate, quam Bruto duce et auctore defenderat, ita consenuit (Roma), tamquam sustentare se ipsa non valeret, nisi adminiculo regentium niteretur.*

[176] Zu dieser Überzeugung vgl. Sen. De clem. 1,4,3: *ideo principes regesque et quocumque alio nomine sunt tutores status publici non est mirum amari ultra privatas etiam necessitudines; nam si sanis hominibus publica privatis potiora sunt, sequitur, ut is quoque carior sit, in quem se res publica convertit. olim enim ita se induit rei publicae Caesar, ut seduci alterum non posset sine utriusque pernicie; nam et illi viribus opus est et huic capite* sowie Flor. 2,14(4,3),5f.: *gratulandum tamen ut in tanta perturbatione est, quod potissimum ad Octavium Caesarem Augustum summa rerum redit, qui sapientia sua atque sollertia perculsum undique ac perturbatum ordinavit imperii corpus, quod haud dubie numquam coire et consentire potuisset, nisi unius praesidis nutu quasi anima et mente regeretur.*

[177] Dio 53,19,1; vgl. auch Tac. Ann. 1,9,4: *non aliud discordantis patriae remedium fuisse quam ut ab uno regeretur.*

[178] Zu diesem Freiheitsbegriff siehe L. Wickert, Der Prinzipat und die Freiheit, in: Symbola Coloniensia, Festschrift für J. Kroll, Köln 1949, 114ff. (= Prinzipat und Frei-

Zeugnis ausstellte, daß sie die Verbindung von *principatus* und *libertas* verkörpert habe. In der Adoptionsrede, die er Galba halten läßt, wählt er statt dessen den nicht mehr so geläufigen republikanischen Freiheitsbegriff als Vergleichsgröße[179]: Wie er den Begriff der *res publica* in der älteren, vorkaiserzeitlichen Bedeutung verwendet, so gebraucht er auch den Begriff der *libertas* in der Bedeutung, die vor dem Untergang des Freistaats der politischen Wirklichkeit entsprochen hatte[180]. Maß er die Wirklichkeit an dieser Vergleichsgröße, so konnte er mit Fug und Recht sagen, daß die Freiheit, die im Prinzipat möglich und nötig sei, in der Mitte zwischen vollkommener Knechtschaft und vollkommener Freiheit liege[181]. Sobald er den Maßstab der republikanischen Freiheit anlegte, mußte sich selbst die Anerkennung des Fortschritts, den das Adoptivkaisertum gegenüber dem erblichen Kaisertum brachte, die ernüchternde Einschränkung gefallen lassen,

---

heit 98ff.) sowie RE XXII, 2081ff., 2091ff. und 2096ff. Zu beachten sind allerdings die Vorbehalte, die W. Kunkel, Bericht über neuere Arbeiten zur römischen Verfassungsgeschichte III, Zeitschrift der Savigny-Stiftung für Rechtsgeschichte Rom. Abt. 75, 1958, 339 gegen Wickerts Auffassung vorbrachte: „Die *libertas rei publicae* war schon vor Beginn der Prinzipatsperiode in Wahrheit die Ideologie eines „verhältnismäßig engen Kreises", nämlich derer, die sich nach der politischen Tradition der Republik zur Teilnahme an der Herrschaft berufen fühlten. Was aber aus ihr als Bürgerfreiheit abgeleitet wurde, enthielt als wesentlichen Kern bereits jenen Gedanken der Rechtssicherheit, den Wickert erst einem denaturalisierten Freiheitsbegriff der Kaiserzeit zuschreibt."

[179] J. Vogt (Orbis 118 = Prinzipat und Freiheit 379) verkannte, daß der Begriff der *libertas* Hist. 1,16 einen anderen Inhalt hat, als er Agr. 3,1 vorausgesetzt ist. Von diesem Irrtum rührt seine verfehlte Folgerung her, daß „Tacitus in den wenigen Jahren, die zwischen der Abfassung des Agricola und dem ersten Teil der Historien liegen, aus Gründen, die wir nicht genauer kennen, seine Wertung des Kaisertums erheblich herabgesetzt hat."

[180] W. Kunkel, Zeitschrift der Savigny-Stiftung für Rechtsgeschichte Rom. Abt. 75, 1958, 335 ist gewiß darin recht zu geben, daß der römische Freiheitsbegriff in der Zeit der Republik „nichts von einem Anspruch auf Teilnahme an der Fülle des Lebens" enthielt und „selbst mancherlei sehr drückende Abhängigkeitsverhältnisse" nicht ausschloß. Doch vergleicht man Vergleichbares – und das heißt in diesem Fall: die Entscheidungsfreiheit des Senats vor dem Untergang der Republik mit seiner beschränkten Handlungsfreiheit im Prinzipat, wird man wenigstens daran festhalten dürfen, daß sich der Bedeutungsumfang des Wortes *libertas* in der Verwendung als politisches Schlagwort verengen mußte, wenn der Begriff wirklichkeitsbezogen bleiben sollte. Es versteht sich von selbst und könnte aus Ciceros Briefen leicht belegt werden, daß sich der römische Freiheitsbegriff auch vor der Gründung des Prinzipats für Einschränkungen offen zeigte: Sobald etwa für die Bedrohung der Meinungsfreiheit oder die Befreiung von der Tyrannis Worte gefunden werden mußten, war der Gebrauch des Begriffes *libertas* durch keinerlei Sprachregelung verwehrt. Wenn in den folgenden Ausführungen dennoch zwischen einem „republikanischen" und einem „kaiserzeitlichen" Freiheitsbegriff geschieden wird, so rechtfertigt sich diese vereinfachende Benennungsweise namentlich dadurch, daß ein Angehöriger des Senats, der im ersten oder zweiten nachchristlichen Jahrhundert gelebt hatte, mit der *libertas senatus*, die der Prinzipat bestenfalls gewähren konnte, feste Vorstellungen verband und wohl wußte, daß diese Form der Freiheit nicht der politischen Handlungsfreiheit entsprach, die der Senat im Freistaat besessen hatte.

[181] Hist. 1,16,4: *.. imperaturus es hominibus, qui nec totam servitutem pati possunt nec totam libertatem.*

daß die Erwählung des Thronfolgers nicht mehr als einen Freiheitsersatz darstelle: *loco libertatis erit quod eligi coepimus*[182].

Mit der Feststellung, daß sich die vollkommene Freiheit, die *libertas liberae rei publicae*, mit dem Wesen des Prinzipats nicht vertrage, bestreitet er zugleich, daß das Nebeneinander von republikanischer *libertas* und kaiserzeitlicher *salus* in dieser Staatsform verwirklicht oder zu verwirklichen ist. Doch schließt er keineswegs die Möglichkeit aus, daß sich im Prinzipat die beschränkte Freiheit, die er im Eingang des Agricola als Gedanken- und Meinungsfreiheit faßt und in der Galbarede zwischen den beiden Extremen *tota servitus* und *tota libertas* ansiedelt, mit den Merkmalen der kaiserzeitlichen Friedensordnung, *salus* und *securitas*, verbindet. Wie er in der Einleitung zum Agricola im eigenen Namen bekennt, weckte Trajans Staatsführung in ihm die Zuversicht, daß sich im Prinzipat die sprichwörtliche *felicitas temporum* in der Vereinigung von *libertas* und *securitas* vollenden kann[183].

Daß Tacitus an diese Möglichkeit glaubt und diesen Glauben an keiner Stelle widerruft, warnt davor, seine politische Einstellung von der seiner Standesgenossen abzusondern. Seine Einschätzung der Verfassungswirklichkeit steht in keinem grundsätzlichen Widerspruch zu den politischen Bekenntnissen, die der jüngere Plinius, sein Zeitgenosse und Freund, in dem Panegyricus auf Trajan abgibt. Plinius rechnet Trajan zum Ruhm an, daß sich unter seiner Staatsführung *principatus* und *libertas* desselben Gerichtshofs bedienen (*eodem foro utuntur principatus et libertas*[184]), und preist die Adoption, mit der Nerva die Thronfolge geregelt hatte, als einen Akt, der den Grundstein zu *libertas*, *salus* und *securitas* legte (*.. ante pulvinar Iovis optimi maximi adoptio peracta est, qua tandem non servitus nostra, sed libertas et salus et securitas fundabatur*[185]). Er leugnet nicht, daß diese Werte im Prinzipat nebeneinander bestehen

---

[182] Hist. 1,16,1. Um die vorgefaßte Meinung zu untermauern, daß Tacitus seine Zuversicht von Werk zu Werk herabgedämpft habe, legt W. Jens, Hermes 84, 1956, 341f. den Worten *loco libertatis erit quod eligi coepimus* eine Bedeutung unter, die ihnen nicht zukommt: „In den Kapiteln 15 und 16 des ersten Historienbuches spricht sich noch einmal – zum letzten Mal – der Glaube oder besser die Hoffnung auf ein Kompromiß aus ... Eine andere Möglichkeit gibt es nicht mehr: die *adoptio* ist zugleich letzter Ausweg und absolute Notwendigkeit. Scheitert das Wahlprinzip, dann geht die *libertas senatus* für immer verloren." Jens übersah, daß Tacitus nicht von sich selbst, sondern von Galba behauptet, er habe den einzigen Ausweg in der Maßnahme gesehen, die Thronfolge durch Wahl und Adoption zu regeln: *.. Galba .., quod remedium unicum rebatur, comitia imperii transigit* (Hist. 1,14,1).
[183] Was man unter Nerva und Trajan mit *securitas* meinte und welche Bedeutung man ihr beimaß, hat H. U. Instinsky, Sicherheit als politisches Problem des römischen Kaisertums, Deutsche Beiträge zur Altertumswissenschaft Heft 3, Baden-Baden 1952, 28ff. durch umfassende Auswertung der einschlägigen Belege verdeutlicht.
[184] Pan. 36,4.
[185] Pan. 8,1. Zu dem Nebeneinander von *libertas* und *securitas* vgl. auch Pan. 27,1: *magnum quidem est educandi incitamentum tollere liberos in spem alimentorum, in spem congiariorum; maius tamen in spem libertatis, in spem securitatis*. Zu dem Gedanken der

können, gibt sich aber auch nicht der Täuschung hin, daß es möglich und wünschenswert sei, die volle kaiserzeitliche *securitas* mit der vollen republikanischen *libertas* im Prinzipat zu paaren. Wenn er von Nervas Thronfolgeregelung sagt, sie habe den Grundstein zu *libertas, salus* und *securitas* gelegt, so meint er mit *libertas* unzweifelhaft den der kaiserzeitlichen Wirklichkeit entlehnten Begriff der Freiheit. Die *libertas*, die er mit überschwenglichen Worten des Dankes als Geschenk der neuen Ära würdigt, offenbart sich nicht in einer einschneidenden Verkürzung der kaiserlichen Befugnisse, sondern bewährt sich in der Freizügigkeit, mit welcher der einzelne seine Meinung bekunden und seine gesetzlich verankerten Rechte wahren darf: Den Zuschauern ist es gestattet, während eines Gladiatorenkampfes ihren Unmut oder ihre Begeisterung unverhohlen zum Ausdruck zu bringen [186], den Rechtsuchenden steht es frei, einen Richter als befangen abzulehnen [187], Unzufriedenen ist es erlaubt, sich über Maßnahmen des Kaisers zu beklagen [188], Redelehrer und Philosophen brauchen keine Verfolgung zu fürchten [189], schlechte Kaiser der vergangenen Dynastien an den Pranger zu stellen, ist niemandem verwehrt [190], dem Senat ist es vergönnt, von dem Recht der freien Meinungsäußerung ungehindert und ungefährdet Gebrauch machen zu dürfen [191].

Weiter hatte auch Tacitus den Begriff der *libertas* nicht gefaßt, als er davon sprach, daß Nerva den Prinzipat mit der *libertas* versöhnt habe und Trajan auf dieser Grundlage die *felicitas temporum* Tag für Tag mehre. In der Einleitung zum Agricola würdigt auch er die Wiederherstellung der *libertas senatus* als die Rückgewinnung der persönlichen Freiheitsrechte, die Domitians politische Verfolgungen außer Kraft gesetzt hatten. Daß die Adoption des Thronfolgers dem Übergang zur Wahlmonarchie gleichkomme und den Grundstein zur Wiedergeburt des republikanischen Verfassungslebens gelegt habe, behaupteten weder er noch Plinius [192]. Die Auswahl des Nachfolgers mit republikanischen Magistratswahlen auf die gleiche Stufe zu stellen, lag beiden fern [193]. Den Abstand zu den magistratischen Wahlen hätte Tacitus kaum schärfer beleuchten können, als er es mit seiner sarkastischen Bemerkung über Galbas Thronfolgeregelung tat: Die

---

securitas vgl. ferner Pan. 28,2f.; 40,1; 42,1ff.; 43,1; 50,7 sowie Epist. 10,2,3 (*malui hoc potius tempore me patrem fieri, quo futurus essem et securus et felix*).

[186] Pan. 33,3f.
[187] Pan. 36,4.
[188] Pan. 46,6.
[189] Pan. 47,1.
[190] Pan. 53,3.
[191] Pan. 66,2; 76,2; 93.
[192] Vgl. demgegenüber R. Reitzenstein, Aufsätze zu Tacitus 82 Anm. 4: „Wird der *princeps* wählbar, so wird der *principatus* zum *magistratus*, ganz gleichgiltig, wer die Wahl vollzieht .. Eine neue Staatsform scheint begründet, an der auch die republikanische Opposition mit Hingabe Teil nehmen kann."
[193] Pan. 10,2 spricht Plinius von einer *electio*, die von der gesamten Bevölkerung gutgeheißen werde, nicht aber von einer republikanischen Wahl.

Feststellung *comitia imperii transigit*[194] entlarvt diese Lösung als pseudorepublikanische Halbheit.

In ihrem politischen Gehalt stimmen Galbarede und Panegyricus streckenweise so augenfällig überein[195], daß die Forschung verständlicherweise auf die Frage geführt wurde, ob Tacitus die Gedanken zum Adoptivkaisertum niederlegte, bevor Plinius den Panegyricus auf Trajan veröffentlichte, oder ob er die Lobrede seines jüngeren Freundes zu dieser Zeit bereits kannte. Wie sie zu entscheiden ist, ist bis heute strittig geblieben[196]. Einig wurde man sich nicht einmal darüber, ob zwischen Galbarede und Panegyricus überhaupt unmittelbare Querverbindungen bestehen[197].

Auf den ersten Blick scheint kein Zweifel möglich, daß der eine der beiden Freunde auf die Ausführungen des anderen Bezug genommen hat: Plinius und der Galba des Tacitus erinnern übereinstimmend an den Vorgang, den Augustus mit der Adoption seines Stiefsohns geschaffen hatte, und heben von diesem Vorgang die uneigennützige Thronfolgeregelung ab, bei der der Adoptierende verwandtschaftliche Rücksichten hintanstellt, um den Besten zu berufen[198]. Beide weisen darauf hin, daß der Adoptierende seinen Nachfolger nicht in der eigenen Familie, sondern im gesamten Staat gesucht habe[199], und bemängeln

---

[194] Hist. 1,14,1.

[195] Zusammenstellung der Parallelstellen bei M. Durry, Panégyrique de Trajan, Paris 1938, 62.

[196] Für die Priorität des Panegyricus traten ein: J. Dierauer, Beiträge zu einer kritischen Geschichte Trajans, in: Untersuchungen zur römischen Kaisergeschichte 1, hrsg. von M. Büdinger, Leipzig 1868, 23 Anm. 1; E. Hohl, Tacitus und der jüngere Plinius, Rheinisches Museum 68, 1913, 461ff.; H. U. Instinsky, Consensus Universorum, Hermes 75, 1940, 273; R. T. Bruère, Tacitus and Pliny's „Panegyricus", Classical Philology 49, 1954, 161ff.

Die Priorität der Galbarede verfochten: E. Wölfflin, Plinius und Cluvius Rufus, Archiv für lateinische Lexikographie und Grammatik 12, 1902, 350; J. Mesk, Zur Quellenanalyse des Plinianischen Panegyricus, Wiener Studien 33, 1911, 94ff.; K. Büchner, Tacitus und Plinius über Adoption des römischen Kaisers, Rheinisches Museum 98, 1955, 289ff. (= Studien zur römischen Literatur IV, 1ff.).

Büchners Beweisführung wurde von A. Brießmann, Auswahlbericht zu Tacitus, Gymnasium 68, 1961, 71 und R. Häußler, Tacitus und das historische Bewußtsein 243 Anm. 30 gebilligt, während sie von J. Beaujeu, Pline le Jeune 1955–1960, Lustrum 6, 1961, 299 und D. Kienast, Historia 17, 1968, 53 Anm. 10 abgelehnt wurde.

[197] Diesbezügliche Zweifel äußerten zuletzt B. Walker, Journal of Roman Studies 55, 1965, 306 und D. Kienast, Historia 17, 1968, 53 Anm. 10.

[198] Plin. Pan. 7,4: *nulla adoptati cum eo qui adoptabat cognatio, nulla necessitudo, nisi quod uterque optimus erat, dignusque alter eligi alter eligere ... adscivit enim te filium non vitricus sed princeps.* – Tac. Hist. 1,15,2: *sed Augustus in domo successorem quaesivit, ego in re publica;* Hist. 1,16,1: *et finita Iuliorum Claudiorumque domo optimum quemque adoptio inveniet.*

[199] Plin. Pan. 7,5: *an senatum populumque Romanum, exercitus provincias socios transmissurus uni successorem e sinu uxoris accipias, summaeque potestatis heredem tantum intra domum tuam quaeras? non totam per civitatem circumferas oculos et hunc tibi proximum, hunc coniunctissimum existimes, quem optimum quem dis simillimum inveneris?* – Tac. Hist. 1,16,1: *sub Tiberio et Gaio et Claudio unius familiae quasi hereditas fuimus:*

an der erblichen Thronfolge, daß nicht die Eignung, sondern der Zufall der Geburt den Ausschlag gebe[200]. Beide betonen, daß die Adoption den Adoptierenden gewissermaßen verjünge, wenn durch sie ein Jüngerer zum Nachfolger bestimmt werde[201].

Demgegenüber ist jedoch in Anschlag zu bringen, daß Plinius und Tacitus aus dem gemeinsamen Fundus der Prinzipatsideologie schöpfen konnten. Bei näherem Zusehen erweist sich auf Schritt und Tritt, daß Tacitus in der Galbarede auf gängige Vorstellungen zurückgegriffen hat. Cassius Dio zum Vergleich heranzuziehen, reicht hin, um dies zu verdeutlichen. Daß die Zufallsbedingtheit der Geburt die erbliche Thronfolge gegenüber der adoptiven Nachfolgeregelung in Nachteil bringe, läßt Dio Kaiser Hadrian auf dem Sterbebett sagen[202]. Die Warnung vor den Gefahren höfischer Schmeichelei, die Tacitus Galba in den Mund legt, begegnet bei Dio in der Rede des Agrippa[203]; und der Ratschlag, der künftige Herrscher solle sich die Wunschvorstellungen zur Richtschnur nehmen, die er von seinen Vorläufern gern verwirklicht gesehen hätte, erscheint bei ihm in der Rede des Maecenas[204].

Sollte aber der eine auf die Ausführungen des anderen eingegangen sein, ist kaum zweifelhaft, wer von beiden es war, der sich mit den Ausführungen des anderen auseinandersetzte. Plinius hatte die Begriffe *libertas*, *salus* und *securitas* nebeneinandergestellt, ohne zu klären, welchen Beschränkungen sich die politische Freiheit unterwerfen muß, damit sie mit *salus* und *securitas* eine harmonische Verbindung eingehen kann. Sofern Tacitus an diesem Punkt ansetzte, hat er gesehen, daß der Begriff der *libertas* der Auslegung bedurfte, und zu seiner genaueren Bestimmung den republikanischen Freiheitsbegriff als Vergleichsgröße gewählt. Von einer geistigen Auseinandersetzung läßt somit allenfalls die Galbarede etwas verspüren, nicht aber der ganz und gar in der Begriffswelt der Prinzipatsideologie ruhende Panegyricus. Liegt dergleichen vor, gebührt die Priorität nicht Tacitus, sondern Plinius.

Daß die Segnungen des Prinzipats, zu denen *quies*, *tranquillitas* und *otium* ebenso gehörten wie *salus* und *securitas*, mit Beschneidungen der politischen Handlungsfreiheit erkauft werden mußten, hatte Tacitus schon im Dialogus klargelegt.

---

loco libertatis erit quod eligi coepimus: et finita Iuliorum Claudiorumque domo optimum quemque adoptio inveniet.
[200] Plin. Pan. 7,6f.: *.. superbum istud et regium, nisi adoptes eum quem constet imperaturum fuisse, etiamsi non adoptasses. fecit hoc Nerva nihil interesse arbitratus, genueris an elegeris, si perinde sine iudicio adoptentur liberi ac nascuntur.* – Tac. Hist. 1,16,2: *nam generari et nasci a principibus fortuitum, nec ultra aestimatur: adoptandi iudicium integrum et, si velis eligere, consensu monstratur.*
[201] Plin. Pan. 8,4: *.. non secus ac praesenti tibi innixus, tuis umeris se patriamque sustentans tua iuventa, tuo robore invaluit (Nerva).* – Tac. Hist. 1,16,3: *audita adoptione desinam videri senex.*
[202] Dio 69,20,2f.
[203] Vgl. Tac. Hist. 1,15,4 und Dio 52,10,4.
[204] Vgl. Tac. Hist. 1,16,4 und Dio 52,39,2.

Wie die Galbarede zeigt, behauptete diese Erkenntnis in seinem Geschichtsdenken ihren Platz. Er lebte in einer Zeit, in der das Ende des Freistaats noch nicht so weit entrückt war, daß der „republikanische" Freiheitsbegriff seine Bedeutung als Vergleichsgröße verloren hatte. Roms spätrepublikanische Geschichte galt seiner Zeit noch als lebendige Vergangenheit. Je weiter ein Annalist in der Geschichte der Kaiserzeit zurückging, desto stärker mußte er an sich die Wirkung einer Tradition erfahren, durch die der „republikanische" Freiheitsbegriff wenigstens als Beurteilungsmaßstab am Leben erhalten wurde, nachdem die Aussicht auf Wiederherstellung des republikanischen Verfassungslebens schon geschwunden war. In dieser Tradition steht Tacitus. Ihr zeigt er sich verpflichtet, wenn er in den Historien Galbas Thronfolgeregelung als *comitia imperii* und Freiheitsersatz bezeichnet. Ihr bleibt er verhaftet, wenn er in den Annalen die Anstrengungen des Tiberius, den Senat mit Zugeständnissen zu einer vertrauensvolleren Mitarbeit zu ermuntern, als heuchlerische, scheinrepublikanische Täuschungsversuche wertet und damit das politische Problem, die notwendige Beschränkung der *libertas senatus* in einem monarchischen Staatswesen, verpersönlicht[205].

In der Kunst, die kaiserzeitliche Verfassungswirklichkeit an republikanischen Vergleichsgrößen zu messen und nach diesem Maßstab als pseudorepublikanisch zu entlarven, erreichte er eine unbestreitbare Meisterschaft. Eingeführt hat er diese Betrachtungsweise jedoch nicht. Daß Tiberius mit seinen Zugeständnissen dem Senat Schattenbilder der republikanischen Freiheit vorgegaukelt habe, war schon in der nachtiberianischen Annalistik festgestellt worden. An sie knüpft auch Sueton an, wenn er von Tiberius sagt, er habe eine Art Scheinfreiheit (*speciem libertatis quandam*) eingeführt[206].

Das politische Bewußtsein der Senatorenschaft war nicht so abgestumpft, daß sie völlig vergessen hätte, welchen Preis sie für den Genuß des Friedens zu zahlen hatte. Wenn Tacitus in den Annalen von der Gesetzgebung des Augustus sagt, sie habe den Römern Frieden und einen Princeps beschert[207], so drückt er damit nichts anderes aus, als was Lukan in die Worte *cum domino pax ista venit* gekleidet hatte[208]. Welche Tragik darin lag, daß die Lebensfähig-

---

[205] Vgl. etwa Ann. 1,77,3: *intercessit Haterius Agrippa tribunus plebei increpitusque est Asinii Galli oratione, silente Tiberio, qui ea simulacra libertatis senatui praebebat.* Ann. 1,81,2 (zu den senatsfreundlichen Zugeständnissen bei Bewerbungen um das Konsulat): *speciosa verbis, re inania aut subdola, quantoque maiore libertatis imagine tegebantur, tanto eruptura ad infensius servitium.* Ann. 3,60,1: *sed Tiberius, vim principatus sibi firmans, imaginem antiquitatis senatui praebebat, postulata provinciarum ad disquisitionem patrum mittendo.*
[206] Tib. 30.
[207] Ann. 3,28,2.
[208] Phars. 1,670; diese Stelle und die folgenden Belege aus der Sammlung der Fundstellen, die G. Pfligersdorffer, Hermes 87, 1959, 347f. (= Prinzipat und Freiheit 325f.) zusammengetragen hat.

keit der *libertas* von der Dauer der Bürgerkriege abhing, war ihm schmerzlich bewußt:

> ... *duc, Roma, malorum*
> *continuam seriem clademque in tempora multa*
> *extrahe civili tantum iam libera bello* [209].

Er gestand sich ein, daß die Alleinherrschaft der Caesaren den verhängnisvollen Bürgerkriegswirren ein Ende setzte, gab sich aber nicht der Täuschung hin, daß die monarchische Lösung alle Schwierigkeiten beseitigte. Daß die Freiheit, die das römische Volk vor dem Zusammenbruch der republikanischen Staatsführung genossen hatte, unwiederbringlich dahin war, verhehlte er sich nicht:

> ... *fugiens civile nefas redituraque numquam*
> *libertas ultra Tigrim Rhenumque recessit* [210].

Ohne sich in ein unbekümmertes Wunschdenken zu flüchten, bekannte er sich offen zu der Überzeugung, daß Freiheitsverlangen und Caesarengewalt unausgesetzt in Widerstreit geraten müssen. Nach seiner Auffassung verkörpern *Libertas* und *Caesar* ein Gegensatzpaar, das ewig fortbestehen wird:

> ... *par quod semper habemus*
> *Libertas et Caesar erit* ... [211].

Daß diese Worte an der Wahrheit nicht vorbeigingen, bewies sein eigenes Schicksal nur zu bald.

Mit der Beschneidung der republikanischen Freiheitsrechte fand sich die Senatorenschaft begreiflicherweise nicht so leicht ab wie die übrige Bevölkerung, die, wie schon Cicero erkennen mußte, Ruhe, Sicherheit und Frieden vorzog, wenn sie zwischen *otium* und *libertas* zu wählen hatte [212]. Doch blieb auch die entmachtete Nobilität, sofern Tacitus richtig urteilt, von den Segnungen des augusteischen Prinzipats nicht unbeeindruckt: *cunctos dulcedine otii pellexit (Augustus)* [213]. Einem halsstarrigen Republikanertum, wie es der Jurist Antistius

---

[209] Phars. 1,670ff. Als „libera" kann Rom zu dieser Zeit freilich nur in dem Sinne gelten, daß es frei von der *dominatio* eines Alleinherrschers ist, und in diesem Sinn werden Lukans Worte wohl auch zu verstehen sein. Daß der Verlust der *libertas,* auf der die freistaatliche Ordnung ruhte, schon früher eingetreten war, wußte er, wie Phars. 7,432f. zeigt, sehr wohl.
[210] Phars. 7,432f.
[211] Phars. 7,695f.
[212] Cic. Ad Att. 7,7,5 (über die Stimmung im Dezember des Jahres 50 v. Chr.): *ego, quos tu bonos esse dicas, non intellego ... an publicanos, qui numquam firmi sed nunc Caesari sunt amicissimi, an faeneratores, an agricolas, quibus optatissimum est otium? nisi eos timere putas ne sub regno sint qui id numquam, dum modo otiosi essent, recusarunt.*
[213] Ann. 1,2,1: *posito triumviri nomine consulem se ferens et ad tuendam plebem tribunicio iure contentum, ubi militem donis, populum annona, cunctos dulcedine otii pellexit, insurgere paulatim, munia senatus magistratuum legum in se trahere, nullo adversante, cum ferocissimi per acies aut proscriptione cecidissent, ceteri nobilium, quanto quis*

Labeo an den Tag legte, versagte schon die Mitwelt ihre ungeteilte Bewunderung[214]. Und mochte man Brutus menschlich noch so sehr bewundern, so verschloß man sich doch nicht der Einsicht, daß ihn der Verlauf der römischen Geschichte politisch eines folgenschweren Irrtums überführt hatte.

Seneca und Cassius Dio haben es offen ausgesprochen: Brutus stemmte sich gegen eine Entwicklung, die nicht aufzuhalten war, er verkannte die Erfordernisse der geschichtlichen Stunde. Er erlag dem Irrtum, daß das römische Staatswesen zu seiner früheren Verfassungsform zurückgeführt werden könne, obwohl die alte Gesittung verlorengegangen war, und gab sich der Täuschung hin, daß die einstige Rechtsgleichheit dort einkehren werde, wo vor seinen Augen ein Machtkampf ausgetragen wurde, der nicht mehr über Freiheit oder Unterwerfung, sondern nur noch über die Person des künftigen Machthabers entschied[215]. Hätten er und sein Gesinnungsgefährte Cassius eingesehen, daß ein Staat von der Größe des römischen niemals zu Mäßigung und Eintracht zurückgeführt werden konnte, solange die republikanische Verfassung verteidigt wurde, wäre dem römischen Volk viel Unheil erspart geblieben[216].

Um zu beweisen, daß Brutus von der Geschichte widerlegt wurde, griffen Seneca und Dio auf einen festen Bestand von Grundüberzeugungen zurück, die sich schon unter Augustus weithin durchgesetzt haben müssen. An diesen Grundüberzeugungen zu rütteln, lag auch Tacitus fern. Daß er sie teilt, bekundet er, wie die folgenden Belege zeigen, in unzweideutiger Sprache: Bevor die straffe Staatsführung des Augustus das politische Leben befriedete, befand sich der römische Staat – so Tacitus durch den Mund des Maternus – auf einem Irrweg, rieb er sich in Parteikämpfen auf, herrschte kein Friede auf dem Forum, keine Eintracht im Senat, keine Mäßigung in den Gerichtsverhandlungen, keine Achtung von Höherstehenden, keine Rechtlichkeit der Beamten (Dial. 40,4). In den Bürgerkriegen der ausgehenden Republik – so Tacitus im eigenen Namen – ging es immer nur um die Erringung der Alleinherrschaft (Hist. 2,38,1). Der gewaltige Organismus des Reiches – so Tacitus durch den Mund Kaiser Galbas – kann sich ohne einen Staatslenker nicht im Gleichgewicht halten (Hist. 1,16,

---

servitio promptior, opibus et honoribus extollerentur ac novis ex rebus aucti tuta et praesentia quam vetera et periculosa mallent.

[214] Ateius Capito bei Gell. Noct. Att. 13,12,2: *... agitabat hominem libertas quaedam nimia atque vecors usque eo, ut divo Augusto iam principe et rem publicam obtinente ratum tamen pensumque nihil haberet, nisi quod iussum sanctumque esse in Romanis antiquitatibus legisset.* Ferner Hor. Sat. 1,3,82: *.. Labeone insanior ..*; ein Seitenhieb, den Porphyrio wie folgt erläutert: *Marcus Antistius Labeo praetorius iuris etiam peritus memor libertatis, in qua natus erat, multa contumaciter adversus Caesarem dixisse et fecisse dicitur. propter quod nunc Horatius adulans Augusto insanum eum dixit.*

[215] Sen. De ben. 2,20,2: *... existimavit civitatem in priorem formam posse revocari amissis pristinis moribus futuramque ibi aequalitatem civilis iuris et staturas suo loco leges, ubi viderat tot milia hominum pugnantia, non an servirent, sed utri.*

[216] Dio 44,2,4f.

1). Alle Macht auf einen zu übertragen, lag im Interesse des Friedens (Hist. 1,1,1).

Keine dieser Aussagen hat Tacitus in seinem spätesten Werk widerrufen. Sooft er in seinen Annalen seine politische Einstellung offenbart, bestätigt sich, daß er seinen Grundüberzeugungen treu blieb. Die Zeit der ausgehenden Republik betrachtet er nach wie vor als eine Durchgangsstufe, in der weder Sitte noch Recht galten[217]. Daß die Errichtung des Prinzipats nach zwanzig Jahren unheilvoller Bürgerkriegswirren endlich Ruhe, Frieden und Rechtssicherheit einkehren ließ, bestreitet er auch in den Annalen nicht[218]. Und daß diese Vorzüge mit dem Verlust der republikanischen *libertas* und der Beseitigung der republikanischen *aequalitas* erkauft werden müssen, nimmt er mit der gleichen einsichtigen Haltung hin, die er schon in seinen früheren Werken gezeigt hatte[219].

Seine Anschauungen waren in der Schicht, der er angehörte, schon seit langer Zeit eingewurzelt und beruhten auf richtigen Beobachtungen. Weshalb hätte er sie ändern sollen? Allein der verfassungsgeschichtliche Gegenbeweis — eine Staatsumwälzung, die die politische Autonomie von Volk und Senat wiederherstellte, ohne Frieden und Rechtssicherheit zu gefährden — hätte ihn in seiner Grundüberzeugung beirren müssen. Solange die Veränderungen der Zeitläufe sich darin erschöpften, daß gute Kaiser mit schlechten wechselten, wurde die Losung *ulteriora mirari, praesentia sequi, bonos imperatores voto expetere, qualescumque tolerare*[220] nicht außer Kraft gesetzt. Mochte auch das Adoptivkaisertum dem Erbkaisertum überlegen sein, so galt doch nach wie vor die Grundregel: *quo modo pessimis imperatoribus sine fine dominationem, ita quamvis egregiis modum libertatis placere*[221]. Nahm man sie als unabänderliche Gegebenheit hin, wurde man vor Enttäuschungen aus übertriebenen Zukunftserwartungen bewahrt. Tacitus hätte aus Roms Geschichte wenig gelernt, wenn Erbitterung oder Enttäuschung über einen Kaiser den Anstoß zu einem Meinungswechsel über die Vorzüge und Nachteile der Monarchie gegeben hätten.

---

[217] Ann. 3,28,1: *exin* (nach Pharsalus) *continua per viginti annos discordia, non mos, non ius; deterrima quaeque impune ac multa honesta exitio fuere*. Zum politischen Erscheinungsbild dieser Zeit vgl. auch Ann. 1,2,2: *neque provinciae illum rerum statum abnuebant, suspecto senatus populique imperio ob certamina potentium et avaritiam magistratuum, invalido legum auxilio, quae vi ambitu, postremo pecunia turbabantur.*

[218] Ann. 1,2,1: *(Augustus) cunctos dulcedine otii pellexit*. Ann. 1,3,7: *domi res tranquillae*. Ann. 3,28,2 *(Augustus) deditque iura, quis pace et principe uteremur*.

[219] Ann. 1,4,1f.: *igitur verso civitatis statu nihil usquam prisci et integri moris: omnes exuta aequalitate iussa principis aspectare, nulla in praesens formidine, dum Augustus aetate validus seque et domum et pacem sustentari. postquam provecta iam senectus aegro et corpore fatigabatur aderatque finis et spes novae, pauci bona libertatis in cassum disserere, plures bellum pavescere, alii cupere*. Ann. 4,33,2: *... converso statu neque alia rerum salute quam si unus imperitet ...* (die Ergänzung des Wortes *salute* geht auf K. Bringmann, Tacitus, Ann. 4,33,2 über den Scheinkonstitutionalismus?, Historia 20, 1971, 376ff. zurück).

[220] Hist. 4,8,2.
[221] Hist. 4,8,4.

Gerade die Konstanz seiner politischen Anschauungen stellt seinem Zeitverständnis das beste Zeugnis aus.

Den Grundstein zu seinem Zeitverständnis hatte, wie sich zeigte, das politische Bewußtsein früherer Generationen gelegt. Die Größe der Einzigartigkeit verleihen ihm die Bekundungen seiner politischen Gesinnung nicht. Doch liegt kein geringes Verdienst darin, daß sein Zeitverständnis auf der Höhe blieb, die geschichtsbewußt Denkende bereits in der ersten Hälfte des ersten nachchristlichen Jahrhunderts erreicht hatten, und daß ihn dieses Zeitverständnis zu tieferen Einsichten über die ausschlaggebende Ursache des Verfalls der Redekunst befähigte.

Er gehörte zu den Einsichtigen, die den Vorteil zu nutzen verstanden, den der Abstand von der republikanischen Vergangenheit dem eigenen Urteilsvermögen verschaffte. Er befand sich in der Gesellschaft derer, die eine verhängnisvolle Fehleinschätzung der politischen Lage darin sehen mußten, daß die Verteidiger der Republik geglaubt hatten, die alten Zustände wiederherstellen zu können, und urteilte dementsprechend über die Erfordernisse der geschichtlichen Stunde.

Was der Verlauf der römischen Geschichte lehrte, lag für die Nachwelt offen zutage: Die Anstrengungen, die Cicero und seine Gesinnungsgefährten zur Rettung der Republik unternommen hatten, waren letzten Endes daran gescheitert, daß *concordia, otium, tranquillitas, salus* und *pax* nur dann zu erlangen waren, wenn der Senat dafür eine empfindliche Beschneidung seiner Autonomie in Kauf nahm[222]. Als Losungen der spätrepublikanischen Tagespolitik gehörten die Schlagwörter, die Cicero im Mund geführt hatte[223], der Vergangenheit an. Als Losungen der kaiserlichen Propaganda und als Beurteilungsgrößen, nach denen Einst und Jetzt bewertet wurden, lebten sie in der Zeit des Prinzipats fort, ohne daß sich die Begriffsinhalte immer voll deckten[224]. Tacitus hat sie

---

[222] Zu Ciceros konservativ-republikanischem Programm siehe Dio 44,23ff. und H. Strasburger, Concordia Ordinum (*passim*). Zu Herkunft und Fortleben des *concordia*-Gedankens vgl. J. Béranger, Remarques sur la Concordia dans la propagande monétaire impériale et la nature du principat, in: Festschrift für F. Altheim (Beiträge zur Alten Geschichte und deren Nachleben I), Berlin 1969, 477ff.

[223] Vgl. Cic. De leg. agr. 1,8,23: *.. nihil tam populare quam pacem, quam concordiam, quam otium reperiemus;* Pro Mur. 37,78: *ego quod facio, iudices, .. me pacis, oti, concordiae, libertatis, salutis, vitae denique omnium nostrum causa facere clamo atque testor;* De domo sua 7,17: *.. spes otii, tranquillitas animorum, iudicia, leges, concordia populi, senatus auctoritas ...;* Philipp. 5,15,40f.: *.. senatus consultum his verbis censeo perscribendum: .. senatum populumque Romanum pro maximis plurimisque in rem publicam M. Lepidi meritis magnam spem in eius virtute, auctoritate, felicitate reponere oti, pacis, concordiae, libertatis ...;* Philipp. 11,14,36: *ego vero istos oti, concordiae, legum, iudiciorum, libertatis inimicos tantum abest ut ornem ut effici non possit quin eos tam oderim quam rem publicam diligo.* Weitere Belege: De leg. agr. 2,4,9; 2,37,102; Pro Mur. 40,86; Philipp. 8,3,10.

[224] Ch. Wirszubski, Cicero's Cum Dignitate Otium: a Reconsideration, Journal of Roman Studies 44, 1954, 9 warnte mit Recht vor dem Mißverständnis, daß Ciceros *otiosa dignitas* die Idee der *pax Augusta* geistig vorweggenommen habe.

als Normen benutzt, um die einzelnen Epochen der römischen Geschichte nach einem einheitlichen Vergleichsmaßstab einzustufen. Enden ließ er das Zeitalter der römischen Republik mit dem Gründungsjahr des augusteischen Prinzipats[225]. Doch war ihm klar, daß das republikanische Verfassungsleben faktisch schon zwanzig Jahre früher erloschen war. Die Generation, die noch die Zeit vor Pharsalus mit Bewußtsein erlebt hatte, erschien ihm als die letzte, die aus eigener Erfahrung wußte, was die wahre *res publica* von der fiktiven *res publica restituta* unterschied: *iuniores post Actiacam victoriam, etiam senes plerique inter bella civium nati: quotus quisque reliquus, qui rem publicam vidisset*[226]? Die zwanzig Jahre, die auf Pharsalus folgten, boten in seinen Augen das Bild anarchischer Willkür: *exin continua per viginti annos discordia; non mos, non ius; deterrima quaeque inpune ac multa honesta exitio fuere*[227]. Beide Zeugnisse erhellen einander und lassen keinen Zweifel daran, daß er den Untergang der Republik nicht erst durch Aktium oder Philippi, sondern bereits durch Pharsalus besiegelt sah.

Dem Jahr 48 in diesem Sinne epochale Bedeutung beizumessen, war kein aufsehenerregender Schritt[228]. Daß Lukan den Ausgang der Schlacht von Pharsalus mit den Worten *fugiens civile nefas redituraque numquam/ libertas ultra Tigrim Rhenumque recessit* beklagt hatte[229], entsprang der gleichen Überzeugung. Es wäre auch wenig angebracht gewesen, zwischen Pharsalus und Aktium ein Freiheitsintervall anzusetzen, das diesen Namen wirklich verdiente. Caesars Ermordung, dessen war sich schon Cicero bewußt gewesen[230], hatte nur einen kurzlebigen Freiheitsrausch, nicht aber die ersehnte Wiedergeburt des republika-

---

[225] Ann. 1,4,1. R. Reitzenstein, Aufsätze zu Tacitus 89 glaubte, diese Stelle als Beweis dafür nehmen zu dürfen, daß Tacitus den Zeitpunkt, zu dem der Sittenverfall einsetzte, gegenüber Hist. 2,38,1 (.. *potentiae cupido cum imperii magnitudine adolevit erupitque; nam rebus modicis aequalitas facile habebatur*) verschoben habe. Er übersah dabei, daß Tacitus an der betreffenden Stelle seiner Annalen nicht den Beginn des Sittenverfalls, sondern das Ende der politischen Gleichheit bestimmt. Diese galt ihm, wie der Wortlaut der Stelle erweist, von dem Augenblick an als endgültig verwirkt, seit dem der Prinzipat als monarchische Staatsordnung die republikanische Verfassung außer Kraft setzte (*verso civitatis statu*). Daß Reitzenstein es unterließ, die Umgebung zu beachten, in die der Begriff der *aequalitas* gestellt ist, muß um so mehr befremden, als er Versäumnisse dieser Art in Gudemans Dialoguskommentar wahrgenommen und als grundlegenden methodischen Fehler gerügt hat (a.O. 113ff.).

[226] Ann. 1,3,7.

[227] Ann. 3,28,1.

[228] Zu den gängigen Periodisierungsansätzen vgl. L. Wickert, RE XXII, 2068ff.

[229] Phars. 7,432f.

[230] Cic. Ad Att. 14,14,3: ... *contenti Idibus Martiis simus; quae quidem nostris amicis, divinis viris, aditum ad caelum dederunt, libertatem populo Romano non dederunt*. Ad Att. 14,4,1: *equidem doleo, quod numquam in ulla civitate accidit, non una cum libertate rem publicam reciperatam.* Dem Zusammenhang nach kann *libertas* an den beiden angeführten Stellen nicht dasselbe bedeuten: An der ersten ist die freistaatliche Ordnung, an der zweiten die Befreiung von der Tyrannis gemeint.

nischen Verfassungslebens hervorgebracht. Es bewahrheitete sich, was Caesar selbst vorausgesagt haben soll: *rem publicam, si quid sibi eveniret, neque quietam fore et aliquanto deteriore condicione civilia bella subituram*[231]. Tacitus wahrt die gebotene Sachlichkeit, wenn er die Iden des März als *diem illum crudi adhuc servitii et libertatis inprospere repetitae* bezeichnet[232]. Seine nüchterne Bewertung bestätigt, daß er mit Caesars Alleinherrschaft das Ende der *libera res publica* gekommen sah. Nicht anders hatte Cicero die Verhältnisse beurteilt, die Caesars Diktatur geschaffen hatte: *ego autem, si dignitas est bene de re publica sentire et bonis viris probare quod sentias, obtineo dignitatem meam; sin autem in eo dignitas est, si, quod sentias, aut re efficere possis aut denique libera oratione defendere, ne vestigium quidem ullum est reliquum nobis dignitatis...*[233]. Das Befremden, das er in seiner Verteidigungsrede Pro rege Deiotaro über den Ausschluß der Öffentlichkeit in der Gerichtsverhandlung bekundete, gibt einen Vorgeschmack von der Erbitterung, die Claudius ungefähr ein Jahrhundert später mit dieser Verfahrensweise auslösen sollte[234]. Verstand man *res publica* als Freistaat im Sinne der Republikaner, so war sie jetzt, wie Caesar selbst offen gesagt haben soll[235], tatsächlich nur noch ein Schemen.

Einzusehen, daß das republikanische Verfassungsleben seit Pharsalus auf immer erloschen war, und aufzuhören, die kaiserzeitlichen Verhältnisse an unwiederbringlichen Werten zu messen, war zweierlei. Das eine gebot die politische Vernunft, das andere nicht[236]. Es ist richtig, daß die Römer dazu neigten, die vorrevolutionäre Phase ihrer republikanischen Geschichte in eine verklärende Beleuchtung zu rücken[237], und man muß zugeben, daß Tacitus sich dieser Tendenz keineswegs verschloß[238]. Doch schuf die überhöhende Einstufung immerhin

---

[231] Suet. Caes. 86,2.
[232] Ann. 1,8,6.
[233] Ad fam. 4,14,1.
[234] Vgl. Tac. Ann. 13,4,2 (.. *clausis unam intra domum accusatoribus et reis* ..) und Cic. Pro Deiot. 2,5 (*moveor etiam loci ipsius insolentia, quod tantam causam, quanta nulla unquam in disceptatione versata est, dico intra domesticos parietes*).
[235] T. Ampius Balbus fr. 1 bei H. Peter, HRR II,45.
[236] Daß sich in dieser Beziehung „ein seltsam uneinheitliches Bild von seinen politischen Vorstellungen" ergibt, wie G. Walser, Rom, das Reich und die fremden Völker 19 meint, trifft nicht zu.
[237] Zu diesem Problem siehe F. Hampl, Römische Politik in republikanischer Zeit und das Problem des „Sittenverfalls", Historische Zeitschrift 188, 1959, 497ff. (= Das Staatsdenken der Römer 143ff.).
[238] F. Hampl, in: Das Staatsdenken der Römer 157 Anm. 13: „Eines von zahlreichen Beispielen dafür, wie wenig sich die späteren Autoren um die historischen Tatsachen kümmerten, wenn es ihnen darum ging, dem verdorbten Rom der eigenen Zeit ein noch unverdorbenes Rom der früheren Zeiten gegenüberzustellen, bietet eine Stelle in den Historien des Tacitus (II 38): In deutlicher Anlehnung an die Betrachtungen Sallusts in Bell. Cat. 9ff. wird hier der Beginn der Kämpfe zwischen dem Senat und dem Volk *expressis verbis* in die Zeit nach der Erringung der Weltherrschaft anstatt in die ersten Jahrzehnte der Republik gesetzt."

die Plattform, auf der ausgehende Republik und früher Prinzipat einem gerechten Vergleich unterzogen werden konnten.

Die Gegenüberstellung von Einst und Jetzt erzog dazu, in Antinomien zu denken. Selbst wenn der Vergleich mit der Vergangenheit Gefühle der Wehmut weckte, rang sich der geschichtsbewußte Beurteiler dazu durch, dem Prinzipat die Beendigung der innenpolitischen Wirren gutzuschreiben. Lukan empfand es geradezu als einen auf Rom lastenden Fluch, daß das römische Volk die Freiheit hatte kosten dürfen, mit deren Verlust es sich nun abfinden mußte[239], – und gab doch zu, daß die neue Herrschaftsform den Frieden hergestellt hatte: *cum domino pax ista venit*[240].

Das Bewußtsein, daß die dauerhafte Verbannung von Parteihader und Bürgerkrieg teuer erkauft werden mußte, schloß die Bereitschaft, dem lebenden Regenten zu huldigen, nicht aus. Die Haltung, die Lukan und Tacitus in ihren Werken verraten, vergegenwärtigt dies aufs deutlichste. Daß die *pax Romana* der Kaiserzeit nicht der *tranquilla libertas* entsprach, wie sie Cicero als Wunschziel vorgeschwebt hatte[241], übersah der eine so wenig wie der andere, und doch weigerte sich keiner von beiden, die Gegenwart mit Bekundungen des Dankes, der Erleichterung oder der Freude als neue Ära zu begrüßen[242].

---

[239] Phars. 7,432ff.
[240] Phars. 1,670.
[241] Philipp. 2,44,113: *et nomen pacis dulce est et ipsa res salutaris, sed inter pacem et servitutem plurimum interest. pax est tranquilla libertas, servitus postremum malorum omnium non modo bello, sed morte etiam repellendum.* Vgl. auch Epist. ad Brut. 2,5,1: *recenti illo tempore tu omnia ad pacem, quae oratione confici non poterat, ego omnia ad libertatem, quae sine pace nulla est, pacem ipsam bello atque armis effici posse arbitrabar.*
[242] Tac. Agr. 3; Luc. Phars. 1,33ff.

SCHLUSS

DIE GESCHICHTSSCHREIBUNG DES TACITUS IM WERDEGANG DER RÖMISCHEN GESCHICHTSSCHREIBUNG

Als der angesehene Senator Fabius Pictor den Entschluß faßte, Roms Geschichte von den Anfängen bis zur Gegenwart darzustellen, trieb ihn nicht das Verlangen, den Griechen den Vorrang in der Kunst der Erzählung streitig zu machen. Sein Geschichtswerk kam zwar bis zu einem gewissen Grad dem Unterhaltungsbedürfnis des hellenistischen Lesers entgegen. Doch diente es vorrangig dem politischen Zweck, die griechisch sprechende Welt über die Einseitigkeit der romfeindlichen Propaganda aufzuklären. Das Ergebnis war eine Mischung, die verschiedenen Ansprüchen gerecht zu werden suchte: ein musivisches Werk mit teils genealogischem, teils altertumskundlichem und teils pragmatischem Einschlag.

Neu war diese Mischung nicht. Von Polybios ist zu erfahren, daß sie in der hellenistischen Geschichtsschreibung der Griechen verbreitet war[1]. Fabius Pictor erwarb sich lediglich das Verdienst, sie in Rom heimisch gemacht zu haben. Das Feld der Geschichtsschreibung beherrschte sie dort länger als ein halbes Jahrhundert: Bevor die erste römische Monographie und die erste rein zeitgeschichtliche Darstellung lateinischer Sprache der Lesewelt zugänglich wurden, waren die Historien des Polybios erschienen.

Wie der erste römische Geschichtsschreiber, so trat auch der Verfasser der ersten römischen Monographie, Coelius Antipater, in die Fußstapfen griechischer Vorläufer. Auf dem Feld der römischen Geschichtsschreibung wurde er zwar zum Bahnbrecher. Daß er ihre Rhetorisierung eingeleitet hatte, sicherte ihm diese Bedeutung. Gattungsgeschichtlich gesehen trat er damit jedoch nur in die Entwicklungsphase ein, welche die hellenistische Geschichtsschreibung spätestens um die Wende vom dritten zum zweiten vorchristlichen Jahrhundert durch die Verschmelzung von tragischer und rhetorischer Geschichtsschreibung erreicht hatte. Den Stilansprüchen, die Cicero an einen guten Geschichtsschreiber stellte, kamen Coelius Antipater und die auf ihn folgenden *exornatores rerum* näher als Fabius Pictor und die auf ihn folgenden *narratores*[2]. Doch genügten sie seinen Anforderungen nicht so vollkommen, daß er bereit gewesen wäre, sie den Griechen an die Seite zu stellen, deren Geschichtswerke nach seiner Auffassung der höchsten Entwicklungsstufe, der ἀκμή, zugewiesen zu werden verdienten[3]. In dem Bewußtsein, daß Coelius Antipater, Licinius Macer und Sisenna

---
[1] Polyb. 9,1,3f.
[2] Cic. De or. 2,12,53f.   [3] De leg. 1,2,6f.

225

erst die Stufe des Aufschwungs, der αὔξησις, erreicht hatten, sprach er sowohl in De oratore als auch in De legibus von der nationalen Aufgabe, den Vorsprung aufzuholen, den die Griechen auf diesem Gebiet der Literatur gegenüber den Römern nach wie vor hatten[4].

Diese Aufgabe in Angriff zu nehmen, war ihm nicht mehr vergönnt. Doch hat er von seinem Plan wenigstens so viel verlauten lassen, daß die Umrisse des Vorhabens mit hinreichender Klarheit vor Augen treten.

Der Entwurf, den er in De oratore skizziert, sieht lediglich vor, daß der Vorsprung der Griechen im Stil aufgeholt wird. Daß die römischen Geschichtsschreiber in der Befolgung der übrigen Vorschriften ebensoviel schuldig blieben, behauptet er nicht. Von diesen Vorschriften heißt es, sie seien allgemein bekannt und anerkannt. „Denn wer weiß nicht", erklärt Cicero an der betreffenden Stelle, „daß es erstens das vorrangige Gebot der Geschichtsschreibung ist, es nicht zu wagen, etwas Falsches zu sagen, und zweitens, es nicht zu wagen, etwas Wahres zu verschweigen? Daß der Verdacht der Begünstigung nicht aufkommen soll und ebensowenig der der Feindseligkeit? Diese Fundamente sind freilich allen bekannt. Die Errichtung des Gebäudes selbst aber beruht auf dem Geschehen und dem Stil. Die Behandlung des Geschehens erfordert Berücksichtigung der zeitlichen Reihenfolge und Beschreibung der Schauplätze. Sie verlangt auch, da bei bedeutenden und überlieferungswürdigen Ereignissen zunächst die Absichten, dann die Handlungen und hierauf die Auswirkungen ins Auge gefaßt werden, daß zum einen, was die Absichten betrifft, zu erkennen gegeben wird, was der Geschichtsschreiber billigt, und zum anderen bei den Begebenheiten erhellt wird nicht nur, was getan oder gesagt worden ist, sondern auch wie, und daß ferner, wenn vom Ausgang gesprochen wird, alle Ursachen – sei es, sie gehören in den Bereich des Zufalls, der Klugheit oder der Unbesonnenheit – ausgebreitet werden ...[5]."

Dieser Entwurf – er ist peripatetischen Ursprungs – wirkt auf den ersten Blick unverfänglich. Daß er es nicht war, lehrt die Praxis. Die Beschränkung auf geschichtsgestaltende Kräfte wie blinden Zufall, menschlichen Weitblick oder menschliches Versagen verhinderte, daß berechenbare überindividuelle Faktoren wie soziale Verschiebungen, wirtschaftliche Strukturen, kulturelle Strömungen oder politische Entwicklungstendenzen ausreichend erfaßt wurden. Die Forderung, der Geschichtsschreiber solle sagen, was er billige, verführte dazu, daß er einen moralisierenden Ton anschlug. Die Vorschrift, er habe die Absichten der Handelnden zu ergründen, konnte leicht zu haltlosen Unterstellungen verleiten. Die Beschränkung auf das Gebot der persönlichen Unvoreingenommenheit brachte einen Rückschritt gegenüber den weiter gespannten Objektivitätsanforderungen, die Thukydides an sich und seine Arbeit gestellt hatte.

---

[4] De or. 2,13,55ff.; De leg. 1,2,5 (*postulatur a te iam diu vel flagitatur potius historia. sic enim putant te illam tractante effici posse, ut in hoc etiam genere Graeciae nihil cedamus*).

[5] Cic. De or. 2,15,62f.

Damit sind noch nicht einmal alle Gefahren und Mängel genannt, unter denen die römische Geschichtsschreibung durch den Einfluß der griechischen des Hellenismus litt. Hinzu kommen zwei weitere wunde Punkte, – vielleicht die neuralgischsten überhaupt. Der eine Punkt: Die Forderung, der Geschichtsschreiber solle auch die näheren Umstände, das Wie des Geschehens erhellen, unterlag keinem grundlegenden Meinungsstreit, wohl aber die Art der Ausführung. Polybios, der Verfechter der pragmatischen Geschichtsschreibung, und Duris, der Vertreter der tragischen, hatten sich zwar beide für eine wirklichkeitsgetreue Schilderung des Geschehens ausgesprochen, unterschieden sich aber in ihren Auffassungen von dem Amt des Geschichtsschreibers und in der Art ihrer Geschichtsdarstellung beträchtlich. Während Duris sich nicht scheute, das Bild der Wirklichkeit nach der Richtschnur der Wahrscheinlichkeit (aristotelisch gesprochen: κατὰ τὸ εἰκός) zu ergänzen, und gelegentlich sogar den Schritt wagte, dem Leser gröbere stimmungserregende Erfindungen vorzusetzen, schwebte Polybios die Genauigkeit des unverfälschten Augenzeugenberichts vor, als er für die wirklichkeitsgetreue Wiedergabe des Geschehens eintrat. Obwohl Polybios zweifellos für die „bessere Sache" kämpfte, ging der Streit, den er mit den Vertretern der rhetorischen und der tragischen Geschichtsschreibung ausfocht, nicht gerade zu seinen Gunsten aus. Trotz Polybios gewannen in Rom die *exornatores rerum* die Oberhand. Hatten sie von Geschehnissen zu berichten, die sie nicht selbst erlebt hatten, erlagen sie ebenso wie ihre griechischen Vorläufer aus dem dritten vorchristlichen Jahrhundert der Versuchung, die authentische Überlieferung zu Dramatisierungszwecken um belebende Nebenzüge ohne historischen Wert zu erweitern.

Der andere Punkt: Wenn Cicero sagt, die Errichtung des Gebäudes, das der Geschichtsschreiber mit seinem Werk schaffe, beruhe auf dem Gegenstand und der Form der Darstellung, so mutet auch diese Aussage auf den ersten Blick unverfänglich an. In Wahrheit aber ist sie in mehr als einer Beziehung verräterisch. Über das, was nach der heutigen Auffassung die eigentliche Aufgabe des Historikers ausmacht, verliert Cicero kein Wort. Die Qualität des Geschichtswerks hängt nach seiner Vorstellung nur von der persönlichen Lauterkeit seines Verfassers, von der Eignung des Gegenstandes und der Angemessenheit des Stils ab. Die Arbeit der Materialbeschaffung und die Methode der Quellenauswertung bleiben in seiner Aufstellung außer Betracht. Dieses Versäumnis ist nicht etwa dem Zufall entsprungen. Es ist nicht der persönlichen Vergeßlichkeit oder Einseitigkeit dessen zuzuschreiben, der den Entwurf skizzierte, sondern enthüllt bezeichnende Schwächen der rhetorisierten Geschichtsschreibung: Überbewertung des Stilistischen und Vernachlässigung der historischen Forschungsarbeit. Obwohl Polybios mit vollem Recht von dem Geschichtsschreiber verlangte, daß er sich den Mühen des gewissenhaften Quellenstudiums und der Autopsie unterziehen solle[6], konnte er die gegenläufige Entwicklung nicht mehr rückgängig

---

[6] Polyb. 12,25^e,1.

machen. Die Tugenden der Authentizität und Sachlichkeit rissen inzwischen literarisch weniger anspruchsvolle Gattungen an sich, die sich von der Geschichtsschreibung abgespalten hatten und späterhin auch in Rom ihr eigenes Dasein behaupteten: die philologisch-antiquarische Geschichtsschriftstellerei und – mit Einschränkung – der *commentarius*. In der Geschichtsschreibung aber verstärkte sich die Neigung, daß die Beschaffung und Aufbereitung des Materials zu einer untergeordneten Aufgabe entwertet wurden. Nicht wenige Senatoren, die sich der Geschichtsschreibung zuwandten, erleichterten sich ihre Arbeit damit, daß sie Gehilfen mit dieser Aufgabe betrauten. Hatte man aber die Wahl zwischen mehreren literarischen Quellen, bevorzugte man mit Vorliebe die voraussetzungsreichsten, in denen die ältere Überlieferung bereits aufgearbeitet war. Fabius Pictor war so verfahren, als er Roms Gründungsgeschichte nachzuerzählen hatte und in der tragisierenden Darstellung des Diokles von Peparethos die voraussetzungsreichste Quelle vorfand; und es läßt sich denken, daß seine Nachfolger sich im Umgang mit der geschriebenen Geschichte ähnlich verhielten und sich dabei nicht scheuten, manche Variantenangaben mit zu übernehmen.

Die Wiederentdeckung des Thukydides führte nicht dazu, daß allen Mängeln abgeholfen wurde, die sich von der griechischen Geschichtsschreibung des hellenistischen Zeitalters auf die römische vererbt hatten. An Gesetze, die sich von Thukydides herleiteten, band sich Sallust in seinen Darstellungsgrundsätzen, nicht aber in seiner Arbeitsweise. Seine Darstellungsgrundsätze hätten zweifellos ein dauerhafteres Fortwirken verdient, als es ihnen beschieden war. Ihre Befolgung gewährleistete, daß das $χρήσιμον$ über das $τερπνόν$ gestellt wurde. Sie hätte in willkommener Weise die dramatisierenden Bestrebungen zurückgedrängt, in deren Gefolge sich rhetorische Ausschmückungen ohne historischen Wert in die Geschichtsschreibung eingeschlichen hatten. Doch erlangte Sallusts Sprache eine nachhaltigere Wirkung als seine „thukydideischen" Darstellungsgrundsätze. In der Kaiserzeit begann sich die römische Geschichtsschreibung wieder an die Gepflogenheiten und Gestaltungsgesetze zu binden, die vor der Wiederentdeckung des Thukydides das Feld der Geschichtsschreibung beherrscht hatten.

Der Fesseln, die die voraussetzungsreiche Tradition der römischen Geschichtsschreibung geschaffen hatte, entledigte auch Tacitus sich nicht, obwohl er unter ihrem Zwang in manchen Belangen spürbar litt.

Von diesen Fesseln war die annalistische Gliederungsweise nicht einmal die einschneidendste. In die römische Geschichtsschreibung eingeführt wurde sie vermutlich schon von Fabius Pictor, aber wenn von ihm, dann lediglich durch den zeitgeschichtlichen Teil seines vielschichtigen Werkes. Für die Darbietung der kaiserzeitlichen Geschichte war sie schwerlich die gemäße Gliederungsweise, doch war es möglich, diese Fessel so weit zu lockern, daß sie nicht als unerträglich empfunden zu werden brauchte.

In anderen Belangen schlugen die Folgen der politischen Gegebenheiten, die der Prinzipat geschaffen hatte, mit größerer Wucht auf die Annalistik zurück. Erkannte ein Annalist der Kaiserzeit den Grundsatz an, daß ein Geschichtswerk den Leser nicht nur zu unterrichten, sondern auch zu fesseln habe, begab er sich in eine Abhängigkeit vom geschichtlichen Stoff, die leicht zu unbequemen Mißlichkeiten führen konnte. Die Auffassung, die über die hellenistische Geschichtsschreibung der Griechen in die römische Geschichtsschreibung eingedrungen war, besagte, daß sich die Eignung des Gegenstandes nach der Dynamik des Geschehens, nach der Größe der Peripetien, bemesse. Was aber, wenn die Wahl des Geschichtsschreibers auf eine Epoche fiel, deren Eintönigkeit diesen Anforderungen hohnsprach? Tacitus sah und beklagte die Mißlichkeiten, die aus dieser Schwierigkeit erwuchsen: *nobis in arto et inglorius labor; immota quippe aut modice lacessita pax, maestae urbis res, et princeps proferendi imperi incuriosus erat*[7]. Nicht ohne Neid blickt er auf solche Vorläufer, deren Darstellungskunst sich dort bewähren konnte, wo sie schon in der künstlerisch anspruchsvollen Geschichtsschreibung des Hellenismus zur höchsten Entfaltung gebracht worden war: in der Ausmalung von Städteeroberungen, in ethnographischen Einlagen, in Schlachtbeschreibungen und in der Schilderung glanzvoller Feldherrntode. Je weiter die Befriedung des Römischen Reiches und die Romanisierung der Grenzvölker voranschritten, desto seltener boten sich Gelegenheiten dieser Art. Der tiefgreifende Wandlungsprozeß, den der Prinzipat heraufgeführt hatte, stellte in Frage, ob der Kriegsgeschichte das Übergewicht belassen werden konnte, das ihr die römische Annalistik von jeher zugestanden hatte. Kaiser, die den Frieden des Reiches über die Ausdehnung seiner Grenzen stellten, verringerten die Möglichkeiten, nach dem von der hellenistischen Geschichtsschreibung entlehnten Brauch pathoshaltige Kriegsszenen in dramatischer Aufmachung darzubieten. Unter diesem Blickwinkel mußte Tacitus in der Darstellung des bewegten Vierkaiserjahres eine dankbarere Aufgabe sehen als in der Behandlung der Zeit des Tiberius. Las er Proben aus seinen Historien vor, konnte er mit dem Beifall einer Zuhörerschaft rechnen, die sich an stimmungsvollen Katastrophenschilderungen und packenden Schlachtbeschreibungen berauschte, ohne auf Sachlichkeit und Genauigkeit in der Behandlung der *militaria* besonderen Wert zu legen. Die Eroberung Cremonas, die Belagerung Jerusalems, die Schlacht von Bedriacum, der Exkurs über die Juden oder der Freitod Othos gaben ihm die willkommene Gelegenheit, seine Darstellungskunst nach der Art hellenistischer Vorläufer zu entfalten. Aber mußte nicht „die professionelle Befriedigung", die man „hinter schaudernder Erinnerung an schreckliche Zeiten spürt"[8], um einen zu hohen Preis erkauft werden, wenn diese Empfindung von der Zerrüttung der Friedensordnung abhing?

Der Zwiespalt, der sich hier auftat, erinnert an den Zwiespalt, den Tacitus im Dialogus austrug. Tacitus wußte: Wie die Kunst des Redners am besten gedieh, wenn der Staat von Parteihader zerrissen war, so entfaltete sich die Kunst des Geschichtsschreibers am besten, wenn er von stürmisch bewegten, friedlosen

---

[7] Ann. 4,32,2.
[8] So H. Strasburger, Wesensbestimmung 66 mit Beziehung auf Tac. Hist. 1,2.

Zeiten erzählen konnte. Er wußte aber auch, daß es widersinnig gewesen wäre, die Wiederkehr der spätrepublikanischen Anarchie herbeizusehnen, damit die Redekunst eine neue Blüte erlebte, und kann sich folglich nicht der Einsicht verschlossen haben, daß es abwegig gewesen wäre, Wiederholungen des Vierkaiserjahres zu wünschen, damit sich die Kunst des Geschichtsschreibers auch künftig an ergiebigen Stoffen bewähre.

Selbst der Unterwerfung fremder Völker vermochte er, sosehr er sie vom imperialen Standpunkt begrüßte, vom historiographischen Standpunkt keine ungetrübte Freude abzugewinnen. Mußte er doch sehen, daß die fortschreitende Romanisierung die Zahl der Nationen verringerte, deren politische oder kulturelle Eigenständigkeit die Einfügung ethnographischer Einlagen rechtfertigte.

Welche Härte er in der Tatsache erblicken mußte, daß sich die Eigenschaften des geschichtlichen Stoffes mit dem Beginn der Kaiserzeit zu verändern begonnen hatten, läßt sich nach dem Gesagten noch nicht einmal voll ermessen. Seine bewegte, von dem Gefühl der Entsagung beseelte Klage über das undankbare Geschäft kaiserzeitlicher Geschichtsschreibung wird in ihrer ganzen Tragweite erst verständlich, wenn mit bedacht wird, daß sich die Erwartungen der Leser, seitdem die oberen Gesellschaftsschichten dem Umgang mit der Macht entfremdet worden waren, weit stärker auf ästhetischen Genuß als auf politische Unterweisung richteten. Politische Belehrung glaubte er zwar seiner Leserschaft zusichern zu dürfen. Doch erhob er den althergebrachten Anspruch der Nützlichkeit mit einer fast zaghaft anmutenden Verhaltenheit[9]. Ihm war bewußt, daß sich die Inhalte des überkommenen Anspruchs den gewandelten Bedingungen anpassen mußten, wenn sie wirklichkeitsbezogen bleiben sollten, und vielleicht empfand er selbst, welche Verlegenheit es bereitete, ihn überhaupt noch aufrechtzuerhalten. Er teilte nicht die Zuversicht, mit der Thukydides die ὠφέλεια über die τέρψις gestellt hatte. Die stolzen Hoffnungen, die Thukydides in den überzeitlichen Nutzen seines Geschichtswerks gesetzt hatte, haben weder in seinen Historien noch in seinen Annalen eine Entsprechung.

Zu den Mißlichkeiten, die ihm das Gefühl gaben, gegenüber den Geschichtsschreibern der republikanischen Zeit benachteiligt zu sein, trat eine weitere Schwierigkeit, die die römische Annalistik der Kaiserzeit vielleicht am härtesten traf: Die Aufgabe der historischen Wahrheitsfindung wurde im selben Maße erschwert, in dem sich der Schwerpunkt des politischen Lebens von den republikanischen Institutionen auf den kaiserlichen Hof verlagerte. Auf diese Erschwernis wies Tacitus mit der knappen Feststellung hin, daß die *veritas* seit dem Beginn der Kaiserzeit durch die *inscitia rei publicae ut alienae* beeinträchtigt worden sei[10]. Doch war er nicht als erster auf diesen Sachverhalt gestoßen.

---

[9] Ann. 4,32,2: *non tamen sine usu fuerit introspicere illa primo aspectu levia, ex quis magnarum saepe rerum motus oriuntur.* Ann. 4,33,2: *... haec conquiri tradique in rem fuerit ...*

[10] Hist. 1,1,1.

Ein Annalist des ersten nachchristlichen Jahrhunderts, dessen Name nicht mehr zu ermitteln ist, hatte sich zu demselben Problem, das Tacitus nur streift, ausführlicher geäußert und als unvermeidliches Grundübel der kaiserzeitlichen Überlieferung beklagt, daß Gerüchte umd Mutmaßungen zu wuchern begannen, seitdem Nachforschungen nach den politischen Hintergründen von Abschirmungsbestrebungen des kaiserlichen Hofes behindert wurden[11]. Daß seine Diagnose richtig war, bestätigen die Unsicherheiten, die Tacitus von seinen Quellen in seine Historien und seine Annalen hinübergenommen hat, auf Schritt und Tritt. Mit welchem Mißtrauen die offiziellen oder offiziösen Verlautbarungen entgegengenommen zu werden pflegten, vergegenwärtigen die Annalen mit jedem Bericht, der sich mit dem Ableben eines Kaisers oder den näheren Umständen eines Thronwechsels befaßt. Das Gewirr der Machtkämpfe zu durchschauen, die hinter den Mauern des kaiserlichen Palastes ausgetragen wurden, war nur wenigen Eingeweihten möglich. Die Richtungskämpfe etwa, die von Agrippinas Aufstieg bis zu ihrem Sturz gewährt hatten, waren in ein so schwer zu durchdringendes Dunkel gehüllt, daß die Gewährsmänner, denen Tacitus und Cassius Dio hier gefolgt sind, schon nicht mehr in der Lage waren, deren politische Hintergründe zufriedenstellend zu erfassen. Die Mängel der Berichterstattung gehen in solchen Fällen fast immer zu Lasten der Überlieferung oder — fragt man nach der letzten Ursache — zu Lasten der *inscitia rei publicae ut alienae*. Auch in den Historien traten die Rückwirkungen dieser geschichtlich bedingten *inscitia* in Erscheinung. Daß die Berichterstattung über die Abdankungsverhandlungen, die Vitellius mit der flavischen Seite geführt hatte, manchen Wunsch offenläßt, ist in diesem größeren Zusammenhang zu sehen.

Mit der Häufung von Gerüchten ging in der kaiserzeitlichen Überlieferung eine Häufung von Unterstellungen einher. Solange der Zwang der Verpflichtung bestehenblieb, die Absichten der Handelnden zu ergründen, geriet der Geschichtsschreiber ohnehin leicht in Versuchung, kühne Mutmaßungen zu wagen. Diese Gefahr mußte naturgemäß wachsen, als die Geheimhaltung wichtiger Vorgänge größere Ausmaße annahm und die Aufhellung der politischen Hintergründe ernstlich zu erschweren begann. Das Zerrbild, das die nachtiberianische Geschichtsschreibung von Tiberius gezeichnet hatte, verdeutlicht in besonders krasser Weise, welches Unheil die Waffe der Unterstellung in der Überlieferung anrichten konnte. Von Tacitus selbst werden nur die wenigsten der zahlreichen Unterstellungen stammen, die Tiberius wider Gebühr herabsetzten. Indessen ist kaum anzunehmen, daß Tacitus sich jeder eigenen Unterstellung enthielt. Nach allem, was man erkennen kann, ist es sehr zweifelhaft, ob ihm Verdächtigungen, Mutmaßungen und Unterstellungen, die zu dem vorgeformten Bild paßten und die Eindringlichkeit dieses Bildes zu erhöhen vermochten, als Verstöße gegen das Gebot der persönlichen Unvoreingenommenheit erschienen sind.

---

[11] Seine Überlegungen bei Dio 53,19,1ff.

Nimmt man zur Kenntnis, daß Tacitus in den Vorreden zu seinen beiden Geschichtswerken subjektive Wahrhaftigkeit, nicht aber Objektivität im Sinne des Thukydides für sich beanspruchte, geben seine Beteuerungen der Wahrheitsliebe einen bedeutsamen, zu einer vorsichtigen Einschätzung seiner historiographischen Bestrebungen ermahnenden Fingerzeig. Diesem Fingerzeig zu folgen, bewährt sich in mannigfacher Beziehung als fruchtbarer Ansatz zur Beurteilung seiner Geschichtsschreibung. Es wird damit der Weg zu einer nüchterneren und sachgerechteren Bemessung seiner historiographischen Leistung freigelegt. Sobald man den Boden des Beweisbaren nicht verläßt und den Vergleich mit der Parallelüberlieferung (Plutarch, Dio, Sueton) mit der nötigen Unvoreingenommenheit führt, gelangt man zu folgenden, von der herrschenden Meinung in vielem abweichenden Ergebnissen:

1. Das „Domitianerlebnis" bewirkte nicht, daß Tacitus über Vespasian, Augustus oder Tiberius mit größerer Befangenheit urteilte, als es schon bei seinen Vorläufern geschehen war. Der unfreundliche Nachruf auf Augustus war ebenso vorgegeben wie die Vorstellung von der fortschreitenden Selbstenthüllung der „Tyrannennatur" des Tiberius. Während Dio als überzeugter Anhänger der monarchischen Staatsform das ungünstige Bild, das der Schöpfer des „Totengerichts" von Augustus überliefert hatte, zum Freundlicheren hin abwandelte, ließ Tacitus das feindselige senatorische Urteil unangetastet. Notwendigerweise hatte der gekünstelte Versuch, die Entwicklung des Tiberius in fünf verschiedene Stufen der Selbstenthüllung einzuteilen, Ungereimtheiten und Widersprüche zur Folge. Tacitus übernahm sie als Erbteil der nachtiberianischen Geschichtsschreibung. Auf deren Rechnung geht auch die psychologische Aufschlüsselung der politisch bedingten *cunctatio,* die Tiberius bis zu der Senatssitzung vom 17. September des Jahres 14 n.Chr. gewahrt hatte. Der Einfluß des sogenannten Domitianerlebnisses wird überschätzt, wenn man glaubt, das Urteil über Domitian habe auf das Urteil über Vespasian abgefärbt. Die Darstellung, die Tacitus von dem Bürgerkrieg zwischen Vespasian und Vitellius gibt, ist in einseitiger Weise von der flavischen Sicht geprägt. Tacitus folgte ohne erkennbares Mißtrauen einem flavierfreundlich ausgerichteten Geschichtswerk, dessen Verfasser bemüht war, Vitellius gewissermaßen postum den Trumpf der höheren Legitimität aus der Hand zu schlagen, den dieser nach seiner Anerkennung durch den Senat gegenüber dem putschenden General aus der unbedeutenden *gens Flavia* besessen hatte.

2. Pragmatische Verknüpfungen hat Tacitus nicht in der Überzeugung gesprengt, daß in der Geschichte rational nicht faßbare Kräfte walten; und ebensowenig trifft es zu, daß er mit Umstellungen in der Erzählfolge oder anderen Eingriffen in die Überlieferung die tiefere Wahrheit zu ergründen pflegte. Soweit er in die Überlieferung eingriff, leitete ihn kein grundsätzliches Mißtrauen gegen pragmatische Begründungen. Sein Bestreben ging eher dahin, eine Linie, die er in der Vorlage bereits vorgezeichnet fand, schärfer auszuziehen. Das Verhalten, das Otho in den letzten Wochen seines Lebens zeigte, wie auch das Verhalten,

das Tiberius in den ersten Wochen nach dem Tod des Augustus an den Tag legte, schildert er so, daß er im einzelnen einiges ändert, nicht aber gegen die Gesamttendenz der Überlieferung verstößt. Beidemal ist zu erkennen, daß ihn bestimmte Ansätze, die er in seiner Vorlage sah, zu seinen Eingriffen ermutigten. Tiefere Einsicht verraten die Verformungen der Überlieferung nur selten. Häufiger zeugen sie von seiner Entschlossenheit, sich um einer bestimmten Wirkung willen oder aus einer vorgefaßten Meinung heraus gegen die Tatsachen zu stellen.

3. Treten in seinen Historien oder in seinen Annalen bei der Deutung geschichtlicher Vorgänge oder bei der Beurteilung historisch bedeutsamer Gestalten Einseitigkeiten auf, lassen sie in der Regel Rückschlüsse auf die dynastischen Voraussetzungen zu, unter denen die Überlieferung, die fortan als gültig anerkannt wurde, Gestalt zu gewinnen begonnen hatte. Diesbezügliche Rückschlüsse gestatten die Bevorzugung der jüngeren, auf Drusus zurückgehenden claudischen Linie, die gehässige Abrechnung mit Tiberius, die karikierende Herabsetzung des Vitellius, die Ballung fragwürdiger Verdächtigungen zu Lasten der Livia und der Agrippina sowie die Ausklammerung wichtiger Verdienste der einflußreichsten Freigelassenen des Claudius. Obwohl Trajan einen jeden gewähren ließ, der sich in Wort oder Schrift mit der Vergangenheit offen auseinanderzusetzen wünschte[12], machte Tacitus von dieser Freiheit nicht den Gebrauch, der der Sache der historischen Gerechtigkeit den besten Dienst erwiesen hätte. Hierzu hätte es einer gewissenhaften Erfassung und methodisch unanfechtbaren Sichtung des gesamten urkundlichen, literarischen und inschriftlichen Quellenbestands bedurft, zu dem er sich Zugang verschaffen konnte. Unterblieb diese mühevolle Forschungsarbeit, war es immer noch besser, wenn ein Geschichtsschreiber der gestalteten Geschichte in der Regel behutsam gegenübertrat, als wenn er die literarische Überlieferung aus subjektiven Erwägungen auf Schritt und Tritt umstieß, ohne seine Entscheidungen methodisch einwandfrei abzusichern. Auf die Geschichtsschreibung des Tacitus angewandt, erweist sich diese Überlegung als tröstlich: Seine Versicherungen der persönlichen Unvoreingenommenheit machte Tacitus wenigstens in dem Sinne wahr, daß er es unterließ, die überkommenen Beurteilungen der Kaiser aus Haß oder Zuneigung in ihren Grundzügen zu verändern.

Die Macht der Tradition, die in den verschiedensten Belangen seiner Geschichtsschreibung als wichtiger Faktor in Erscheinung getreten ist, ist nicht zuletzt auch in seinem Umgang mit geschichtsphilosophischen Fragen, in seiner Darbietung der republikanischen Verfassungsgeschichte und in seiner Einstellung zum Prinzipat wirksam geworden. Zu diesen drei Punkten ergeben sich folgende Feststellungen:

1. Daß Tacitus in der Geschichtsdeutung das Nebeneinander von natürlicher und übernatürlicher Erklärung zuläßt, war durch die Tradition der hellenisti-

---

[12] Vgl. Plin. Pan. 53,3; Tac. Hist. 1,1,4.

schen Geschichtsschreibung vorgegeben. Auch Polybios hatte dieses Nebeneinander geduldet, ohne seinen Lesern darüber Rechenschaft abzulegen, wie es mit seinen Bekenntnissen zu dem Grundsatz der rationalistischen Ursachenerforschung zu vereinbaren ist. Zu einer geschichtsphilosophischen Durchdringung der Kernfrage, wie sich göttliches Eingreifen, Walten der Tyche und menschliche Willensfreiheit im Raum der Geschichte zueinander verhalten, stießen beide nicht vor. Polybios setzte gar nicht erst dazu an; Tacitus überließ es dem Leser, sich in dem Meinungsstreit, den die Philosophenschulen untereinander ausfochten, nach eigenem Belieben zu entscheiden. Bemerkenswerterweise hat man hier wie dort versucht, die Ungereimtheiten, die aus ihrer unphilosophischen Behandlung von weltanschaulichen Fragen erwuchsen, entwicklungsgeschichtlich zu erklären – in beiden Fällen ohne Erfolg.

2. Dem Bild, das Tacitus von Roms freistaatlicher Verfassungsentwicklung skizziert, liegt eine voraussetzungsreiche Epocheneinteilung zugrunde, die sich bruchlos in die Tradition frühkaiserzeitlicher Periodisierungsansätze einfügt. Die „gute" Zeit der Republik, die Zeit, in der nach seiner Vorstellung Freiheit und Eintracht auf der Grundlage eines ausgewogenen Rechtszustands Wirklichkeit geworden waren, ließ er – dies hat die Forschung verkannt – mit der Zwölftafelgesetzgebung nicht enden, sondern beginnen. Daß er das Ende des Ständekampfes so früh ansetzte, beruht auf Anachronismen, die teils bei Diodor, teils bei Livius zu greifen sind. Die Zersetzung der republikanischen Staatsordnung vor dem Jahr 146 beginnen zu lassen, fiel ihm in den Annalen so wenig ein wie in den Historien. Auch in den Annalen setzte er für die Verfallszeit dieselbe Epochengrenze an, die vor ihm Sallust, Velleius Paterculus und andere anerkannt hatten[13]. Von dieser Richtigstellung aus ergibt sich folgendes Bild: Tacitus teilte die republikanische Geschichte in drei Entwicklungsphasen ein. Die erste Phase ließ er vom Sturz des Tarquinius Superbus bis zu der Einsetzung der Decemvirn reichen, die zweite von der Zwölftafelgesetzgebung bis zum Vorabend der gracchischen Revolution, die dritte von dem Beginn des Revolutionszeitalters bis zum Untergang des Freistaats. Von den drei Phasen galt ihm die erste als die Epoche, in der sich die Vollendung des *aequum ius* vorbereitete, die zweite als die, in der *libertas* und *concordia* auf dem Boden des *aequum ius* eine nie mehr erreichte Verbindung eingegangen waren, und die dritte als die, in der diese staatstragenden Werte fortschreitender Zersetzung verfielen. Wenngleich er das Gründungsjahr des Prinzipats als Epochenjahr in der römischen Verfassungsgeschichte verstand[14], verkannte er doch nicht, daß das republikanische Verfassungsleben faktisch schon zwanzig Jahre früher erloschen war[15]. Mit Lukan und anderen teilt er die Auffassung, daß Pharsalus das Schicksal des Freistaats endgültig besiegelt hatte. Seine Beurteilung der drei Epochen, in

---

[13] Sall. Cat. 10,1ff.; Iug. 41,2ff.; Hist. I, fr. 12 (Maurenbrecher); Vell. 2,1,1.
[14] Ann. 3,28,2.
[15] Ann. 1,3,7; 1,8,6.

die er Roms republikanische Vergangenheit einteilte, entzieht sich dem Vorwurf, er habe gegenüber den Gleichberechtigungsbestrebungen der *plebs* einen extrem reaktionären Standpunkt eingenommen. Abgelehnt hat er nicht die *leges Liciniae Sextiae*, die *lex Publilia* oder die *lex Ogulnia*, sondern die *rogatio Papiria de tribunis plebis reficiendis* vom Jahr 131, das entsprechende Plebiszit vom Jahr 123 und Gesetze wie die *lex Sempronia de capite civis*, die *lex Appuleia agraria* oder die *lex Servilia repetundarum*. Die Bewertungsmaßstäbe, nach denen er die innerstaatliche Entwicklung des republikanischen Rom beurteilt, blieben in der Kaiserzeit gültig. Ihre Anwendung bewährte sich darin, daß sie zu einem differenzierten Verständnis der eigenen Zeit verhalf.

3. Was Tacitus von seiner politischen Gesinnung enthüllt, gestattet den Schluß, daß seine Auffassung vom Prinzipat der Denktradition seines Standes entsprach. Das politische Bewußtsein der Senatorenschaft war im ersten nachchristlichen Jahrhundert nicht so weit abgestumpft, daß sich alle von den Lichtseiten des Prinzipats blenden ließen und die Schattenseiten übersahen. In Antinomien zu denken, hatte man auch in den vorangehenden Generationen verstanden. Vor Tacitus begegneten schon antinomische Begriffspaarungen wie *dominus-pax* oder *Caesar-Libertas*. Solange die Erinnerung an die republikanische Zeit eine lebendige Wirkung auf das politische Denken ausübte, hörte man nicht auf, die Gegenwart an dem Maßstab des „republikanischen" Freiheitsbegriffs zu messen. Als Losungen der spätrepublikanischen Tagespolitik gehörten die Schlagwörter, die Cicero im Mund geführt hatte, der Vergangenheit an. Als Bemessungsgrößen, nach denen das Für und Wider von Einst und Jetzt gegeneinander abgewogen wurden, lebten sie in der frühen Kaiserzeit fort. Hatte Cicero geglaubt, daß *otium, quies, pax, securitas* und *tranquillitas* ohne eine Beschneidung der republikanischen *libertas* des Senats wiederkehren konnten, so hatte ihn der Verlauf der Geschichte des Irrtums überführt. Tacitus verhehlte sich so wenig wie alle anderen, die aus der Geschichte gelernt hatten, daß die Wiederherstellung der innerstaatlichen Ruhe einen hohen politischen Preis, die Einschränkung der Handlungsfreiheit des Senats, abverlangte und schon allein die Größe des Reichs die monarchische Staatsführung erforderlich machte. An dieser Grundüberzeugung hat er zeitlebens festgehalten. Wäre er von ihr abgegangen, hätte er sich nicht nur von einer Auffassung abgewandt, die durch die senatorische Tradition gefestigt war. Er hätte sich auch von der Höhe des Zeitverständnisses herabbegeben, das in den vorausgehenden Generationen schon erreicht worden war. Seiner politischen Denkfähigkeit müßte ein schlechtes Zeugnis ausgestellt werden, wenn die Enttäuschung über einen Kaiser sein Geschichtsdenken verdüstert hätte. Was sich als seine politische Grundüberzeugung herausschält, konnten und durften Erfahrungen mit guten oder schlechten Kaisern nicht außer Kraft setzen. Die Konstanz seines Denkens beweist, daß sein Urteilsvermögen in politischen Dingen zu keiner Zeit nachgelassen hat. Die Verdüsterungsthese beruht zum einen Teil auf fragwürdigen Schlüssen und zum anderen Teil auf Fehldeutungen. Ihren Verfechtern sind, sieht man von zweitrangigen Deutungs-

fehlern ab, zwei folgenschwere Irrtümer unterlaufen. In der Vorrede zum Agricola legt Tacitus nicht den „republikanischen" Freiheitsbegriff zugrunde, wenn er von Nerva sagt, er habe Prinzipat und Freiheit miteinander vereinigt, und in der Schlußrede des Dialogus hat Maternus sich nicht erkühnt, das Rom der Gegenwart als ein Staatswesen auszugeben, in dem Unrecht und Unverstand so gut wie keinen Platz haben, der Weiseste die Verantwortung trägt und die Besten sich rasch einigen. In der Vorrede zum Agricola preist Tacitus die Gewährung der Meinungsfreiheit als Nervas Verdienst und nicht etwa, — was ja auch den Tatsachen widersprochen hätte, — die Wiederherstellung der alten republikanischen *libertas*. Daß die Wiederherstellung der einstigen Autonomie des Senats den Fortbestand der Sicherheit, des Reichsfriedens und der innerstaatlichen Ruhe gefährdet hätte, hat er zu keiner Zeit geleugnet. Die Freiheit, die ein Princeps zu gewähren vermochte, ohne die Herrschaftsform des Prinzipats preiszugeben, lag nach den Worten, die er Galba in den Mund gelegt hat, günstigstenfalls in der Mitte zwischen uneingeschränkter Freiheit und uneingeschränkter Knechtschaft. Es war diese in der Mitte liegende, namentlich die Meinungsfreiheit umfassende *libertas*, von der er glaubte, daß sie unter einem guten Princeps, wie er in Trajan vor Augen stand, mit der *securitas* eine glückhafte Verbindung eingehen könne, und diese Überzeugung hat er mit dem jüngeren Plinius, seinem Zeitgenossen und Freund, geteilt. Nicht die geringste Spur weist darauf, daß irgendwelche schlechten Erfahrungen mit Trajan seinen Glauben zum Wanken brachten. Von Beeinträchtigungen der Meinungsfreiheit ist nichts bekannt. An wirklichkeitsferne Hoffnungen hatte Tacitus sich ohnehin nie geklammert. Bei aller Erleichterung über das Ende der Unterdrückung ließ er sich doch selbst in der Schrift, deren Einleitung die Dankbarkeit für die Segnungen der neuen Ära am lebhaftesten zum Ausdruck bringt, nirgendwo zu unpassenden Vergleichen mit vergangenen Zeiten hinreißen. Die Gegenwart nach der Art der Dichter zu verklären, vermied er von Anfang an. Hatte die höfische Propaganda im Sinne der Prinzipatsideologie die kaiserzeitliche Friedensordnung mit dem Goldenen Zeitalter verglichen, so setzte Tacitus in seinem Dialogus de oratoribus dieser Schönmalerei das Bild der Wirklichkeit entgegen[16]. Solange die Redekunst im öffentlichen Leben einige Bedeutung behielt, konnte nach seiner Überzeugung nicht davon gesprochen werden, daß das Goldene Zeitalter wiedergekehrt sei. Es war zwar Maternus, der feststellte, daß dem Redner trotz der allseitigen Befriedung des politischen Lebens immer noch ein Betätigungsfeld verblieb, und diese Tatsache zum Beweis nahm, daß der Staat noch nicht wunschgemäß geordnet sei. Mit welcher Rechtfertigung aber hätte Tacitus bestreiten sollen, daß sich die Wirklichkeit der trajanischen Ära dieselbe Folgerung gefallen lassen mußte? Ob er im eigenen Namen oder durch den Mund des Maternus spricht, — die Einschätzung der bestehenden Verhältnisse bleibt immer wirklich-

---

[16] K. Bringmann, Aufbau und Absicht des taciteischen Dialogus de oratoribus, Museum Helveticum 27, 1970, 175.

keitsbezogen. Das Staatswesen, in dem die Besten rasch Einigung erzielen, der Weiseste die Verantwortung trägt und der Richter die gebührende Milde walten läßt, stellt Maternus keineswegs als Abbild des kaiserzeitlichen Rom hin. Nur als Wunschbild führt er es vor Augen, um die Lage der Redekunst in einer *ad votum composita civitas* mit der Lage der Ärztekunst bei gesunden Völkern vergleichen zu können [17]. Beachtet man dies, erlischt jeder Zweifel, daß hinter der zweiten Maternusrede der ganze Tacitus steht. Ihr Inhalt zeugt von dem differenzierten Zeitverständnis, zu dem die senatorische Tradition den Grund gelegt hatte. Dieses Zeitverständnis befähigte ihn, den Verfall der Redekunst in den größeren Zusammenhang der Befriedung des Geisteslebens einzuordnen, und verhalf ihm damit zu seiner wohl größten geistigen Leistung. Es waren nicht eigentlich die Bekundungen seiner politischen Grundeinstellung, die ihm einen beachtlichen Vorsprung vor dem Erkenntnisstand seiner Zeitgenossen sicherten. So erheblich, wie verschiedentlich angenommen wird, wich sie von der politischen Gesinnung des jüngeren Plinius nicht ab. Den entscheidenden Fortschritt erzielte Tacitus durch das unbestreitbare Verdienst, daß er den politischen Ursprung des Niedergangs der römischen Redekunst entdeckte, während vor dem Erscheinen seines Dialogus nur die Anzeichen, nicht aber die Wurzeln des Verfalls erkannt worden waren.

---

[17] Dial. 41,3f.

LITERATURVERZEICHNIS

ALFÖLDI, A.: Emotion und Haß bei Fabius Pictor, in: ANTIΔΩPON, Festschrift für E. Salin, hrsg. von E. v. Beckerath, H. Popitz, H. G. Siebeck und H. W. Zimmermann, Tübingen 1962, 117–136.
ALLEN, W. Jr.: The Political Atmosphere of the Reign of Tiberius, Transactions and Proceedings of the American Philological Association 72, 1941, 1–25.
ALTHEIM, F.: Diodors römische Annalen, Rheinisches Museum 93, 1950, 267–286.
–: Tacitus, Die neue Rundschau 64, 1953, 175–193.
AMMANN, P.: Der künstlerische Aufbau von Tacitus, Historien I 12–II 51 (Kaiser Otho), Diss. Bern, Zürich 1931.
AVENARIUS, G.: Lukians Schrift zur Geschichtsschreibung, Diss. Frankfurt/Main, Meisenheim am Glan 1954.

BEAUJEU, J.: Pline le Jeune 1955–1960, Lustrum 6, 1961, 272–303.
BEGUIN, P.: Le „Fatum" dans l'œuvre de Tacite, L'Antiquité Classique 20, 1951, 315–334.
BELGER, Chr.: Moriz Haupt als academischer Lehrer, Berlin 1879.
BENGTSON, H.: Griechische Geschichte von den Anfängen bis in die römische Kaiserzeit, Handbuch der Altertumswissenschaft III, 4, München 1969[4].
BÉRANGER, J.: Le refus du pouvoir, Museum Helveticum 5, 1948, 178–196.
–: Recherches sur l'aspect idéologique du principat, Schweizerische Beiträge zur Altertumswissenschaft Heft 6, Basel 1953.
–: Remarques sur la Concordia dans la propagande monétaire impériale et la nature du principat, in: Festschrift für F. Altheim, hrsg. von R. Stiehl und H. E. Stier (Beiträge zur Alten Geschichte und deren Nachleben I), Berlin 1969, 477–491.
BERGEN, K.: Charakterbilder bei Tacitus und Plutarch, Diss. Köln 1962.
BERGENER, A.: Die führende Senatorenschicht im frühen Prinzipat (14–68 n. Chr.), Diss. Bonn 1965.
BETHE, E. – WENDLAND, P.: Quellen und Materialien, Gesichtspunkte und Probleme zur Erforschung der griechischen Literaturgeschichte, in: A. Gercke – E. Norden, Einleitung in die Altertumswissenschaft, Bd. 1, Leipzig–Berlin 1912[2], 261–316.
BIRD, H. W.: L. Aelius Seianus and his Political Significance, Latomus 28, 1969, 61–98.
BLEICKEN, J.: Senatsgericht und Kaisergericht. Eine Studie zur Entwicklung des Prozeßrechtes im frühen Prinzipat, Abhandlungen der Akademie der Wissenschaften in Göttingen, Philol.-hist. Klasse, 3. Folge, Nr. 53, Göttingen 1962.
–: Der politische Standpunkt Dios gegenüber der Monarchie, Hermes 90, 1962, 444–467.
BOER, W. den: Die prosopographische Methode in der modernen Historiographie der hohen Kaiserzeit, Mnemosyne Ser. IV, 22, 1969, 268–280.
BORZSÁK, St.: P. Cornelius Tacitus, RE Suppl. XI, 373–512.
BRIESSMANN, A.: Tacitus und das flavische Geschichtsbild, Hermes – Einzelschriften 10, 1955 (1961[2]).
–: Auswahlbericht zu Tacitus, Gymnasium 68, 1961, 64–80.
–: Besprechung von: C. Questa, Studi sulle fonti degli Annales di Tacito (Rom 1960), Gymnasium 70, 1963, 99–102.

BRINGMANN, K.: Aufbau und Absicht des taciteischen Dialogus de oratoribus, Museum Heiveticum 27, 1970, 164–178.
–: Tacitus, Ann. 4,33,2 über den Scheinkonstitutionalismus?, Historia 20, 1971, 376–379.
BRUÈRE, R. T.: Tacitus and Pliny's „Panegyricus", Classical Philology 49, 1954, 161–179.
BÜCHNER, K.: Tacitus und Plinius über Adoption des römischen Kaisers, Rheinisches Museum 98, 1955, 289–312.
–: Sallust, Heidelberg 1960.
–: Publius Cornelius Tacitus – Die historischen Versuche, Stuttgart 1963².
–: Tacitus und Ausklang. Studien zur römischen Literatur IV, Wiesbaden 1964.
–: Die Reise des Titus, in: Tacitus und Ausklang 83–98.
–: Sallustinterpretationen. In Auseinandersetzung mit dem Sallustbuch von Ronald Syme, Der Altsprachliche Unterricht, Beiheft 2 zu Reihe X, Stuttgart 1967.
BURCK, E.: Die Erzählungskunst des T. Livius, Problemata 11, 1934 (Berlin–Zürich 1964²).
–: Wahl und Anordnung des Stoffes; Führung der Handlung (bei Livius), in: Wege zu Livius (Wege der Forschung CXXXII), hrsg. von E. Burck, Darmstadt 1967, 331–351.

CHARLESWORTH, M. P.: Tiberius, in: The Cambridge Ancient History (CAH) X, Cambridge 1952² (1963), 607–652.
–: Gaius and Claudius, ebenda 653–701.
CHRIST, K.: Drusus und Germanicus. Der Eintritt der Römer in Germanien, Paderborn 1956.
–: Zur Herrscherauffassung und Politik Domitians. Aspekte des modernen Domitianbildes, Schweizerische Zeitschrift für Geschichte 12, 1962, 187–213.
–: Germanendarstellung und Zeitverständnis bei Tacitus, Historia 14, 1965, 62–73.
–: Zur Beurteilung der Politik des Augustus, Geschichte in Wissenschaft und Unterricht 19, 1968, 329–343.

DESSAU, H.: Geschichte der römischen Kaiserzeit II,1 (Die Kaiser von Tiberius bis Vitellius), Berlin 1926.
DIERAUER, J.: Beiträge zu einer kritischen Geschichte Trajans, in: Untersuchungen zur römischen Kaisergeschichte, Bd. 1, hrsg. von M. Büdinger, Leipzig 1868, 3–217.
DOMASZEWSKI, A. v.: Geschichte der römischen Kaiser, Bd. 2, Leipzig 1909.
DOREY, T. A.: Agricola and Domitian, Greece & Rome N. S. 7, 1960, 66–71.
DREXLER, H.: Bericht über Tacitus für die Jahre 1913–1927, Bursians Jahresbericht über die Fortschritte der klassischen Altertumswissenschaft 224 (Suppl.), Leipzig 1929, 257–446.
–: Besprechung von: A. Brießmann, Tacitus und das flavische Geschichtsbild, Hermes – Einzelschriften 10 (1955), Gnomon 28, 1956, 519–527.
–: Zur Geschichte Kaiser Othos bei Tacitus und Plutarch, Klio 37, 1959, 153–178.
DURRY, M.: Panégyrique de Trajan, Paris 1938.

EVERTS, P. S.: De Tacitea historiae conscribendae ratione, Diss. Utrecht, Kerkrade 1926.

FABIA, Ph.: Les sources de Tacite dans les Histoires et les Annales, Paris 1898 (Rom 1967).
–: L'irréligion de Tacite, Journal des Savants N. S. 12, 1914, 250–265.
FRAENKEL, E.: Tacitus, Neue Jahrbücher für Wissenschaft und Jugendbildung 8, 1932, 218–233.
FRITZ, K. v.: The Theory of the Mixed Constitution in Antiquity, New York 1954.
–: Tacitus, Agricola, Domitian, and the Problem of the Principate, Classical Philology 52, 1957, 73–97.

—: Die Bedeutung des Aristoteles für die Geschichtsschreibung, in: Histoire et historiens dans l'antiquité, Fondation Hardt pour l'étude de l'antiquité classique, Entretiens sur l'antiquité classique IV, Genf 1958, 85−128.
FUCHS, H.: Der geistige Widerstand gegen Rom in der antiken Welt, Berlin 1938.
FUHRMANN, M.: Das Vierkaiserjahr bei Tacitus. Über den Aufbau der Historien Buch I−III, Philologus 104, 1960, 250−278.

GARZETTI, A.: L'impero da Tiberio agli Antonini, Storia di Roma VI, Bologna 1960.
GELZER, M.: Ti. Iulius Caesar Augustus (Tiberius), RE X, 478−536.
—: Nasicas Widerspruch gegen die Zerstörung Karthagos, Philologus 86, 1931, 261−299.
—: Kleine Schriften, Bd. 2, hrsg. von H. Strasburger und Chr. Meier, Wiesbaden 1963.
GERCKE, A.: Seneca − Studien, Jahrbücher für classische Philologie, Suppl. 22, 1896, 5−328.
GERCKE, A. − NORDEN, E.: Einleitung in die Altertumswissenschaft, Bd. 1, Leipzig−Berlin 1912[2].
GRAF, H. R.: Kaiser Vespasian. Untersuchungen zu Suetons Vita Divi Vespasiani, Stuttgart 1937.
GRENZHEUSER, B.: Kaiser und Senat in der Zeit von Nero bis Nerva, Diss. Münster 1964.
GROAG, E.: Zur Kritik von Tacitus' Quellen in den Historien, Jahrbücher für classische Philologie, Suppl. 23, 1897, 711−798.

HÄUSSLER, R.: Tacitus und das historische Bewußtsein, Heidelberg 1965.
HAHN, E.: Die Exkurse in den Annalen des Tacitus, Diss. München, Borna−Leipzig 1933.
HAMPL, F.: Römische Politik in republikanischer Zeit und das Problem des „Sittenverfalls", Historische Zeitschrift 188, 1959, 497−525.
HANELL, K.: Zur Problematik der älteren römischen Geschichtsschreibung, in: Fondation Hardt pour l'étude de l'antiquité classique, Entretiens IV, 149−170.
HANSLIK, R.: A. Vitellius, RE Suppl. IX, 1706−1733.
HEINZ, K.: Das Bild Kaiser Neros bei Seneca, Tacitus, Sueton und Cassius Dio (Historisch-philologische Synopsis), Diss. Bern, Biel 1948.
HEUBNER, H.: Studien zur Darstellungskunst des Tacitus (Hist. I, 12−II, 51), Diss. Leipzig, Würzburg 1935.
HEUSS, A.: Römische Geschichte, Braunschweig 1971[3].
HOFFMANN, H.: Morum tempora diversa. Charakterwandel bei Tacitus, Gymnasium 75, 1968, 220−250.
HOFFMANN, W.: Livius und die römische Geschichtsschreibung, Antike und Abendland 4, 1954, 170−186.
—: Die römische Politik des 2. Jahrhunderts und das Ende Karthagos, Historia 9, 1960, 309−344.
HOFFMEISTER, K.: Die Weltanschauung des Tacitus, Essen 1831.
HOHL, E.: Tacitus und der jüngere Plinius, Rheinisches Museum 68, 1913, 461−464.
—: L. Domitius Ahenobarbus (Nero), RE Suppl. III, 349−394.
—: Wann hat Tiberius das Prinzipat übernommen?, Hermes 68, 1933, 106−115.
HOMEYER, H.: Lukian − Wie man Geschichte schreiben soll, München 1965.
HOWALD, E.: Vom Geist antiker Geschichtsschreibung, München−Berlin 1944 (Darmstadt 1964).

INSTINSKY, H. U.: Consensus Universorum, Hermes 75, 1940, 265−278.
—: Sicherheit als politisches Problem des römischen Kaisertums, Deutsche Beiträge zur Altertumswissenschaft Heft 3, Baden-Baden 1952.

JACOBY, F.: Über die Entwicklung der griechischen Historiographie und den Plan einer neuen Sammlung der griechischen Historikerfragmente, Klio 9, 1909, 80−123.

—: Griechische Geschichtschreibung, Antike 2, 1926, 1–29.
—: Abhandlungen zur griechischen Geschichtschreibung, hrsg. von H. Bloch, Leiden 1956.
JENS, W.: Libertas bei Tacitus, Hermes 84, 1956, 331–352.

KIENAST, D.: Nerva und das Kaisertum Trajans, Historia 17, 1968, 51–71.
KLEIN, R. (Hrsg.): Das Staatsdenken der Römer (Wege der Forschung XLVI), Darmstadt 1966.
—: (Hrsg.): Prinzipat und Freiheit (Wege der Forschung CXXXV), Darmstadt 1969.
KLINGNER, F.: Über die Einleitung der Historien Sallusts, Hermes 63, 1928, 165–192.
—: Tacitus, Antike 8, 1932, 151–169.
—: Römische Geschichtsschreibung bis zum Werke des Livius, Antike 13, 1937, 1–19.
—: Die Geschichte Kaiser Othos bei Tacitus, Berichte über die Verhandlungen der Sächsischen Akademie der Wissenschaften zu Leipzig, Philol.-hist. Klasse 92, Leipzig 1940, Heft 1.
—: Tacitus über Augustus und Tiberius. Interpretationen zum Eingang der Annalen, Sitzungsberichte der Bayerischen Akademie der Wissenschaften, Phil.-hist. Klasse 1953, München 1954, Heft 7.
—: Tacitus und die Geschichtsschreiber des 1. Jahrhunderts n. Chr., Museum Helveticum 15, 1958, 194–206.
—: Studien zur griechischen und römischen Literatur, hrsg. von K. Bartels, Zürich–Stuttgart 1964.
—: Römische Geisteswelt, München 1965[5].
KLOTZ, A.: Diodors römische Annalen, Rheinisches Museum 86, 1937, 206–224.
KNOCHE, U.: Zur Beurteilung des Kaisers Tiberius durch Tacitus, Gymnasium 70, 1963, 211–226.
KOESTERMANN, E.: Besprechung von: B. Walker, The Annals of Tacitus (Manchester 1952), Gnomon 25, 1953, 512–518.
—: Der Sturz Sejans, Hermes 83, 1955, 350–373.
—: Die Feldzüge des Germanicus 14–16 n. Chr., Historia 6, 1957, 429–479.
—: Der Eingang der Annalen des Tacitus, Historia 10, 1961, 330–355.
KORNEMANN, E.: Tacitus, Wiesbaden 1946.
—: Tiberius, Stuttgart 1960.
KRAFT, K.: Der politische Hintergrund von Senecas Apocolocyntosis, Historia 15, 1966, 96–122.
—: Urgentibus imperii fatis (Tacitus, Germania 33), Hermes 96, 1968, 591–608.
KROHN, F.: Personendarstellungen bei Tacitus, Diss. Leipzig, Großschönau i. Sa. 1934.
KUNKEL, W.: Bericht über neuere Arbeiten zur römischen Verfassungsgeschichte III, Zeitschrift der Savigny-Stiftung für Rechtsgeschichte Rom. Abt. 75, 1958, 302–352.
—: Besprechung von: J. Bleicken, Senatsgericht und Kaisergericht (Göttingen 1962), Zeitschrift der Savigny-Stiftung für Rechtsgeschichte Rom. Abt. 81, 1964, 360–377.
—: Die Funktion des Konsiliums in der magistratischen Strafjustiz und im Kaisergericht II, Zeitschrift der Savigny-Stiftung für Rechtsgeschichte Rom. Abt. 85, 1968, 253–329.

LAISTNER, M. L. W.: The Greater Roman Historians, Berkeley–Los Angeles 1963.
LAQUEUR, R.: Ephoros – 1. Die Proömien, Hermes 46, 1911, 161–206.
                2. Die Disposition, Hermes 46, 1911, 321–354.
—: Besprechung von: W. Weber, Josephus und Vespasian (Berlin 1921), Philologische Wochenschrift 41, 1921, 1105–1114.
LATTE, K.: Sallust, Darmstadt 1962[2].
LEBEK, W. D.: Verba prisca, Hypomnemata 25, Göttingen 1970.
LEO, F.: Die staatsrechtlichen Excurse in Tacitus' Annalen, Nachrichten von der Königl. Gesellschaft der Wissenschaften zu Göttingen, Philol.-hist. Klasse 1896, 191–208.

–: Tacitus. Rede zur Feier des Geburtstages des Kaisers (Göttingen 1896), in: Ausgewählte Kleine Schriften, Bd. 2, 263–276.
–: Anzeige von: P. Cornelii Taciti dialogus de oratoribus, hrsg. von A. Gudeman (Boston 1894), Göttingische gelehrte Anzeigen 160, 1898, 169–188.
–: Die griechisch-römische Biographie nach ihrer litterarischen Form, Leipzig 1901.
–: Geschichte der römischen Literatur, Bd. 1, Berlin 1913 (Darmstadt 1967).
–: Ausgewählte Kleine Schriften, hrsg. von E. Fraenkel, 2 Bde, Rom 1960.
LEVI, M. A.: I principii dell'impero di Vespasiano, Rivista di filologia e d'istruzione classica 16, 1938, 1–12.
MARSH, F. B.: The Reign of Tiberius, Oxford 1931 (Cambridge 1959).
MARTIN, J.: Zur Quellenfrage in den Annalen und Historien, Würzburger Studien zur Altertumswissenschaft 9, 1936, 21–58.
McALINDON, D.: Claudius and the Senators, American Journal of Philology 78, 1957, 279–286.
–: Senatorial Advancement in the Age of Claudius, Latomus 16, 1957, 252–262.
MEISSNER, E.: Sejan, Tiberius und die Nachfolge im Prinzipat, Erlangen 1968.
MENDELL, C. W.: Dramatic Construction of Tacitus' Annals, Yale Classical Studies 5, 1935, 3–53.
MESK, J.: Zur Quellenanalyse des Plinianischen Panegyricus, Wiener Studien 33, 1911, 71–100.
MEYER, E.: Untersuchungen über Diodor's römische Geschichte, Rheinisches Museum 37, 1882, 610–627.
–: Untersuchungen zur Geschichte der Gracchen, in: Kleine Schriften, Bd. 1, Halle 1910, 383–439.
MEYER, H. D.: Besprechung von: D. Timpe, Untersuchungen zur Kontinuität des frühen Prinzipats (Wiesbaden 1962), Gnomon 36, 1964, 286–290.
MILLAR, F.: A Study of Cassius Dio, Oxford 1964.
MOMIGLIANO, A.: Vitellio, Studi italiani di filologia classica 9, 1931, 117–187.
–: Nero, CAH X, 702–742.
–: Claudius. The Emperor and his Achievement (ins Englische übersetzt von W. D. Hogarth), Oxford 1934 (Cambridge 1961[2]).
MOMMSEN, Th.: Epigraphische Analekten (Nr. 14), Berichte über die Verhandlungen der Königlich Sächsischen Gesellschaft der Wissenschaften zu Leipzig, Philol.-hist. Classe 2, 1850, 296–308.
–: Cornelius Tacitus und Cluvius Rufus, Hermes 4, 1870, 295–325.
–: Die Erzählung von Cn. Marcius Coriolanus, Hermes 4, 1870, 1–26.
–: Fabius und Diodor, Hermes 13, 1878, 305–330.
–: Römische Forschungen, Bd. 2, Berlin 1879.
–: Römische Geschichte, Bd. 2, Berlin 1881[7], Bd. 3, 1882[7], Bd. 5, 1885.
–: Römisches Staatsrecht, Bd. I, Leipzig 1887[3] (Basel–Stuttgart 1963); Bd. II,1, 1887[3] (1963).
–: Römisches Strafrecht, Leipzig 1899.
–: Das Verhältniss des Tacitus zu den Acten des Senats, Sitzungsberichte der Preussischen Akademie der Wissenschaften zu Berlin 35, 1904, 1146–1155.
–: Gesammelte Schriften, Bd. 7, hrsg. von E. Norden, Berlin 1909; Bd. 8, hrsg. von H. Dessau, Berlin 1913.

NESSELHAUF, H.: Tacitus und Domitian, Hermes 80, 1952, 222–245.
–: Die Adoption des römischen Kaisers, Hermes 83, 1955, 477–495.
NISSEN, H.: Die Historien des Plinius, Rheinisches Museum 26, 1871, 497–548.
NORDEN, E.: Josephus und Tacitus über Jesus Christus und eine messianische Prophetie, Neue Jahrbücher für das klassische Altertum, Geschichte und deutsche Literatur und für Pädagogik 31, 1913, 636–666.

—: Die antike Kunstprosa, Bd. 1, Darmstadt 1958⁵.
—: Kleine Schriften zum klassischen Altertum, hrsg. von B. Kytzler, Berlin 1966.
PETER, H.: Die Quellen Plutarchs in den Biographieen der Römer, Halle 1865 (Amsterdam 1965).
—: Die geschichtliche Litteratur über die römische Kaiserzeit bis Theodosius I und ihre Quellen, 2 Bde, Leipzig 1897.
PFLIGERSDORFFER, G.: Lucan als Dichter des geistigen Widerstandes, Hermes 87, 1959, 344—377.
PÖSCHL, V. (Hrsg.): Tacitus (Wege der Forschung XCVII), Darmstadt 1969.

QUESTA, C.: Studi sulle fonti degli Annales di Tacito, Rom 1963².

RAMORINO, F.: Cornelio Tacito nella storia della coltura, Mailand 1898².
RANKE, L. v.: Geschichten der romanischen und germanischen Völker von 1494 bis 1514, Sämmtliche Werke Bd. 33/34, Leipzig 1874².
—: Weltgeschichte, Dritter Theil (Das altrömische Kaiserthum. Mit kritischen Erörterungen zur alten Geschichte), Leipzig 1883 ¹⁻².
REITZENSTEIN, R.: Hellenistische Wundererzählungen, Leipzig 1906 (Darmstadt 1963).
—: Bemerkungen zu den kleinen Schriften des Tacitus, I, II, Nachrichten von der Königlichen Gesellschaft der Wissenschaften zu Göttingen, Philol.-hist. Klasse 1914, 173—276.
—: Tacitus und sein Werk, Neue Wege zur Antike IV, 1926, 3—32.
—: Aufsätze zu Tacitus, Darmstadt 1967.
RICHTER, W.: Römische Zeitgeschichte und innere Emigration, Gymnasium 68, 1961, 286—315.
ROTONDI, G.: Leges publicae populi Romani, Mailand 1912 (Hildesheim 1962).

SCHANZ, M. — HOSIUS, C.: Geschichte der römischen Literatur bis zum Gesetzgebungswerk des Kaisers Justinian, Zweiter Teil, Handbuch der Altertumswissenschaft VIII,2, München 1935⁴ (1959).
SCHELLER, P.: De hellenistica historiae conscribendae arte, Diss. Leipzig 1911.
SCHILLER, H.: Geschichte der römischen Kaiserzeit, Bd. I,1, Gotha 1883.
SCHMIDT, W.: De ultimis morientium verbis, Diss. Marburg 1914.
SCHMITT, H. H.: Der pannonische Aufstand des Jahres 14 n. Chr. und der Regierungsantritt des Tiberius, Historia 7, 1958, 378—383.
SCHULZ, O. Th.: Die Rechtstitel und Regierungsprogramme auf römischen Kaisermünzen (Von Cäsar bis Severus), Studien zur Geschichte und Kultur des Altertums, Bd. 13, Heft 4, Paderborn 1925.
SCHWARTZ, E.: Fünf Vorträge über den Griechischen Roman, Berlin 1896.
—: Die Berichte über die catilinarische Verschwörung, Hermes 32, 1897, 554—608.
—: Cassius Dio Cocceianus, RE III, 1684—1722.
—: Duris, RE V, 1853—1856.
—: Ephoros, RE VI, 1—16.
—: Geschichtsschreibung und Geschichte bei den Hellenen, Antike 4, 1928, 14—30.
—: Griechische Geschichtsschreiber, Leipzig 1957.
—: Gesammelte Schriften, Bd. 1, Berlin 1963²; Bd. 2, Berlin 1956.
SCRAMUZZA, V. M.: The Emperor Claudius, Cambridge (Mass.) 1940.
SCULLARD, H. H.: From the Gracchi to Nero. A History of Rome from 133 B.C. to A. D. 68, London 1970³.
SHOTTER, D. C. A.: The Debate on Augustus (Tacitus, Annals I 9—10), Mnemosyne Ser. IV, 20, 1967, 171—174.

—: Tacitus, Tiberius and Germanicus, Historia 17, 1968, 194–214.
SIBER, H.: Römisches Verfassungsrecht in geschichtlicher Entwicklung, Lahr 1952.
STACKELBERG, J. v.: Tacitus in der Romania. Studien zur literarischen Rezeption des Tacitus in Italien und Frankreich, Tübingen 1960.
STEIDLE, W.: Tacitusprobleme, Museum Helveticum 22, 1965, 81–114.
STERN, E. v.: Zur Beurteilung der politischen Wirksamkeit des Tiberius und Gaius Gracchus, Hermes 56, 1921, 229–301.
STERNKOPF, W.: Über die „Verbesserung" des Clodianischen Gesetzentwurfes de exilio Ciceronis, Philologus 59, 1900, 272–304.
STRASBURGER, H.: Concordia Ordinum. Eine Untersuchung zur Politik Ciceros, Borna 1931 (Amsterdam 1956).
—: Die Wesensbestimmung der Geschichte durch die antike Geschichtsschreibung, Sitzungsberichte der Wissenschaftlichen Gesellschaft an der Johann Wolfgang Goethe-Universität Frankfurt/Main, Bd. 5, 1966, Nr. 3.
SULLIVAN, Ph. B.: A Note on the Flavian Accession, The Classical Journal 49, 1953, 67–70.
SUPHAN, B.: Napoleons Unterhaltungen mit Goethe und Wieland und Fr. v. Müllers Memoire darüber für Talleyrand, Goethe-Jahrbuch 15, 1894, 20–30.
SUSEMIHL, F.: Geschichte der griechischen Litteratur in der Alexandrinerzeit, Bd. 1, Leipzig 1891.
SYME, R.: The Roman Revolution, Oxford 1939 (1959^2).
—: The Senator as Historian, in: Fondation Hardt pour l'étude de l'antiquité classique, Entretiens IV, 187–201.
—: Tacitus, 2 Bde, Oxford 1958.
—: Tacitus und seine politische Einstellung, Gymnasium 69, 1962, 241–263.
—: Sallust, Berkeley–Los Angeles 1964.

THEISSEN, W.: De Sallustii, Livii, Taciti digressionibus, Diss. Berlin 1912.
THIEL, J. H.: Kaiser Tiberius (Ein Beitrag zum Verständnis seiner Persönlichkeit) II., Mnemosyne Ser. III, 3, 1935–1936, 177–218.
TIMPE, D.: Untersuchungen zur Kontinuität des frühen Prinzipats, Historia – Einzelschriften Heft 5, Wiesbaden 1962.
—: Der Triumph des Germanicus. Untersuchungen zu den Feldzügen der Jahre 14–16 n. Chr. in Germanien, Antiquitas Reihe 1 (Abhandlungen zur Alten Geschichte), 16, Bonn 1968.
TOWNEND, G. B.: Cluvius Rufus in the Histories of Tacitus, American Journal of Philology 85, 1964, 337–377.
TRÄNKLE, H.: Augustus bei Tacitus, Cassius Dio und dem älteren Plinius, Wiener Studien 82 (N. F. 3), 1969, 108–130.
TRESCH, J.: Die Nerobücher in den Annalen des Tacitus. Tradition und Leistung, Heidelberg 1965.

ULLMAN, B. L.: History and Tragedy, Transactions and Proceedings of the American Philological Association 73, 1942, 25–53.

VILLEMAIN, M.: Souvenirs contemporains d'histoire et de littérature, Brüssel–Leipzig 1854.
VITTINGHOFF, F.: Zur Rede des Kaisers Claudius über die Aufnahme von „Galliern" in den römischen Senat, Hermes 82, 1954, 348–371.

VOGT, J.: Tacitus als Politiker (Antrittsrede Tübingen 1923), Stuttgart 1924.
–: Tacitus und die Unparteilichkeit des Historikers, Würzburger Studien zur Altertumswissenschaft 9 (Studien zu Tacitus), 1936, 1–20.
–: Das römische Geschichtsdenken und die Anschauung des Tacitus; in: Große Geschichtsdenker, hrsg. von R. Stadelmann, Tübingen–Stuttgart 1949, 37–56.
–: Die Geschichtschreibung des Tacitus, ihr Platz im römischen Geschichtsdenken und ihr Verständnis in der modernen Forschung, Einleitung zu der Annalenübersetzung von A. Horneffer, Stuttgart 1957, XV–XLII.
–: Orbis. Ausgewählte Schriften zur Geschichte des Altertums, hrsg. von F. Taeger und K. Christ, Freiburg–Basel–Wien 1960.
VOSSLER, O.: Rankes historisches Problem, in: Geist und Geschichte. Von der Reformation bis zur Gegenwart. Gesammelte Aufsätze, München 1964, 184–214.

WALBANK, F. W.: Polybius, Philinus, and the First Punic War, The Classical Quarterly 39, 1945, 1–18.
–: History and Tragedy, Historia 9, 1960, 216–234.
WALKER, B.: The Annals of Tacitus. A Study in the Writing of History, Manchester 1960².
–: Besprechung zu: K. Büchner, Tacitus und Ausklang (Wiesbaden 1964), The Journal of Roman Studies 55, 1965, 305–306.
WALSER, G.: Rom, das Reich und die fremden Völker in der Geschichtsschreibung der frühen Kaiserzeit. Studien zur Glaubwürdigkeit des Tacitus, Baden-Baden 1951.
WALSH, P. G.: Livy. His Historical Aims and Methods, Cambridge 1961.
WEBER, W.: Josephus und Vespasian. Untersuchungen zu dem Jüdischen Krieg des Flavius Josephus, Berlin–Stuttgart–Leipzig 1921.
WEHRLI, F.: Die Geschichtsschreibung im Lichte der antiken Theorie, in: Eumusia. Festgabe für E. Howald, Erlenbach–Zürich 1947, 54–71.
WERNER, R.: Der Beginn der römischen Republik. Historisch-chronologische Untersuchungen über die Anfangszeit der libera res publica, München–Wien 1963.
WEYMAN, C.: Sine ira et studio, Archiv für lateinische Lexikographie und Grammatik 15, 1908, 278–279.
WICKERT, L.: Der Prinzipat und die Freiheit, in: Symbola Coloniensia, Festschrift für J. Kroll, Köln 1949, 111–141.
–: Princeps, RE XXII, 1998–2296.
WILAMOWITZ-MÖLLENDORFF, U. v.: Asianismus und Atticismus, Hermes 35, 1900, 1–52.
WILLRICH, H.: Augustus bei Tacitus, Hermes 62, 1927, 54–78.
WIRSZUBSKI, Ch.: Libertas as a Political Idea at Rome during the Late Republic and Early Principate, Cambridge 1950. Deutsche Übersetzung: Libertas als politische Idee im Rom der späten Republik und des frühen Prinzipats, Darmstadt 1967.
–: Cicero's Cum Dignitate Otium: a Reconsideration, The Journal of Roman Studies 44, 1954, 1–13.
WITTE, B.: Tacitus über Augustus, Diss. Münster 1963.
WÖLFFLIN, E.: Zur Composition der Historien des Tacitus, Sitzungsberichte der philosophisch-philologischen und der historischen Classe der k.b. Akademie der Wissenschaften zu München, 1901, Heft 1, 3–52.
–: Plinius und Cluvius Rufus, Archiv für lateinische Lexikographie und Grammatik 12, 1902, 345–354.

ZECHNER, I.: Hat Tacitus seine politische Überzeugung geändert?, Wiener Studien 54, 1936, 100–117.
ZEGERS, N.: Wesen und Ursprung der tragischen Geschichtsschreibung, Diss. Köln 1959.
ZIEGLER, K.: Polybios, RE XXI, 1440–1578.

Paul Zanker · Studien zu den Augustus-Portraits
I: Der Actium-Typus
(Abhandlungen der Akad. der Wissenschaften in Göttingen, Phil.-hist. Klasse 85)
ISBN 3-525-82358-4. *1973. Etwa 72 Seiten*

Peter Kneissl · Die Siegestitulatur der römischen Kaiser
(Hypomnemata 23)
ISBN 3-525-25113-0. *1969. 253 Seiten, brosch.*

Peter Herrmann · Der römische Kaisereid
Untersuchungen zu seiner Herkunft und Entwicklung
(Hypomnemata 20)
ISBN 3-525-25110-6. *1969. 132 Seiten, brosch.*

Joachim Molthagen · Der römische Staat und die Christen im 2. und 3. Jahrhundert
(Hypomnemata 28)
ISBN 3-525-25118-1. *1970. 132 Seiten, kart.*

Gunther Gottlieb · Ambrosius von Mailand und Kaiser Gratian
(Hypomnemata 40)
ISBN 3-525-25132-6. *1973. Etwa 96 Seiten, kart.*

Wolfgang Speyer · Bücherfunde in der Glaubenswerbung der Antike
Mit einem Ausblick auf Mittelalter und Neuzeit
(Hypomnemata 24)
ISBN 3-525-25114-9. *1970. 157 Seiten, kart.*
Aus dem Inhalt: Bücher vom Himmel / Bücher aus Gräbern und aus der Erde: Nichtchristliche Fundberichte des griechischen und römischen Altertums — Vergleichbare Buchfunde des christlichen Altertums — Ausblicke auf das Mittelalter und die Neuzeit / Bücher aus Tempeln, Bibliotheken und Archiven / Echte Buchfunde im Altertum.

Paul Kirn · Das Bild des Menschen in der Geschichtsschreibung von Polybios bis Ranke
ISBN 3-525-36123-8. *1955. 230 Seiten, kart.*

Gottfried Schramm · Nordpontische Ströme
Namenphilologische Zugänge zur Frühzeit des europäischen Ostens
ISBN 3-525-26117-1. *1973. 254 Seiten, kart.*

VANDENHOECK & RUPRECHT IN GÖTTINGEN UND ZÜRICH

Hans Rudolph · Stadt und Staat im römischen Italien
Untersuchungen über die Entwicklung des Munizipalwesens in der republikanischen Zeit
Unveränderter Nachdruck.
ISBN 3-525-36131-9. *1965. 265 Seiten, brosch.*
Aus dem Inhalt: Das städtische Ämterwesen während der Republik: A. Die Munizipien: Die Diktatur – Die Drei-Ädilen-Verfassung – Das Oktovirat – Das Quattuorvirat. B. Die Kolonien / Die Begründung des späteren Städtewesens: A. Die territoriale Neugestaltung des Städtewesens. B. Die Verfassungen der späteren Städte.

Michael Wegner · Untersuchungen zu den lateinischen Begriffen socius und societas
(Hypomnemata 21)
ISBN 3-525-25111-4. *1969. 118 Seiten, brosch.*

Wolfgang Dieter Lebek · Verba Prisca
Die Anfänge des Archaisierens in der lateinischen Beredsamkeit und Geschichtsschreibung
(Hypomnemata 25)
ISBN 3-525-25115-7. *1970. 380 Seiten, brosch.*

M. L. Clarke · Die Rhetorik bei den Römern
Ein historischer Abriß. Aus dem Englischen übersetzt von Klaus Dockhorn
ISBN 3-525-25707-4. *1967. 244 Seiten, engl. brosch.*

Klaus Bringmann · Untersuchungen zum späten Cicero
(Hypomnemata 29)
ISBN 3-525-25120-3. *1971. 287 Seiten, brosch.*

Detlef Rasmussen · Caesars Commentarii
Stilwandel am Beispiel der direkten Rede
ISBN 3-525-25714-7. *1963. 203 Seiten, engl. brosch.*
„Die Studie stellt einen wesentlichen Beitrag zur Caesarinterpretation dar ... Mit seiner These, den ‚Stilwandel' bei Caesar als Stilmittel des Autors zu erklären, stößt der Verfasser zugleich in das Zentrum der Caesardeutung vor ..."
Wolfgang Hering, Rostock / Deutsche Literaturzeitung

Max Kaser · Römische Rechtsgeschichte
(Jurisprudenz in Einzeldarstellungen 2)
2., neubearb. Auflage 1968. 327 Seiten, brosch. (ISBN 3-525-18102-7)
Leinen (ISBN 3-525-18103-5)

VANDENHOECK & RUPRECHT IN GÖTTINGEN UND ZÜRICH